UMA HISTÓRIA DA CIÊNCIA
EXPERIÊNCIA, PODER E PAIXÃO

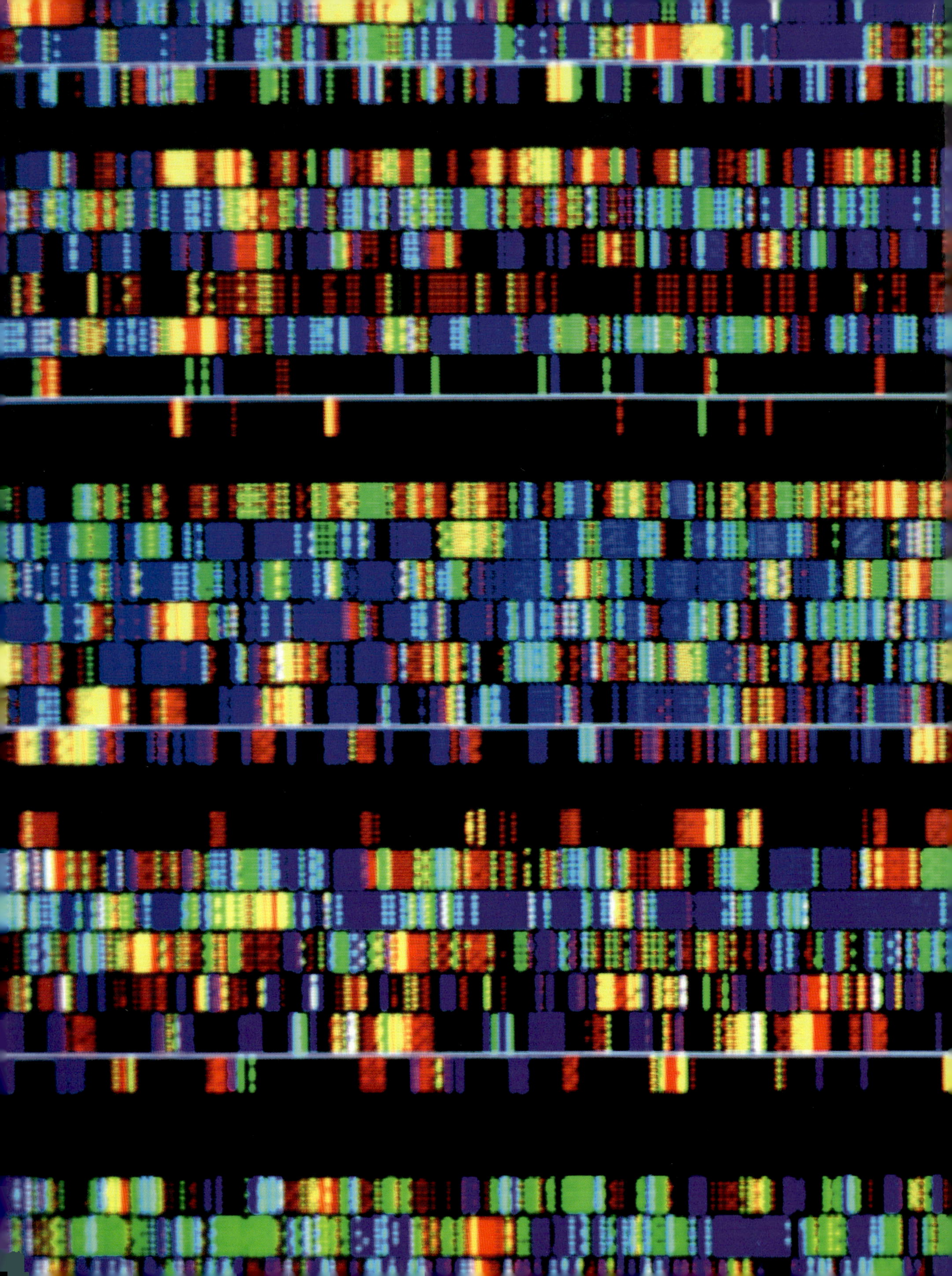

UMA HISTÓRIA DA CIÊNCIA
EXPERIÊNCIA, PODER E PAIXÃO

MICHAEL MOSLEY E JOHN LYNCH

Tradução:
Ivan Weisz Kuck

Revisão técnica:
José Claudio Reis
Professor do Instituto de Física /Uerj

À esquerda:
DNA humano representado numa série de barras coloridas. O Projeto Genoma Humano, iniciativa internacional para mapear o código genético de nossa espécie, é um dos programas científicos mais ambiciosos que já se empreendeu.

ZAHAR

Título original:
The Story of Science
(Power, Proof and Passion)

Tradução autorizada da primeira edição inglesa, publicada em 2010
por Mitchell Beazley, um selo de Octopus Publishing Group Ltd.,
uma empresa de Hachette Livre UK, de Londres, Inglaterra

Jorge Zahar Editor Ltda.
rua México 31 sobreloja
20031-144 Rio de Janeiro, RJ
tel.: (21) 2108-0808 / fax: (21) 2108-0800
editora@zahar.com.br
www.zahar.com.br

Grafia atualizada respeitando o novo Acordo Ortográfico da Língua Portuguesa.

Preparação: Angela Ramalho Vianna
Revisão: Claudia Ajuz, Eduardo Farias
Capa: Sérgio Campante
Composição eletrônica: DTPhoenix Editorial

CIP-BRASIL. CATALOGAÇÃO NA FONTE
SINDICATO NACIONAL DOS EDITORES DE LIVROS, RJ

M869h Mosley, Michael
Uma história da ciência: experiência, poder e paixão / Michael Mosley e John Lynch; tradução Ivan Weisz Kuck; revisão técnica José Claudio Reis. – Rio de Janeiro: Zahar, 2011.
il.

Tradução de: The story of science: (power, proof and passion)
Inclui bibliografia e índice
ISBN 978-85-378-0457-5

1. Descobertas científicas – História. 2. Ciências – História. 3. Ciência e civilização. I. Lynch, John. II. Título.

CDD: 509
10-6578 CDU: 50(091)

SUMÁRIO

INTRODUÇÃO 7

1. COSMO – O QUE HÁ LÁ FORA? 17

2. MATÉRIA – DE QUE É FEITO O MUNDO? 57

3. VIDA – COMO VIEMOS PARAR AQUI? 103

4. ENERGIA – ELA NÃO TEM FIM? 145

5. CORPO – QUAL O SEGREDO DA VIDA? 187

6. MENTE – QUEM SOMOS NÓS? 231

SUGESTÕES DE LEITURA 278
ÍNDICE REMISSIVO 280
CRÉDITOS DAS FIGURAS 286
AGRADECIMENTOS 288

INTRODUÇÃO

UM PÁLIDO PONTO AZUL

Em 14 de fevereiro de 1990, a sonda espacial Voyager 1 estava a cerca de seis bilhões de quilômetros da Terra e afastava-se em alta velocidade, numa épica jornada para além dos planetas, rumo ao espaço cósmico. O que restava do precioso combustível só dava para mais uma manobra, e, naquele dia, os controladores da missão deram instruções para isso. O lendário astrônomo Carl Sagan os persuadira a girar a Voyager pela última vez no sentido de seu lar distante. O sinal levou seis horas para chegar até a nave, mas os comandos logo foram executados. Quando ela virou, diante da minúscula câmera – que durante os 13 anos da missão havia captado fielmente as mais espetaculares e inspiradoras imagens de mundos estranhos – surgiu todo o sistema solar. Devagar, a sonda tirou uma última foto de cada planeta observado e, nos três meses seguintes, transmitiu-as de volta à Terra. O resultado inclui uma das imagens mais marcantes de todos os tempos: a Terra, um ponto insignificante, quase indistinguível em meio a outros milhares de pontos luminosos de estrelas, é uma manchinha azul-claro com diâmetro inferior a um pixel, iluminada por um raio de Sol refletido na superfície da nave. É uma imagem humilde e inspiradora: toda a humanidade, nossas conquistas, nosso futuro, nossas esperanças e sonhos condensados nesse pontinho de luz.

Um foguete Titan-Centauro alça voo nos céus da Flórida, em 5 de setembro de 1977, rompendo a barreira do som para lançar a sonda espacial Voyager 1 em sua jornada aos confins do sistema solar

Mas a imagem desse ponto representa também a culminância de algo muito especial: o conhecimento que permitiu que ela fosse registrada ali, naquele momento da história. A própria Voyager é produto de dois milênios de conquistas científicas. A química dos materiais que formam seu esqueleto coberto de lâminas; o domínio da energia que a lançou ao espaço, propulsada por um foguete impelido por explosão controlada; a matemática que calculou um raro alinhamento do sistema solar para acelerar a sonda, arremessando-a de um planeta a outro; e a física quântica empregada nos dispositivos eletrônicos para transmitir as preciosas observações dos novos mundos. O pequeno veículo transporta ainda uma carga muito peculiar, posta ali para a eventualidade de que, num futuro distante, uma inteligência alienígena a encontre. É um registro fonográfico especial, um disco de cobre folheado a ouro com fotos que sintetizam nosso conhecimento científico arduamente conquistado – incluindo definições químicas, matemáticas, de anatomia e geologia. Há ainda cenas da vida na Terra e até sons, como saudações em 55 línguas, uma execução da Quinta Sinfonia de Beethoven e um trecho de "Johnny Bee Goode" tocado por Chuck Berry.

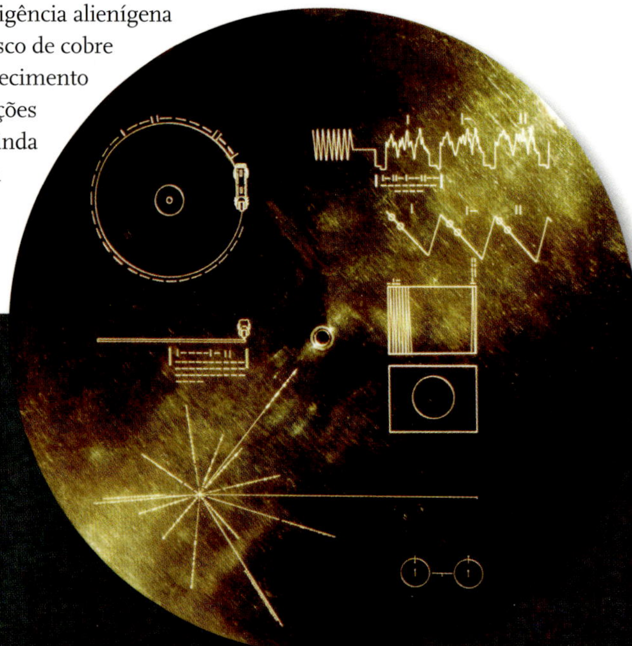

A CIÊNCIA HOJE

A Voyager continua sua jornada, a cerca de 17 bilhões de quilômetros de casa, avançando pelo espaço interestelar e carregando um microcosmo das realizações científicas da humanidade. Sua extraordinária missão é fruto das grandes questões elaboradas por todo ser humano desde tempos imemoriais. Quem somos? De onde viemos? De que somos feitos? O que há lá fora? A história de como os homens tentaram responder a essas interrogações é também a história da ciência.

Ao contar essa história, mostraremos como se construiu o mundo moderno. A ciência está de tal modo intricada em nossas vidas que mal notamos sua presença. Nossas redes de comunicações móveis dependem da mecânica orbital, que permite o posicionamento de satélites no céu; da química do combustível de foguetes; dos materiais usados em plásticos e chips de silício dos computadores, telefones e baterias. A medicina moderna depende não só do conhecimento aprofundado da bioquímica das células, mas também de um entendimento profundo da estrutura atômica da matéria, permitindo o exame de órgãos e ossos, e o diagnóstico das doenças. O acesso à energia que alimenta nossas vidas agitadas depende da compreensão da geologia das profundezas da Terra e das leis da termodinâmica. Nossa capacidade de cultivar o solo e produzir alimentos depende da manipulação, pelos biólogos, do processo evolutivo de animais e plantas que vivem conosco. Nada do que fazemos hoje é intocado pela ciência. Se entendermos melhor como se chegou a essa situação, estaremos mais bem-preparados para responder às incertezas do futuro.

"A história da ciência muitas vezes é narrada como uma série de grandes avanços, revoluções e lampejos de genialidade dos cientistas. Mas sempre há um antes, um depois e um contexto histórico."

A história da ciência muitas vezes é narrada como uma série de grandes avanços, revoluções e lampejos de genialidade dos cientistas. Mas sempre há um antes, um depois e um contexto histórico. O desenvolvimento científico não se dá no vazio nem numa torre de marfim. A ciência sempre foi parte do mundo em que é praticada, e este mundo está sujeito a todas as complexidades da política, da personalidade, da paixão e do lucro. Portanto, no desenrolar dessa história, encontraremos personagens que trabalharam na atmosfera política e religiosa em que respiravam e estavam sujeitos às mesmas pressões que aqueles que viviam à sua volta. Somente se entendermos seu mundo poderemos compreender por que os extraordinários progressos da ciência aconteceram onde e quando se deram.

Acima, à esquerda: A capa do "disco de ouro" da Voyager 1 dá instruções para se construir uma máquina capaz de tocá-lo. Nele estão sons e imagens da humanidade distante, além de um mapa indicando a origem da sonda.

À esquerda: A imagem granulada da Terra vista a mais de seis bilhões de quilômetros de distância representa um dos pontos mais altos das conquistas humanas, além de uma saudável lembrança do lugar que nos cabe no cosmo.

O LUGAR CERTO, NA HORA CERTA

Na história da ciência, muitas vezes se constata que as descobertas são feitas, mais ou menos ao mesmo tempo, por pessoas diferentes. Charles Darwin desenvolveu a teoria da evolução por seleção natural ao longo de alguns anos, em meados do século XIX. Enquanto isso, outro homem, Alfred Russel Wallace, também formulou, de maneira independente, uma teoria que, em muitos aspectos, era incrivelmente parecida.

Por quê? A ideia de que a diversidade do mundo natural podia ser explicada pela evolução já era muito debatida; Darwin e Wallace faziam parte de um mundo sedento de viagens e explorações, e, em suas expedições, viram coisas que os intrigaram; os dois haviam lido um livro de Thomas Malthus que explicava como as populações se mantêm sob controle pela fome e pelas doenças. Acima de tudo, eles partilhavam a mesma atmosfera histórica, uma sociedade movida pela competição. A vida vitoriana era dominada pela ideia de progresso, e as consequências do sucesso ou do fracasso em se adaptar ao ambiente comercial e industrial se faziam sentir em todas as camadas sociais. Foi no contexto dessa combinação de fatores que ambos se inspiraram para concluir que a pressão da seleção natural podia ser a força motriz da evolução.

A conjuntura na qual se deu o avanço do conhecimento científico não significa apenas acontecimentos históricos. Invenções e descobertas tecnológicas, direta e indiretamente, foram essenciais para a história da ciência. No início do século XV, a invenção da imprensa (da impressão com tipos móveis), atribuída ao alemão Johann Gutenberg, teve uma série de resultados científicos. Os efeitos desse evento singular se propagaram pelo mundo conhecido e se expandiram com o passar dos séculos, dando origem à primeira revolução das informações. Antes, para todos os efeitos, o conhecimento era limitado pelo alto custo da produção de livros, que deviam ser copiados à mão. No início daquele século, uma pessoa instruída possuía no máximo meia dúzia de volumes. Depois da invenção da imprensa, era possível ter uma biblioteca, uma coleção de títulos sobre diferentes assuntos que não necessariamente concordavam uns com os outros. Os volumes impressos eram o veículo do pensamento contemporâneo em todas as áreas – científica, literária e religiosa –, estimulando o questionamento das autoridades tradicionais. Mas há um aspecto pouco considerado na invenção da imprensa. A leitura passava a ser uma atividade privada; não estava mais sujeita a qualquer supervisão. Esta foi uma de muitas mudanças que ajudaram a moldar as criativas mentes individuais responsáveis por futuras conquistas científicas.

A disponibilidade de novas tecnologias muitas vezes produziu grandes avanços em áreas da ciência nas quais, de um momento para o outro, se tornava possível medir e observar coisas até então impensáveis. Os exemplos mais óbvios são o telescópio e o microscópio, que transformaram a compreensão do cosmo e o funcionamento da célula viva. Contudo, muitas das invenções tecnológicas e dos avanços da ciência que vieram depois desses aparelhos surgiram por motivos nada científicos, como o motor a vapor, criado para suprir uma necessidade comercial – sua invenção foi obra de engenheiros práticos que só queriam ganhar algum dinheiro. Uma vez produzido, o mecanismo converteu-se em objeto de estudo, e os cientistas tentaram entender os princípios da energia que possibilitavam seu funcionamento. O resultado disso foi a descoberta de leis fundamentais da física que corroboravam a natureza de nosso Universo.

O sucesso do tabaco incentivou, em todo o mundo, a busca de novas espécies vegetais a serem exploradas. O conhecimento obtido mudou nossa visão da própria origem da vida.

SIGA O DINHEIRO

Como em outros ramos de atividade, as pressões financeiras desempenharam papel significativo no progresso da ciência, ditando seus rumos. O uso do telescópio por Galileu no estudo dos astros foi em grande parte movido por dinheiro. Quando ouviu os primeiros rumores sobre o novo e maravilhoso invento, o "óculo espião", ele se entusiasmou e agiu porque estava em difícil situação financeira – ele era um professor de matemática de meia-idade, sem muitas perspectivas, e precisava melhorar de status e de finanças. A notícia da invenção do telescópio deve ter parecido quase um presente dos céus, a oportunidade de impressionar um novo mecenas entre as famílias ricas da Itália no século XVII. Claro que ele não fazia a menor ideia de como seu uso brilhante do dispositivo revolucionaria a ciência do cosmo.

Em escala um pouco maior, os exploradores e botânicos que se lançaram em expedições rumo ao desconhecido no decorrer dos séculos XVII e XVIII pelo menos em parte foram motivados pela procura de novas espécies passíveis de exploração comercial. Antigos aventureiros já haviam revelado a fabulosa riqueza que podia ser obtida com a descoberta e venda, no Velho Mundo, de plantas como o tabaco. A busca do ouro verde trouxe novos conhecimentos sobre a vida no planeta e incentivou uma outra compreensão de nossas origens animais.

"A disponibilidade de novas tecnologias muitas vezes produziu grandes avanços em áreas da ciência nas quais, de um momento para o outro, tornava-se possível medir e observar coisas até então impensáveis."

A IMPORTÂNCIA DA PERSONALIDADE

Toda descoberta científica deve muito ao contexto histórico singular de seus autores. Às vezes, porém, a personalidade do descobridor é crucial. Bom exemplo é o caso de Johannes Kepler. No início do século XVII, trabalhando sozinho em Praga, Kepler descobriu as leis do movimento planetário que mais tarde transformariam nossa concepção do sistema solar. Ele não teria feito o que fez sem as mudanças políticas e religiosas representadas pela Reforma, que abalaram sua crença nas autoridades estabelecidas e o fizeram deixar sua terra natal.

Kepler precisava do apoio financeiro e político do imperador do Sacro Império Romano, Rodolfo II – obcecado por horóscopo, ele tinha dinheiro para remunerar os observadores de estrelas. Precisava também dos dados árdua e meticulosamente coletados ao longo de muitos anos por seu colega Tycho Brahe. Mas nada disso lhe bastaria sem uma centelha de gênio e uma personalidade obsessiva.

Numa época em que quase todos pensavam que a Terra era o centro do Universo, Kepler acreditava que o Sol era o símbolo de Deus e gerava uma força capaz de fazer os planetas girarem ao seu redor. Para provar isso, era preciso fazer uma descrição das órbitas planetárias que correspondesse ao que se observava no céu noturno. Foi aí que a natureza obsessiva de Kepler se revelou fundamental, pois a tarefa era complexa e tediosa. Ele se dedicou ao trabalho por cinco longos anos e preencheu centenas de páginas com cálculos até chegar a uma solução final. Como escreveu mais tarde: "Se você, caro leitor, se aborrece com estes cálculos enfadonhos, tenha pena de mim, que tive de repeti-los 70 vezes."

Leonardo da Vinci tinha uma natureza muito diferente. Também era fascinado pelos astros, mas muitas outras coisas o encantavam. Isso de certo modo era um problema, pois dificilmente conseguia manter a concentração até terminar o que começara. Além das pinturas e invenções, Leonardo produziu alguns dos melhores desenhos do corpo humano de todos os tempos, com o propósito de criar um livro de anatomia. Mas o projeto não foi adiante. Quando suas obras foram redescobertas, outros já haviam feito o que Da Vinci começara, mas ele sempre será descrito como um homem à frente de seu tempo.

A ciência recebeu também a marca de personalidades bem mais brutais que Kepler ou Da Vinci. Sir Isaac Newton, homem estranho e obsessivo, levava a própria reputação tão a sério que era capaz de destruir a daqueles que cruzavam seu caminho. Robert Hooke, seu rival durante muitos anos, foi apenas uma das vítimas da ira e da índole vingativa do físico. Mas o comportamento malévolo de Newton se empalidece quando comparado ao ímpeto competitivo do inventor Thomas Edison. A fim de demonstrar a superioridade de seu método de distribuição de energia elétrica, Edison apoiou em segredo o desenvolvimento da cadeira elétrica – que se baseava num método concorrente –, para mostrar que a alternativa era letal, desacreditando assim o trabalho do competidor.

PURO ACASO

Os avanços científicos são produto das mesmas pressões sociais e estão sujeitos aos mesmos triunfos e fracassos que afetam todas as outras áreas da vida humana. Mas o acaso também desempenha papel expressivo na história da ciência. Nas célebres palavras de Louis Pasteur, o pai da teoria dos germes e um dos criadores do método de pasteurização, "o acaso favorece quem está intelectualmente preparado". Importante é estar no lugar certo na hora certa, mas só a sorte não basta. Um dos melhores exemplos de descoberta acidental foi a de Alexander Fleming.

Em 1928, Fleming saiu de férias deixando para trás uma cultura de bactérias numa placa de Petri. Não se sabe como, esporos de fungos estudados por um de seus colegas em outra parte do prédio chegaram ao laboratório do cientista e se fixaram à placa. O tempo estava ameno, criando condições ideias para fungos e bactérias. Assim, quando voltou e examinou a cultura, Fleming indagou-se: "O que estará matando os micro-organismos?" A sorte estava do seu lado; ele foi extremamente afortunado ao descobrir as propriedades antimicrobianas da penicilina. Mas o cientista já havia passado um bom número de anos à procura de uma substância bactericida, caso contrário, não teria reconhecido logo a importância do fenômeno observado. Em vez de jogar a placa fora, ele a investigou.

"Cada explicação de como o mundo funciona oferecida pela ciência é, em larga medida, produto de seu tempo."

O químico William Perkin também descobriu algo inesperado, e mostrou-se flexível e sagaz ao aproveitar a oportunidade. Em 1856, com apenas 18 anos, ele estava na casa dos pais, tentando produzir uma versão sintética do quinino, droga contra a malária. Em vez de um substituto para o medicamento, descobriu que havia criado, por acidente, um composto capaz de tingir de uma cor roxa intensa um retalho de tecido. Muitos químicos teriam menosprezado a descoberta, mas Perkin compreendeu suas possibilidades comerciais. Assim, ele enriqueceu e criou um novo e importante ramo da química industrial.

Como veremos no desenrolar da história da ciência narrada neste livro, ao longo dos séculos, a influência das forças históricas, da personalidade, do dinheiro e da tecnologia se fez sentir em todos os grandes avanços científicos. Cada explicação de como o mundo funciona oferecida pela ciência é, em larga medida, produto de seu tempo.

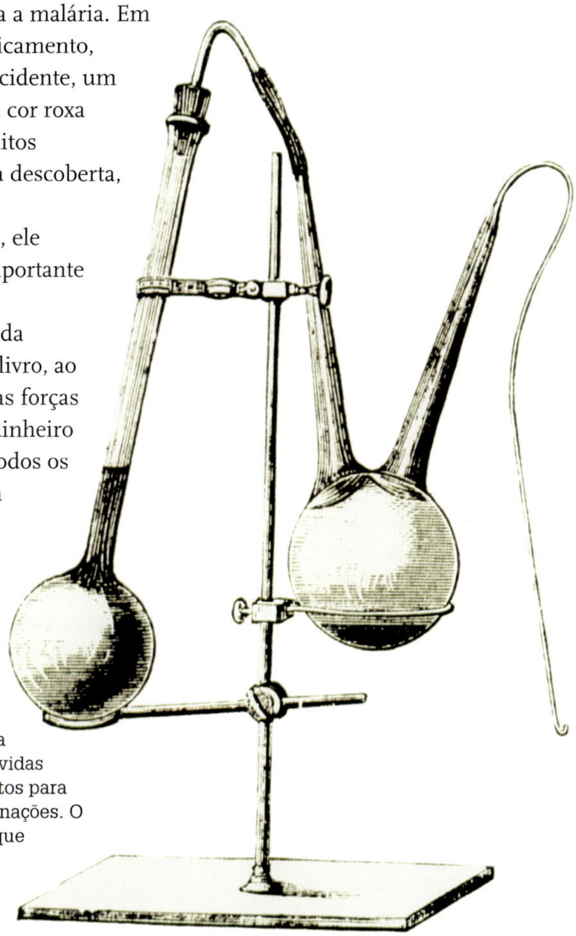

As pesquisas de Louis Pasteur sobre a eliminação dos micróbios, que tantas vidas salvaram, começaram com experimentos para produzir uma cerveja livre de contaminações. O trabalho é um exemplo da convicção que ele tinha: "O acaso favorece quem está intelectualmente preparado."

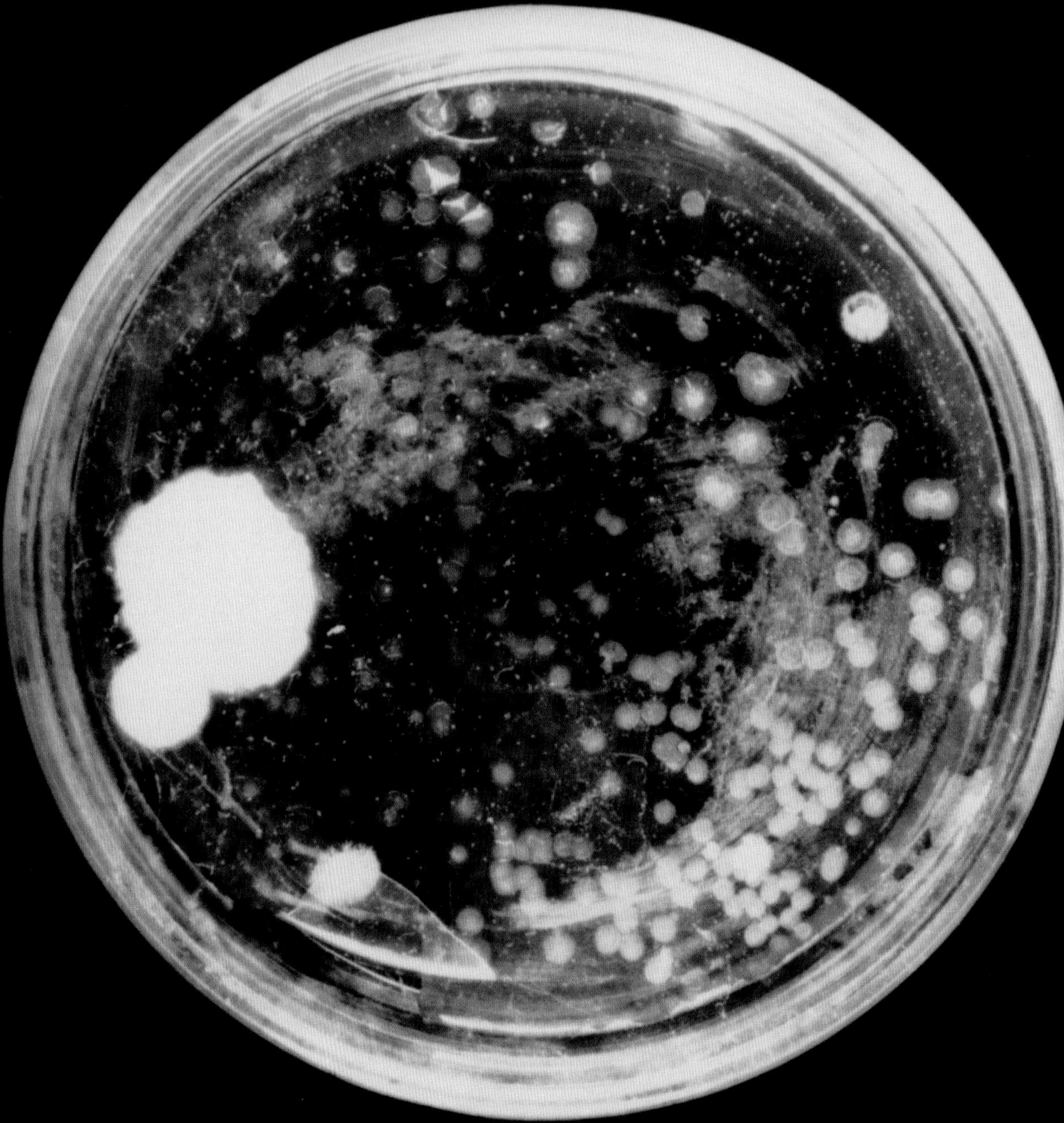

Print of the culture plate which started the work on Penicillin

SENSO INCOMUM

Em seu avanço, porém, a ciência muitas vezes teve de lutar para ser aceita pelas pessoas comuns. Parte do problema acontece porque costumamos ter opiniões sobre o mundo, e em geral gostamos que elas sejam respeitadas. Contudo, em assuntos científicos, a opinião da maioria não importa. Nesse aspecto a ciência não é democrática. Muitas de suas verdades são contraintuitivas, e seu progresso, em grande medida, é indiferente à nossa experiência cotidiana do mundo. Para os cientistas, o senso comum tem utilidade muito limitada. Seria possível haver uma atração entre a Terra e o Sol que atuasse instantaneamente e através de uma enorme distância no vácuo? É plausível afirmar que países inteiros estão assentados sobre grandes placas rochosas que flutuam sobre a superfície de um núcleo pastoso? Seríamos nós e todas as criaturas vivas descendentes de uma única célula? O mundo à nossa volta parece ser de uma solidez reconfortante. Por que, então, os cientistas afirmam que tudo é feito de átomos, e que estes, por sua vez, são constituídos quase inteiramente de vazios?

Na vida cotidiana, acabamos aceitando tudo isso sem refletir, pois são coisas que na maioria das vezes não nos afetam. Mas quando os fatos entram em conflito com nossos interesses ou nossa visão de mundo, pode haver problemas. Hoje há provas inegáveis de uma mudança climática provocada pelo homem. Apesar de todo o debate acerca do aquecimento global, muita gente ainda não se convenceu de que ele é um fenômeno concreto. Isso acontece em parte porque a ciência envolvida é muito complexa, e os detalhes, não muito claros; e em parte porque as consequências para nossas vidas são muito difíceis de aceitar. Da mesma forma, embora a evolução darwiniana seja uma teoria científica das mais sólidas, muitos acham mais fácil e confortável acreditar que algo tão complicado quanto a vida na Terra é obra de uma inteligência superior. É difícil aceitar que tudo que nos cerca, da beleza das borboletas à complexidade do olho humano, tenha evoluído apenas por acaso e pela pressão da sobrevivência. Mas as provas científicas da evolução por seleção natural são inegáveis.

O método científico hoje adotado nos quatro cantos do mundo elabora explicações baseadas em dados. Quando surgem novos elementos que não se encaixam no modelo, é preciso mudar a explicação. É assim que a ciência avança. Por mais questionáveis que sejam as motivações, por mais influentes que se mostrem as forças econômicas, políticas e individuais atuantes sobre as pessoas que a praticam, e por mais intoleráveis que sejam suas conclusões, o desenvolvimento da ciência depende de seguir o rumo ditado pelas evidências. O caminho que percorremos em busca de respostas à nossas grandes perguntas tem dimensões épicas, é repleto de personagens complexos e ideias inspiradoras. Nosso avanço é inconstante, há becos sem saída, obstáculos a superar e mudanças de rumo inesperadas. Trata-se de uma das histórias mais pitorescas e instigantes que se pode contar.

Cultura original do fungo *penicillium*, pesquisada por Alexander Fleming. Embora o acaso tenha desempenhado papel importante na descoberta, foi o trabalho metódico de outros cientistas que a transformou em tratamento viável.

1. Cosmo

O QUE HÁ LÁ FORA?

Tem sorte quem, numa noite clara, encontra um local isolado de onde seja possível contemplar o céu noturno. A imensidão do que avistamos pode nos deixar humildes e nos comover: uma abóbada estrelada se estende sobre nós, inspirando admiração; tudo parece tranquilo, silencioso e pacífico, embora estejamos na superfície de uma grande rocha que gira em torno do próprio eixo a mais de mil quilômetros por hora. Nós e nossa companheira, a Lua, percorremos também uma enorme órbita ao redor do Sol, a cerca de 100.000km por hora. Uma curvatura do espaço-tempo a que chamamos gravidade é o que nos mantém nesse rodopio incessante. Somos apenas parte de uma galáxia diminuta que, com milhares e milhares de outras galáxias, se desloca pelo espaço, atraída por uma anomalia gravitacional no vácuo intergaláctico. Tais ideias não são óbvias nem intuitivas; na verdade, elas contrariam a experiência do senso comum, pois, para todos os efeitos, vivemos numa superfície estática, iluminada a cada dia por um Sol que nasce e se põe. Portanto, não é surpresa alguma termos precisado de tanto tempo, tanto esforço e tantos tormentos para chegar à nossa atual compreensão do cosmo e à resposta para a pergunta "o que há lá fora?" Esta é uma história extraordinária, cujo ápice se deu numa época de terrível reviravolta, há cerca de 400 anos.

O Telescópio Espacial Hubble registra detalhes de uma galáxia espiral barrada semelhante à Via Láctea. Ela é um sistema independente, com bilhões de estrelas, tão distante de nós que a luz leva 70 milhões de anos para chegar à Terra.

A CORTE DO IMPERADOR

As forças transformadoras que varreram a Europa no século XVI eram poderosas, velozes e mortíferas. A Reforma Protestante, iniciada em 1517 como protesto contra a corrupção da Igreja Católica, levou mais de um século de desordem às jovens nações europeias. Contudo, a violência que se seguiu não bastou para abalar o domínio milenar de uma ideia profundamente reconfortante: a Terra estava no centro de tudo. Em torno de nosso mundo fixo e seguro movia-se o firmamento, com os pontinhos luminosos das estrelas, os planetas errantes e as fontes de luz e vida do Sol e da Lua; tudo fora disposto por Deus, para nosso proveito, fosse ele um deus mediado pelas palavras do papa, fosse interpretado a partir de uma bíblia luterana. Sobre essa concepção assentava-se o poder da Igreja e do Estado. Sem alarde, porém, em meio à desordem, pouco a pouco, enquanto o século se aproximava do fim, essa ideia sofreria uma revolução que abalaria a certeza e a autoridade dela advindas.

As raízes da transformação podem ser encontradas entre os personagens da extravagante corte de Rodolfo II, imperador do Sacro Império Romano, rei da Boêmia e da Hungria, arquiduque da Áustria e da Morávia, que reinou de 1576 a 1612. Melancólico e retraído, o monarca se interessava mais pelo ocultismo e pelos estudos que pelas maquinações da política e do governo. Mas, acima de tudo, Rodolfo era um colecionador. Sua coleção incluía animais exóticos, obras de arte, relógios, instrumentos científicos e um jardim botânico. Mandou construir uma ala no castelo de Praga só para abrigar as "curiosidades" espetaculares, entre as quais se podia encontrar praticamente qualquer coisa, de pedras preciosas incrustadas num chifre de rinoceronte a supostas penas de fênix, um dragão mumificado e um chifre de unicórnio.

Rodolfo também colecionava pessoas. Seu amor pelo saber atraiu algumas das melhores cabeças da época, e sua tolerância em relação a diferentes crenças religiosas produziu uma atmosfera de diálogo e debate a seu redor. Foi para a corte de Praga que viajaram duas das personalidades mais importantes da história de nossa compreensão do céu – e uma das duplas mais estranhas na história da ciência. O primeiro era um arrogante aristocrata dinamarquês, dono do melhor conjunto de instrumentos astronômicos da época; o segundo, um pobre matemático alemão que fugia dos conflitos religiosos.

A catedral de São Vito ergue-se sobre o enorme labirinto de construções que forma o castelo de Praga.

O DINAMARQUÊS IRASCÍVEL

Tycho Brahe
1546-1601

O retrato mostra o nariz postiço e o olho esquerdo que parece aumentado.

O ano de 1560 foi historicamente inexpressivo. Porém, em 23 de agosto, aconteceu uma coisa que causou profunda impressão no primeiro personagem de nossa dupla: um eclipse total do sol. Em Copenhague, observou-se apenas o eclipse parcial, mas o fenômeno que fora previsto com base em tabelas de observação do movimento das estrelas e da Lua produziu grande impressão no jovem Tycho Brahe, despertando-lhe o interesse. Na adolescência, ele estudara Direito, mas também adquiria instrumentos e livros astronômicos, iniciando uma vida dedicada à observação do céu. O que impressionou o jovem Tycho foram as discrepâncias entre os registros deixados pelos antigos. Aos 17 anos, ele já havia escrito: "É necessário um projeto de longo prazo para mapear o céu, conduzido num único local, por um período de vários anos." Foi o que se propôs a fazer. Os dados que recolheu até o fim da vida foram fundamentais para responder à questão sobre o que há lá fora no espaço.

Tycho Brahe passou por várias das grandes universidades europeias – Wittenberg, Rostock, Basileia e Augsburgo – estudando astrologia, alquimia e medicina, enquanto reunia extraordinário conjunto de instrumentos astronômicos. Durante os estudos, houve um acontecimento que o deixaria marcado para sempre. Num baile, ele se envolveu numa discussão acalorada com outro estudante. Não sabemos o motivo do conflito, que acabou num duelo disputado no escuro, custando-lhe um pedaço da ponta do nariz. Para o resto da vida, ele encobriu o buraco com próteses metálicas – dizem que tinha uma de cobre para o dia a dia, e outras de ouro e prata para ocasiões cerimoniais.

"Os dados recolhidos por Brahe até o fim da vida foram fundamentais para responder à questão do que há lá fora no espaço."

Um dos feitos mais célebres de Tycho Brahe foi a construção de um enorme modelo da esfera celeste, de 180cm de diâmetro. Infelizmente o artefato foi destruído por um incêndio na Universidade de Copenhague, em 1728.

O nariz de prata reforçou-lhe a fama de aristocrata arrogante e irascível, mas sua reputação como observador do céu só se firmaria alguns anos mais tarde, quando apareceu no firmamento uma estrela nova e incomum. Na época, Brahe estava na Dinamarca, e na noite de 11 de novembro de 1572, notou um novo objeto muito brilhante na constelação de Cassiopeia. Era o que hoje chamamos de supernova, a morte explosiva de uma estrela velha. Foi ele quem cunhou o termo "nova", usado no livro que publicou sobre a descoberta, *De Nova Stella*. Nos meses seguintes, observou o objeto conhecido hoje como SN1572 perder o brilho. Isso representou um silencioso abalo no modelo de Universo da época, partilhado por Brahe e por todos à sua volta. À medida que registrava suas observações, ficava claro que não se tratava de um planeta ou cometa, mas de uma estrela. Era algo novo aparecendo naquilo que todos acreditavam ser a "esfera de cristal" das estrelas fixas, cuja forma perfeita fora criada por Deus. O surgimento repentino de uma nova estrela era uma ideia assustadora.

Imagem de uma galáxia "irregular" fotografada pelo Telescópio Espacial Hubble. Estrelas recém-nascidas iluminam enormes extensões do gás rosado que forma as novas estrelas.

AS ESFERAS HARMÔNICAS

Nas primeiras civilizações, a concepção cósmica fundamental era sempre a mesma: a Terra estava no centro do Universo. Para sumérios, babilônios e egípcios, o Sol, a Lua, as estrelas e os planetas giravam à nossa volta. As explicações variavam de uma sociedade para outra, mas a que passou a dominar na Europa foi estabelecida por sucessivas gerações de filósofos gregos. Em geral, colocamos todos esses pensadores no mesmo saco que os "gregos antigos", mas, na verdade, o período em que viveram abarca muitos séculos, e suas teorias do cosmo passaram por mais de 600 anos de aperfeiçoamento.

Até onde sabemos, o primeiro a afirmar que as estrelas estavam fixas numa esfera ou hemisfério que girava à nossa volta foi Anaxímenes de Mileto, no século VI a.C. Em seu modelo, a Terra era uma espécie de disco plano ou cilindro achatado no topo que flutuava no ar como uma rolha. Pitágoras de Samos – o mesmo cujo teorema usamos hoje para calcular a área de um triângulo retângulo – trocou o disco por um globo em torno do qual dispôs uma série de esferas concêntricas para o Sol, a Lua e cada um dos planetas, e as estrelas "fixas" na esfera mais distante. Na concepção pitagórica, a medida do afastamento entre as sete esferas planetárias (incluindo a da Lua e a do Sol) e a das estrelas tinha grande importância, pois as distâncias corresponderiam à mesma razão da divisão da escala musical. Esta é a origem do conceito de "harmonia das esferas", que iria ressoar por dois milênios.

O modelo que mais tarde veio a se consolidar originou-se de uma proporção estabelecida pelo filósofo e matemático ateniense Platão, por volta de 400 a.C. Para ele, o círculo era uma forma perfeita, e estava convencido de que, por isso, os planetas, o Sol e a Lua percorriam órbitas circulares em torno de uma Terra esférica.

"Eudoxo precisou de 27 esferas para explicar os movimentos celestes, mas o modelo foi aperfeiçoado por Aristóteles, seu contemporâneo."

Coube aos discípulos de Platão criar um modelo que explicasse a filosofia do mestre. Eudoxo, um de seus alunos, elaborou uma solução engenhosa, envolvendo múltiplas esferas concêntricas. A órbita da Lua ilustra a ideia. A explicação do movimento aparente do satélite exigia três esferas: uma que girava todos os dias (justificando o nascer e o pôr da Lua); a segunda, de rotação mensal, explicando seu percurso pelo zodíaco (seu movimento em relação às estrelas); a terceira, girando a cada mês em torno de um eixo ligeiramente diferente (para explicar as variações de latitude). O grande problema para os astrônomos antigos era que os planetas se comportavam de maneira estranha, parecendo às vezes mais próximos ou mais distantes da Terra, movendo-se ora mais rápido, ora mais devagar, ou mesmo dando a impressão de andar para trás. O termo "planeta" vem da palavra grega "errante". Eudoxo precisou de 27 esferas para explicar os movimentos celestes, mas o modelo foi aperfeiçoado por Aristóteles, seu contemporâneo. Na tentativa de compreender suas observações, o filósofo dispôs 55 esferas concêntricas ao redor da Terra, cada qual responsável por um movimento específico dos corpos celestes, girando em círculos perfeitos e eternos por uma substância chamada "éter". Do lado de fora, pôs o "motor imóvel", a força que séculos mais tarde viria a representar o todo-poderoso Deus cristão .

Tudo isso – e a maior parte deste capítulo – teria se tornado irrelevante se as ideias de Aristarco de Samos fossem populares no auge da dominação ateniense da Grécia, cerca de 200 anos mais tarde. Em linhas gerais, ele tinha uma solução para o problema. Pôs o Sol no centro do cosmo, com a Terra e os outros planetas girando ao seu redor, na ordem que conhecemos hoje, e as estrelas fixas bem mais afastadas. A ideia, porém, não resistiu à lógica implacável da época. Em primeiro lugar, ele contrariava Platão e Aristóteles. Mas a verdadeira razão da impopularidade do modelo é que ele parecia errado. Se a Terra se movia pelo espaço, por que um objeto jogado para cima ou disparado como uma flecha caía em linha reta, em vez de parar longe do ponto de lançamento? Por que não sentíamos um forte vento ou pelo menos uma brisa, como num navio que se move pelo mar? Não, o bom senso dizia a todos que Aristóteles estava certo.

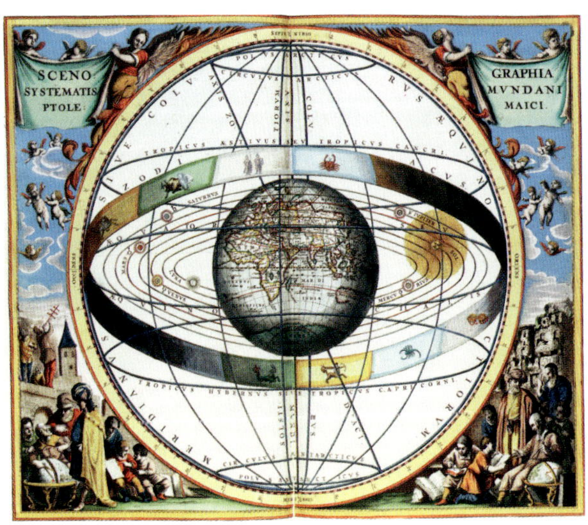

A visão ptolemaica do Universo; a Terra estava no centro, o Sol e os planetas giravam ao seu redor, e uma esfera estelar, incluindo o anel do zodíaco, envolvia todo o sistema.

CERTEZA

Tudo isso é mais que um mero devaneio de filósofos e matemáticos. As obras de Aristóteles tornaram-se um dos pilares filosóficos transmitidos à doutrina cristã nos séculos seguintes, atravessando o apogeu e a queda do Império Romano. Mantido vivo pelas escolas filosóficas gregas peripatética e neoplatônica, o pensamento aristotélico exerceu grande influência sobre os eruditos árabes do Oriente Médio e os primeiros protagonistas do cristianismo, como santo Agostinho, cujos ensinamentos constituem o cerne das práticas da Igreja. A cosmologia de Aristóteles, ou sua interpretação cristã, prevaleceu porque fazia sentido, e o motor imóvel das esferas celestiais era uma clara representação da onipotência divina. A descrição aristotélica do céu se tornou componente imutável da autoridade da Igreja no milênio seguinte.

Com a desintegração do Império Romano e a transferência de poder para Constantinopla, boa parte do conhecimento dos antigos gregos se perdeu para a Europa, mas seus fragmentos se dispersaram pelo Oriente Médio, à medida que os mercadores transitavam pela cidade que se tornou centro do mundo bizantino. O saber helênico foi avidamente estudado pelos eruditos árabes, que pouco a pouco se espalharam pelo norte da África e pela Espanha, depois da emergência do islã, no século VI. Acumular conhecimento era parte do processo de busca da perfeição espiritual dos estudiosos muçulmanos, e as grandes bibliotecas – reunião de antigos e novos ensinamentos – marcaram o longo domínio dos califas islâmicos, como demonstração de sua procura de completude. Textos gregos e latinos foram traduzidos para o árabe, estudados e usados como base para outras ideias. A ciência árabe nos legou novas formas de matemática e uma compreensão da ótica e da prática médica, além de assegurar a continuidade das antigas observações do cosmo.

"A ciência árabe nos legou novas formas de matemática e uma compreensão da ótica e da prática médica, além de assegurar a continuidade das antigas observações do cosmo."

CÍRCULOS DENTRO DE CÍRCULOS

A extensão do acervo árabe de conhecimentos foi revelada pela queda da cidade espanhola de Toledo, em 1085, momento decisivo da disputa entre cristãos e muçulmanos na região do Mediterrâneo. Quando os cristãos tomaram a cidade, foram descobertas vastas bibliotecas constituídas por uma profusão de textos, incluindo traduções árabes de antigas obras gregas de há muito esquecidas na Europa cristã. Um exemplo foi o incrível livro intitulado *Almagesto*. A obra fora compilada no século II pelo matemático Cláudio Ptolomeu, que fez uma extraordinária tentativa de conciliar a fria realidade dos movimentos estelares e planetários observados com os círculos e esferas da filosofia aristotélica.

Acima: O conhecimento clássico muitas vezes voltava à Europa sob a forma de belos e ilustrados manuscritos árabes.

O UNIVERSO GEOCÊNTRICO DE PTOLOMEU

O *Almagesto* de Cláudio Ptolomeu mostra um conjunto de tabelas estelares que podiam ser usadas para calcular as posições passadas e futuras dos planetas no céu, além de um catálogo das 48 constelações visíveis para os gregos antigos. O sistema do Universo que ele desenvolveu em alguma data posterior a 100 d.C. tinha a Terra no centro, seguida por Lua, Mercúrio, Vênus, Sol, Marte, Júpiter, Saturno, e, por fim, a esfera das "estrelas fixas". Para que todos os astros circulassem em torno da Terra imóvel era preciso que os planetas girassem em pequenos círculos (epiciclos) ao redor de pontos do espaço que, por sua vez, se moviam em círculos maiores (deferentes) em volta da Terra. Aperfeiçoando os primeiros modelos, os gregos introduziram outros epiciclos, alguns deslocados em relação aos centros de rotação (excêntricos). Por fim, na tentativa de adequar a descrição aos movimentos planetários observados, Ptolomeu concebeu a ideia de pontos no espaço (equantes) a partir dos quais uma órbita parecia circular. A complexidade do modelo era impressionante.

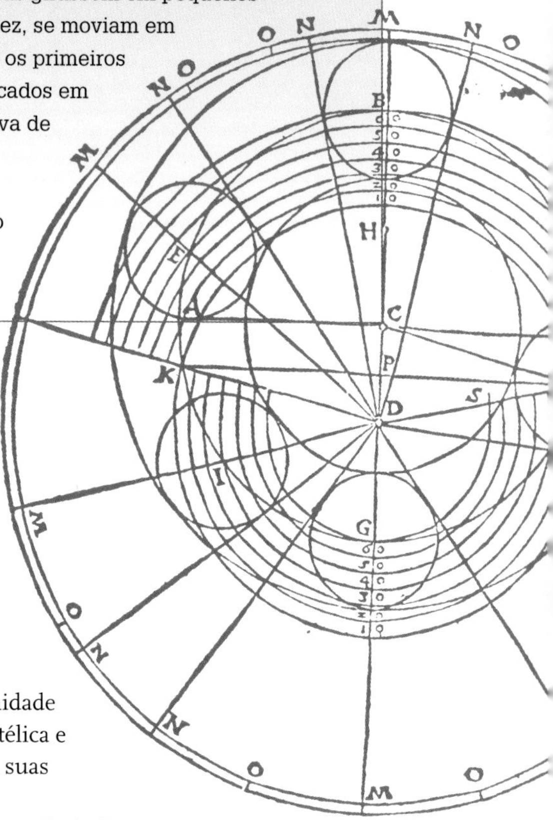

Figura medieval do sistema ptolemaico de epiciclos e deferentes.

Ptolomeu viveu em Alexandria, no Egito romano. Baseou-se nas observações astronômicas de seus predecessores para elaborar um livro de tabelas astronômicas e uma descrição de seu modelo do Universo. Se as 55 esferas de Aristóteles eram um sonho filosófico, a solução ptolemaica era um pesadelo matemático, incluindo muitos epiciclos (círculos dentro de círculos) para conciliar os movimentos observados dos planetas com a noção de que a Terra estava imóvel no centro de tudo. Mas foi essa complexidade que se transmitiu às gerações posteriores. Exemplares do *Almagesto* começaram a se difundir entre a comunidade astronômica da Europa Ocidental. Essa mistura de filosofia aristotélica e cosmologia ptolemaica predominava quando Tycho Brahe iniciou suas observações.

A reputação de Brahe como um dos principais nomes na astronomia da época fora estabelecida pela nova estrela por ele observada em 1572. O rei da Dinamarca, Frederico II, temendo perder o prestígio que figura tão proeminente traria ao país, ofereceu-lhe uma recompensa extraordinária: um pequeno ponto árido de 5km de extensão, uma ilha chamada Hven, entre a Dinamarca e a Suécia, aonde os 370 habitantes atuais ainda chegam após longa viagem de barco partindo do continente. Lá Brahe construiu o mais espetacular observatório do mundo, Uraniborg ("castelo de Urânia"), onde, em 1577, fez outra observação perturbadora: um cometa. Mais uma vez, seu cuidado ao traçar o percurso do objeto lhe permitiu afirmar que o trajeto atravessava as "esferas de cristal" que mantinham os planetas em suas órbitas ao redor da Terra. Era mais um indício de que havia algo errado com o modelo tradicional do céu.

Johannes Kepler
1571–1630

O MATEMÁTICO POBRE

Com o passar dos anos, Tycho Brahe se tornou cada vez mais despótico e arrogante, governando Hven como feudo privado e chegando a prender os colonos por mau comportamento. Ele acabou se desentendendo com o novo rei e deixou a Dinamarca em 1597. Depois de uma peregrinação de dois anos pelos estados germânicos, ele e seu séquito chegaram a Praga, onde Rodolfo II lhe concedeu audiência. O resultado foi a nomeação como matemático imperial no castelo de Benatky, a 33km da capital, onde montou seus instrumentos e prosseguiu as observações. Foi para Benatky que o aristocrata convidou Johannes Kepler – matemático pobre e segundo elemento de nossa dupla astronômica – para ser seu assistente.

Kepler era o extremo oposto de Tycho Brahe. Nascido em 1571, não muito longe da atual cidade alemã de Stuttgart, era pobre e teve uma vida de atribulação constante. Na Europa do século XVI, as guerras não eram raras nem distantes, e seu pai tentava ganhar a vida como mercenário, passando pouco tempo em casa até desaparecer, quando o filho era adolescente. Aos quatro anos Kepler contraiu varíola. Para o resto da vida sofreria de visão fraca e terríveis problemas de pele. Mais tarde traçou um registro genealógico da família e de seus primeiros anos que, em certos trechos, parece um infeliz catálogo de padecimentos. Mas anotou também experiências sobre o cosmo, vividas na infância, que causaram forte impressão em sua mente juvenil. Kepler contava que, ainda pequeno, em 1577, viu o grande cometa – o mesmo que Brahe rastreava bem mais ao norte, em Hven.

As biografias científicas muitas vezes exageram o brilhantismo do biografado, mas, no caso de Kepler, não há exagero – ele se

O CASTELO DAS ESTRELAS

O Castelo de Urânia (musa da astronomia) em Hven foi construído em quatro pavimentos, com quartos para Tycho Brahe e sua família, aposentos para o trabalho de astrônomos visitantes e dormitórios para alunos. Contava com laboratório alquímico, jardim de ervas medicinais, tanques de peixes, jardim botânico, curtume, moinho de farinha, tipografia e fábrica de papel. No centro ficavam os instrumentos, entre os quais um famoso quadrante de 2m de raio, instalado na parede, que se acredita ter servido de moldura a um retrato do grande astrônomo trabalhando na companhia de seu cão adormecido.

A compilação de tabelas astronômicas precisas exigia a observação regular do movimento das estrelas e planetas em relação à Terra. Na época de Brahe, a observação do céu a olho nu envolvia dificuldades extremas, mas quadrantes e sextantes foram grandes auxiliares antes do telescópio. Para sustentar o observatório e um estilo de vida opulento, Brahe recebia por ano uma quantia estimada em mais de 1% da renda total da coroa dinamarquesa – superior, em termos relativos, à verba hoje destinada à Nasa pelo governo americano.

destacou pelos dotes matemáticos. Estudou física e astronomia em Tübingen e foi apresentado clandestinamente a uma teoria recém-formulada, que explicava o movimento dos planetas, do Sol e da Lua.

Em público, o professor Michael Maestlin ensinava aos estudantes de astronomia o modelo tradicional herdado dos gregos – a descrição ptolemaica do Universo com a Terra no centro e todos os epiciclos. Extraoficialmente, porém, apresentava-lhes o radical modelo copernicano, onde tudo girava em torno do Sol. Kepler adotou o "modelo heliocêntrico".

O CÔNEGO POLONÊS

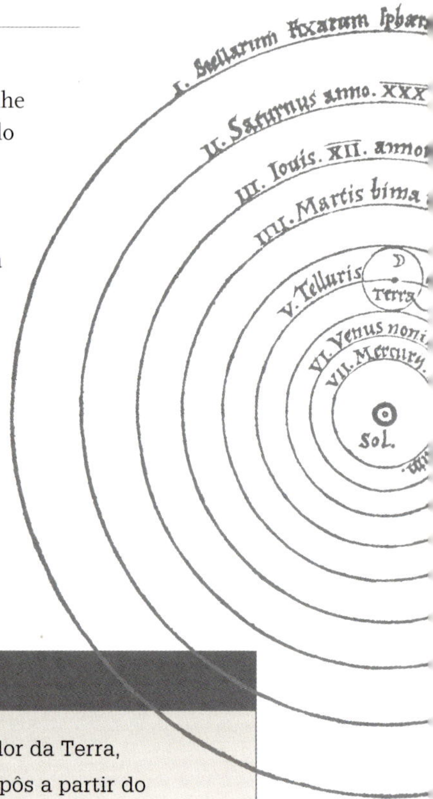

Mikolaj Kopernik era cônego de Frombork, na Polônia, e adotou o nome latinizado de Nicolau Copérnico, segundo o costume da época. Seu posto não lhe exigia muita dedicação, e ele passava anos estudando na Itália. No fim do século XVI, Copérnico conheceu a concepção heliocêntrica do Universo na forma adotada pelo antigo pensador helênico Aristarco, possivelmente por meio de referências em textos gregos e latinos estudados em Pádua. A ideia não era nova. Além de ser motivo de polêmica na filosofia grega, a tese já fora debatida também pelos árabes e pelos primeiros pensadores indianos. O polonês viu nela uma forma de tornar bem mais elegante a complexa cosmologia herdada dos helenos.

Ao contrário do que muitas vezes se afirma, Copérnico não era um revolucionário. Só queria aperfeiçoar o que os antigos já haviam feito. A dificuldade era que, não querendo se afastar muito das sólidas convicções da filosofia grega, pressupôs que as órbitas planetárias são círculos perfeitos (o que é falso). Assim, para se coadunar com os dados das observações, seu modelo também precisava de epiciclos. O resultado era quase tão complicado quanto o modelo grego.

A COMPLEXIDADE DE COPÉRNICO

Ao adotar a ideia de que os planetas não se moviam ao redor da Terra, Copérnico se livrou da complexidade dos epiciclos e os dispôs a partir do Sol, na ordem que hoje sabemos ser a correta (Mercúrio, Vênus, Terra, Marte, Júpiter e Saturno – os outros ainda não haviam sido descobertos), justificando também as diferentes durações de seus ciclos astronômicos completos. Mas o modelo não correspondia à representação simples do sistema solar que toda criança hoje aprende na escola. A dificuldade era que ele pressupôs que as órbitas planetárias eram círculos perfeitos, e, para harmonizar o sistema com as observações, fez com que os planetas, incluindo a Terra, girassem em torno de um único ponto no espaço – mas este não era o Sol. O eixo das órbitas era ligeiramente deslocado em relação ao centro solar – uma distância de cerca de três vezes o diâmetro do Sol. O resultado final foi que teve de recorrer a número quase igual ou superior de epiciclos que o utilizado no modelo grego.

O modelo copernicano foi divulgado pela primeira vez em breve artigo que circulou em versão manuscrita em 1510, o *Commentariolus*. Não houve grandes protestos nos círculos eclesiásticos católicos, e o livro chegou a ser bem-recebido nos debates após a preleção assistida pelo papa. É irônico que, embora a Reforma tenha aberto uma porta para o questionamento da autoridade da Igreja e sua visão de mundo, a fé protestante se inclinasse para uma leitura mais literal da bíblia. Assim, até 1543, quando Copérnico publicou *De revolutionibus*, opúsculo onde expunha todos os detalhes de sua teoria, o que se temia era a ira do pai do movimento reformista, Martinho Lutero, e não a da Igreja católica. O encarregado da publicação foi o pastor luterano Andreas Osiander, que, sem conhecimento do autor já idoso, decidiu não se arriscar. O editor inseriu um prefácio declarando que a teoria contida na obra era apenas um modelo matemático útil para descrever o movimento dos planetas, mas não correspondia à realidade. A distinção era sutil, mas importante. Como exercício, um matemático podia forjar o modelo que quisesse, mas atrever-se a explicar o mundo criado por Deus era um passo perigoso. É quase certo que Copérnico não sabia do acréscimo de última hora. Conta-se que, no leito de morte, recebeu o primeiro exemplar da obra e morreu em paz.

"Atrever-se a explicar o mundo criado por Deus era um passo perigoso."

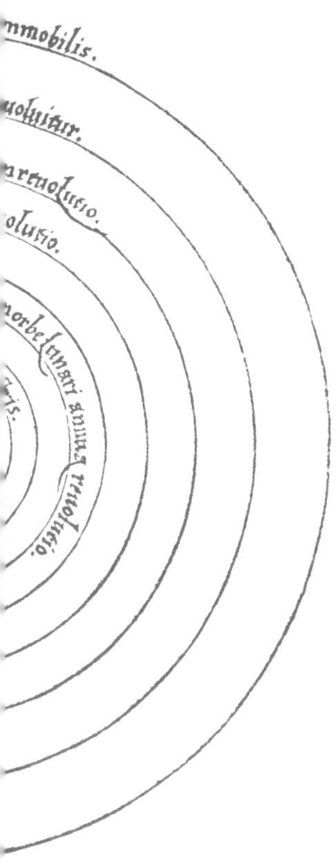

Ilustração do novo modelo de Universo proposto por Copérnico. O Sol fica no centro e a Terra, o terceiro planeta, é orbitada pela Lua. No exterior, o cosmo é envolvido por uma redoma de estrelas fixas.

Mas o livro foi lido. Em algum momento da década de 1450, na cidade alemã de Mainz, Johannes Gutenberg e seus colaboradores inventaram um processo de impressão com tipos móveis, uma das criações mais importantes da história da humanidade. Passada uma geração, a tecnologia revolucionara a difusão do conhecimento e das informações entre as nações europeias. Todas as principais cidades contavam com tipografias, e o número de títulos publicados crescia exponencialmente. Se antes os manuscritos copiados à mão eram objetos valiosos, caros e até sagrados nas mãos de ricos e poderosos, agora quase todo mundo podia ter uma obra impressa. O mercado de livros era dominado pelas bíblias, mas logo se expandiu para os textos de teor prático e instrutivo. Até o fim do século XVI, haviam sido publicados, em toda a Europa, cerca de 150 títulos sobre temas que iam da pecuária à astrologia. O livro de Copérnico surgiu nesse mundo transformado e logo passou a constar da biblioteca da maioria dos intelectuais e estudiosos interessados em entender os movimentos celestes. No inicio do século XVII, exemplares da primeira edição já haviam chegado à Suécia, Sicília, Espanha e Irlanda do Sul.

MISTÉRIOS DO UNIVERSO

O interesse de Kepler no modelo heliocêntrico tinha a ver com a matemática pura e o misticismo. Além de matemático brilhante, ele era também astrólogo. Na verdade, naquela época, as duas habilidades andavam juntas, e, para muitos, astrologia era assunto dos mais sérios. Lideres políticos como Rodolfo, em Praga, tomavam poucas decisões sem consultar os astros.

Se o dia e a noite, o ciclo mensal da Lua e as estações do ano exercem efeitos perceptíveis sobre a vida na Terra, por que os outros planetas e as estrelas também não teriam influência em nossas vidas? Do ponto de vista da época, esse pensamento fazia todo sentido. A astrologia exigia cálculos e descrições dos movimentos dos planetas e previsões exatas de suas posições futuras. Depois de se formar em Tübingen, Kepler assumiu o posto de professor de matemática em Graz, na Áustria. Mal pago, empregava suas habilidades traçando horóscopos para complementar a renda. Na verdade, a longa descrição de sua família e de sua educação fazia parte de um amplo estudo astrológico que preparou para si. Mais tarde, ele voltaria a analisar aspectos de sua vida, buscando nos astros explicações para alguns dos momentos mais negros, como a morte de dois filhos e a infelicidade no casamento.

Com a visão fraca demais para observar o firmamento e pouco acesso a dados observacionais, dizem que Kepler foi obrigado a adotar o método dos antigos filósofos gregos, limitando-se a pensar em explicações para os fenômenos celestes sem recorrer à experiência empírica. Seja como for, registrou um momento específico, em julho de 1595, quando teve uma inspiração enquanto desenhava na lousa, durante uma aula sobre conjunção zodiacal de Júpiter e Saturno. De repente ocorreu-lhe que a concepção heliocêntrica do Universo, de Copérnico, correspondia com perfeição às formas dos cinco sólidos geométricos perfeitos da filosofia de Platão e dos gregos que o sucederam. Talvez, pensou ele, o Universo tenha sido construído segundo regras geométricas fundamentais. Na perspectiva do século XXI, isso não fazia o menor sentido, mas, para Kepler, parecia uma revelação divina; o novo modelo heliocêntrico e a geometria dos antigos se combinavam para confirmar sua própria mescla de crença religiosa e cosmologia. Ele estava convencido de que o Sol no centro representava Deus, e as estrelas fixas eram Cristo, enquanto os planetas e o espaço que ocupavam era o Espírito Santo. Tal ideia norteou o resto de sua vida, e, assim, Kepler nos legou as leis fundamentais do movimento planetário que ainda vigoram.

"Tal ideia norteou o resto de sua vida, e, assim, Kepler nos legou as leis fundamentais do movimento planetário que ainda vigoram."

A sequência de fotos registra as mudanças na aparência da Lua ao longo de um mês

Kepler divulgou sua estranha mistura de crenças religiosas e astronomia em 1596, no livro *Mysterium cosmographicum*. O teor matemático e místico dessa primeira defesa publicada da teoria copernicana refletia o estado incipiente do pensamento científico na época. De Graz, na Áustria, o autor começou a enviar exemplares de sua explicação do Universo, da vida etc. aos preeminentes astrônomos europeus, e a fama de Kepler cresceu. A obra caiu nas mãos de Tycho Brahe, os dois passaram a se corresponder, e o dinamarquês convidou-o para ser seu assistente em Praga. A oferta vinha em boa hora, pois Kepler estava em situação difícil; ele praticamente se tornara refém dos violentos conflitos religiosos que assolavam a Europa.

AS REGRAS GEOMÉTRICAS DE KEPLER

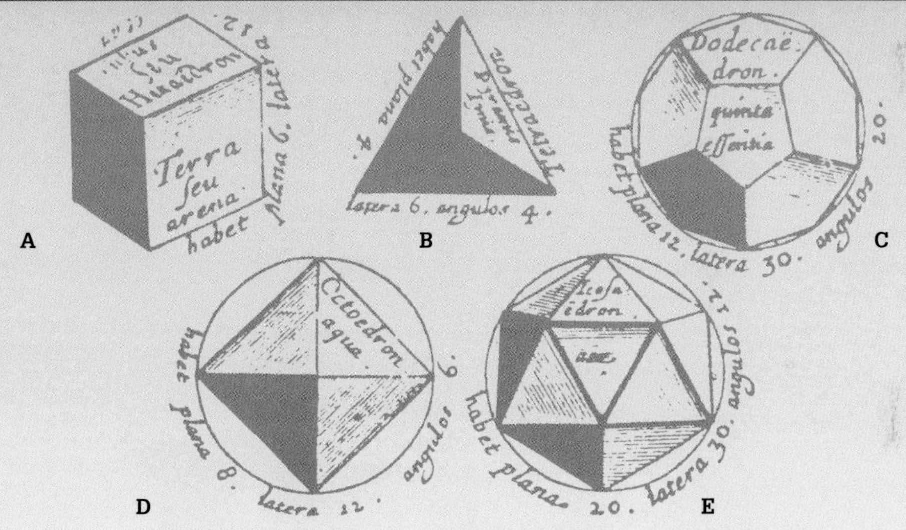

Em *Mysterium cosmographicum*, de 1596, Kepler imaginou um cubo geométrico (A) disposto entre as "esferas" que sustentavam as órbitas de Júpiter e Saturno. A distância relativa entre essas órbitas (definidas por Copérnico) era tal que os pontos do cubo tocavam o interior da "esfera" de Saturno, enquanto a superfície da "esfera" jupiteriana tocava o lado interno do cubo. O raciocínio pode ser estapafúrdio, mas Kepler lhe conferia enorme importância, pois o cubo era um dos "cinco sólidos platônicos". Os outros eram o tetraedro (B), o octaedro (D), o dodecaedro (C) e o icosaedro (E). O astrônomo pôs uma forma geométrica entre cada uma das "esferas" planetárias (de fora para dentro, a partir de Saturno, a ordem era: cubo, tetraedro, dodecaedro, icosaedro e octaedro) e então colocou uma esfera no centro, para Mercúrio. Com alguns retoques aqui e ali, e levando em conta a precariedade das observações astronômicas disponíveis, ele descobriu que podia dispor os planetas quase em suas posições corretas.

ENCONTRO DE IDEIAS

O que se deu em Praga foi a confluência de três processos históricos. O trabalho que ali se fez era motivado pela política da Reforma e das cortes principescas, alimentado pelos avanços tecnológicos da impressão e pela sofisticação dos instrumentos astronômicos; e questionou o legado intelectual dos antigos, reproduzido ao longo de gerações. Nenhum dos participantes se deu conta, mas aquele lugar e momento específicos marcariam uma mudança crucial em nosso entendimento de como o Universo funciona e de nosso lugar nele; a questão do que há lá fora começava a ser respondida.

Em fevereiro de 1600, Kepler chegou a Praga com seus livros, incluindo um exemplar do *De revolutionibus*, determinado a fazer com que os cálculos do Universo geométrico funcionassem. No Castelo Benatky, Tycho Brahe, controlador como sempre, só permitia o acesso do novo assistente a poucos registros fragmentários – insuficientes para ratificar um modelo do cosmo. Porém, 18 meses depois da chegada de Kepler, Brahe morreu. Dizem que sua bexiga encheu a ponto de explodir depois que ele se recusou a deixar um banquete para se aliviar. É uma causa bastante improvável, e ninguém sabe o que o matou. Mas o recém-chegado teve a vida transformada ao ser nomeado para substituir o patrão como matemático imperial de Rodolfo II.

Kepler agora tinha acesso a toda a vasta coleção de observações de Brahe, o que foi da maior importância para a história da ciência. Era um rico acervo de dados astronômicos: no fim de uma vida exuberante, Tycho Brahe mapeara com precisão as posições de 777 "estrelas fixas". Para se ter uma ideia, são 2.500 as estrelas que enxergamos a olho nu, com boa visibilidade, em qualquer lugar da Terra. Da próxima vez que você olhar o céu noturno, reflita na façanha de perseverança de uma vida dedicada à observação. Muitos dizem que as horas de esforço ocular observando diminutos pontos de luz celeste fizeram com que um dos olhos de Tycho ficasse maior que o outro. Isso é improvável, mas há um retrato que o mostra com o olho esquerdo maior que o direito.

"Era um rico acervo de dados astronômicos: no fim de uma vida exuberante, Tycho Brahe mapeara com precisão as posições de 777 'estrelas fixas'."

As primeiras prensas tipográficas inventadas por Johannes Gutenberg por volta de 1439 revolucionaram a velocidade de difusão do conhecimento.

Martinho Lutero
1483–1546

AS 95 TESES

A Reforma Protestante foi desencadeada por Martinho Lutero, monge agostiniano e professor da universidade de Wittenberg, Alemanha. Lutero e outros críticos do norte europeu manifestavam-se com veemência cada vez maior contra o que viam como práticas corruptas disseminadas na Igreja Católica. Opunha-se sobretudo à venda de indulgências – a remissão dos castigos por pecados confessados. Porém, no século XVI, o perdão dos pecadores se convertera em mercadoria, dando origem a uma pequena indústria de indulgências. "Perdoadores" itinerantes distribuíam folhas impressas oferecendo redução de penitências, do tempo no purgatório, ou mesmo a libertação do inferno – tudo pelo seu preço. No início do século XVI, o papa Leão X intensificou a venda de indulgências como parte da campanha para angariar fundos para a construção da basílica de São Pedro em Roma. É provável que a iniciativa papal tenha servido de estopim para a ação de Lutero. Em 1517, o monge pregou as célebres 95 "Teses acerca do poder e da eficácia das indulgências" no portão da igreja do castelo de Wittenberg. Embora a concessão de indulgências possa ter motivado o protesto inicial, as reformas exigidas por Lutero eram de princípios e contestavam alguns dos dogmas da fé católica. Como era de se esperar, a Igreja reagiu; o agostiniano foi declarado herético numa assembleia dos Estados Imperiais do Sacro Império Romano, na cidadezinha de Worms, às margens do Reno (a "Dieta de Worms"). O Vaticano o condenou, armando o palco para mais de um século de lutas que culminaram na sangrenta Guerra dos Trinta Anos, com conflitos abertos entre protestantes e católicos em toda a Alemanha e boa parte da Europa até o fim da década 1640.

Para Johannes Kepler, as consequências da Reforma foram terríveis. A divisão religiosa do Sacro Império Romano quase resultou na cisão entre o norte protestante e o sul católico. Cabia ao governante de cada um dos Estados impor a religião de sua preferência. Isso significava que a fé oficial podia mudar de uma hora para outra, com um novo duque ou príncipe, e nem sempre havia tolerância com os diferentes credos que vigoravam na Praga de Rodolfo. Kepler, luterano convicto, apesar de sua concepção do cosmo, foi atingido por uma dessas transformações repentinas na Graz dominada por católicos. De início, sua posição era tolerada, mas uma mudança de soberano, em 1596, provocou a repressão aos protestantes, e a vida de Kepler começou a ficar difícil.

"As reformas exigidas por Lutero eram de princípios e contestavam alguns dos dogmas da fé católica. Como era de se esperar, a Igreja reagiu."

Imagem de Marte obtida por uma moderna sonda espacial. Os esforços de Kepler para explicar a complexa trajetória aparente do planeta vermelho ajudaram a desvendar o funcionamento do sistema solar.

AS LEIS DE KEPLER

Uma das dificuldades mais evidentes do antigo modelo geocêntrico do Universo era o movimento aparente de Marte, que dava a impressão de girar ora mais rápido, ora mais devagar, ou mesmo de inverter o sentido da rotação em torno da Terra. Confiando em sua habilidade matemática, Kepler julgou ser capaz de mapear a órbita do planeta em uma semana. A tarefa acabou consumindo anos, mas foi essencial para se desvendar o segredo do movimento planetário.

Fiel ao propósito de oferecer sua própria explicação cosmológica, Kepler seguiu desfazendo, uma a uma, as complexidades criadas por Copérnico: a órbita deslocada do centro do Sol, a velocidade uniforme do planeta e, por fim, a órbita circular. Esta última mudança se mostrou fundamental. De início, ele experimentara a órbita oval, mas ela divergia das observações. Porém, quando a substituiu por uma elipse, tudo se encaixou. Todos os epiciclos e giros retrógrados desapareceram, dando lugar a uma descrição matemática perfeita da órbita de Marte em torno do Sol. Kepler concluiu que os planetas se movem em trajetórias elípticas, tendo o Sol num dos focos. A conclusão ficou conhecida como primeira lei de Kepler do movimento planetário. Seu raciocínio matemático deu origem a mais duas leis: de definição da velocidade relativa dos planetas; e do tempo que o planeta leva para completar uma volta em torno do Sol, e sua distância em relação a ele. As três leis se mostrariam vitais para o trabalho de Isaac Newton, que, 75 anos depois, definiu as forças que regem o sistema solar tal como hoje o entendemos.

Páginas 34-5: Em 1604, Kepler (como seu mentor Tycho Brahe, na geração anterior) observou uma "estrela nova" na constelação de Ofiúco (a 13ª constelação zodiacal, que hoje já não existe), "O portador da serpente". Marcado com a letra "N", o astro está situado no pé da figura desta ilustração do tratado de Kepler sobre as estrelas. Hoje sabemos que era uma supernova – a violenta morte de uma estrela cuja massa é muito maior que a do Sol.

Abaixo, à direita: As *Tábuas rudolfinas* de Kepler permitiram que astrônomos e astrólogos calculassem a posição dos planetas em relação às estrelas fixas com uma precisão sem precedentes.

Mas havia um ponto que incomodava Kepler: embora resolvessem o problema da correspondência com as observações, as órbitas elípticas significavam que sua própria cosmologia, o grande esquema de encaixe dos sólidos platônicos, não se adequava muito bem aos fatos. Ele passou o resto da vida tentando conciliar essas ideias. Seu livro *Astronomia nova* varreu do mapa, em 1609, os últimos resquícios do antigo modelo geométrico ortodoxo do Universo. A obra devia causar uma revolução, mas não foi isso que aconteceu. Poucos a leram, e os que o fizeram julgaram o texto impenetrável, pois era difícil acompanhar aquela matemática envolta em misticismo.

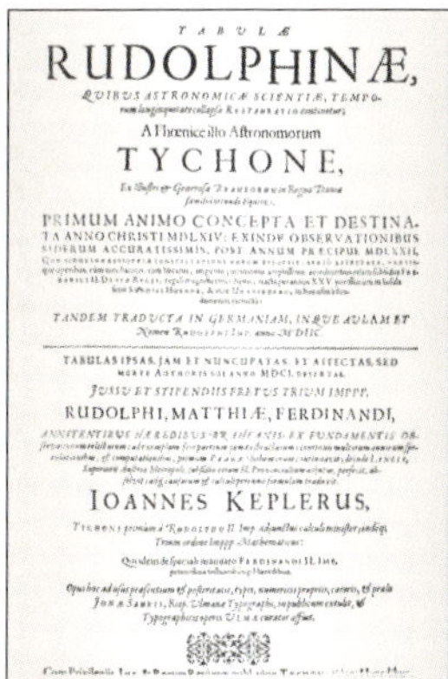

TABULÆ
RUDOLPHINÆ,
QUIBUS ASTRONOMICÆ SCIENTIÆ, TEMPORUM
A Phœnice illo Astronomorum
TYCHONE,
PRIMUM ANIMO CONCEPTA ET DESTINATA ANNO CHRISTI MDLXIV: EXINDE OBSERVATIONIBUS SIDERUM ACCURATISSIMIS, POST ANNUM PRÆCIPUE MDLXXII,
TANDEM TRADUCTA IN GERMANIAM, INQUE AULAM ET
TABULAS IPSAS, JAM ET NUNCUPATAS, ET AFFECTAS, SED
JUSSU ET STIPENDIIS FRETUS TRIUM IMPPP.
RUDOLPHI, MATTHIÆ, FERDINANDI,
IOANNES KEPLERUS,

Kepler dedicou o resto da vida à tarefa de que fora incumbido quando Tycho Brahe morreu: compilar todas as estrelas do dinamarquês num livro de tabelas astronômicas. Ele completou a obra e, em 1627, publicou as *Tábuas rudolfinas*, compêndio que eclipsou o *Almagesto* de Ptolomeu e, por muitas gerações, foi o melhor mapa celeste disponível. Apesar da natureza transformadora de seu trabalho matemático, quando Kepler morreu, em 1630, as tabelas eram tidas como seu legado mais importante. A revolucionária resposta kepleriana à questão do que há lá fora passou quase despercebida. Para que as pessoas aceitassem concepção tão diferente seria necessário um comunicador, um guerreiro, alguém com um ego gigantesco, bem mais persuasivo e bem-relacionado que Johannes Kepler.

AS LEIS DE KEPLER DO MOVIMENTO PLANETÁRIO

1. (A) Os planetas se movem em órbitas elípticas, com o Sol num dos focos (e não no centro).
2. (B) A velocidade orbital de um planeta varia de tal modo que uma linha que o ligue ao Sol varre áreas iguais em intervalos de tempo iguais.
3. (C) O tempo que um planeta leva para completar uma volta ao redor do Sol é denominado período, P, e é proporcional ao tamanho da órbita, A. O quadrado do período P é proporcional ao cubo do eixo semimaior, a. Isso significa que, quanto mais afastado do Sol, mais tempo levará para girar ao seu redor.

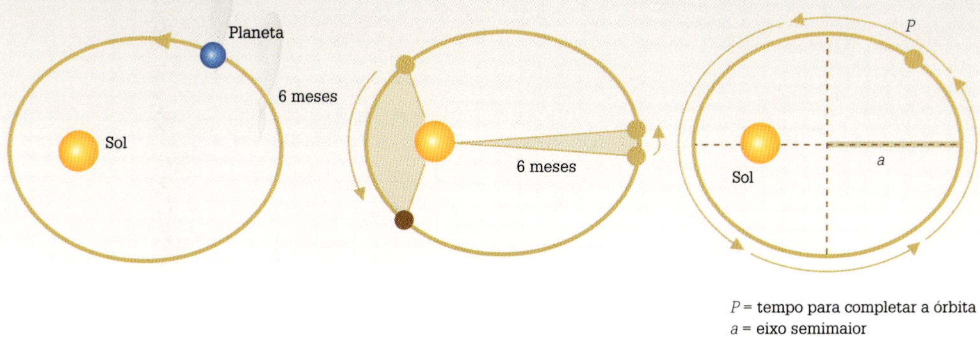

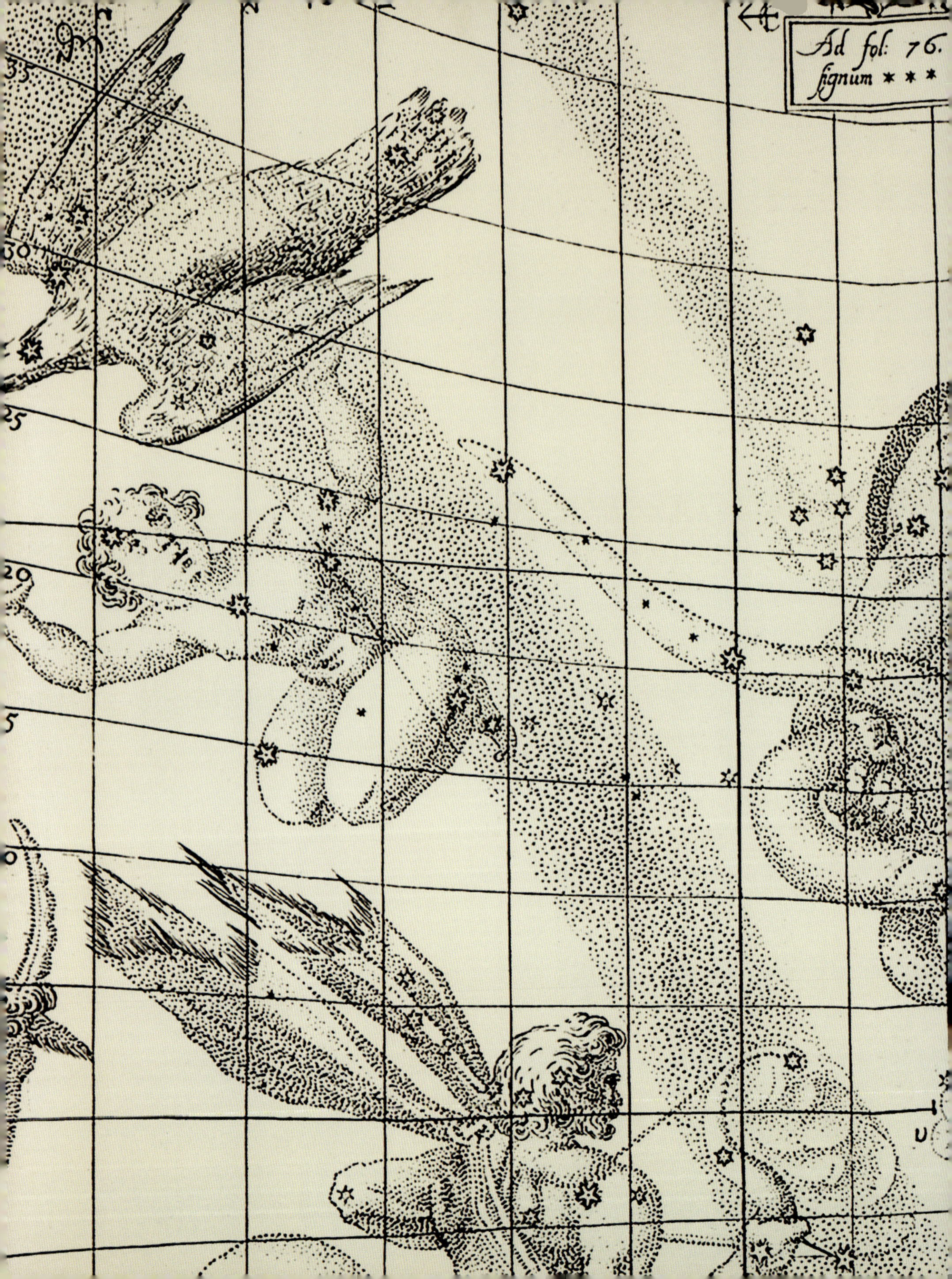
Ad fol: 76.
ſignum * * *

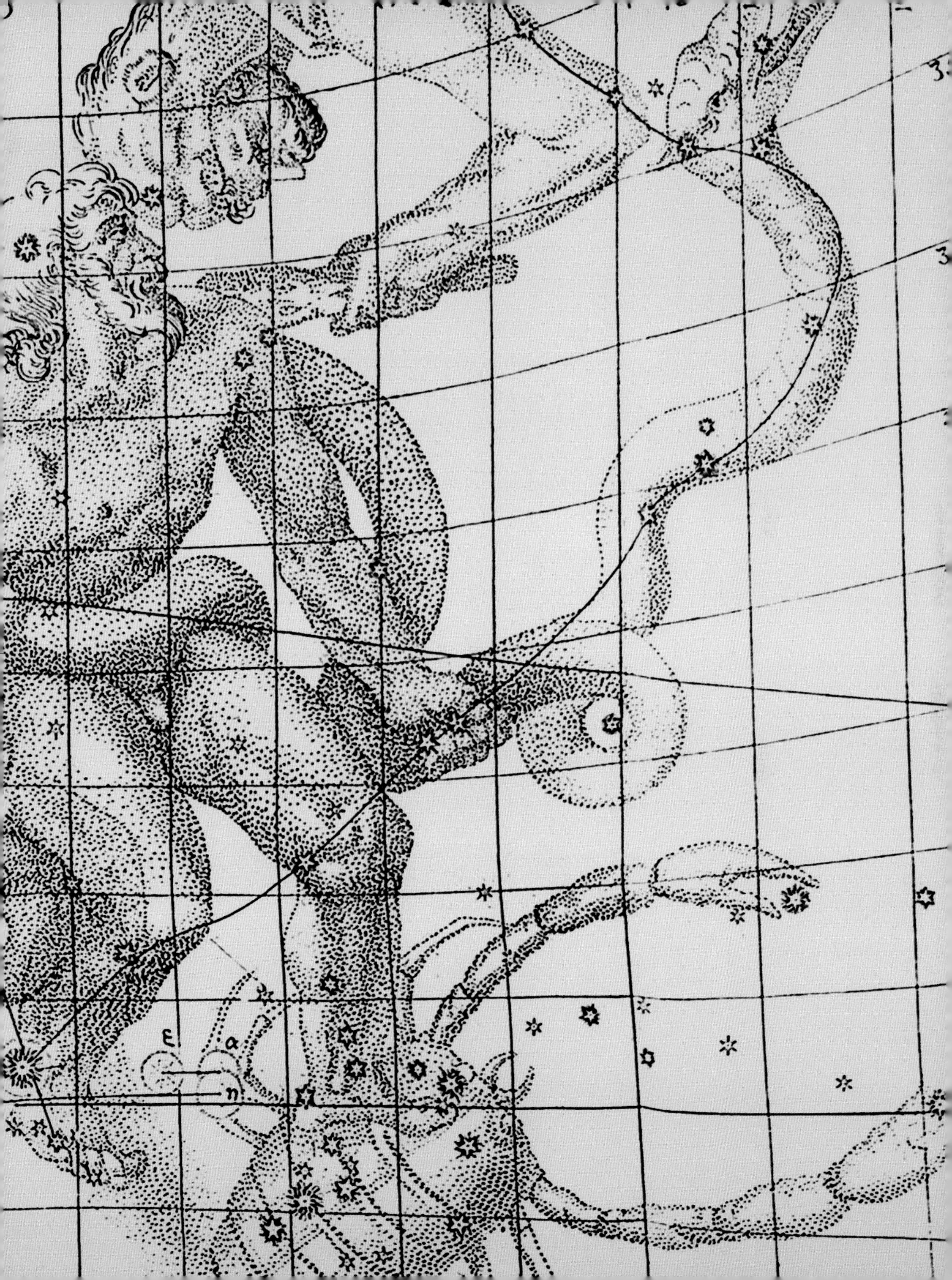
ε
α
η

LUNETAS HOLANDESAS

A guerra continuou servindo de cenário para a ciência ao longo dos séculos XVI e XVII. No fim de 1608, realizou-se uma conferência de paz nos Países Baixos que marcou o início da chamada "Trégua de Doze Anos" na Guerra dos Oitenta Anos, pela qual holandeses protestantes lutavam contra o domínio espanhol. Durante a conferência, Hans Lippershey, fabricante de óculos de Middelburg, mostrou ao príncipe Maurício de Nassau a "luneta espiã". Já se faziam óculos há centenas de anos, e os fabricantes sabiam confeccionar lentes côncavas para miopia e convexas para leitura. Lippershey uniu os dois tipos, criando um telescópio rudimentar. No mesmo ano, ele tentara patentear o invento, mas o pedido foi recusado, pois outros dois inventores também se apresentaram quase ao mesmo tempo. Não se sabe por que a ideia surgiu de repente na Holanda, naquele momento, mas seu potencial no campo de batalha saltava à vista, e a presença de muitos diplomatas na demonstração significava que a notícia logo se espalharia pela Europa quando os emissários voltassem para casa levando a boa-nova da paz. No início de 1609, pequenas lunetas já eram vendidas na Pont Neuf, em Paris, e no verão chegaram à Itália.

> ***"O instrumento era muito simples: um tubo com uma lente convexa numa ponta e uma côncava na outra, produzindo um aumento de cerca de três vezes."***

À esquerda: Galileu Galilei (1564-1642). O retrato data de 1636, no período em que Galileu esteve em prisão domiciliar.

O instrumento era muito simples: um tubo com uma lente convexa numa ponta e uma côncava na outra, produzindo um aumento de cerca de três vezes. A notícia chegou aos ouvidos de um professor de matemática em Pádua, e ele achou que seria capaz de fabricar sua própria versão. Era Galileu Galilei, homem combativo e extravagante, determinado a vencer na vida e sempre à procura de uma chance para se aproximar de pessoas importantes. Aquela era a oportunidade de impressionar protetores em potencial, e ele planejou construir uma luneta para o doge de Veneza, sob cuja autoridade vivia em Pádua. No verão de 1609, Galileu soube que um holandês estava prestes a apresentar um telescópio ao doge. Num extraordinário exemplo de habilidade artesanal, construiu sua própria versão em 24 horas e ainda a aperfeiçoou, obtendo uma ampliação de oito vezes. Assim, ultrapassou o concorrente e exibiu o aparelho aos senadores da República em agosto daquele ano. O resultado foi sensacional. Galileu escreveu que por diversas vezes subiu aos campanários mais altos da cidade, acompanhado por cavalheiros venezianos influentes, para observar a ampliação de objetos distantes. Na apresentação ao doge, o inventor enfatizou a vantagem que o telescópio conferia ao Estado marítimo em sua constante necessidade de defesa contra ataques dos turcos otomanos, "permitindo-nos descobrir no mar, a uma distância muito maior que a usual, cascos e velas dos inimigos, enxergando-os duas horas antes que eles nos vejam". Era assim que o mundo funcionava: um presente significativo era oferecido a um benfeitor, acompanhado de uma discreta alusão à necessidade de ganho pessoal. O doge respondeu com generosidade, oferecendo a Galileu estabilidade em sua posição em Pádua por toda vida e um salário duas vezes maior. Mas a oferta era mesmo para toda a vida: Galileu não poderia ir embora, e o pagamento não aumentaria. Assim, ele preferiu apontar sua objetiva em outras direções.

No Museu Histórico de Florença, são exibidos, lado a lado, dois dos primeiros telescópios de Galileu.

VISÃO PERFEITA

À direita: Sondas espaciais revelaram que os quatro pontinhos de luz descobertos por Galileu na órbita de Júpiter eram mundos em sentido pleno. Aqui, a lua vulcânica Io (à esquerda) e a gelada Europa (à direita) aparecem diante da paisagem jupiteriana de nuvens turbulentas.

Na virada do século XVI, Veneza já não vivia o auge de sua glória renascentista. As grandes galés venezianas que antes dominavam o comércio mediterrâneo, atingindo o número de três mil no ponto máximo, haviam sido superadas pelos navios oceânicos que singravam os mares em direção a oeste. A tomada da cidade bizantina de Constantinopla pelos otomanos resultara no ressurgimento do saber antigo. Pessoas e textos cruzavam o Egeu, refugiando-se na Itália, levando consigo conhecimentos que ajudaram a alimentar a explosão cultural e humanista da Renascença. Ao mesmo tempo, a necessidade de encontrar rotas alternativas para o Extremo Oriente, ao largo dos domínios otomanos, impulsionou a descoberta e exploração do Novo Mundo. O poder econômico se deslocou da Itália para o norte. Veneza, porém, ainda era uma potência cultural; entre suas artes estava a vidraria. No século XIII, os venezianos haviam trazido do Oriente Médio a barrilha, um dos principais ingredientes dos puríssimos cristais fabricados na ilha de Murano, na lagoa de Veneza. Chegava-se a proibir os artesãos que produziam o vidro de deixar a cidade para manter o segredo de suas técnicas. Foi esse material que ajudou Galileu a fazer melhorias notáveis em seu telescópio no verão de 1609; no fim do ano, ele já obtinha uma ampliação de 20 vezes.

Galileu também já começava a apontar o instrumento para o céu, no início para estudar a Lua. O que ele viu e revelou, numa sequência de oito desenhos das diferentes fases lunares, foi surpreendente. Em vez da superfície lisa descrita na cosmologia aristotélica, observavam-se montanhas escarpadas e arestas irregulares na circunferência e na linha de sombra do satélite. Galileu também observou outros corpos celestes. Em janeiro de 1610, viu o que parecia ser uma linha de três pequenas estrelas atravessar Júpiter; três noites depois, uma delas desaparecera. Passadas três noites, ela estava de volta, em posição diferente, e havia uma quarta estrela.

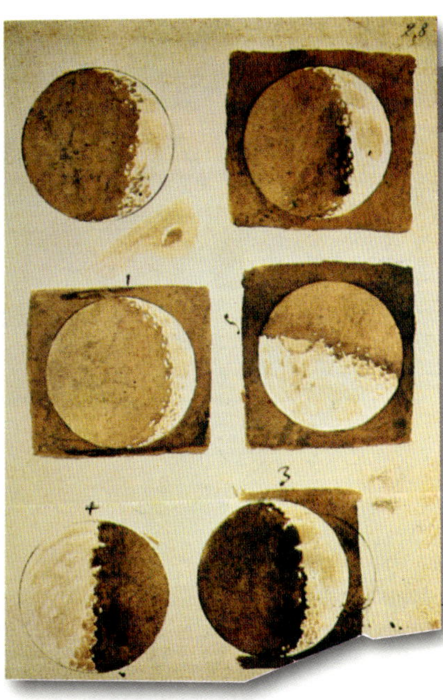

A LUA VISTA POR GALILEU

Essas observações pioneiras foram feitas pela primeira vez com o telescópio construído por Galileu em 1609. O cientista observou que o terminador (a linha entre os lados diurno e noturno da Lua) às vezes era irregular e à vezes suave. Deduziu que as irregularidades eram montanhas lunares. Pela primeira vez se descobriam no céu objetos semelhantes aos terrestres. Isso contrariava a visão de mundo da época, que concebia um céu perfeito e imutável. Esta página foi extraída de uma edição de 1653 do *Sidereus Nuncius* (março de 1610).

O astrônomo percebeu que essas "estrelas" deviam girar em volta do planeta. Ele descobrira as luas de Júpiter. Galileu já se inclinava favoravelmente à concepção copernicana do cosmo, mas só agora contava com uma evidência sólida, embora indireta. Pois se Júpiter tinha luas orbitando a seu redor, a posição privilegiada da Terra, no centro de tudo, não devia ser tão especial assim. O cientista decidiu publicar as descobertas em *Siderius Nuncius*, livro ilustrado, curto e muito acessível, escrito em italiano, e não em latim. Sempre oportunista, dedicou a obra ao grão-duque Cosimo II de Medici, e propôs dar aos quatro satélites jupiterianos os nomes dos irmãos Medici. A tática deu resultado. No verão de 1610 ele já era matemático e filósofo da corte florentina, com um salário bem maior. Status e riqueza estavam garantidos.

"Se Júpiter tinha luas orbitando a seu redor, a posição privilegiada da Terra, no centro de tudo, não era assim tão especial."

O JULGAMENTO

Segundo uma lenda popular, no fim de seu julgamento, mesmo humilhado e obrigado a abjurar suas convicções, Galileu ainda murmurou: "E no entanto [a Terra] se move!" Infelizmente, a história só apareceu um século depois da condenação, e não há indícios de que seja verdadeira.

O resto da vida de Galileu – o conflito com a Igreja, o julgamento como herege e a prisão – ficou marcado como um ponto de inflexão na história da ciência, mas a realidade não é tão simples. Estava em jogo mais uma questão de autoridade que de heresia. O cientista pisava num terreno de cujo domínio a Igreja não queria abrir mão. As observações telescópicas reforçaram a confiança de Galileu na teoria copernicana. Ele não apenas viu as luas de Júpiter e as irregularidades da superfície lunar. Também observou todas as fases de Vênus – a variação na luminosidade do planeta ao longo de sua órbita em torno do Sol, entrando e saindo da sombra enquanto passa diante da Terra. De início, as descobertas foram tomadas pelo que eram: simples observações que não implicavam qualquer interpretação. A audiência de Galileu com o papa, em 1611, foi um sucesso, para glória de seus protetores florentinos. Depois as coisas começaram a desandar. Ao reivindicar todos os créditos pela descoberta das manchas solares, ele conquistou a inimizade de um influente astrônomo jesuíta, além de assumir uma defesa pública do copernicianismo. É célebre sua resposta à carta da grã-duquesa da Toscana, que lhe perguntara, preocupada, se a teoria contrariava os ensinamentos bíblicos: "Não devemos nos basear na autoridade de passagens das escrituras, mas na experiência sensível e nas demonstrações necessárias." Esta foi uma das primeiras expressões do que hoje entendemos por abordagem científica – primeiro os dados, depois as deduções. Com isso, Galileu começava também a dizer que seu mundo de estudo científico não valia menos que a revelação. Foi um passo em terreno perigoso. Em 1616, depois que uma comissão papal concluiu que a teoria copernicana era herética, Galileu foi instruído a "não adotar nem defender" a concepção heliocêntrica.

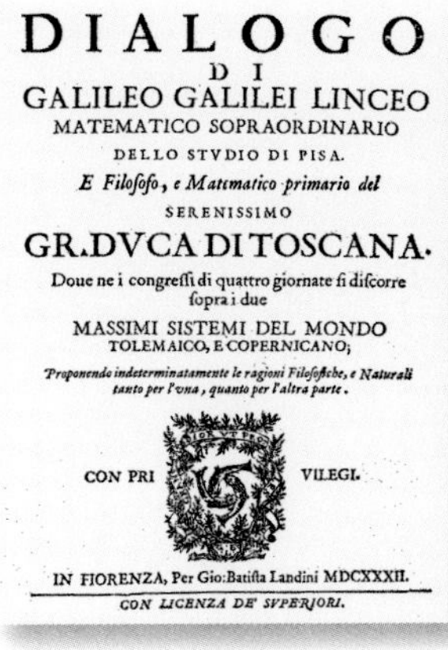

DIALOGO
DI
GALILEO GALILEI LINCEO
MATEMATICO SOPRAORDINARIO
DELLO STVDIO DI PISA.
E Filoſofo, e Matematico primario del
SERENISSIMO
GR.DVCA DI TOSCANA.
Doue ne i congreſſi di quattro giornate ſi diſcorre ſopra i due
MASSIMI SISTEMI DEL MONDO
TOLEMAICO, E COPERNICANO;
Proponendo indeterminatamente le ragioni Filoſofiche, e Naturali tanto per l'vna, quanto per l'altra parte.
CON PRI VILEGI.
IN FIORENZA, Per Gio:Batiſta Landini MDCXXXII.
CON LICENZA DE' SVPERIORI.

Galileu publicou o *Diálogo* em italiano, e não em latim, para que suas ideias chegassem ao maior número possível de leitores.

As coisas ficaram assim até que Galileu se envolveu em outro debate público com astrônomos jesuítas, criticando-lhes a teoria dos cometas. Em novo livro, enfatizou que as leis do Universo "estão escritas em linguagem matemática". Houve outra audiência favorável com o papa Urbano VIII, que era seu amigo, e o cientista foi incentivado a escrever comparando as duas visões de mundo, a ptolomaica e a copernicana, mas sem afirmar a veracidade do modelo de Copérnico. O resultado foi *Diálogo sobre os dois máximos sistemas do mundo*, de 1632. Nele se expõem argumentos contra e a favor de cada modelo sob a forma de um debate entre três personagens. É consenso que Galileu foi longe demais, deixando-se identificar com o partidário de Copérnico e pondo a defesa de Ptolomeu na boca de uma figura chamada "Simplício", um simplório. A Inquisição aproveitou e montou o julgamento do astrônomo por descumprir a ordem de não defender o copernicianismo. Como sabemos, ele admitiu a culpa e abjurou a teoria; o *Diálogo* foi banido, Galileu foi declarado herético e passou o resto da vida em prisão domiciliar. Contudo, mais importante foi a reafirmação da autoridade do Vaticano sobre o conhecimento: a verdade estava na doutrina da Igreja.

PAI DA CIÊNCIA

Como sempre, as consequências de longo prazo da censura não foram as esperadas pelos grupos internos da Igreja. Contrabandeado para fora da Itália, o livro foi avidamente lido pela comunidade intelectual da Europa. Passada uma geração, eram raras as pessoas instruídas a acreditar que o Sol girava em torno da Terra, embora Galileu não houvesse oferecido qualquer prova incontestável disso. Foi preciso esperar mais um século para que os instrumentos se aprimorassem e permitissem a observação da paralaxe estelar – a mudança na posição relativa das estrelas e da Terra em nosso percurso em torno do Sol. Mas, depois de Galileu e Kepler, a questão já não era como os planetas se moviam, mas o que os mantinha no lugar.

É bem possível que a obra mais importante de Galileu pertença a uma área inteiramente distinta da "filosofia natural". Sua vida foi dedicada ao trabalho matemático e experimental nos campos da física, da ciência dos fluidos e da mecânica. Ele estabeleceu as leis matemáticas do movimento dos projéteis e da aceleração da queda dos corpos; é famosa sua prova de que objetos de diferentes tamanhos e pesos caem à mesma velocidade (embora não passe de mito a história de que tenha jogado balas de canhão e penas de cima da torre de Pisa). Demonstrou que a densidade, e não a forma de um corpo, é responsável por sua flutuação.

Galileu morreu em janeiro de 1642, aos 77 anos. A vila da família onde foi encarcerado, em Arcetri, nas colinas próximas a Florença, ainda guarda um ar tranquilo de solidão e isolamento. Na última década de vida, o ancião, cada vez mais cego e debilitado, passava seu tempo ali, organizando os resultados de seu trabalho. Acima de tudo, ele nada fez sem se basear em observações e experimentos – coletar dados e construir argumentos a partir do que pode ser visto e reproduzido constitui o cerne das tarefas de um cientista moderno. Talvez por isso Galileu seja considerado "Pai da ciência".

ALTO-MAR

A abertura das rotas marítimas para a América por Cristóvão Colombo, em 1492, e as posteriores expedições oceânicas transformaram o mundo. O século XVI foi a era da circum-navegação. A primeira viagem ao redor da Terra, em 1519, anunciou uma expansão territorial sem precedentes para os países marítimos da Europa. Era vasta a riqueza em ouro extraída do Novo Mundo que seguia para Espanha, Portugal, Holanda e Inglaterra. No fim do século, a prata americana representava 1/5 do orçamento nacional espanhol. O novo comércio global e a exploração dos oceanos tornaram mais urgente a solução de um problema conhecido há séculos: como obter uma medição precisa da longitude, isto é, da posição mais a oeste ou a leste de um ponto no globo. Nos primeiros tempos do expansionismo, era forte a pressão econômica pelo desenvolvimento de um método de cálculo baseado na posição de estrelas, Lua e planetas. Os governos da Espanha e da Holanda ofereciam prêmios para a solução; os franceses fundaram a Académie Royale des Sciences, encarregada de aperfeiçoar a navegação, e, em 1675, foi fundado o Royal Observatory, em Greenwich, Inglaterra.

Acima, à esquerda: Quando chegou às Bahamas com sua frota, em 1492, Colombo pensou estar no Extremo Oriente. A abertura das rotas comerciais entre leste e oeste, no século seguinte, tornou ainda mais urgente um método preciso de determinação da longitude.

LATITUDE E LONGITUDE

Os primeiros instrumentos astronômicos, como o báculo de Jacó, o astrolábio e o quadrante, eram suficientes para que um navegador determinasse a latitude, pela medida do ângulo entre o horizonte e o Sol ou uma estrela conhecida. Mas o caso da longitude é diferente. Como o planeta completa uma rotação a cada 24 horas, a solução depende da capacidade de saber que horas são no porto de origem quando é, digamos, meio-dia, no ponto onde estamos. A diferença entre os horários nos dirá a distância entre os dois pontos. Porém, o cronômetro aperfeiçoado pelo célebre carpinteiro de Yorkshire John Harrison, primeiro relógio de bordo preciso e confiável, só estaria disponível no fim do século XVIII, e seu preço só se tornaria acessível em meados do século XIX. Havia um método alternativo, o sistema das "distâncias lunares", que dependia do conhecimento da posição da Lua em relação às estrelas quando vista de diferentes pontos do globo. Isso exigia a compilação de tabelas de distâncias lunares baseadas em milhares de observações. Até há pouco tempo, todo navio carregava uma dessas tabelas para quando seus cronômetros falhassem.

A APOSTA

No fim do século XVI, o comércio global proporcionara grande riqueza à cidade de Londres. Os constantes surtos de peste haviam passado, e o grande incêndio de 1666 desencadeara enorme programa de reconstruções e renovação. Em todos os cantos da capital surgiram cafés onde as pessoas se reuniam para comentar os assuntos do dia, fazer negócios, debater teorias acerca do mundo, ouvir histórias de terras distantes e sobretudo trocar informações. Em 1684, três homens se reuniam regularmente nos cafés Jonathan's e Garraway's, e é possível que o trio tenha feito a aposta num desses estabelecimentos. Christopher Wren, arquiteto da reconstrução de Londres, Edmond Halley, cujo nome ainda não estava ligado ao cometa, e Robert Hooke, curador de experimentos da Royal Society, discutiam o que fixava os planetas em suas órbitas elípticas ao redor do Sol. A explicação mais em voga na época era o magnetismo. Durante a discussão, eles se desafiaram a demonstrar que essa força, não importando sua natureza, obedecia à lei do inverso do quadrado: ela diminuía proporcionalmente ao quadrado da distância entre um planeta e o Sol. O desafio valia £2, ou mais ou menos 250 xícaras de café. A ideia já estava em debate havia alguns anos, mas era difícil tirar a prova matemática.

"Eles discutiam o que fixava os planetas em suas órbitas. A explicação mais em voga era o magnetismo."

Os cafés, pontos de encontro populares nos séculos XVII e XVIII, foram palco de muitas inovações científicas.

GRAVIDADE

No mesmo ano, Halley foi a Cambridge, onde procurou Isaac Newton, professor de matemática na universidade, homem de sólida reputação científica, especialmente por seu trabalho em ótica. Halley lhe apresentou a questão da lei do inverso do quadrado e ficou surpreso quando Newton disse que já a havia comprovado, mas não conseguia achar as anotações. Incentivado pelo visitante, o professor retomou o trabalho realizado cerca de 20 anos antes e compilou-o em livro. A publicação devia ser custeada pela Royal Society, da qual ambos eram membros influentes, mas a instituição acabara de sofrer um prejuízo ao publicar uma história natural dos peixes, de certo Francis Willoughby, um fracasso de vendas. Assim, Halley pagou a impressão do próprio bolso. A iniciativa foi muito bem-vinda, pois a obra de Newton, publicada em 1687, representa uma das maiores contribuições à ciência. Seu título era *Philosophiae Naturalis Principia Mathematica* – os *Principia*, como é conhecido.

A história da ciência muitas vezes é contada com ênfase nos indivíduos de ideias brilhantes, nos lampejos de inspiração e nos homens que saltam da banheira aos gritos de “Eureca!”. A realidade é bem diferente: as ideias despontam no espírito de uma época e começam a ser discutidas; avanços tecnológicos tornam as coisas possíveis de serem vistas ou compreendidas; acontecimentos históricos criam oportunidades ou pressões por mudanças. Há sempre um contexto. Com Isaac Newton e suas descobertas aconteceu o mesmo, mas ele não deixa de ser uma das raras figuras a que talvez possamos aplicar a palavra “gênio”. Nascido em 1643, na aldeia de Woolsthorpe, no condado de Lincolnshire, era um homem complexo e solitário. Sua infância e juventude foram infelizes. Certa vez, ameaçou incendiar a própria casa, com a mãe e o padrasto dentro. Até os 16 anos foi educado longe de casa, mas, quando o padrasto morreu, levaram-no de volta para tomar conta da fazenda. Por ser péssimo fazendeiro, foi enviado a Cambridge como *subsizar*, servindo os outros alunos para pagar os estudos. Em 1665, voltou a Lincolnshire para escapar da peste. E foi lá, no período de apenas dois anos, que produziu a ciência e a matemática que o tornariam célebre. Retornou a Cambridge em 1667, para se tornar membro do Trinity College, e se transformou num homem misterioso, recluso e obsessivo – mas um gigante intelectual. É fácil pensar em Newton e suas conquistas como exemplo perfeito de pensamento científico em ação – um feixe de luz do Iluminismo –, mas ele tinha crenças religiosas incomuns, que o tornavam quase herético, e cuja meta era entender a cabeça de Deus. Dedicava a maior parte de seu tempo ao estudo da alquimia. Na verdade, Newton situa-se na incômoda posição entre o místico e o ocultista, de um lado, e os primórdios da verdadeira ciência, de outro.

Quando Edmond Halley o visitou em 1684, Newton já demonstrara que, ao atravessar um prisma, as cores do arco-íris se somavam como luz branca, provando assim a natureza do espectro. Já havia também inventado uma nova forma de matemática, hoje conhecida como cálculo, que permitia a análise do movimento. E, como disse a Halley, já descobrira a natureza da força que mantém os planetas em órbita ao redor do Sol.

Ele fizera cálculos terrivelmente complicados mostrando que essa força resultaria em órbitas elípticas coerentes com as leis keplerianas do movimento planetário.

Isaac Newton
1643–1727

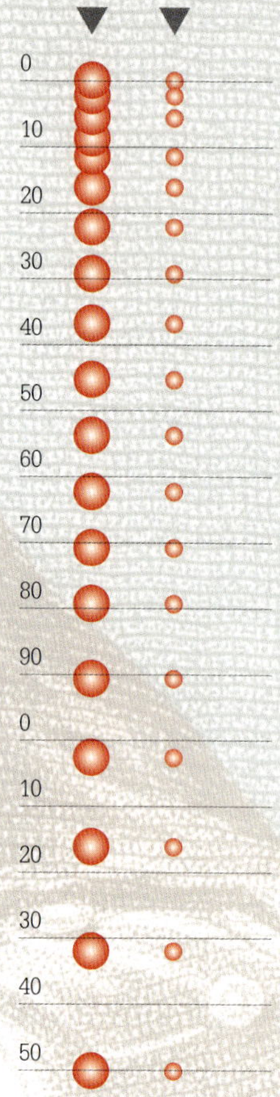

A lei da queda dos corpos, identificada por Galileu, mostra que, desconsiderada a resistência do ar, dois corpos de pesos diferentes serão igualmente acelerados pelo campo gravitacional da Terra e chegarão juntos ao chão.

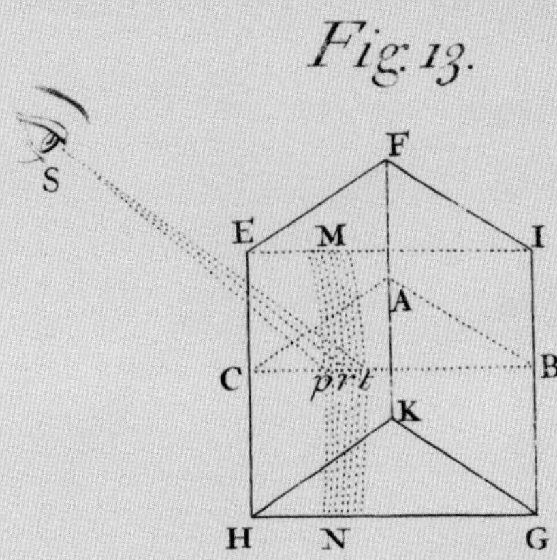

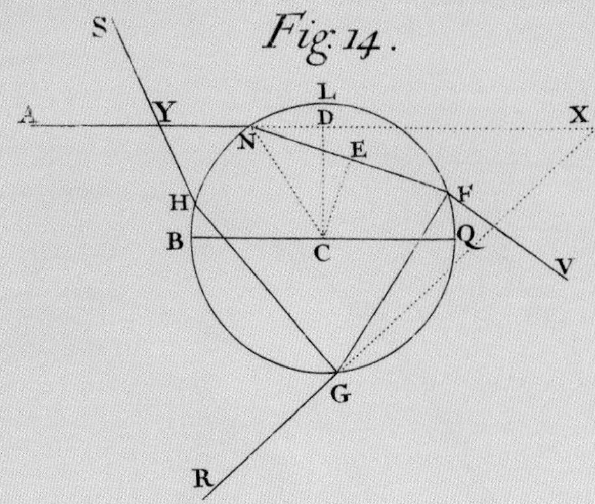

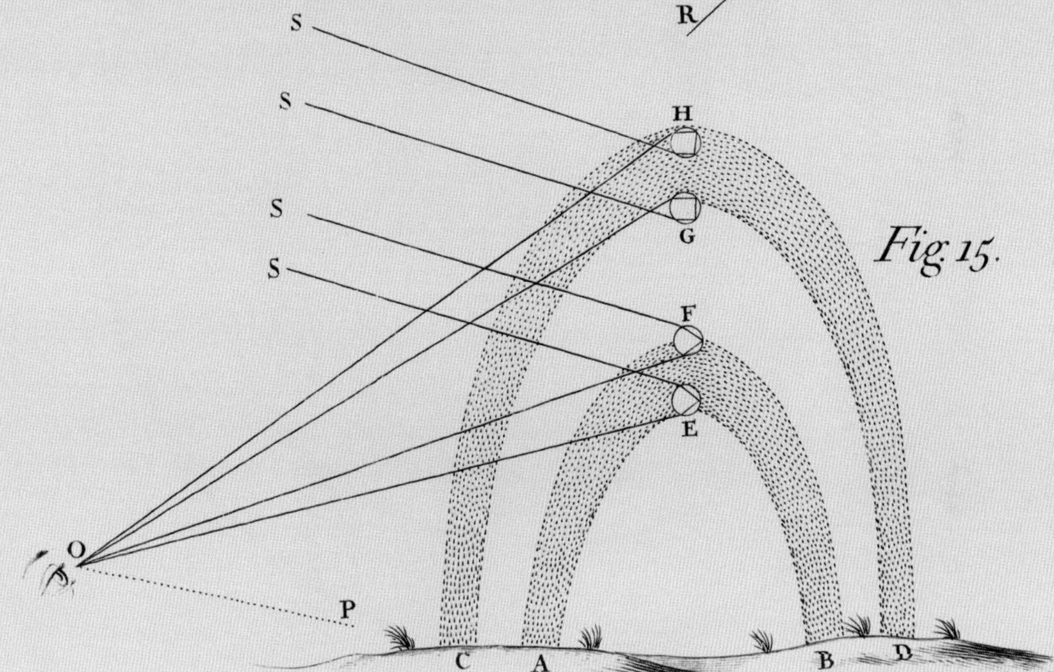

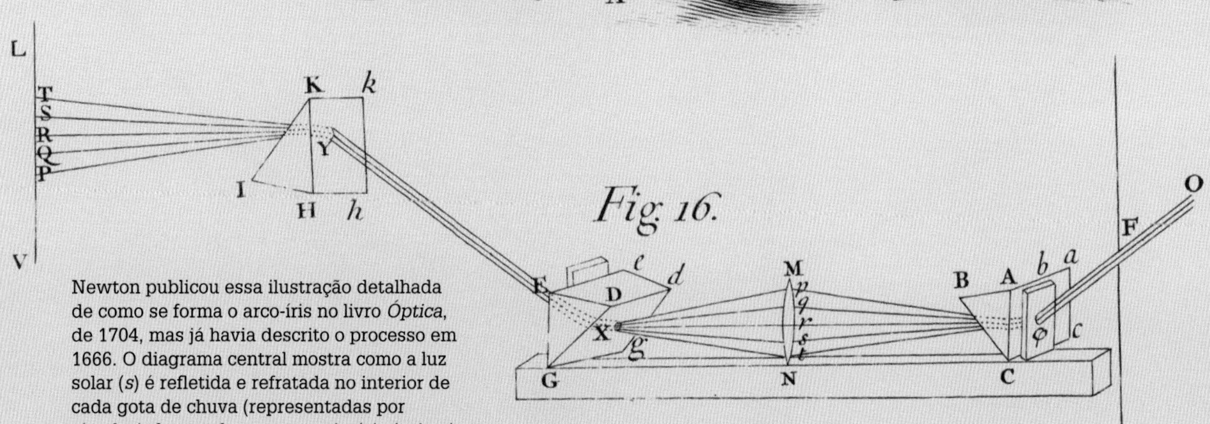

Newton publicou essa ilustração detalhada de como se forma o arco-íris no livro *Óptica*, de 1704, mas já havia descrito o processo em 1666. O diagrama central mostra como a luz solar (*s*) é refletida e refratada no interior de cada gota de chuva (representadas por círculos), formando os arcos primário (acima) e secundário (abaixo).

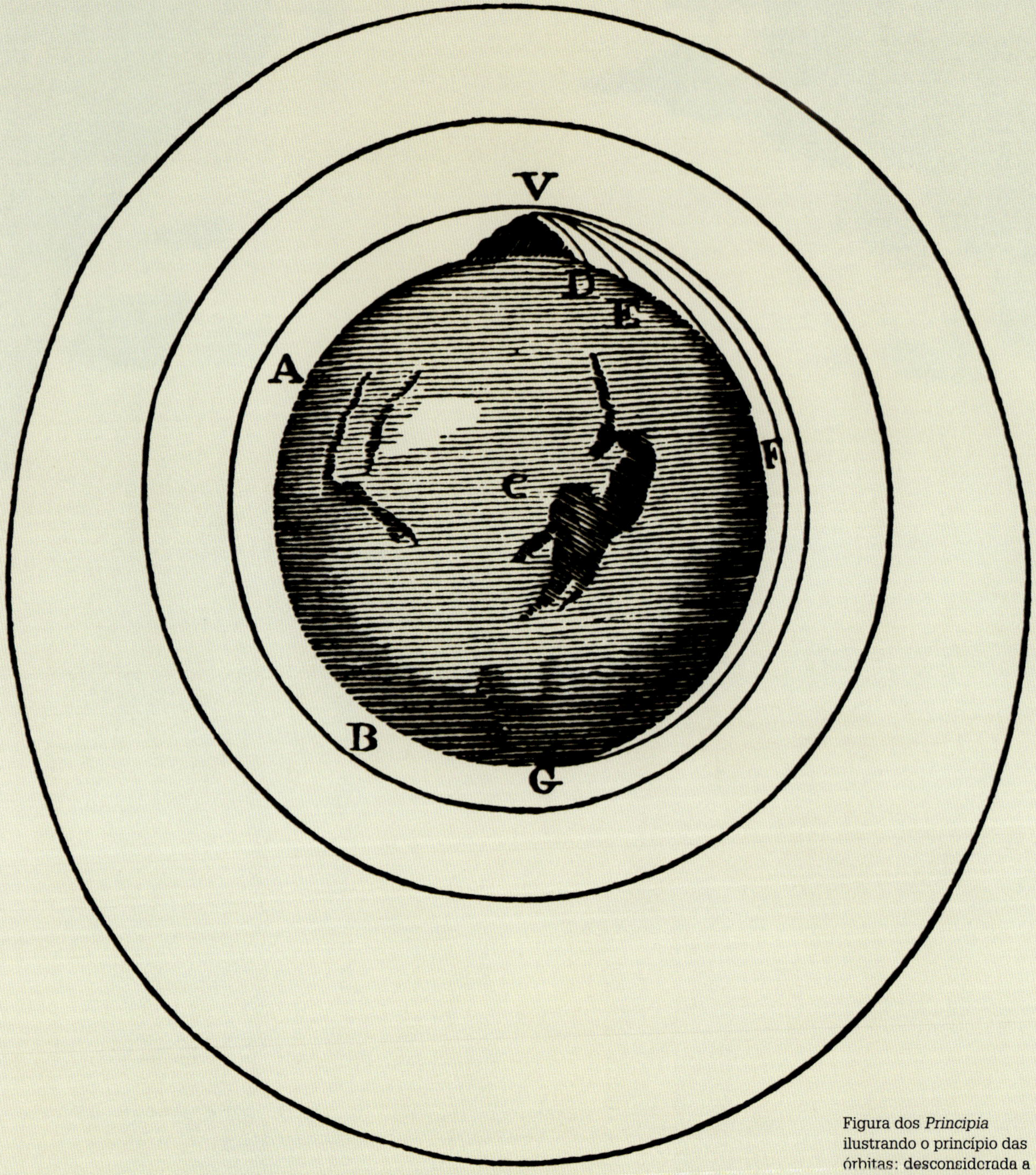

Figura dos *Principia* ilustrando o princípio das órbitas: desconsiderada a resistência do ar, um projétil arremessado de uma montanha muito alta, com velocidade suficiente, em vez de cair na Terra, entrará em órbita em torno do planeta.

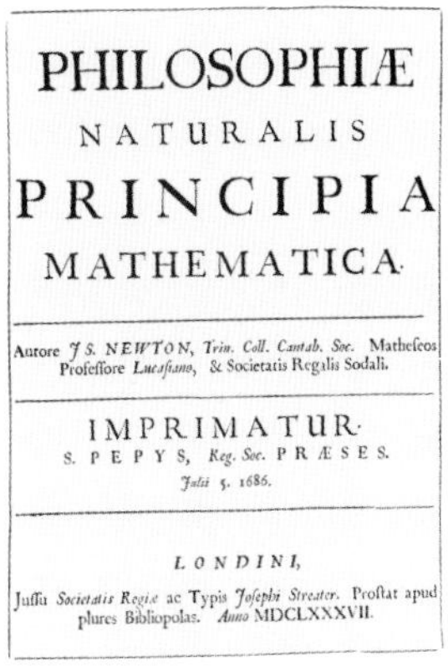
PHILOSOPHIÆ
NATURALIS
PRINCIPIA
MATHEMATICA.

Autore J S. NEWTON, Trin. Coll. Cantab. Soc. Matheseos Professore Lucasiano, & Societatis Regalis Sodali.

IMPRIMATUR.
S. PEPYS, Reg. Soc. PRÆSES.
Julii 5. 1686.

LONDINI,

Jussu Societatis Regiæ ac Typis Josephi Streater. Prostat apud plures Bibliopolas. Anno MDCLXXXVII.

Os três volumes dos *Principia* de Isaac Newton foram finalmente publicados em 1687. A primeira edição teve por volta de 300 exemplares, a segunda, cerca de mil.

Havia também combinado a descrição matemática das órbitas com os resultados dos experimentos de Galileu sobre o movimento dos projéteis e a queda dos corpos, a fim de explicar por que os planetas permanecem em suas órbitas.

LEIS UNIVERSAIS

Os *Principia* definiram a natureza da força gravitacional e estabeleceram leis aplicáveis a qualquer corpo em movimento, desde uma bala de canhão até Lua e um planeta girando em volta do Sol – ou uma maçã que cai de uma árvore. A famosa lenda de que o cientista, quando jovem, teria visto a fruta cair e compreendido que a mesma força podia agir sobre a Lua provavelmente é falsa – ficção inventada pelo próprio Newton, já mais velho, para assegurar os créditos pela descoberta que o imortalizaria. Havia, aliás, um lado bem desagradável na personalidade de Newton. Por toda a vida ele esteve envolvido em disputas vingativas com o primeiro astrônomo real, John Flamsteed, e com Robert Hooke, da Royal Society, que chegou perto ou igualou as realizações de Newton na ótica e na definição da gravidade. Mesmo após a morte de Hooke, Newton, na época presidente da sociedade, insistiu na disputa e deixou que o retrato do concorrente "se extraviasse" durante uma mudança de endereço. Assim, a imagem do arquirrival se perdeu para a posteridade.

A universalidade é o aspecto mais marcante das leis de Newton. Ele acreditava que seu trabalho o levara mais perto do conhecimento da mente divina, mas, para a história da ciência, aquele foi um raro momento de inflexão. Demonstrara-se que as leis da física se aplicam a tudo. Hoje, nosso mundo moderno depende do entendimento dessas leis, por exemplo, para calcular a aceleração dos foguetes que lançam satélites de comunicação no espaço e a órbita geoestacionária que traçam em torno da Terra, garantindo a continuidade dos meios de comunicação modernos.

LEIS DO MOVIMENTO DE NEWTON

PRIMEIRA LEI Um objeto permanecerá em repouso ou em movimento retilíneo com velocidade constante, a menos que outra força atue sobre ele. Por exemplo, sem o atrito para freá-la, uma bola continuaria rolando indefinidamente.

SEGUNDA LEI A força resultante que atua sobre um objeto é definida pela massa multiplicada pela aceleração,

$$\mathbf{F} = m\mathbf{a}$$

TERCEIRA LEI A cada ação corresponde reação igual e em sentido contrário. Por exemplo, o coice de uma arma quando uma bala é disparada.

Para mostrar como a força da gravidade manteria um planeta em órbita, Newton concebeu um experimento mental. Imaginou um canhão no alto de uma montanha altíssima, acima dos limites da atmosfera. Ele pensou: se o canhão disparasse uma bala lenta, a gravidade a puxaria em direção à Terra. Porém, se o projétil fosse lançado com bastante força, escaparia da atração gravitacional e desapareceria no espaço. Haveria, porém, uma velocidade intermediária de lançamento, que faria o objeto girar em torno da Terra, preso pela gravidade numa órbita gigante, exatamente como a Lua.

No século seguinte à publicação da obra de Newton, a ideia das leis universais ganhou força e começou a ser aplicada em diversos outros campos: economia, organismos vivos e até o pensamento. O próprio adjetivo "newtoniano" passou a qualificar as teorias perfeitamente ordenadas e matematicamente definidas, as únicas que mereciam ser levadas a sério.

SIGA O DINHEIRO

Em meados do século XVIII, a astronomia vivia uma época gloriosa. Em busca de uma solução para o problema da longitude, investia-se muito dinheiro no estudo dos astros. O Royal Observatory florescia, e Jorge III, mais conhecido hoje como "o rei louco", era um entusiasmado promotor da ciência. Os telescópios aumentaram e o sistema solar também. O monarca pode ter sofrido com a perda das colônias na Guerra de Independência dos Estados Unidos, mas em 1781 pôde se consolar com a descoberta de um novo planeta, batizado como "George's Star" por seu descobridor, o astrônomo William Herschel, em homenagem a seu patrono. O nome, porém, não foi um sucesso internacional, e, na metade do século XIX, o mundo havia se decidido por "Urano", sugestão de um astrônomo alemão, em referência ao pai de Cronos (equivalente a Saturno), na mitologia grega. Àquela altura, já se identificara mais um planeta – Netuno, em 1846 –, cuja posição fora prevista matematicamente numa confirmação triunfal das leis de Newton, graças a uma anomalia na órbita de Urano, causada pela força gravitacional do objeto desconhecido. O século XX trouxe mais uma descoberta, e o conjunto dos planetas foi completado por Plutão, em 1930. Este, porém teve a infelicidade de ser rebaixado à categoria de planetoide, e o sistema solar atual conta só com oito planetas.

Cada uma dessas grandes descobertas dependeu de telescópios maiores e melhores. Isso quer dizer que a astronomia continuou a ser uma ciência muito cara, e, como ocorre muitas vezes na história, os astrônomos "foram atrás do dinheiro". Na virada do século XX, o dinheiro estava nos Estados Unidos – no momento de assumir o papel de potência econômica dominante. Os barões americanos da indústria e das finanças no fim do século XIX, com sua enorme riqueza, eram generosos no fomento à ciência. Na Califórnia, o astrônomo George Ellery Hale conseguiu reunir recursos do Carnegie Institute para a construção de um gigantesco observatório no alto do monte Wilson, nas montanhas San Gabriel, perto de Los Angeles, onde seria instalado um telescópio de 1,5m – o maior do mundo. Sua "primeira luz" foi em 1908, mas, antes ainda da ativação do instrumento, Hale já se ocupava em angariar dinheiro para um telescópio ainda maior.

À direita: Telescópio Hooker, de 2,5m, foi responsável por muitos progressos importantes, incluindo a identificação de galáxias além da Via Láctea.

À esquerda: Urano (mais à esquerda) e Netuno – a dupla de planetas mais distantes do sistema solar, descobertos graças a avanços na tecnologia dos telescópios e na astronomia matemática, respectivamente.

"Quando o Telescópio Hooker começou a funcionar, ainda se discutia se o Universo se estendia ou não para além da Via Láctea."

O suporte, a armação e o espelho de 2,5m do telescópio foram carregados, peça por peça, para o alto da montanha em lombo de mula, até que, no fim de 1917, o dispositivo começou a funcionar. É conhecido como Telescópio Hooker, nome do industrial que pagou pelo espelho gigante, e também ganhou o título de maior do mundo, que conservou até depois da Segunda Guerra Mundial.

Quando o Telescópio Hooker começou a funcionar, ainda se discutia se o Universo se estendia ou não para além da Via Láctea (aquela que conhecemos hoje como nossa galáxia). Hale contratara o jovem astrônomo Edwin Hubble para trabalhar no telescópio de "100 polegadas", e, em 1923, este observou uma variável cefeida, tipo de estrela cuja luminosidade sofre mudança de maneira conhecida com precisão, e essa variedade pode ser usada para determinar sua distância da Terra. A cefeida localizava-se na nebulosa de Andrômeda, e Hubble calculou que ela estava afastada demais para fazer parte da Via Láctea. Andrômeda e outras nebulosas por ele observadas deviam ser galáxias independentes. De repente o Universo se mostrava ainda mais vasto – à nossa volta, podíamos ver incontáveis galáxias.

O BIG BANG

Hubble não parou aí. Os astrônomos não se baseavam mais em observações visuais diretas – as cefeidas foram identificadas em fotografias tiradas pelo telescópio, que, com tempos de exposição prolongados, permitiam enxergar objetos de luminosidade muito tênue. Em 1929, o telescópio se conectara a um espectrógrafo que captava diferentes comprimentos de onda luminosa. Foi essa combinação que permitiu a Hubble outra observação extraordinária. Ele viu que a luz de certas galáxias era discretamente mais avermelhada que a de outras. É o fenômeno conhecido como "desvio para o vermelho", em que a luz emitida por um objeto que se afasta da Terra apresenta ondas um pouco mais longas. O comprimento de onda maior desloca as cores em direção à extremidade vermelha do espectro (o mesmo espectro em que a luz branca pode ser decomposta, como Newton demonstrou de maneira convincente). Evidenciava-se assim que havia partes do Universo se afastando de nós. Hubble observou também que, quanto mais longe estavam, mais rápido as galáxias se afastavam. Isso indicava um Universo em expansão acelerada. O astrônomo não foi o primeiro a aventar tal hipótese, mas forneceu evidências palpáveis que impulsionaram a teoria do big bang sobre a origem do Universo, proposta dois anos antes. Foram essas observações históricas que garantiram um lugar para Hubble na galeria da fama astronômica, e fizeram com que seu nome fosse dado ao mais poderoso telescópio de todos os tempos, o Telescópio Espacial Hubble, cujas imagens dos pontos mais longínquos do Universo observável continuam a nos impressionar e mostrar, no sentido mais literal, o que há lá fora.

O Telescópio Espacial Hubble foi lançado em 1990 para dar continuidade às pesquisas sobre a estrutura geral e a história do Universo realizadas pelo astrônomo que lhe deu nome.

EINSTEIN

Em 1905, Albert Einstein publicou a teoria da relatividade especial, definindo a velocidade da luz como constante e introduzindo o conceito de espaço-tempo – além de apresentar a famosa equação $E = mc^2$, mostrando que as menores porções de massa encerram enorme quantidade de energia (*ver* Capítulo 4), noção crucial para o desenvolvimento da energia atômica. Em 1916, ele publicou a teoria da relatividade geral, unindo espaço-tempo e gravidade. Einstein demonstrou que o espaço-tempo é distorcido pela presença da matéria, e essa distorção produz a gravidade, que faz com que a matéria se mova. Ao estender a teoria ao cosmo, o físico só conseguiu adequá-la à tese predominante de que o Universo era estático pelo acréscimo de uma "constante cosmológica" a suas equações. Mais tarde, quando ficou claro que o Universo se expandia, Einstein se referiu à introdução da constante como seu "maior erro" e a descartou. Nos anos seguintes, muitas medições experimentais confirmaram as teorias einstenianas que hoje estão no cerne de nossa descrição do funcionamento cósmico.

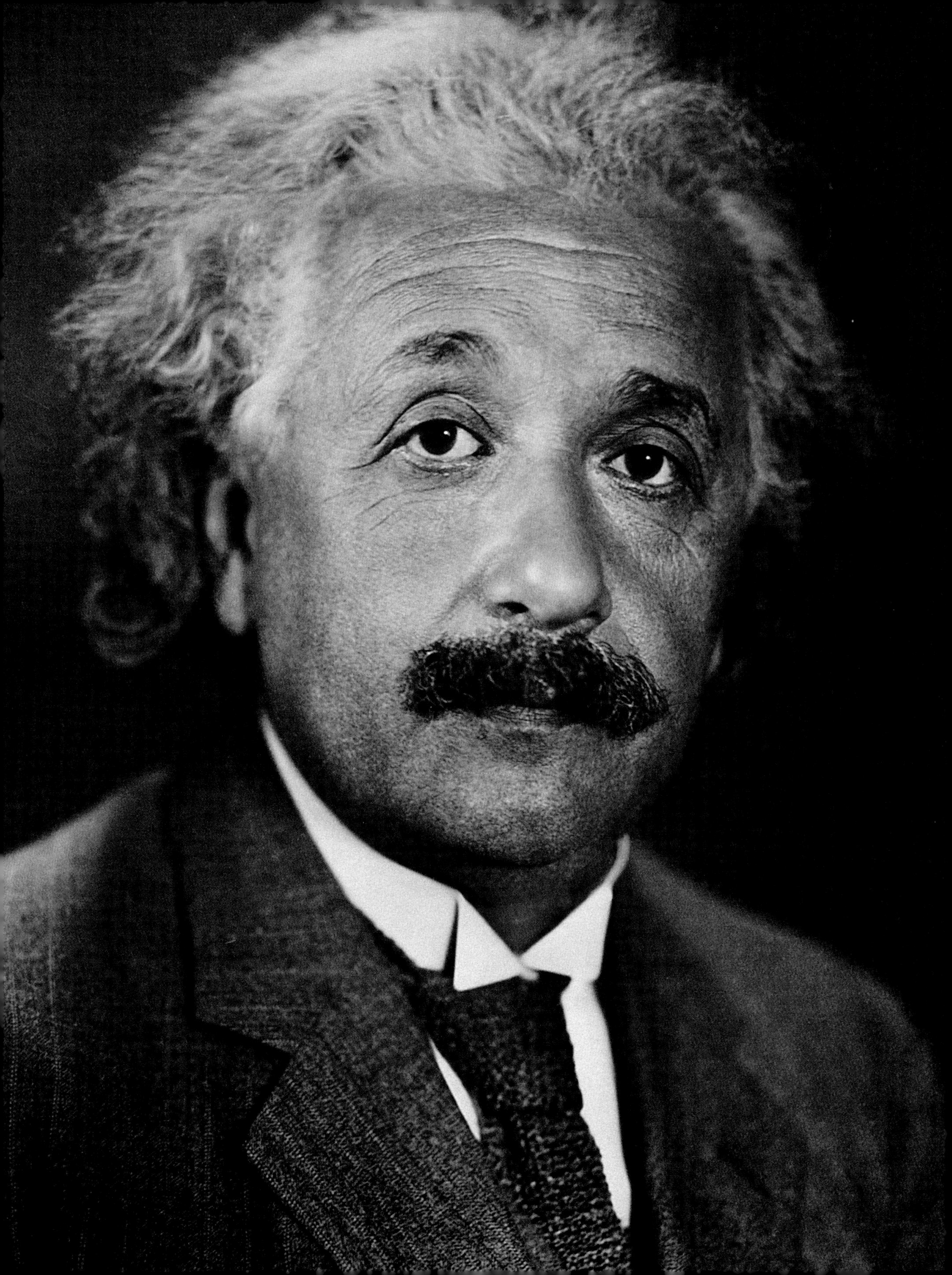

INCERTEZA

É importante lembrar que o Telescópio Espacial Hubble só pôde ser posto em órbita graças à aplicação prática do entendimento galileano da mecânica dos projéteis; da lei de Kepler sobre o movimento planetário; e da definição newtoniana da gravidade. Porém, o que foi revelado por esse e outros dispositivos de análise da constituição do cosmo não é tão simples quanto sugerem essas leis. A teoria da relatividade geral de Einstein, apresentada em 1916, demonstra que, no Universo, tempo, espaço e gravidade podem sofrer e sofrem deformações. Como se não bastasse, os cosmólogos hoje admitem a existência de buracos negros, de onde nenhuma luz pode escapar; julgam necessárias 11 dimensões espaçotemporais; falam em teoria das cordas, teoria das membranas, universos paralelos, matéria e energia escuras, algo cuja natureza ninguém conhece, mas que deve existir. Contudo, todos esses fenômenos aparentemente estranhos correspondem a modelos matemáticos sólidos e convincentes, por mais fantasiosas que pareçam as ideias.

> ***"Nossa visão do céu noturno não é mais a de um mundo fechado, mas a de um cosmo infinito e em expansão, do qual somos apenas pequena parte."***

Para o homem comum, as respostas à questão do que há lá fora oferecidas pela cosmologia moderna parecem tão perturbadoras e inacreditáveis quanto a ideia de que a Terra gira em torno do Sol soava há mais de 500 anos. O que mudou é que a ciência de hoje tenta reagir com objetividade aos dados observados, ainda que estes contrariem o saber estabelecido. Nossa visão do céu noturno não é mais a de um mundo fechado, mas a de um cosmo infinito e em expansão, do qual somos apenas pequena parte. Porém, o mais importante talvez seja a completa mudança de perspectiva. Nossas mentalidades, antes fechadas, hoje se abrem ao serem forçadas a pensar para dar sentido ao que encontramos lá fora, nesse Universo assustador e deslumbrante.

À esquerda: Em 1924, Edwin Hubble mostrou que a bela nebulosa de Andrômeda era um sistema estelar independente, situado a mais de dois milhões de anos-luz. Sabemos hoje que se trata de uma galáxia espiral, semelhante à Via Láctea.

À direita: O Telescópio Espacial Hubble produziu imagens impressionantes, como esta fotografia da nebulosa de Câncer.

Conexões – Cosmo

400 a.C. | 27 d.C. | 900 | 1400 | 1500

Nicolau Copérnico 1473 – 1543

Tycho Brahe 1546 – 1601

Johannes Kepler 1571 – 1630

^ *Imprensa, 1400*

< *Telescópio de Galileu, 1609*

Nossa jornada de descoberta do que há lá fora foi moldada por forças e crenças poderosas. A antiga concepção grega de um Universo de órbitas circulares perfeitas em torno da Terra foi uma das mais duradouras da história humana. Sua superação dependeu da reunião de dados exatos recolhidos por homens inspirados e ambiciosos. Usando diversos instrumentos, incluindo os quadrantes mais precisos da época, Tycho Brahe conseguiu compilar, ao longo da vida, dados astronômicos detalhados. Johannes Kepler usou esses registros para elaborar uma prova matemática da teoria copernicana de Universo heliocêntrico. A nova concepção só veio a ser amplamente aceita quando Galileu aperfeiçoou o telescópio então recém-inventado e começou a observar o céu.

O contexto histórico também foi crucial. As cortes do Renascimento incentivavam a renovação do conhecimento e custeavam o estudo do céu. Os distúrbios religiosos da Reforma, com duas igrejas disputando o controle, criaram

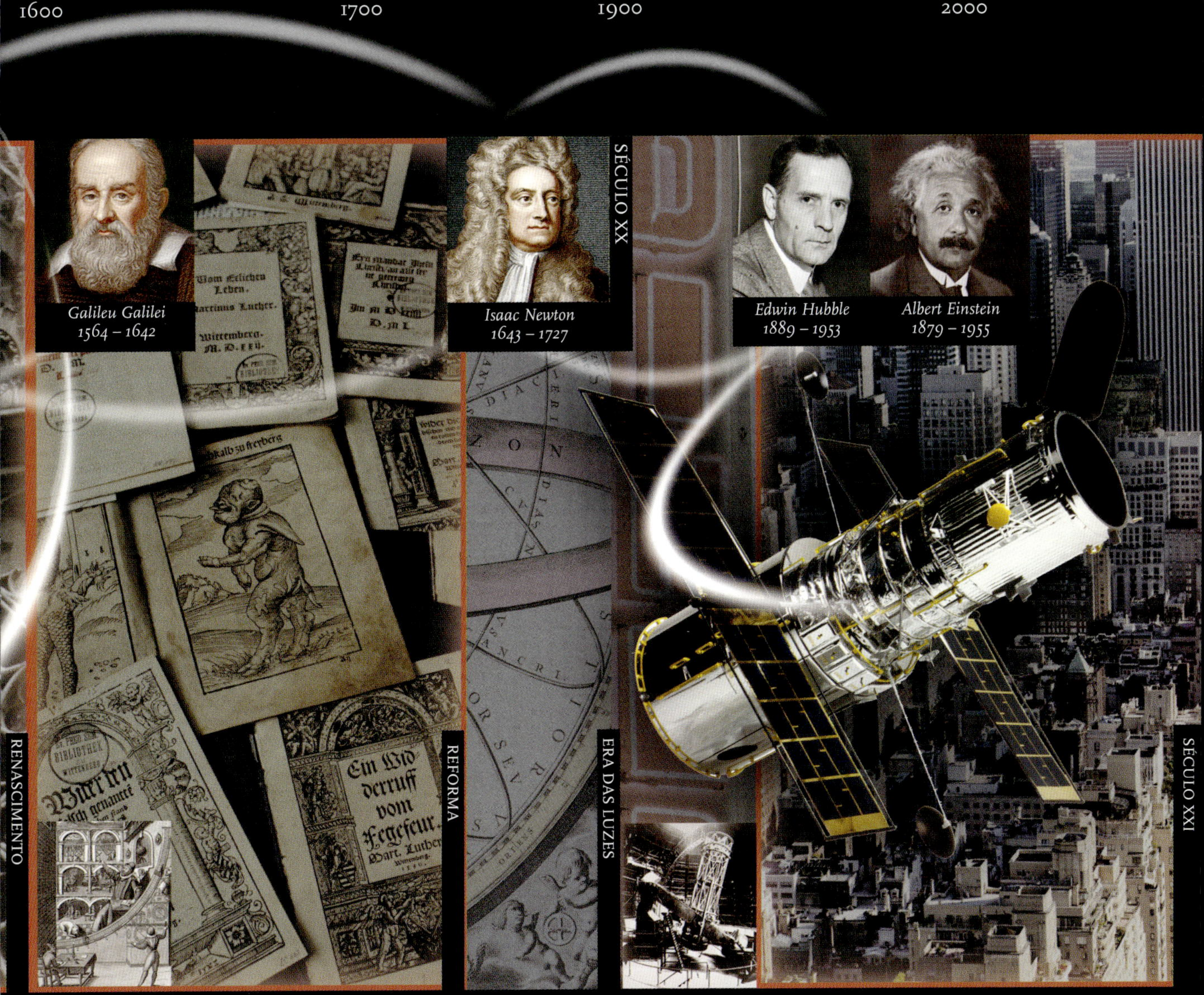

^ *Quadrante mural de Tycho Brahe, 1600*

^ *Telescópio Espacial Hubble, 1990*
^ *Telescópio de Mount Wilson, 1892*

a atmosfera intelectual em que foi possível questionar as autoridades. A invenção da imprensa permitiu que os novos conhecimentos se disseminassem em velocidade sem precedentes.

Depois de Galileu, a busca para enxergar cada vez mais longe prosseguiu , e o trabalho de interpretar o que fora descoberto continuou, realizado por homens brilhantes como Newton. No início do século XX, os telescópios já haviam atingido dimensões gigantescas. O maior era o Telescópio Hooker, nos Estados Unidos, onde um astrônomo chamado Edwin Hubble revelou que o Universo se expandia. Seu nome foi dado ao mais poderoso de todos os instrumentos, o Telescópio Espacial Hubble, cujas imagens revolucionaram nossa visão do que há lá fora.

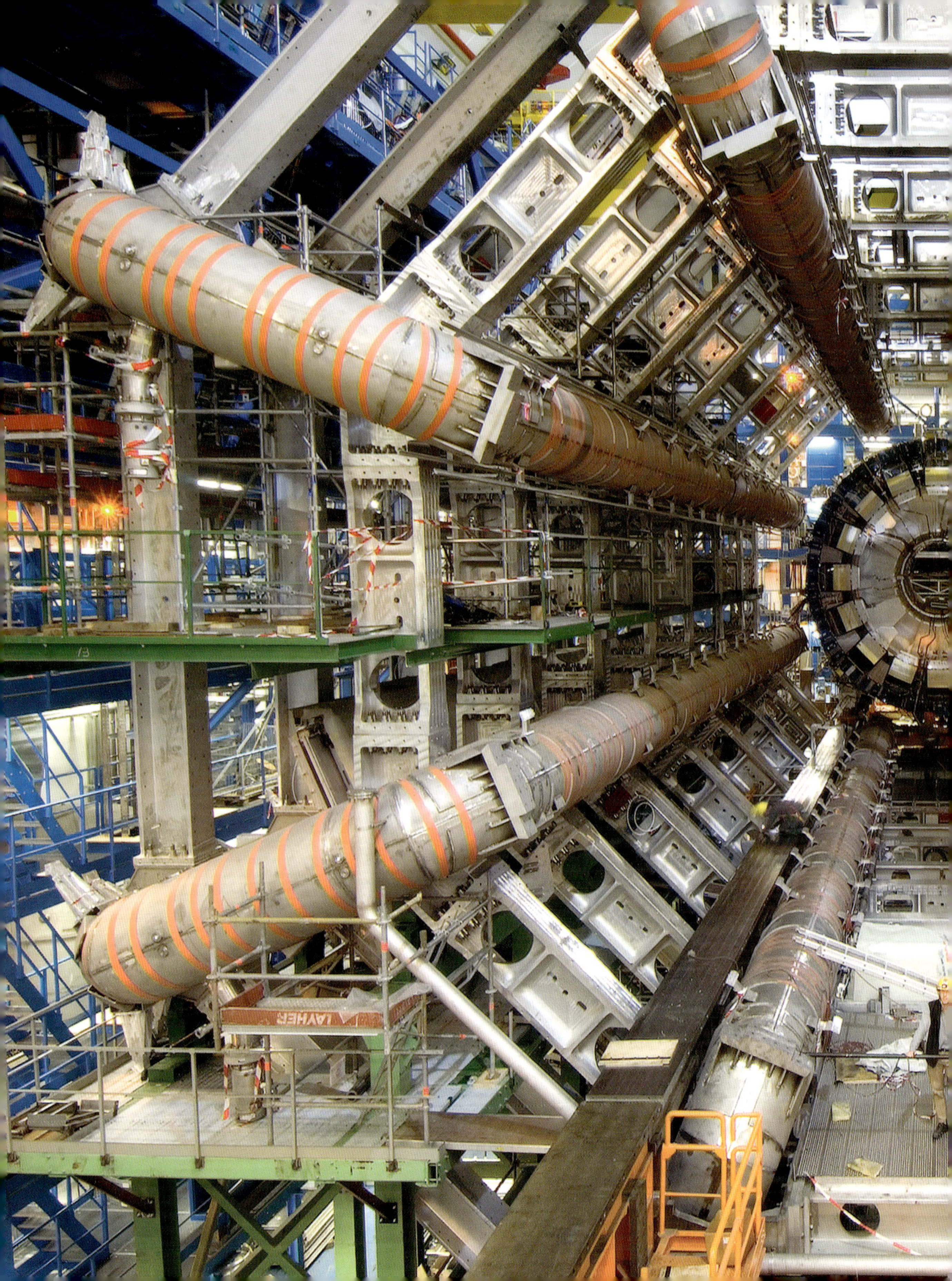

2. Matéria

DE QUE É FEITO O MUNDO?

À primeira vista, a tentativa de entender de que o mundo é feito pode parecer bastante esotérica. Mas a busca mostrou ter resultados práticos da maior relevância. Plásticos, fertilizantes, carros, computadores, internet, engenharia genética, telefones celulares, GPSs são fruto, pelo menos em parte, dos esforços para responder à questão.

Tudo isso tem origem em nossa consciência cada vez maior do modo como as substâncias sólidas, líquidas e gasosas se compõem, em última análise, de incontáveis partículas – sejam moléculas constituídas por unidades ainda menores, chamadas átomos, unidas por ligações químicas para formar compostos simples ou complexos, sejam átomos isolados.

As interações entre átomos e moléculas constituem o fundamento de toda a química, porém, antes mesmo de compreendê-las, os cientistas depararam com indícios de uma estrutura de nível ainda mais profundo – um mundo subatômico que, paradoxalmente, complicava e simplificava nossas concepções da matéria. Em vez de dezenas de elementos, a maior parte do mundo material pode ser compreendida como um punhado de partículas fundamentais que podem apresentar comportamentos estranhíssimos.

Nenhum lugar representa melhor nossa busca de entendimento do domínio subatômico que o Grande Colisor de Hádrons, o maior projeto científico do mundo, na Suíça. Nele, as colisões entre feixes de partículas que se deslocam a velocidades próximas à da luz tentam recriar as condições do big bang, liberando componentes da matéria que talvez estejam ocultos desde a criação do Universo.

Interior do Grande Colisor de Hádrons, o maior e mais ambicioso acelerador de partículas do mundo, onde feixes de partículas subatômicas se chocam a velocidades próximas à da luz para desvendar a estrutura profunda da matéria

ÁTOMOS

Hoje ninguém ignora que o mundo e tudo o que há nele é composto de átomos, partículas duráveis de matéria forjadas no núcleo das estrelas. Os átomos são de fato minúsculos. Um milhão deles mal cobriria uma letra "a" deste livro. Cada qual consiste num núcleo, contendo prótons e nêutrons, em torno do qual rodopia uma nuvem de elétrons. A troca e a partilha de elétrons entre os átomos para obter a estabilidade constituem a base de toda a química, porém, as alterações nos núcleos atômicos – seja dividindo-os (fissão) seja unindo-os (fusão) – pertencem ao campo da física atômica.

E mais, sabemos hoje que prótons e nêutrons são formados por partículas ainda menores, os chamados quarks, que se mantêm unidos pela troca de partículas "mensageiras", os glúons. Quem sabe quantos níveis da estrutura material ainda restam a ser descobertos?

Durante séculos, os segredos do mundo atômico e subatômico permaneceram ocultos pelas limitações de nosso pensamento e instrumentos, mas também pela enorme energia necessária para isolar partículas cada vez menores. Mas como descobrimos o que sabemos hoje e como o mundo se transformou ao longo do caminho?

"Os átomos são de fato minúsculos. Um milhão deles mal cobriria uma letra 'a' deste livro."

DENTRO DO ÁTOMO

O mundo é feito de átomos de diferentes tamanhos. Um átomo é medido em picômetros, unidade equivalente a um trilionésimo (1/1.000.000.000) de metro. Um grupo de átomos pode se combinar formando uma molécula, como a da água (H_2O), que consiste num átomo de oxigênio ligado a dois de hidrogênio. Embora muitas vezes se pense neles como pequenas bolas de tênis felpudas, os átomos não possuem superfícies externas. Ao contrário, consistem num núcleo positivamente carregado, minúsculo e denso, cercado por uma nuvem de elétrons com carga negativa. Como uma bola de tênis, o átomo é quase todo formado de espaço vazio. Portanto, tudo que há no Universo, inclusive nós, é feito principalmente de nada. Mesmo contendo 99,9% da massa, o núcleo, formado por prótons e nêutrons, é apenas uma parte ínfima do átomo – a escala é aproximadamente a de um grão de areia numa catedral. O número de prótons num átomo determina seu número atômico, definindo assim o elemento. O hidrogênio, por exemplo, só tem um próton, seu número atômico é 1. Já os elétrons determinam as propriedades químicas de um elemento. Um átomo de hélio tem dois elétrons na camada externa, o que significa que o nível está completo, tornando esse elemento muito estável e pouco reativo.

O FILÓSOFO QUE RI

Demócrito
c.460-370 a.C.

Vamos começar pelos gregos, especificamente pelo filósofo Demócrito "o risonho". Demócrito nasceu na Trácia, por volta de 460 a.C. Quando jovem, herdou do pai boa quantia em dinheiro e gastou-a viajando e ampliando sua experiência do mundo. Esteve na Ásia, no Oriente Médio e talvez no Egito. Em algum momento, adquiriu o conhecimento da matemática e uma visão de mundo extremamente materialista e determinista. Acreditava que tudo podia ser explicado por leis naturais que precisavam ser descobertas.

Reza a lenda que Demócrito estava em casa quando sentiu o cheiro do pão quente que um criado levava para o andar de cima. Começou a se perguntar como era possível perceber o aroma do alimento e concluiu que partículas do pão deviam escapar para o ar. Ele concebeu um experimento mental com queijo. Imagine, disse ele, que cortássemos ao meio um pedaço de queijo e depois fizéssemos novo corte na metade resultante, e assim sucessivamente. No final, chegaríamos a algo que não podemos cortar, o que Demócrito chamou de "átomo". A mesa é rígida, afirmava ele, e o queijo macio porque os átomos que os constituem estão mais ou menos compactados. O filósofo fez uma afirmação ousada: "Nada existe senão átomos e vazio; tudo mais é opinião." Ele tinha razão em acreditar que os átomos eram pequenos, numerosos e quase indestrutíveis.

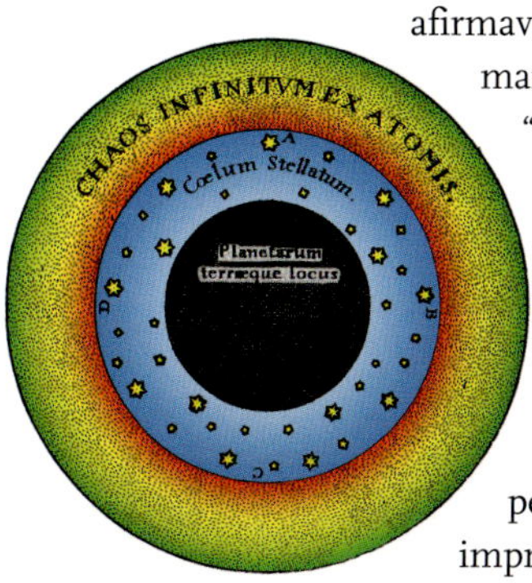

A cosmologia de Demócrito punha a Terra e os planetas no centro do Universo, cercados pelas estrelas e por um "caos infinito" de átomos.

Demócrito foi mais longe e afirmou que o Universo, na origem, era constituído por átomos que flutuavam ao acaso até se chocar uns com os outros, se aglutinar e formar planetas como a Terra. Além disso, dizia que a Terra é uma esfera gigante, vagando pelo espaço vazio, e que nosso Universo é apenas um entre muitos. É impressionante pensar que tudo isso foi dito há cerca de 2.400 anos.

Infelizmente Demócrito e seus seguidores não tinham provas da existência dos átomos nem confirmação real de suas outras teorias. Eram meras especulações filosóficas, nada mais.

Demócrito viveu até os 90 anos e morreu cego. Dizem que foi vítima da fome, por se recusar a comer. Porém, viveu o suficiente para compreender que havia perdido a batalha das ideias para Aristóteles, mais jovem e persuasivo, que, partindo dos ensinamentos de Platão, argumentava que a matéria se compunha de cinco elementos: terra, ar, fogo, água e éter. Estes eram regidos por "forças" de amor e conflito. Ao contrário da teoria atômica de Demócrito, que sugeria que toda a vida, cor e variação do mundo eram explicáveis pela interação entre partículas, a concepção aristotélica conferia propósito às coisas. A ideia de que o mundo não era aleatório, mas imbuído de finalidade, parecia a alguns um modo mais reconfortante de encarar a vida. Talvez seja este o motivo pelo qual a chamada teoria atômica foi abandonada por mais de dois mil anos. Aristóteles se tornou um pensador tão influente que suas concepções nesta e em diversas outras áreas da ciência (muitas das quais estavam erradas) prevaleceram na Grécia e foram adotadas pelo mundo islâmico, servindo de fundamento às práticas alquímicas e médicas da Europa medieval.

ALQUIMIA

A pergunta "de que é feito o mundo?" tornou-se uma obsessão para os alquimistas. A primeira manifestação da alquimia se desenvolveu na China, há mais de dois milênios, e se baseava numa compreensão do mundo semelhante à de Aristóteles. Diferentes proporções de fogo, madeira, metal e água explicavam as diversas propriedades da matéria. Ao contrário dos gregos, que apreciavam a especulação filosófica por si mesma, os chineses voltavam seus esforços para objetivos práticos. Incentivados por uma série de imperadores que temiam o envelhecimento e a morte, os alquimistas orientais buscavam o elixir da longa vida, descrito por alguns como ouro bebível. Ironicamente, uma de suas primeiras descobertas foi a pólvora, que logo se transformou num elixir da morte. No início do século XII, a receita da pólvora e muitas das crenças alquímicas já haviam se espalhado pela Europa, onde se desenvolveriam e moldariam a história mundial.

PÓLVORA

A pólvora é uma mistura de enxofre, carvão vegetal e nitrato de potássio (salitre) combinados na proporção aproximada de 2:3:15. Acredita-se que foi inventada por alquimistas ou monges taoistas chineses, por volta do século IX. Os chineses logo perceberam o potencial militar da substância e usaram-na para produzir bombas e alimentar foguetes usados contra os invasores mongóis. Mas a conquista da China pelos adversários, que fundaram a dinastia Yuan, no início do século XIII, mostra que a arma não teve papel decisivo. É provável que os árabes tenham aprendido o segredo do pó explosivo de mercadores chineses, e, na segunda metade do mesmo século, Hasan al-Rammah elaborou um catálogo de receitas de pólvora em seu *Livro de equitação militar e engenhosos aparelhos de guerra*. Mais ou menos ao mesmo tempo, os europeus tomaram conhecimento da invenção, provavelmente pelos árabes. Roger Bacon, frade e filósofo inglês, escreveu: "Basta uma quantidade muito pequena desse material para produzir um forte clarão acompanhado de terrível ruído. Com ela, é possível destruir uma cidade ou um exército."

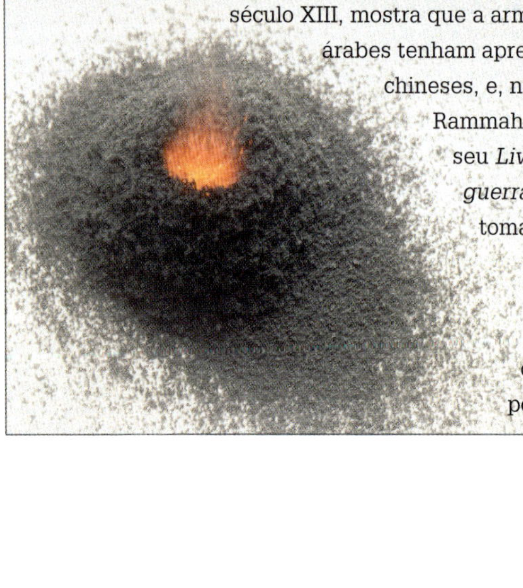

O SÉCULO XVII

Vamos agora saltar no tempo, até 1695, para o laboratório – se é que podemos chamá-lo assim – de Hennig Brand, um dos últimos alquimistas. Brand acreditava estar a ponto de descobrir a lendária pedra filosofal, espécie de depurador universal sobrenatural. A crença de Brand e outros alquimistas na pedra era fervorosa. Dizia-se que ela seria capaz de eliminar as impurezas dos metais ordinários e transformá-los em ouro, a mais pura das substâncias metálicas, pois não sofria corrosão. Da mesma forma, limparia as impurezas de uma pessoa, protegendo-a de doenças e conferindo-lhe imortalidade e pureza espiritual. É compreensível que, no correr dos séculos, tantos homens, muitos deles de genialidade inquestionável, como o físico Isaac Newton, tenham dedicado tanto tempo de suas vidas à procura da pedra. Ainda que não fosse um gênio, Brand era extremamente determinado. Tendo consumido a fortuna da primeira mulher na busca pela pedra filosofal, começou a explorar a riqueza ainda maior da segunda.

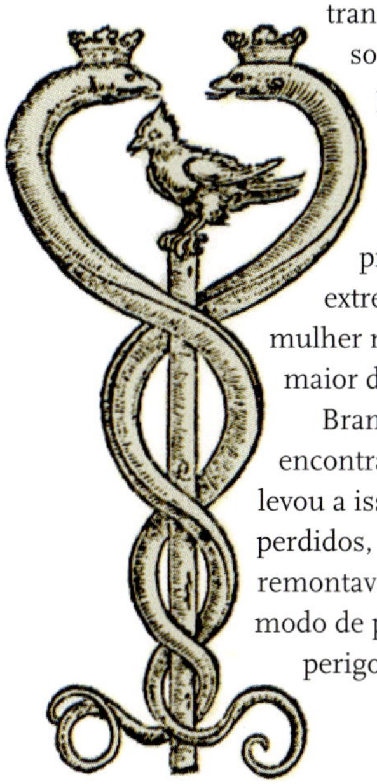

Brand decidiu que a urina humana era a melhor matéria para se encontrar a pedra filosofal. A ideia parece inusitada, e não sabemos o que o levou a isso. Alquimistas como Brand acreditavam recuperar tesouros perdidos, fragmentos de conhecimento sobre como transformar o mundo que remontavam aos povos antigos. Eram obcecados por códigos e cifras como modo de proteger sua posição profissional e também para conservar segredos perigosos nas mãos de um número limitado de indivíduos. Assim, embora saibamos algo sobre o que Brand fez, ainda restam muitos mistérios. Talvez ele tenha escolhido a urina por apresentar uma coloração dourada e ser de fácil obtenção, ou talvez porque já se conheciam algumas propriedades úteis e incomuns do líquido. Os romanos o usavam para lavar roupas – as lavanderias cheiravam a urina, pois haviam descoberto que ela era ótima para remover gordura. Sabiam também que a urina era boa fonte de salitre, ingrediente essencial da pólvora. Segundo uma receita do século XIII, a melhor pólvora, ou a que produzia as maiores explosões, era a produzida a partir da urina de um bispo.

"Alquimistas como Brand acreditavam recuperar tesouros perdidos, fragmentos de conhecimentos sobre como transformar o mundo que remontavam aos povos antigos."

O que sabemos é que Brand colheu vários barris de urina dos soldados da região e deixou fermentar; ele estimou que precisaria de cinco mil litros para o experimento. Usando uma complexa série de recipientes de vidro, tubos e fornos de alta temperatura, reduziu, destilou o líquido, acrescentou areia – talvez porque esta também fosse dourada – e destilou de novo. Aqueles que tentaram reproduzir o "experimento" de Brand reconheceram suas habilidades técnicas. Ferver, purificar e extrair qualquer coisa usando fontes de calor tão rudimentares e sob condições tão perigosas foi façanha notável, sem falar no cheiro.

Acima: O "azougue", metal líquido à temperatura ambiente, associava-se a Mercúrio, o deus mensageiro grego, e muitas vezes era representado por seu emblema, o caduceu, ou bastão com serpentes entrelaçadas.

Acima, à esquerda: Página de obra medieval que listava as supostas propriedades alquímicas de diversas substâncias.

À esquerda: A tela espetacular de Joseph Wright de Derby (1734-1797), intitulada *O alquimista em busca da pedra filosofal*, capta a estranha mescla de misticismo e investigação científica presente na alquimia.

O grude branco e mole que restou depois de tanto trabalho deve ter sido decepcionante à primeira vista. Não havia ouro ali, muito menos pedra filosofal. Mas a substância tinha uma propriedade muito interessante: ela brilhava no escuro. Brand lhe deu o nome de "fósforo", remetendo à palavra grega que significa "luz". Não demorou para que o alquimistas apregoasse a descoberta como afrodisíaco e cura universal, em particular no combate aos transtornos mentais. O fósforo figurava nas farmacopeias do século XVIII como tratamento útil, até que descobriram se tratar de forte veneno. A partir de então, passou a ser chamado de "elemento do diabo".

Sabemos hoje que Brand isolou um elemento. Foi uma descoberta importante, mas seu autor não tinha uma boa explicação para o que acontecera; possuía a tecnologia e os métodos, mas não a ciência.

No início, Brand tinha bons motivos para se alegrar. O fósforo era tão raro que valia mais que seu peso em ouro. Uma onça da substância era vendida por cerca de seis guinéus. Não é estranho que ele tenha tentado manter em segredo seus métodos de produção, e por algum tempo a tentativa foi bem-sucedida. Porém, o volume de urina necessário e o cheiro produzido pelo processo significavam que logo alguém desvendaria o mistério.

"O fósforo era tão raro que valia mais que seu peso em ouro."

A FABRICAÇÃO DO FÓSFORO

É irônico e trágico que o fósforo, descoberto em Hamburgo, tenha sido usado pelos aliados nas bombas que destruíram a cidade na Segunda Guerra Mundial. Não conhecemos os detalhes da técnica de Hennig Brand, pois ele manteve a maior parte do processo em segredo. Mas, em linhas gerais, o método consistia em deixar a urina fermentar e então fervê-la até obter um líquido viscoso ou uma pasta, que era aquecida a temperatura muito alta, destilada, misturada e reaquecida, até que se extraia o fósforo. Brand precisava de cerca de mil litros de urina para produzir meras 60g do elemento. Na verdade, a fermentação era inútil e fétida, pois a mesma quantidade de fósforo pode ser obtida da urina fresca. O método era também de grande ineficiência porque boa parte do fósforo contido na urina estava num dos produtos descartados após a destilação. Aqueles mil litros deveriam fornecer 20 vezes mais fósforo, pois um litro de urina humana contém mais ou menos 1,4g do elemento. Apesar dos custos e do método desagradável de extração, a urina foi a principal fonte de fósforo até o século XVIII, quando o químico sueco Carl Scheele mostrou que a substância podia ser extraída da cinza de ossos.

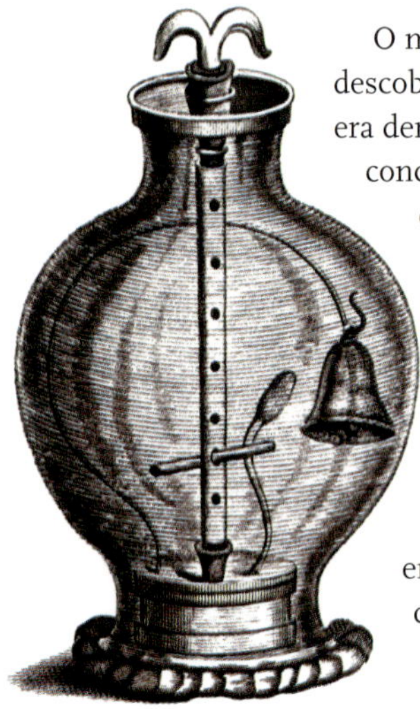

À esquerda: Ilustração de um dos experimentos mais famosos de Boyle, no qual usou uma bomba de vácuo para demonstrar que o som de uma sineta só poderia ser ouvido se houvesse ar para transportá-lo.

O médico londrino Robert Boyle foi um dos primeiros a descobrir o segredo do alquimista. Disseram-lhe que o produto era derivado de "algo pertencente ao corpo do homem", e ele concluiu o resto. Boyle usou a mesma matéria-prima, mas, ao contrário de Brand, compreendeu o potencial mais amplo do elemento. Em vez de envenenar os pacientes, usou a substância para fazer palitos de fósforo. Foi uma grande invenção: o primeiro método confiável de fazer fogo sem cortar uma pederneira, esfregar gravetos ou conservar uma chama eterna.

Boyle, porém, era mais que um fabricante de fósforos. Se no início acreditava na alquimia, passou a encarar as pretensões dela com profundo ceticismo e decidiu torná-la mais "científica". Em 1661, publicou *O químico cético*, livro em que a ideia dos átomos, ou "corpúsculos", como os chamava, era reintroduzida no pensamento ocidental. Entre muitos outros experimentos, comprimiu ar derramando mercúrio num tubo de vidro em forma de U, com uma das pontas seladas. Descobriu uma relação entre a pressão criada e o volume de ar aprisionado. A lei de Boyle, como é hoje conhecida, dizia que, dobrando-se a pressão, o volume se reduziria à metade. Ele concluiu que a melhor explicação para o fato era que o ar consiste em corpos diminutos, e que, ao pressioná-lo, forçava-os uns contra os outros. A ideia não foi aceita, e o conceito de átomo desapareceu no cenário do pensamento tradicional.

Podemos rir de Brand, que acreditava ser possível extrair o elixir da longa vida da urina humana, mas o fato é que a alquimia abriu caminho para cientistas como Boyle. Os alquimistas desenvolveram técnicas, em especial as de redução, separação e destilação, que se tornaram essenciais para o desenvolvimento da química moderna e para que entendêssemos melhor a natureza da matéria.

A REVOLUÇÃO QUÍMICA

Avançando mais 80 anos, vemos que, em meados do século XVIII, a pólvora e os canhões descobertos pelos alquimistas chineses foram aperfeiçoados pelo engenho europeu, chegando a um grau de eficiência assustador. Embora a era dos grandes castelos estivesse encerrada, pois as muralhas não resistiam às novas armas, as diferenças religiosas provocavam guerras quase contínuas em toda a Europa, e o destino das nações ainda dependia do fabrico de peças de artilharia. O objetivo era construir canhões maiores que não explodissem na cara dos operadores. Na França e na Inglaterra, foram criadas escolas de artilharia para desenvolver uma nova classe de armas tecnologicamente superiores.

"Em meados do século XVIII, a pólvora e os canhões foram aperfeiçoados, chegando a um grau de eficiência assustador."

Para fabricar canhões, as nações beligerantes precisavam aprofundar o conhecimento dos metais empregados em sua produção. A obsessão pela melhoria dos metais despertou interesse renovado pelos processos de mineração e manipulação dos minérios. Acima de tudo, os gases passaram a ser olhados com maior atenção, o que seria crucial para as futuras tentativas de compreender a matéria.

COMO FAZER UM CANHÃO

Embora existam indícios do uso de algum tipo de arma semelhante no mundo antigo, o primeiro artefato parecido com o que hoje é um canhão surgiu provavelmente na China. Eram tubos simples de bambu e papel preenchidos com pólvora (outra invenção chinesa) e munição miúda, quase tão perigosos para os que os manuseavam quanto para os inimigos. Mais tarde, passaram a ser feitos de metal, ferro ou bronze. Os chineses instalaram alguns na Grande Muralha, na vã tentativa de afastar os mongóis. Ao que parece, a tecnologia chinesa dos canhões foi adotada pelo mundo islâmico e depois pelos europeus. A chegada da arma à Europa transformou a guerra, sobretudo o modo como eram conduzidos os cercos. Como escreveu Maquiavel, arguto filósofo político italiano: "Não há muro, por mais grosso que seja, que a artilharia não destrua em poucos dias."

Àquela altura, no início do século XVI, já se sabia que, quanto mais longo o cano de um canhão, maior seu alcance. O resultado foi a construção de canhões enormes; não eram raras as armas de 3m de cano, pesando mais de 9t. Porém, como nos primeiros canhões de bambu, o risco de morte dos canhoneiros numa explosão era considerável.

Albert Rosenthal . Litho
after G. Stuart
Copyt 1921
J Priestley

OS "ARES" DE PRIESTLEY

Nascido em março de 1733, Joseph Priestley era filho de um pobre trabalhador da indústria têxtil que morreu quando o filho era pequeno. A família era tão pobre que mandou Joseph para a casa de parentes. Esforçado, ele aprendeu latim, física e filosofia na escola local e se tornou pastor dissidente da igreja anglicana. Como Newton, chegou à conclusão de que a ideia da Santíssima Trindade era absurda e se juntou à seita dos unitaristas.

Priestley desde cedo manifestou uma paixão pelos experimentos. Os gases, que chamava de "ares", eram um de seus principais interesses. Por milhares de anos, o ar fora considerado substância única e indivisível, porém, na época de Priestley, já se começava a perceber a existência de gases diferentes, com propriedades diversas. O religioso começou a fazer experiências quando vivia perto de uma cervejaria em Leeds. Seu maior interesse era o chamado "ar fixo", ou mefítico, produzido pelos processos de fermentação, conhecido hoje como dióxido de carbono. Este ar formava uma camada espessa acima do álcool fermentado e podia ser facilmente coletado. Priestley observou que uma vela mergulhada nele logo se apagava. Descobriu também que, ao dissolvê-lo em água, obtinha-se uma deliciosa bebida frisante. Ele a batizou de "julepo mefítico" e ofereceu a receita à Marinha britânica, na esperança de que servisse de cura para o escorbuto nas longas viagens oceânicas. Na verdade, inventara o que chamamos hoje de água com gás. O julepo mefítico, como ele chamava essa bebida com cheiro forte, poderia ter lhe rendido uma fortuna, mas Priestley não viu esse potencial. Coube a Johann Jacob Schweppe, relojoeiro suíço, explorar a invenção. Sem se dar conta, o religioso Priestley se tornara pai da indústria de refrigerantes.

"Por milhares de anos, o ar fora considerado substância única e indivisível, porém, na época de Priestley, já se começava a perceber a existência de gases diferentes, com propriedades diversas."

Em agosto de 1774, Priestley fez uma descoberta ainda mais significativa. Percebeu que o óxido vermelho de mercúrio produzia um ar de propriedades incomuns. Observou também que uma vela mergulhada nesse gás ardia com grande intensidade, com a chama maior, mais quente e brilhante. Testou também os efeitos do ar em si mesmo e num rato, percebendo que sua inalação tinha efeitos revigorantes. Priestley achou que aquilo podia se transformar em artigo de luxo. Fosse qual fosse sua natureza – e o descobridor não a conhecia muito bem –, tratava-se de uma substância notável. Embora tenha batizado a descoberta com o desajeitado nome de "ar deflogisticado", ele havia descoberto – ou, como veremos, redescoberto – o oxigênio. Longe de ser o remédio imaginado por Priestley, o ar deflogisticado provavelmente era uma ameaça à saúde – tendo sido produzido a partir o óxido de mercúrio, devia estar contaminado pelo metal tóxico.

Três meses depois da portentosa descoberta, Priestley fez uma malfadada viagem a Paris acompanhando seu protetor, o duque de Shelbourne. Lá, foi convidado para um jantar memorável.

À esquerda: Joseph Priestley (1733-1804) defendia a tolerância religiosa, mas seu apoio à Revolução Francesa o obrigou a fugir da Inglaterra para os Estados Unidos.

Páginas seguintes: Laboratório de Joseph Priestley, mostrando vários dos instrumentos usados para isolar e armazenar gases.

17
14
13
9
18
10

7
8
a

O JANTAR

Antoine Lavoisier, anfitrião do jantar, era um homem urbano e refinado. Herdeiro de grande fortuna, ficou ainda mais rico ao assumir o posto de coletor de impostos. Ele pagava uma taxa ao governo e recebia em troca o direito de coletar impostos em seu nome. Os coletores muitas vezes eram corruptos, e por isso extremamente impopulares. Essa atividade acabaria por selar o destino de Lavoisier.

Na tenra idade de 25 anos, Lavoisier já fora eleito para a Académie Royale des Sciences francesa, e logo se envolveu em projetos de destaque, como a melhoria da iluminação pública de Paris. Marie-Anne, a jovem esposa tinha 13 anos quando se casara com ele. Ela era sua alma gêmea científica, e, quase todos os dias, os dois passavam cinco horas trabalhando no laboratório. A participação da mulher era vital no trabalho dos dois. Marie-Anne aprendera inglês para se manter informada a respeito do que se fazia do outro lado do canal da Mancha. Ela desenhava croquis dos experimentos e mantinha registros detalhados de todos os resultados.

Lavoisier tinha enorme ambição e consciência de seus talentos, mas também de que, apesar do dinheiro e de todos os seus esforços, ainda não fizera uma descoberta de vulto. Foram as revelações de Priestley durante o jantar, oferecido em outubro de 1774, que o levaram a realizar alguns de seus experimentos mais célebres. É possível que o inglês tenha ficado um pouco deslumbrado com o evento, a boa comida, o luxo do ambiente e com o próprio anfitrião, que tinha posses, desenvoltura e muito charme. Numa carta à mulher escreveu que "a maioria das personalidades filosóficas da cidade estavam presentes". Durante o jantar, contou a Lavoisier sua recente descoberta acerca do ar de propriedades ígneas. Chegou a revelar o método pelo qual o obtivera. Do outro lado da mesa, Lavoisier escutava com atenção, sabendo que aquilo era algo da maior importância. Priestley observou que Lavoisier, a esposa e os convidados "demonstravam grande surpresa", o que era bastante natural. Ao falar com tanta franqueza sobre suas descobertas, o inglês se comportava de acordo com o melhor espírito da época – o de abertura científica –, ainda que Inglaterra e França fossem inimigas. Mais tarde, porém, sua franqueza seria motivo de amargo arrependimento.

"Durante o jantar, contou a Lavoisier sobre sua recente descoberta acerca do ar de propriedades ígneas."

Depois do jantar, Lavoisier se apressou em reproduzir o experimento de Priestley em seu bem-equipado laboratório. Foi aí que começou a confusão. O que aconteceu daria origem a uma feroz rivalidade entre os dois. O óxido de mercúrio puro até era simples de obter – os sais de mercúrio eram um dos poucos tratamentos eficazes contra a varíola que se alastrava por Paris. Lavoisier aqueceu a substância, coletou o gás e verificou que suas propriedades eram as descritas pelo rival.

Retratado ao lado da mulher, Marie-Anne, Lavoisier batizou vários elementos importantes, entre eles o hidrogênio e o oxigênio.

Em seguida, porém, fez algo diferente e de grande importância. Decidiu reverter o experimento, aquecendo mercúrio com oxigênio para obter óxido de mercúrio. Deu certo.

OXIGÊNIO

Na história da ciência, são muitos os supostos "descobridores" do oxigênio – muito antes de Joseph Priestley ou Antoine Lavoisier, a quem se costuma atribuir a descoberta. Em 1620, descreveu-se um submarino movido a remo que teria sido construído e conduzido no rio Tâmisa, em Londres. O ar, dizem, se mantinha com uma preparação alquímica, possivelmente oxigênio. Numa versão mais plausível, Robert Hooke, o inimigo de Isaac Newton, e Robert Boyle, o inventor dos fósforos e formulador da lei que leva seu nome, teriam descoberto o oxigênio quando estudavam a combustão, no fim do século XVII. O primeiro extraiu o ar de um jarro e demonstrou que, dentro do recipiente, o carvão não queimava. Boyle descobriu que, se acrescentasse nitrato de potássio – um dos ingredientes da pólvora – à jarra, o carvão voltaria a queimar. Ele percebeu que havia algo no ar e no nitrato de potássio que possibilitava a combustão. Como sabemos hoje, era oxigênio.

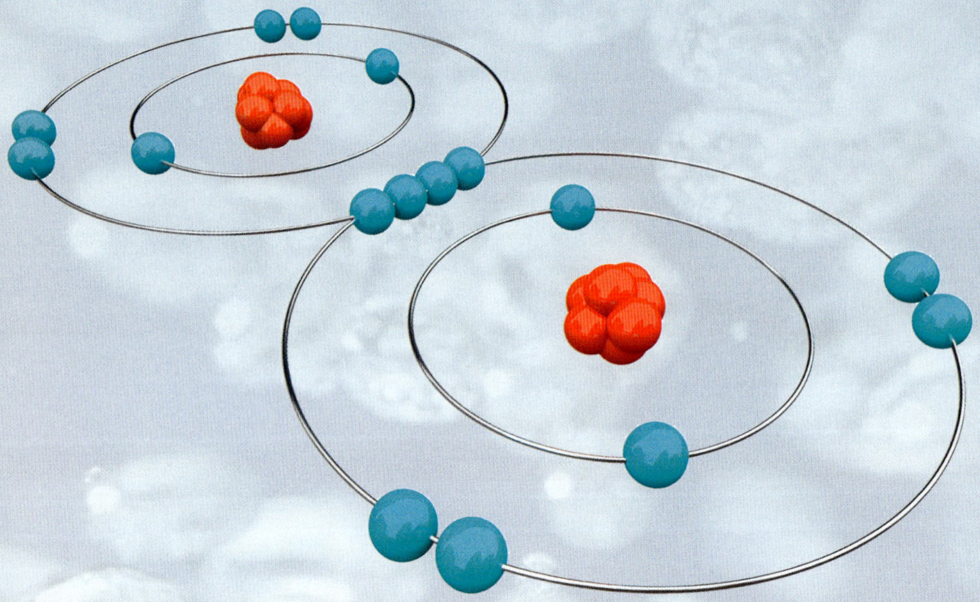

Uma interpretação moderna da estrutura do oxigênio mostra partículas subatômicas, os elétrons, girando ao redor de um núcleo central que contém partículas mais pesadas, os prótons e nêutrons. A troca ou compartilhamento de elétrons nas camadas externas dos átomos mantém as moléculas unidas. Esta é a base de todas as reações químicas.

Lavoisier então aplicou sua mentalidade de contador ao experimento – afinal, ele era cobrador de impostos. Pesou todas as partes da reação com cuidado, antes e depois, observando que o peso era idêntico. Mercúrio mais oxigênio pesam o mesmo que o óxido de mercúrio produzido. Este foi um passo muito mais importante que a própria descoberta. Lavoisier compreendera o princípio das reações químicas: as substâncias podem ser unidas e depois separadas, a matéria é constituída de elementos simples que formam diversas combinações, criando o mundo que nos cerca. Ele também deu nome ao ar milagroso: oxigênio. A descoberta inaugurou nova etapa na ciência. O oxigênio é o gás da vida, principal componente do ar que respiramos e também responsável pela combustão.

"A descoberta inaugurou uma nova etapa na ciência. O oxigênio é o gás da vida, principal componente do ar que respiramos e também responsável pela combustão."

Na Inglaterra, Priestley, como era de se esperar, não ficou nada contente ao saber que alguém se apropriara de sua descoberta e lhe dera outro nome. "Ele deveria reconhecer que meu relato sobre o ar que obtive do mercúrio calcinado o levou a investigar o resultado obtido, o que fez logo que parti", escreveu. Na verdade Priestley não foi o primeiro a produzir e estudar o oxigênio. O químico sueco Carl Scheele já produzira o gás pelo aquecimento de óxido de mercúrio em 1772, dois anos antes. Scheele relatou a descoberta num livro publicado em 1777.

A desavença entre Priestley e Lavoisier era mais profunda que o mero ressentimento de não se sentir reconhecido. O francês não apenas repetira o experimento do adversário como também divulgara uma interpretação diferente dos resultados observados. Na época, a maioria dos químicos acreditava que, ao queimar, os materiais liberavam uma substância denominada flogisto. Segundo uma teoria popular, uma chama encerrada em ambiente fechado logo se extinguia porque o ar ficava saturado de flogisto. Priestley havia chamado o gás descoberto de deflogisticado porque uma vareta nele imersa queimava emitindo luz intensa, indicando a quase completa ausência de flogisto.

Lavoisier estava ávido por desacreditar uma teoria que via como falha e equivocada. "É hora de reconduzir a química para uma forma rigorosa de pensar", escreveu. Priestley foi sem dúvida o primeiro a realizar o experimento e comentar seus resultados, mas Lavoisier foi quem entendeu seu significado. Era uma descoberta inglesa com uma explicação francesa. O que importa, porém, é que Lavoisier compreendeu que o oxigênio não era um ar qualquer; tratava-se de um dos componentes básicos da matéria, um elemento. Para o francês, aquele era apenas o início do interesse pelos gases que o levaria à compreensão moderna da natureza da matéria.

A GUERRA DOS BALÕES E DOS GASES

Em 1783, cerca de uma década depois daquele memorável jantar parisiense, a França foi tomada pela febre dos balões. Tudo começou num campo em Annonay, no sul do país, quando dois fabricantes de papel, os irmãos Montgolfier, exibiram sua última invenção. Tratava-se de um enorme balão feito de papel e lona, com uma grande boca. Ao redor das bordas estavam os homens que o seguravam no alto, enquanto fardos de palha eram empilhados e cuidadosamente incendiados sob a boca. Um cesto foi preso ao balão para transportar três passageiros: uma ovelha, um galo e um pato. Quando estava cheio e esticado, o balão foi solto no ar. O espetáculo maravilhou a multidão de seis mil pessoas.

Os Montgolfier eram homens práticos, não grandes teóricos, e interessavam-se pelas potencialidades comerciais e militares dos balões. Haviam fabricado o que hoje conhecemos como balão de ar quente, mas acreditavam que a força que o fazia subir era produzida por um gás especial contendo o que chamavam de leveza, obtido pela queima da madeira. Eles o batizaram de "gás dos Montgolfier".

Logo foi criada uma competição para premiar o primeiro a levar um homem ao céu. Durante algum tempo, deu-se um acalorado debate sobre quem deveria fazer o primeiro voo. O rei, obviamente preocupado com a segurança, achava que deviam ser criminosos condenados. Pouco depois, em 21 de novembro de 1783, os Montgolfier promoveram o primeiro voo com tripulação humana, enviando ao céu dois homens num magnífico balão com diâmetro superior a 15m. O braseiro que o impulsionava, alimentado por fardos de palha, media 1,8m. O vento sul carregou os dois passageiros por 8km em 25 minutos.

"O hidrogênio é 13 vezes mais leve que o ar, portanto, sua capacidade de ascensão é imensa."

Dez dias mais tarde, apareceu um sério competidor. Um balão voou impulsionado por um "ar inflamável" recém-descoberto pelo inglês Henry Cavendish e que logo seria rebatizado por Lavoisier de "hidrogênio". O hidrogênio é 13 vezes mais leve que o ar, portanto, sua capacidade de ascensão é imensa. A decolagem foi assistida por uma multidão de 400 mil pessoas – metade da população parisiense. O balão percorreu 43km, demonstrando alcance potencial muito superior ao do sistema de ar quente. Era também bem mais poderoso e, assim, podia ter metade do tamanho. Porém, por uma questão de justiça, a Académie Royale des Sciences proclamou a vitória dos irmãos Montgolfier, afinal, eram os pioneiros. Enquanto isso, Lavoisier, que fora nomeado para a comissão que estudava o futuro do balonismo, compreendeu o potencial do hidrogênio e começou a pensar em como produzi-lo em escala comercial. No processo, descobriria um modo de decompor a matéria.

O balão dos irmãos Montgolfier sobe em seu primeiro voo livre. A bordo, iam dois voluntários: um médico chamado Pilâtre de Rozier e o marquês d'Arlandes, que conseguira demover o rei de enviar criminosos naquele voo histórico.

A DECOMPOSIÇÃO DA MATÉRIA

O método pelo qual Henry Cavendish produzira hidrogênio pela primeira vez consistia em derramar ácido sobre um metal e coletar o gás liberado. Os balonistas apenas ampliaram as dimensões do processo. Encheram um tonel com limalha de ferro, acrescentaram ácido e água, e bombearam o hidrogênio formado, inflando o balão. A técnica tinha dois inconvenientes. Primeiro, produzia grande quantidade de vapor d'água, um problema para balões de papel; segundo, para fabricar o ácido, era preciso usar salitre, escasso por ser um dos principais ingredientes da pólvora.

A solução de Lavoisier era elegante, simples e barata. Cavendish, o descobridor do hidrogênio, demonstrara que, com uma faísca elétrica, era possível explodir uma mistura de hidrogênio e oxigênio num recipiente fechado, produzindo água. O químico compreendeu que, se pudesse reverter a reação, decomporia a água em hidrogênio e oxigênio.

Em suma, o método de Lavoisier consistia numa forma acelerada de oxidação. Ele usou o cano de ferro de um canhão, de 1,2m, posto em diagonal sobre carvão em brasa, de modo que a porção central ficasse incandescente. Em seguida derramou um pouco de água pelo tubo. Quando o líquido passava pelo cano, o oxigênio da água reagia com o metal. A reação produzia uma mistura de vapor e hidrogênio gasoso. Condensando a mistura, Lavoisier conseguiu obter hidrogênio puro. Depois de aperfeiçoar a técnica, repetiu o experimento diante de uma plateia de 30 cavalheiros. Queria que testemunhassem sua conquista.

O potencial militar dos balões de hidrogênio foi reconhecido pelo governo francês. Logo seriam usados nos campos de batalha para vigiar os movimentos do inimigo. Mais tarde, Napoleão criou o Corps d'Aerostation, com o intuito de invadir a Inglaterra usando balões. Quando o plano fracassou, decidiu aproveitá-los na invasão do Egito. Eles não chegaram a ser usados, pois foram destruídos por Lord Horatio Nelson, vice-almirante da esquadra britânica, antes de levantar voo. Na Segunda Guerra Mundial, os dirigíveis a hidrogênio foram empregados na vigilância e em bombardeios, mas nunca tiveram sucesso no transporte de passageiros, em parte por causa do desastre com o Hindenburg, que destruiu a confiança do público.

O DESASTRE DO HINDENBURG

O desastre do Hindenburg foi um dos acidentes aéreos mais famosos de todos os tempos. Em 6 de maio de 1937, o dirigível gigante tentava pousar em Nova Jersey quando pegou fogo e foi destruído em menos de um minuto. Na verdade, 36 pessoas morreram no incêndio, tornando-o, de certo modo, uma tragédia menor. Mas a velocidade da destruição, aliada ao fato de que o pouso era filmado, transformou aquele num momento simbólico das viagens aéreas. Ninguém sabe onde nem como o fogo começou, mas, quando as chamas tomaram conta do dirigível, o hidrogênio fez jus à reputação de gás altamente inflamável e explosivo. Ironicamente, os Zeppelins, dos quais o Hindenburg era um exemplo, tinham excelente histórico de segurança. Até o incêndio, não havia caso de passageiro ferido, embora os balões já tivessem percorrido milhões de quilômetros. A destruição do Hindenburg marcou o fim dos dirigíveis como transporte de passageiros. Logo os aviões os substituiriam como forma de atravessar o atlântico.

À esquerda: Um experimento químico popular nas escolas demonstra as consequências explosivas da aproximação entre um balão de hidrogênio e uma vela.

A REVOLUÇÃO

Em 1789, ano em que os parisienses tomaram a Bastilha e deram início ao movimento que conhecemos como Revolução Francesa, Lavoisier publicou sua obra-prima, *Tratado elementar de química*. O livro era uma síntese do trabalho de toda uma vida e varria do mapa os últimos vestígios do mundo secreto da alquimia. Davam-se nomes às substâncias descrevendo suas propriedades. A publicação é tida por muitos como inauguradora da química moderna. Infelizmente o autor não viveria o bastante para gozar da fama que tanto almejava.

O estilo de vida e a química de Lavoisier foram financiados por seu trabalho de coletor de impostos. Se hoje os cobradores de impostos não são muito populares, na França revolucionária despertavam ódio e desprezo especiais. Jean-Paul Marat, figura de destaque na Revolução, que havia sido humilhado por Lavoisier, foi um dos que aproveitou a oportunidade para se vingar. "Lavoisier assume a paternidade de todas as descobertas divulgadas no exterior. Sem ideias próprias, rouba as alheias; como quase nunca é capaz de avaliá-las, abandona-as tão facilmente quanto as adota e muda de sistema como quem troca de sapato."

Acusado de furtar dinheiro e participar de atividades contrarrevolucionárias, Lavoisier foi guilhotinado em maio de 1794, aos 50 anos. Um contemporâneo comentou com tristeza: "Bastou um segundo para lhe cortar a cabeça, mas é provável que uma centena de anos não baste para produzir outra igual." Na véspera de morrer, o cientista escreveu a um amigo que esperava ser lembrado "talvez com alguma glória". É possível que ficasse feliz em conhecer sua atual reputação. Não foi autor de qualquer descoberta de grande originalidade, mas, ao interpretar as descobertas dos outros, contribuiu como poucos para nossa compreensão do mundo.

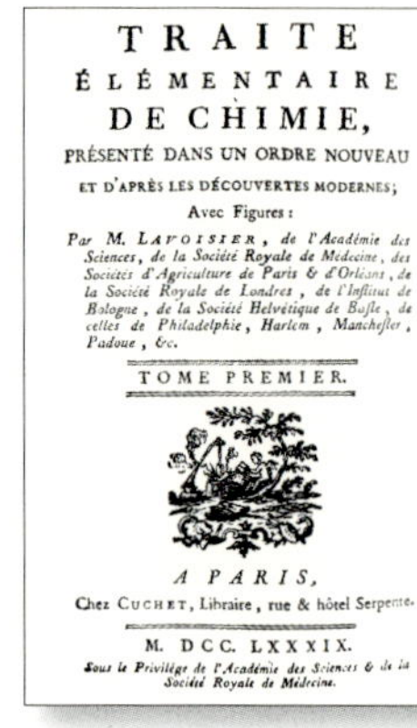
TRAITE
ÉLÉMENTAIRE
DE CHIMIE,
PRÉSENTÉ DANS UN ORDRE NOUVEAU
ET D'APRÈS LES DÉCOUVERTES MODERNES;
Avec Figures:
Par M. LAVOISIER, de l'Académie des Sciences, de la Société Royale de Médecine, des Sociétés d'Agriculture de Paris & d'Orléans, de la Société Royale de Londres, de l'Institut de Bologne, de la Société Helvétique de Basle, de celles de Philadelphie, Harlem, Manchester, Padoue, &c.
TOME PREMIER.
A PARIS,
Chez CUCHET, Libraire, rue & hôtel Serpente.
M. DCC. LXXXIX.
Sous le Privilège de l'Académie des Sciences & de la Société Royale de Médecine.

O *Tratado elementar* de Lavoisier, publicado em 1789 e ilustrado por sua mulher, é considerado por muitos o primeiro manual da química moderna.

Lavoisier foi um dos 32 coletores de impostos, membros da Ferme Générale, presos em novembro de 1793. Seis meses depois, 28 deles foram executados na guilhotina.

Humphry Davy
1778–1829

O QUÍMICO ROMÂNTICO

Alguns anos depois da morte de Lavoisier, surgiu em Londres um novo astro. Seu nome era Humphry Davy, e foi aclamado pela crítica desde sua estreia nos palcos, em 1801.

As palestras de Davy faziam tanto sucesso entre a juventude elegante e os românticos que, nas ruas próximas ao Royal Institute, onde se apresentava, as carruagens engarrafavam. Para resolver o problema, as autoridades transformaram a Albermarle Street na primeira rua de mão única. O estrondoso sucesso de Davy era surpreendente, levando-se em conta que ele era químico, e suas apresentações eram nessa área. Mas não há dúvida de que sabia como criar um espetáculo. Além de divertir o público com explosões, encantava-o demonstrando a última maravilha moderna, a eletricidade.

Em 1799, Alessandro Volta, professor de física na Universidade de Pavia, criara a primeira bateria (*ver* Capítulo 4). Logo se descobriu que essa bateria, ou pilha voltaica, como era conhecida, podia ser usada para decompor a água em hidrogênio e oxigênio. Davy percebeu que o emprego da invenção poderia tornar seu nome conhecido e recorreu a uma subscrição pública para adquirir grande quantidade de pilhas. Um de seus primeiros experimentos consistia em aplicar forte carga elétrica a uma substância extremamente cáustica chamada potassa. Quando os eletrodos eram introduzidos num recipiente cheio de potassa, apareciam pequenos glóbulos de um material que tinha "intenso brilho metálico, sendo idêntico ao mercúrio em suas características visíveis". Quando queimada, a substância, batizada por ele de potássio, explodia gerando uma chama brilhante. A descoberta entusiasmou Davy e encantou a plateia quando ele repetiu o experimento em público.

Usando a eletricidade para separar diversos compostos, Davy descobriu uma série de outros elementos, como sódio, cálcio, estrôncio, bário, magnésio e cloro. Ele se sentia o desbravador de um mundo oculto. Compreendeu que toda matéria é constituída de elementos, definidos como substâncias que não podem ser "decompostas por qualquer processo químico". Especulou também que, se a eletricidade é capaz de desintegrar a matéria, a força que a mantém coesa deve ser de natureza elétrica. Estas são grandes realizações.

"Mas não há dúvida de que ele sabia como criar um espetáculo. Além de divertir o público com explosões, o cientista encantava a plateia demonstrando a última maravilha moderna, a eletricidade."

A bateria de Volta consistia em vários pares de discos de zinco e cobre separados por panos embebidos em água salgada. Quando o circuito era fechado por um cabo de conexão, a corrente fluía.

O maior feito de Davy, porém, talvez tenha sido popularizar a química e despertar a imaginação do público de modo nunca visto. Suas demonstrações atraíam jovens ansiosas por conhecê-lo de perto. "Seus olhos", declarou uma de suas admiradoras, eram "desperdiçados com os experimentos".

Mais importante ainda foi o poder de atração que suas palestras exerciam sobre industriais e donos de fábricas em ascensão – homens sérios que queriam aprender algo útil para seus negócios. Davy abriu-lhes os olhos para o dinheiro que podia ser ganho com essa nova área da ciência.

O químico também encontrou tempo para ajudar o colega John Dalton a aperfeiçoar sua técnica de apresentação. Ele o fazia ler as palestras em voz alta e sentava ao fundo da sala, tomando notas. Dalton é hoje mais conhecido por haver tentado retomar a ideia dos átomos. Como Robert Boyle, realizou muitas investigações acerca dos gases e se convenceu de que a pressão exercida por um gás num recipiente fechado se devia ao choque dos átomos contra as paredes. Afirmou que cada elemento era constituído por um tipo específico de átomo, e que estes se combinavam para formar "átomos compostos". Isso, porém, quase não teve repercussão.

Davy morreu jovem, aos 51 anos. Sua saúde deve ter sido abalada pelos efeitos cumulativos das diversas substâncias tóxicas que testava em si mesmo. Além de muitas inovações (incluindo uma lâmpada de segurança para mineiros), ele influiu também, de maneira mais sutil, no desenvolvimento da ciência. Entre as muitas mulheres que acompanhavam com entusiasmo as palestras de Davy estava Mary Shelley. Ao escrever *Frankenstein*, ela se baseou no químico para criar um dos personagens do livro, e a ideia de criação da vida artificial foi certamente inspirada pelas demonstrações que ele fazia do poder da eletricidade. O livro de Shelley e os filmes nele inspirados ajudaram a moldar, aos olhos do público, a imagem do cientista

À esquerda: As intensas chamas violeta criadas pela queima do potássio no ar impressionaram Davy e a plateia de suas apresentações públicas.

como uma figura genial, mas envolvido em forças que fugiam à sua compreensão e ao seu controle.

Outro amigo de Davy, o poeta Coleridge, ajudou a cunhar o termo "cientista" para descrever as atividades de experimentalistas. Por muitos anos, "ciência" foi um termo genérico aplicado a uma gama muito ampla de saberes. Podia-se falar de ciência da música ou da ética. Das palavras antes usadas, "filósofo natural" era considerada grandiosa demais, e "homem de ciência", uma expressão desajeitada.

OS ELEMENTOS E A TABELA PERIÓDICA

O filósofo grego Aristóteles afirmava que tudo no mundo era composto de cinco elementos e definia elemento como "um daqueles corpos nos quais outros corpos podem ser decompostos, sendo eles mesmos indivisíveis". A ideia de que os elementos não podem ser divididos persistiu até ficar evidente que eles são formados por átomos ainda menores. A definição moderna de elemento, baseada em nossa compreensão da teoria atômica, é a de uma substância pura, constituída de um só tipo de átomo. Entre os mais comuns estão oxigênio, carbono, hidrogênio, nitrogênio, ferro, cobre, ouro e prata. Ao longo dos anos, o número de elementos conhecidos cresceu. No século XVIII, Lavoisier, em *Tratado elementar de química*, criou a primeira tabela moderna, da qual só constavam 33 elementos. Além da pobreza do conjunto, a lista nos causaria estranhamento, pois ao lado de elementos que ainda reconhecemos, como oxigênio, figuravam "luz" e "calórico". Conhecemos hoje 94 elementos naturais e 23 feitos pelo homem. O último elemento artificial, batizado em homenagem a Nicolau Copérnico, é o "copernício". Seu número atômico é 112, e o símbolo, Cp.

1 H 1.007																	2 He 4.002
3 Li 6.941	4 Be 9.012											5 B 10.811	6 C 12.011	7 N 14.001	8 O 15.999	9 F 18.998	10 Ne 20.180
11 Na 22.990	12 Mg 24.305											13 Al 26.982	14 Si 28.085	15 P 30.974	16 S 32.065	17 Cl 35.453	18 Ar 39.948
19 K 39.098	20 Ca 40.078	21 Sc 44.945	22 Ti 47.867	23 V 50.941	24 Cr 51.996	25 Mn 54.938	26 Fe 55.845	27 Co 58.933	28 Ni 58.693	29 Cu 63.546	30 Zn 65.409	31 Ga 69.723	32 Ge 72.64	33 As 74.922	34 Se 78.96	35 Br	36 Kr
37 Rb 85.468	38 Sr 87.62	39 Y 88.906	40 Zr 91.224	41 Nb 92.906	42 Mo 95.94	43 Tc 98	44 Ru 101.07	45 Rh 102.906	46 Pd 106.42	47 Ag 107.868	48 Cd 112.411	49 In 114.818	50 Sn 118.710	51 Sb 121.760	52 Te 127.60	53 I 126.904	54 Xe 131.294
55 Cs 132.905	56 Ba 137.327	57-71	72 Hf 178.49	73 Ta 180.948	74 W 183.84	75 Re 186.207	76 Os 190.23	77 Ir 192.217	78 Pt 195.084	79 Au 196.967	80 Hg 200.59	81 Tl 204.383	82 Pb 207.2	83 Bi 208.980	84 Po 209	85 At 210	86 Rn 222
87 Fr 223	88 Ra 226	89-103	104 Rf 261	105 Db 262	106 Sg 266	107 Bh 264	108 Hs 277	109 Mt 268	110 Ds 271	111 Rg 272	112 Cp 277	113 Uut	114 Uuq	115 Uup	116 Uuh	117 Uus	118 Uuo

57 La 138.905	58 Ce 140.116	59 Pr 140.908	60 Nd 144.242	61 Pm 145	62 Sm 150.36	63 Eu 151.964	64 Gd 157.25	65 Tb 158.925	66 Dy 162.500	67 Ho 164.930	68 Er 167.259	69 Tm 168.934	70 Yb 173.04	71 Lu 174.967
89 Ac 227	90 Th 232.038	91 Pa 231.036	92 U 238.029	93 Np 237	94 Pu 244	95 Am 243	96 Cm 247	97 Bk 247	98 Cf 251	99 Es 252	100 Fm 257	101 Md 258	102 No 259	103 Lr 262

O SÉCULO DA SÍNTESE

Até o século XIX, o maior êxito dos químicos consistia em decompor a matéria em elementos. Não demoraria muito, porém, para que começassem a uni-los em combinações inusitadas, criando um mundo dominado por compostos artificiais. Curiosamente, o carvão era a matéria-prima usada na fabricação de muitos dos novos produtos. Na virada do século, ele não só era queimado para gerar calor e energia como também se convertia em gás para iluminar as residências. Um dos subprodutos da produção de gás era o alcatrão de hulha, substância viscosa e desagradável. Na década de 1820, Charles Macintosh empregou-o para impermeabilizar tecidos. O sucesso estimulou a busca de outros usos. Ciente de que o alcatrão era uma combinação complexa de carbono, hidrogênio, oxigênio e nitrogênio, August Wilhelm von Hofmann, primeiro diretor do Royal College of Chemistry, em Londres, acreditava ser possível rearranjar esses elementos para sintetizar quinino, o medicamento mais procurado do mundo. A droga era o único tratamento conhecido para a malária, uma das doenças que mais matava na época – e ainda mata. As tentativas de Von Hofmann não vingaram, mas suas pesquisas dariam origem, por acidente, à produção em massa de substâncias químicas, pela manipulação da matéria em escala industrial.

A malária, no início do século XIX, era uma das principais causas de morte nos trópicos e um dos maiores problemas de saúde enfrentados por aqueles que, como os britânicos, pretendiam fundar colônias. Oficiais do Exército enviavam relatos sombrios sobre a moléstia que, só na Índia, afetava mais de 25 milhões de pessoas e dizimava cerca de dois milhões por ano. Ninguém sabia ao certo o que a causava – a associação com os mosquitos ainda não fora estabelecida –, mas os supersticiosos acreditavam que, para ficar curado, bastava carregar uma aranha numa casca de noz. O combate à doença se tornou prioritário para a Inglaterra e todos os outros países com impérios ultramarinos.

O quinino era uma droga extraída da casca da quina, vegetal descoberto nas encostas dos Andes, na América do Sul, onde era conhecido como "árvore da febre". Reza a lenda que um índio, perdido nas montanhas e ardendo em febre, chegou à margem de um lago rodeado de árvores. Ele provou a água, que tinha gosto amargo, e portanto devia ser venenosa, mas, delirante, não se importou com

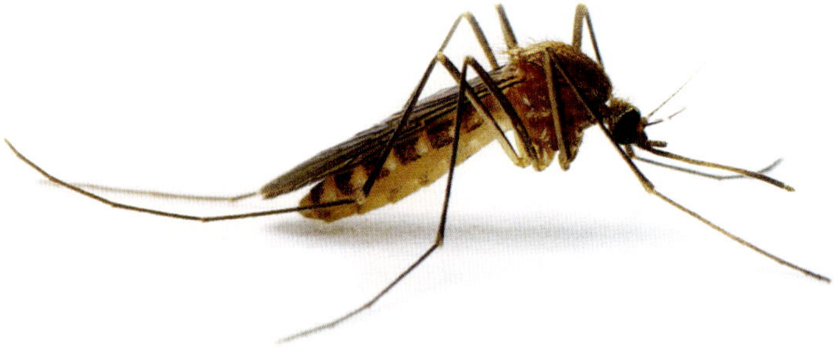

Até o fim do século XIX, a malária costumava ser atribuída à má qualidade do ar nas regiões pantanosas. Só na década de 1880 a doença foi relacionada à infecção causada por um parasita transmitido por mosquito.

COMO A MALÁRIA CHEGA AO SANGUE

Sabemos hoje que a malária é causada por um micro-organismo chamado plasmódio. A fêmea do mosquito ingere os micróbios ao se alimentar do sangue de um hospedeiro humano ou animal. Nas entranhas do inseto, o plasmódio produz cistos que se rompem e infectam suas glândulas salivares, permitindo-lhe infectar outro animal hospedeiro quando o mosquito se alimenta de novo.

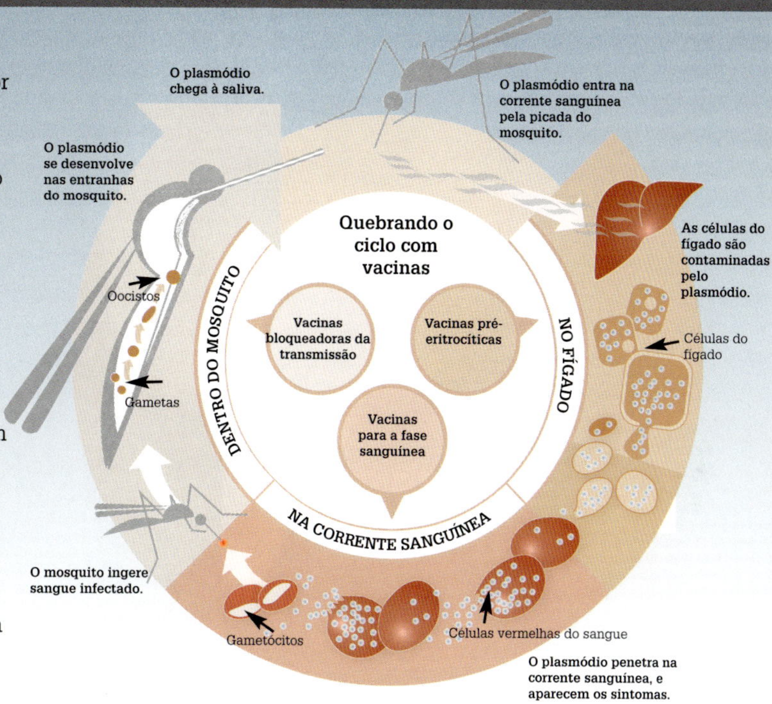

isso. O índio bebeu, adormeceu profundamente e, quando acordou, a febre havia passado. Os indígenas transmitiram o segredo da árvore para os jesuítas, que levaram amostras da casca para a Europa. Naquela época, a malária era endêmica na Itália e em alguns outros países europeus, e os médicos logo descobriram que o "pó jesuítico" era eficaz para tratá-la. O problema era obter a quantidade da casca suficiente para tratar milhões de doentes; a quina cresce devagar e só vinga em ambientes propícios.

Só na Índia, os ingleses precisariam de 750t anuais de quina. Não é surpresa que houvesse enorme demanda por uma forma melhor e mais barata de proteção contra a malária. O governo britânico buscou auxílio na ciência. Em meados do século XIX, já se sabia que o ingrediente ativo do vegetal era o quinino. O desafio era descobrir uma maneira de sintetizá-lo.

"O quinino era uma droga antimalárica extraída da casca da quina, descoberta pela primeira vez nas encostas dos Andes."

No East End londrino, um jovem chamado William Perkin, pertencente à categoria cada vez mais numerosa dos químicos profissionais, decidiu que ficaria rico fazendo exatamente isso. Nascido em 1838, ele estudara no então recém-fundado Royal College of Chemistry e trabalhara como auxiliar do grande Von Hofmann, que o encorajara a obter quinino de extratos de alcatrão de hulha. Perkin se pôs a trabalhar no sótão da casa dos pais. Seu primeiro passo foi uma tentativa de oxidar o sulfato de anilina, substância derivada do alcatrão. O resultado foi um pó negro nada impressionante. Porém, ao dissolvê-lo em "espírito de vinho", o resultado

foi espetacular. Perkin descobrira uma cor inteiramente nova – a malva. O cientista tingiu um pedaço de seda e mostrou-o aos amigos, que ficaram impressionados, sugerindo que ele podia ganhar dinheiro com a descoberta.

A alternativa natural mais próxima à malva de Perkin era a púrpura. Esse corante fora usado para tingir o manto dos imperadores romanos e era incrivelmente caro. Para produzi-lo, era preciso extrair o muco glandular de milhares de moluscos. A invenção de Perkin era bem mais barata e em muitos aspectos superior: produzia sempre o mesmo tom uniforme, não cheirava a peixe e, mais importante, não desbotava à luz do Sol. A malva fez enorme sucesso. Em 1858, a rainha Vitória usou a cor no casamento da filha, a imperatriz Eugênia, um ícone da moda. Logo as ruas de Londres estavam inundadas de gente vestida naquele tom – um surto de "sarampo malva". A descoberta trouxe cor à era vitoriana e um título de cavaleiro a William Perkin. O corante abriu as portas para novas cores e para a indústria que as produzia. Os corantes estavam entre os primeiros produtos químicos fabricados em escala industrial, e logo foram seguidos por outros, como fertilizantes, sabão e dinamite. O feito pelo homem, o sintético, tomava o lugar do natural.

> ***"A malva fez enorme sucesso. Logo as ruas de Londres estavam inundadas de gente vestida naquele tom."***

O inspirador de Perkin foi o alemão Von Hofmann, cujos antigos colegas formaram a vanguarda da química. Químicos profissionais alemães foram à Inglaterra aprender os segredos de Perkin e voltaram à terra natal. Em 1878, a produção inglesa de alcatrão de hulha rendia £450 mil, enquanto a alemã chegava a dois milhões. Os químicos alemães, trabalhando num sistema universitário que incentivava a pesquisa, descobriram uma nova gama de cores sintéticas. De importadora de corantes naturais, a Alemanha passava a ser a maior exportadora de pigmentos sintéticos.

Outro importante progresso alemão foi a invenção, por Fritz Haber e Carl Bosch, de um método para "fixar" o nitrogênio do ar. Isso permitiu a produção de amônia em larga escala, dando origem aos fertilizantes artificiais. A consequente alta na produção de alimentos levou a um grande crescimento populacional.
Hoje, sem os fertilizantes sintéticos, a maior parte da população passaria fome. Mas os nitratos artificiais também podiam ser usados em explosivos, e isso não demorou a acontecer. Ao mesmo tempo, o gás cloro, abundante subproduto tóxico da fabricação de corantes, despertava o interesse dos militares que o empregavam como arma química.

À esquerda: Aos 18 anos, William Perkin fez sua grande descoberta, o corante "malveína" (abaixo). Durante toda a vida, ele continuou a desenvolver novos corantes e até perfumes sintéticos.

À direita: Frasco do corante original de Perkin, preservado no Museu de Ciências de Londres.

AS GUERRAS MUNDIAIS

A guerra era inevitável. França, Alemanha e Inglaterra disputavam mercados para seus produtos. Eram nações expansionistas e beligerantes. Aperfeiçoados, os explosivos ganharam poder de destruição nunca visto. Balões de hidrogênio eram usados para observação e bombardeio. Havia também os ataques com gás; os horrores do cloro e outras substâncias venenosas lançadas sobre soldados desprotegidos. A Primeira Guerra Mundial foi chamada "Guerra dos Químicos". O conhecimento sobre como manipular a matéria transformara o próprio caráter dos conflitos. No momento em que a guerra chegava ao ápice sangrento, laboratórios alemães e ingleses desenvolviam as bases de uma nova arma de destruição em massa. A bomba atômica foi fruto de uma compreensão da matéria conquistada no século XX, mas suas raízes remontam ao século XIX.

GÁS VENENOSO

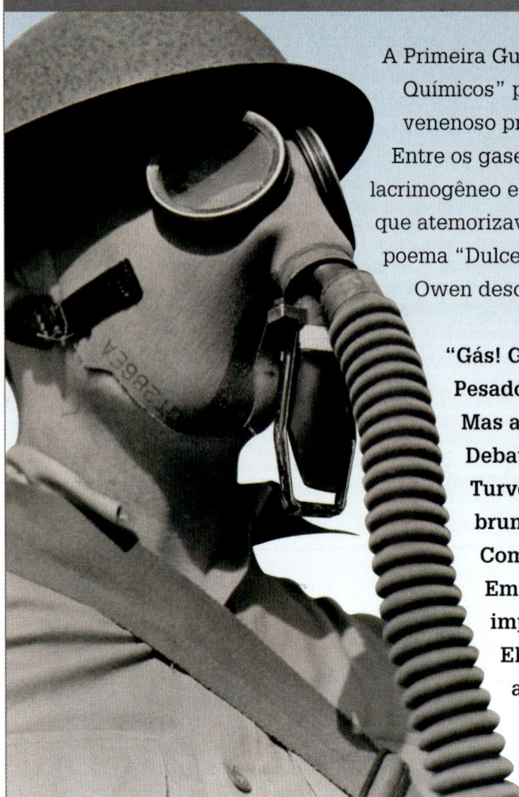

A Primeira Guerra Mundial foi chamada "Guerra dos Químicos" porque nela se disseminou o emprego de gás venenoso produzido em larga escala pela indústria química. Entre os gases usados estavam cloro, fosgênio, gás lacrimogêneo e gás mostarda – não especialmente letais, mas que atemorizavam os soldados com os terríveis efeitos. No poema "Dulce et decorum est", de 1917, o poeta Wilfred Owen descreve a cena aterradora de um ataque químico:

"Gás! Gás! Rápido, rapazes! — Um furor desajeitado,
Pesados capacetes encaixados no último segundo;
Mas alguém ainda gritava, cambaleava,
Debatia-se como um homem no fogo ou na cal...
Turvo, pelos vidros embaçados e a luz verde e brumosa,
Como sob um mar verde, eu o vi sufocar.
Em todos os meus sonhos, diante de meus olhos impotentes,
Ele mergulha, derretendo, sufocando, se afogando."

OBJETOS DO PENSAMENTO

"O homem que, em muitos sentidos, deu início a mais uma grande revolução na física e na química, uma revolução que inauguraria a era do átomo, transformando o século XX, foi William Crookes."

A ideia de que a matéria é formada de "átomos" – pequenas bolas indestrutíveis – surgiu há milhares de anos. De tempos em tempos, o atomismo reaparecia só para ser descartado de novo. Ninguém jamais vira um átomo, assim, sua existência permanecia controversa. Ernst Mach, que emprestou o nome às unidades que medem a velocidade do som, declarou que essas partículas eram meros "objetos do pensamento". Mach, porém, era minoria. No fim da década de 1890, já era consenso entre os químicos que hidrogênio, hélio, carbono e todos os demais elementos eram indivisíveis e constituídos por átomos distintos. Era difícil imaginar de onde poderia surgir uma nova ruptura.

Os físicos também estavam convencidos de que já sabiam quase tudo. Eletricidade, luz e magnetismo podiam ser descritos por um punhado de equações de relativa simplicidade. Era hora de passar a campos de pesquisa mais interessantes. Claro, havia alguns problemas a resolver – como o Sol. Segundo a teoria em voga, o astro deveria ter queimado todo seu combustível nos primeiros 30 mil anos. Porém, o golpe fatal que derrubou o conformismo científico veio de onde menos se esperava. O homem que, em muitos sentidos, deu início a mais uma grande revolução na física e na química, uma revolução que inauguraria a era do átomo, transformando o século XX, foi William Crookes.

Crookes não era uma celebridade, mas conquistara certa fama como descobridor do elemento tálio. Passou a vida discriminado pela comunidade científica por causa de sua outra grande paixão – investigar o espiritualismo. Ele era o mais velho de 16 irmãos e, ao que parece, começou a se interessar por espíritos depois que o irmão mais novo, Philip, morreu de febre amarela. Decidiu que, como cientista, tinha o dever de investigar todo tipo de fenômeno insólito, pois seria a única forma de descobrir algo novo. No início de suas pesquisas, Crookes era cético, mas, diante do que via, logo se converteu, afirmando ter presenciado levitações, ter visto fantasmas e um acordeão que tocava sozinho. O cientista acreditava haver descoberto indícios da "ação de uma inteligência externa".

Crookes percebeu que não era capaz de explicar as coisas que via, mas ponderou que muitos cientistas, entre os quais se incluía, deparavam com fenômenos inexplicáveis em seus laboratórios. O mistério científico que intrigava Crookes era o de um tubo de vidro que brilhava. Ele e seu assistente haviam construído uma câmara de vácuo, recipiente selado com um eletrodo em cada ponta. O cientista descobriu que, quando conectava uma bateria aos eletrodos, as paredes de vidro do tubo ficavam fluorescentes. Concluiu que os raios que provocavam o brilho deviam ser constituídos por um feixe de partículas capazes de mover uma minúscula roda de pás que introduzira na metade do tubo.

O estranho comportamento do tubo de Crookes, com paredes fluorescentes e capacidade de girar uma roda sem qualquer força visível, foi um dos primeiros indícios de um invisível mundo subatômico.

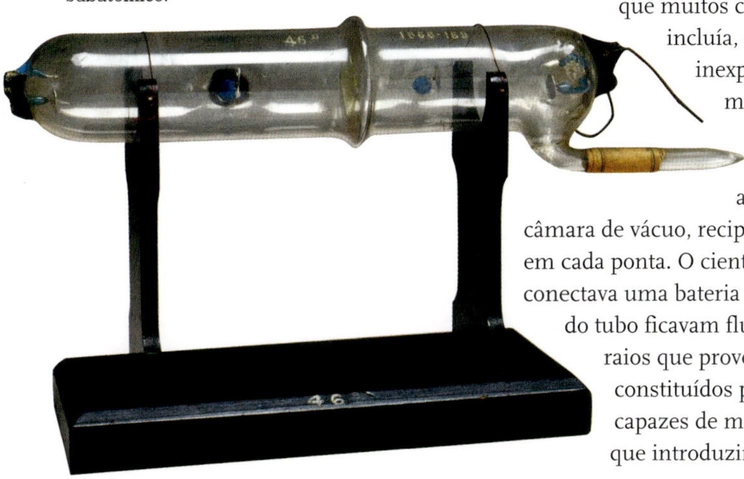

A descoberta o deixou perplexo, e ele batizou o fenômeno de "matéria radiante". Estava convencido de que se tratava de um novo tipo de matéria que, de algum modo, podia estar ligada ao mundo espiritual.

Outros cientistas, empregando versões do tubo aperfeiçoadas e de maior potência, logo começaram a fazer descobertas surpreendentes. O obscuro professor de física William Röntgen, de 50 anos, observou que uma tela colocada perto do tubo de vácuo brilhava sempre que a bateria era acionada. Seguindo a máxima "não pense, investigue", descobriu que o dispositivo gerava raios invisíveis, mas muito potentes, capazes de atravessar o corpo humano. Por não fazer ideia do que eram, chamou-os de raios X. O artigo que anunciou a descoberta incluía uma imagem de raios X da mão da mulher de Röntgen.

À esquerda: Crookes mostra o brilho no interior de um tubo de vácuo, em ilustração publicada em 1879.

À direita: Uma das primeiras fotografias de raios X, tirada por Röntgen, revela os diferentes graus de absorção dos raios pela carne, pelos ossos, por uma pedra preciosa e pelo metal.

RAIOS X

Os raios X são uma forma de radiação eletromagnética capaz de penetrar a carne humana. As aplicações médicas foram reconhecidas logo que foi anunciada a existência dos raios X; assim como no caso dos materiais radioativos, porém, as pessoas demoraram para se dar conta dos riscos dos novos raios. O major John Hall-Edwards, um dos pioneiros no uso médico dos raios X, perdeu um braço por exposição excessiva, e não resta dúvida de que muitos pesquisadores tiveram suas vidas encurtadas pelo excesso de radiação. Além do uso médico, os raios X têm várias outras aplicações. Em 1912, descobriu-se que os cristais provocavam a difração dos raios, dando origem a um novo campo de pesquisas, a cristalografia de raios X, que mais tarde revelaria a estrutura do DNA (ver Capítulo 5) e levaria a um rápido avanço na genética moderna.

Nem todas as fontes de raios X são fabricadas pelo homem. Astros extremamente quentes e densos, como as estrelas de nêutrons e os buracos negros giratórios, também produzem grande quantidade de raios X. Felizmente, para a vida na Terra, essa radiação é bloqueada pela atmosfera.

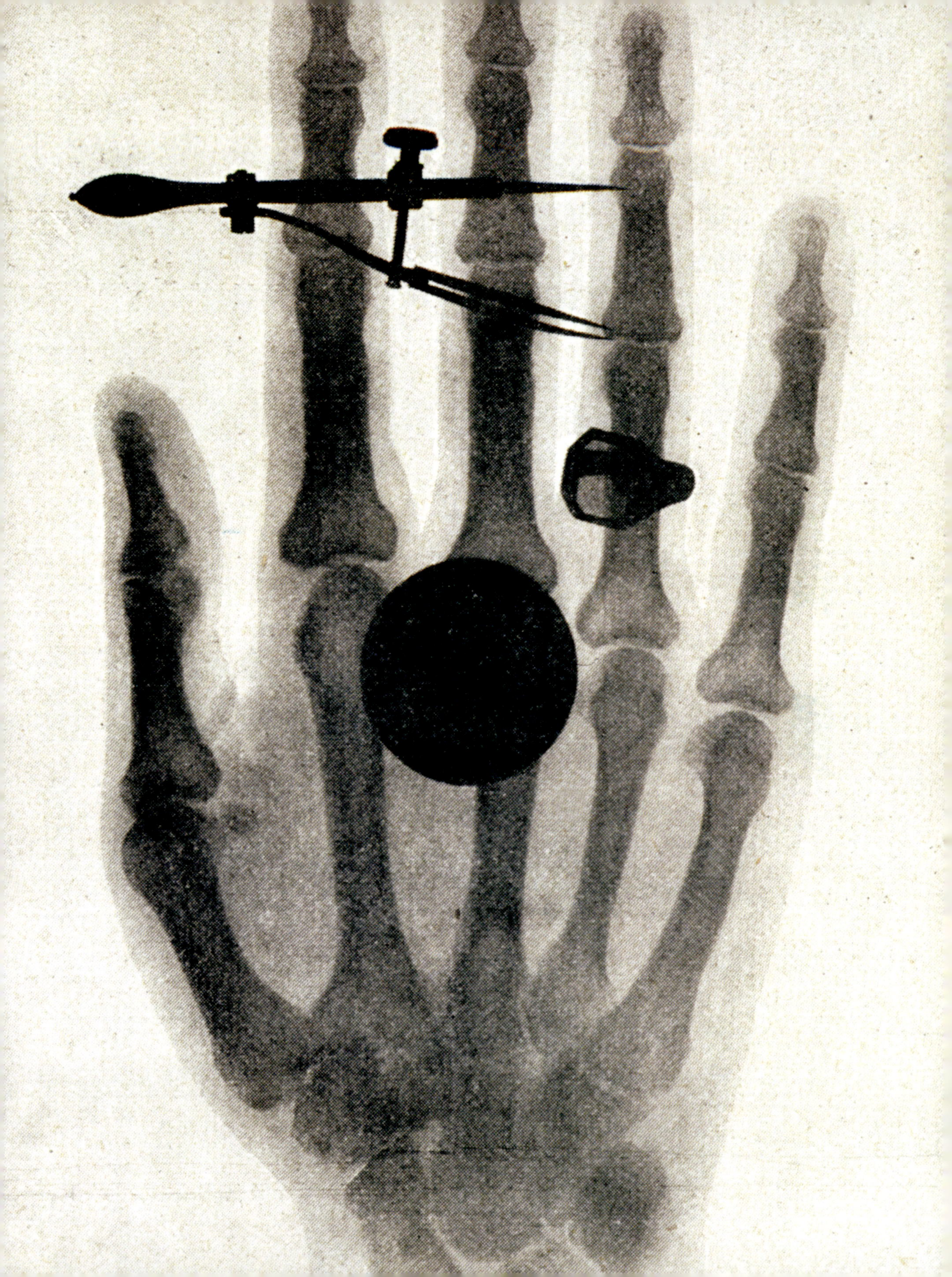

Henri Becquerel
1852–1908

RAIOS MISTERIOSOS

Inspirado pela descoberta de Röntgen, o físico francês Henri Becquerel decidiu pesquisar outros materiais fosforescentes para saber se algum deles também produzia raios X. Seu avô fora um famoso colecionador de cristais que brilhavam no escuro, e entre eles havia alguns sais de urânio, de modo que Henri aproveitou-os em seus experimentos. Primeiro, ele "carregou" os cristais de urânio expondo-os à luz solar; em seguida, deixou-os sob placas fotográficas cuidadosamente embrulhadas para ver o que acontecia. Como previsto, as placas ficaram marcadas pelos cristais. Ele repetiu várias vezes o experimento, até que resolveu colocar uma cruz de cobre entre os cristais e a chapa. De todas as outras vezes, o cientista carregara os cristais previamente com a luz do Sol. Dessa vez, deliberadamente ou porque o dia estivesse escuro em Paris, ele não fez isso. Para sua surpresa, a chapa exibia a marca da cruz. Os sais de urânio emitiam raios misteriosos, talvez semelhantes aos raios X, sem precisar ser carregados.

Becquerel não ficou nem um pouco impressionado com o resultado, tanto que repassou o experimento para sua aluna Marie Curie. Trabalhando com o marido Pierre, Marie logo descobriu que a uranitita, o minério de onde se extrai o urânio, produzia enorme quantidade de energia sem perda aparente de massa. Isso era intrigante, pois parecia que as rochas geravam energia do nada. Mais tarde, ficou claro que a uranitita era instável e, ao decair, emitia diferentes formas de radiação e muita energia. Por seus trabalhos pioneiros, Marie Curie ganhou duas vezes o Prêmio Nobel. Porém, de tal modo se expôs à radiação durante as pesquisas que morreu. Os cadernos que usava no laboratório continuam tão radioativos que, por seu valor histórico, hoje precisam ser conservados em caixas revestidas de chumbo.

Acima: Em quatro anos de trabalho, o casal Curie refinou mais de uma tonelada de minério para extrair apenas 1/10 de grama de um novo elemento, o rádio.

Enquanto Röntgen pesquisava os misteriosos raios X produzidos pelo tubo de Crookes, o físico J.J. Thomson, trabalhando nos laboratórios Cavendish em Cambridge (batizados em homenagem a um parente de Henry Cavendish, o descobridor do hidrogênio), estudava a matéria radiante de Crookes. Ele concordava que os raios eram formados por um feixe de partículas, mas seus experimentos indicavam que estas eram bem menores que o átomo, que ainda não fora descoberto. "É surpreendente pensar num estado da matéria mais finamente dividido que um átomo", declarou. Thomson havia descoberto indícios da existência de uma partícula subatômica, o elétron.

À esquerda: Marie e Pierre Curie, fotografados em seu laboratório na Escola de Química Industrial de Paris.

O ÁTOMO

No início do século XX já começava a ficar claro que o átomo não era a menor e mais indestrutível unidade do Universo como se afirmava. O tubo de Crookes e a descoberta da radioatividade eram sinais claros da existência de partículas ainda menores. O problema era como estudar algo tão pequeno que não pode ser visto. Trabalhando com os colegas Hans Geiger e Ernest Marsden, o neozelandês Ernest Rutherford decidiu usar o átomo para investigar o átomo.

Rutherford descobrira que os materiais radioativos, ao decair, produziam dois tipos de radiação bem diferentes: as partículas alfa e beta. Ele usou as partículas alfa, as mais pesadas e menos penetrantes, em seus experimentos. Conhecido pela falta de habilidades manuais, delegou a realização dos trabalhos experimentais a Geiger e Marsden, que passaram dias seguidos dentro de uma sala escura disparando partículas alfa contra uma fina folha de ouro. O uso de uma camada de sulfeto de zinco, que cintilava quando atingida, permitia ver onde incidiam as partículas. Na maior parte das vezes, elas atravessavam a folha, mas de quando em quando uma delas era desviada. Aquilo surpreendia tanto, disse Rutherford, quanto projéteis de 38cm rebatidos por uma folha de papel. O cientista concluiu que um átomo consistia, em sua maior parte, em espaço vazio, com quase toda a massa encerrada num pequeno núcleo. O núcleo, de carga positiva, era rodeado por partículas de carga negativa, os elétrons.

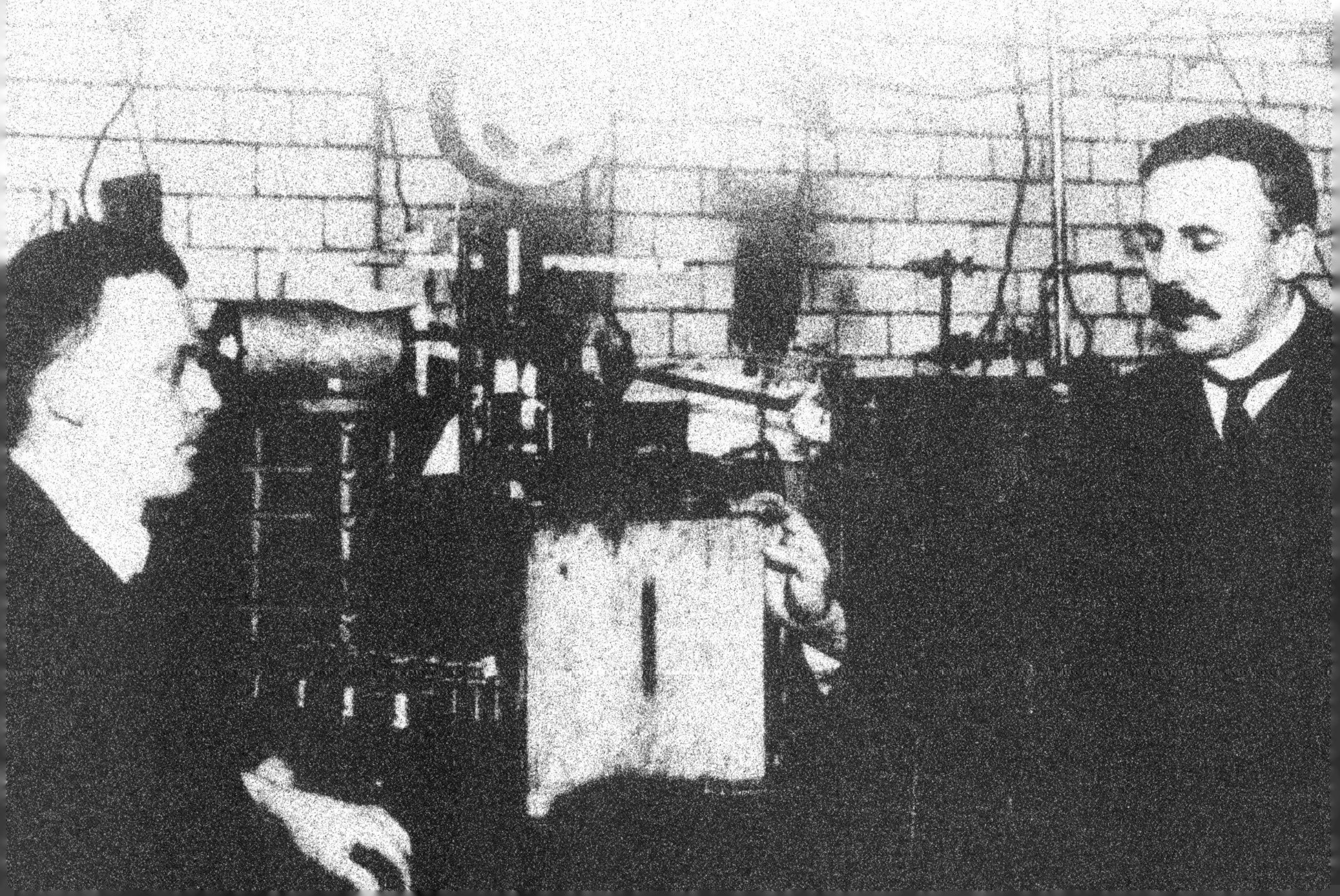

UMA MOSCA NA CATEDRAL

Para dar uma noção de escala, Rutherford imaginou um átomo ampliado até o tamanho do Albert Hall. O núcleo, onde se encontra a maior parte de sua massa, seria do tamanho de um mosquito – segundo os jornais, encontrar o núcleo era como achar uma mosca numa catedral. A imagem de um inseto minúsculo zumbindo pela vastidão de uma igreja é expressiva, mas bastante errada. Na verdade, se o átomo fosse do tamanho de uma catedral, o núcleo seria menor que um grão de areia. Ainda assim, Rutherford estava certo ao afirmar que o átomo era formado, em sua maior parte, de espaço vazio. Como todo mundo que nos cerca, somos feitos quase inteiramente de nada.

Muitos imaginam o átomo como um sistema solar em miniatura, com os elétrons no lugar dos planetas, percorrendo enormes espaços vazios ao girar em volta do Sol, isto é, do núcleo. A imagem faz sentido, e era assim que Rutherford a imaginava. Porém, como outros físicos logo observaram, era impossível que o átomo seguisse esse modelo. Ao contrário dos planetas, os elétrons possuem carga negativa, e, segundo a física clássica, uma partícula carregada, quando acelerada, emite energia. Ora, se emitissem energia, os elétrons acabariam se unindo ao núcleo. Mas não é isso que acontece.

"Como todo mundo que nos cerca, somos feitos quase inteiramente de nada."

Niels Bohr, colega de Rutherford, ficou tão obcecado com o problema que passou a lua de mel trabalhando nele. As implicações de sua solução eram tão radicais que muitos cientistas a consideraram inaceitável. O próprio Bohr chegou a afirmar que quem não fica horrorizado ao ouvir falar de teoria quântica pela primeira vez não a entendeu. Ele dizia que os elétrons só percorrem órbitas fixas; parecem mais trens que ônibus. De vez em quando um elétron salta para uma órbita mais próxima ao núcleo, emitindo uma unidade discreta ou quantum de energia. É o chamado salto quântico. Na verdade, a palavra "salto" é enganosa, pois o que se descreve assemelha-se mais ao teletransporte.

Outros cientistas logo começaram a trabalhar a partir do modelo de Bohr, criando uma descrição do átomo tão distante do senso comum que é difícil compreendê-la. No mundo atômico, os físicos encontraram uma área do Universo que nossos cérebros não estão preparados para entender. No estranho reino da mecânica quântica, como a disciplina veio a ser chamada, os elétrons podem ser descritos tanto como ondas quanto como partículas.

A posição exata dos elétrons não pode ser prevista, pois eles só passam a existir depois de observados. São apenas ondas de

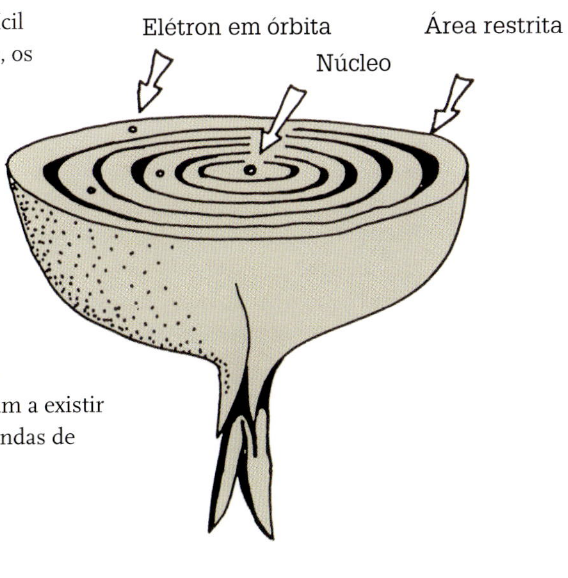

À esquerda: Hans Geiger (esquerda) e Ernst Rutherford com seu experimento no laboratório da Universidade de Manchester.

À direita: Ilustração simplificada do modelo atômico de Bohr, com os elétrons se movendo por órbitas discretas e bem-definidas em torno do núcleo.

probabilidades. Os elétrons fazem mais que se teletransportar; às vezes podem aparecer e desaparecer. E mais: algumas partículas subatômicas exibem capacidade semelhante à telepatia. Elas têm gêmeas com as quais estão sempre em contato por meio de um fenômeno chamado emaranhado quântico. Se um dos gêmeos é separado do outro e tem seu spin alterado, o outro sofre a mesma alteração, por maior que seja a distância entre os dois. Não se sabe ainda como isso acontece, mas o fenômeno sugere a possibilidade de comunicação instantânea, isto é, de que as informações possam ser transmitidas em velocidade maior que a da luz.

A mecânica quântica pode parecer obscura, seus enigmas só interessariam aos físicos teóricos. O mundo subatômico de ondas de probabilidade e elétrons que estão em toda parte e em parte alguma parece incrivelmente distante da nossa realidade. Mas as ideias da mecânica quântica forneceram, entre outras coisas, as bases matemáticas para o desenvolvimento do transistor, dispositivo fundamental para o moderno mundo eletrônico.

A SOCIEDADE DE CONSUMO

A história da desintegração do átomo, que deu origem à bomba atômica e ao desenvolvimento das usinas nucleares, em muitos aspectos é a história de uma jornada decepcionante, que não atendeu às expectativas. Já se disse que a bomba atômica faria do mundo um lugar mais seguro, e que a fissão nuclear tornaria a energia tão barata que ninguém se preocuparia em medi-la. Claro que nenhum desses sonhos se realizou, ao menos por enquanto. A história do elétron, por outro lado, superou todas as expectativas.

O Colossus, computador programável construído em Bletchley Park, nos anos 1940, ajudou os Aliados a ganhar a Segunda Guerra Mundial, mas foi destruído e mantido em segredo por décadas.

Imagine os Estados Unidos em 1945. Com o fim da guerra, começava uma era de otimismo e demanda reprimida, o início da longa expansão que daria origem à atual sociedade de consumo. Aquele era também um mundo cada vez mais dominado por tubos de vácuo, também chamados válvulas, descendentes remotos do tubo de Crookes. O rádio, por exemplo, principal forma de entretenimento dos anos 1940, era basicamente uma caixa grande cheia de válvulas. Os telefones se popularizavam, mas as comunicações telefônicas exigiam grande quantidade de válvulas. O primeiro computador, o Colossus, que decifrou o código Enigma e ajudou a ganhar a guerra, empregava mais de mil delas. As válvulas eram dispositivos para controlar o movimento dos elétrons, usadas para ligar, desligar ou amplificar uma corrente. O problema das válvulas, contudo, além do preço alto e da fragilidade, era que consumiam energia demais e ficavam muito quentes – para emitir elétrons, era preciso aquecer uma peça metálica no vácuo.

Eis que aparece William Shockley. No fim da guerra, ele influíra na decisão de lançar a bomba atômica sobre os japoneses, escrevendo um relatório onde dizia que haveria enorme perda de vidas caso os americanos invadissem o Japão usando armas convencionais. Depois da guerra, ele foi contratado pelos Laboratórios Bell, da empresa telefônica, para chefiar a equipe que procurava uma alternativa para a válvula. O negócio das telecomunicações começava a florescer, e a Bell precisava ter um bom método de amplificar os sinais transmitidos pelos cabos telefônicos.

Páginas 96-7: Shockley (centro) com Bardeen (esquerda) e Battain. Em 1959, os três físicos dividiram o Prêmio Nobel de Física pela invenção do transistor.

O diretor de pesquisas da empresa estava convencido de que a resposta estaria numa estranha classe de novos materiais, os semicondutores. Ele acreditava que o comportamento dos elétrons nos semicondutores podia ser manipulado para funcionar como no tubo de vácuo. Além de gastar menos energia, isso seria mais rápido.

"Sem o invento de Shockley, e os processadores digitais a que deu origem, não existiria o mundo moderno, com os computadores portáteis e com os telefones celulares."

Shockley era homem de inegável talento, mas também um chefe intragável. Quando, no fim de 1947, a equipe desenvolveu o primeiro transistor, seu nome não foi incluído na patente. Shockley reagiu trancando-se num quarto de hotel de onde saiu, depois de um mês, com um projeto mais resistente e prático, o predecessor dos transistores modernos, que chaveia e amplifica sinais em quase todos os equipamentos elétricos modernos. Sem teoria quântica não haveria transistor. Sem o invento de Shockley e os processadores digitais a que deu origem, não existiria o mundo moderno, com seus computadores portáteis e celulares. Em 1965, Gordon Moore afirmou que o número de transistores num chip dobraria a cada dois anos (lei de Moore).

A FISSÃO DO ÁTOMO

Dividir átomos é relativamente simples; a cada vez que acendemos uma lâmpada, removemos elétrons e partimos átomos. O grande desafio é dividir o núcleo atômico. Ernest Rutherford, que, com seus colaboradores, revelou a estrutura do átomo bombardeando folhas de ouro com partículas alfa, fez várias tentativas ao longo de muitos anos, até obter um sucesso parcial, em 1919. Ele havia disparado partículas alfa (também conhecidas como íons de hélio) contra o gás nitrogênio, arrancando prótons do núcleo. Os prótons se combinaram com fragmentos de nitrogênio, produzindo pequenas quantidades de hidrogênio. Contudo, a taxa de desintegração era modesta, o que levou a linha de pesquisa a um beco sem saída. Quatorze anos depois, em abril de 1932, nos laboratórios Cavendish de Cambridge, a equipe de Rutherford conseguiu resultados bem melhores usando uma máquina chamada "acelerador linear", que produzia prótons acelerados. Os pesquisadores dispararam um feixe de prótons contra um alvo feito de lítio e conseguiram desintegrar os átomos do elemento em partículas alfa. Na época, Rutherford e seus colegas não podiam imaginar qualquer aplicação prática para a descoberta, muito menos que esta levaria à criação de uma bomba de potência nunca vista.

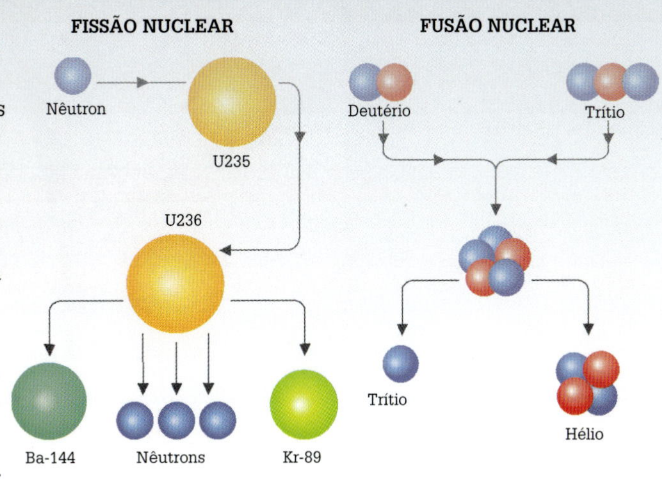

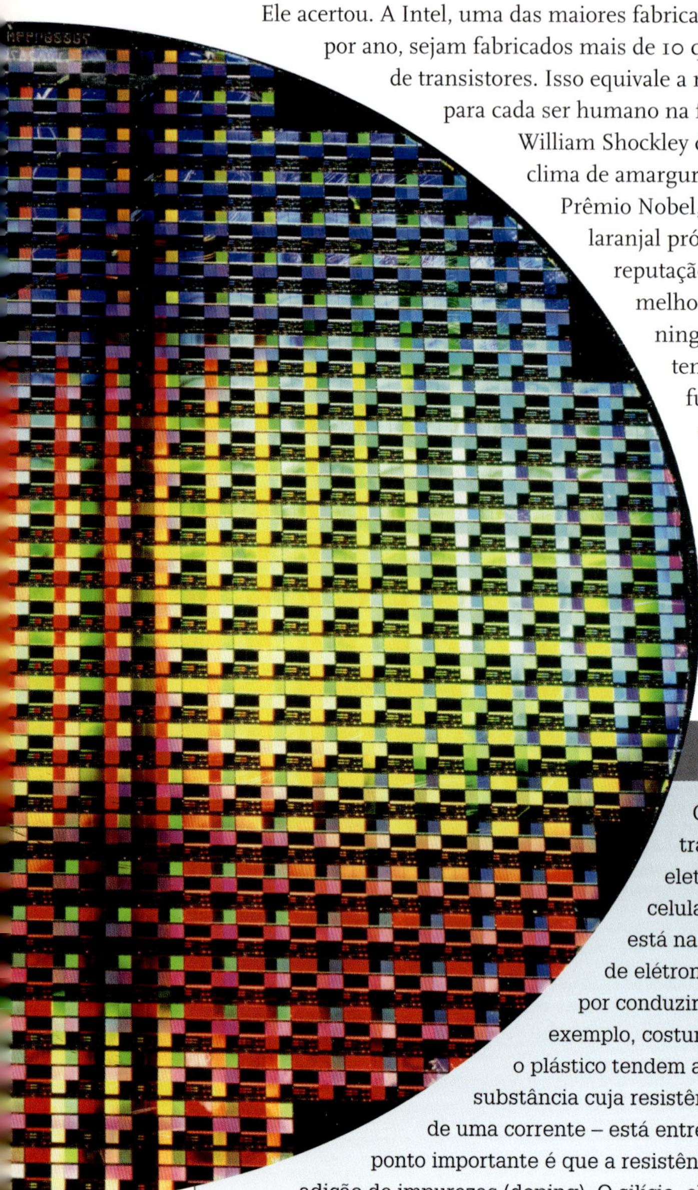

Ele acertou. A Intel, uma das maiores fabricantes de transistores, estima que, por ano, sejam fabricados mais de 10 quintilhões (1 seguido de 19 zeros) de transistores. Isso equivale a mais de um bilhão de transistores para cada ser humano na face da Terra.

William Shockley deixou os laboratórios Bell num clima de amargura e rancor depois de receber um Prêmio Nobel, em 1956, e seguiu para um laranjal próximo a São Francisco. Sua reputação lhe permitiu recrutar alguns dos melhores cérebros do país, mas ninguém aguentava trabalhar muito tempo com ele. Alguns dos funcionários mais importantes deixaram a empresa, mas continuaram em São Francisco, transformando a plantação de laranjas no Vale do Silício, o coração tecnológico da Califórnia.

SEMICONDUTORES

Os semicondutores são o fundamento do transistor e, portanto, de todos os aparelhos eletrônicos modernos, incluindo computadores, celulares e televisões. O segredo dessas substâncias está na capacidade de controlar a intensidade do fluxo de elétrons que os atravessam. Os materiais se diferenciam por conduzir melhor ou pior a corrente elétrica; os metais, por exemplo, costumam ser bons condutores, enquanto a borracha e o plástico tendem a ser bons isolantes. Um semicondutor é uma substância cuja resistência elétrica – o grau de resistência à passagem de uma corrente – está entre a de um condutor e a de um isolante. Outro ponto importante é que a resistência de um semicondutor pode ser alterada pela adição de impurezas (doping). O silício, elemento mais comum na crosta terrestre depois do oxigênio – que representa sua quarta parte –, é amplamente empregado na fabricação de semicondutores. É por isso que falamos em chips de silício e Vale do Silício, a região de São Francisco onde floresceu a tecnologia dos transistores.

Na verdade, um transistor não passa de um interruptor. O material semicondutor nele utilizado permite a passagem de uma corrente elétrica em determinada direção, controlando sua intensidade. Quando se aplica uma pequena corrente ao transistor, a condutividade do semicondutor se altera, fazendo com que ele permita a passagem de um fluxo mais ou menos intenso. Assim, uma corrente fraca pode ser usada para controlar e chavear correntes bem mais fortes.

Técnico trabalha num detector nos laboratórios subterrâneos do Centro Europeu de Pesquisas Nucleares (Cern, em francês), na fronteira entre França e Suíça, perto de Genebra.

O FUTURO

A descoberta dos elementos inspirou uma revolução química que levou ao desenvolvimento de remédios, plásticos e materiais sintéticos de todo tipo. Descendo num plano mais elementar, chegamos ao átomo. A pesquisa do mundo atômico nos trouxe, entre outras coisas: energia nuclear, biologia molecular, engenharia genética, medicina molecular, computador, laser e maser. Estima-se que os frutos da teoria quântica representem cerca de 1/3 do PIB dos países industrializados.

Hoje, cientistas de instituições como o Cern, a organização europeia de pesquisas nucleares onde está o Grande Colisor de Hádrons, promovem colisões entre partículas a velocidades extraordinárias, na tentativa de entender um nível ainda mais básico, os quarks, que podem ou não ser os verdadeiros componentes elementares da matéria. Um subproduto útil foi a internet, desenvolvida no Cern em 1989. A verdade é que ainda não sabemos de que é feito o mundo, e talvez nunca saibamos. Mas a busca tem sido incrivelmente produtiva.

Conexões – Matéria

^ *Tubo de Crookes*

Como é frequente na história, os gregos antigos chegaram a respostas certas e erradas – e estas prevaleceram. A teoria de Demócrito, segundo a qual tudo é feito de partículas chamadas "átomos", foi eclipsada pela concepção aristotélica dos cinco elementos: terra, ar, fogo, água e éter. Essa crença encontrou eco na prática medieval da alquimia, a busca semimística de transformação da matéria.

Motivados pelo estudo dos gases, Robert Boyle e mais tarde John Dalton tentaram reintroduzir a ideia dos átomos, mas sem sucesso. Enquanto isso, a química passava por uma revolução: primeiro, compreendeu e isolou os elementos: depois, manipulou-os para sintetizar novos materiais.

No fim do século XIX, a maioria dos químicos admitia a existência dos átomos, mas pensava que havia um tipo de átomo indivisível para cada elemento. A guinada começou com as investigações sobre o brilho misterioso do

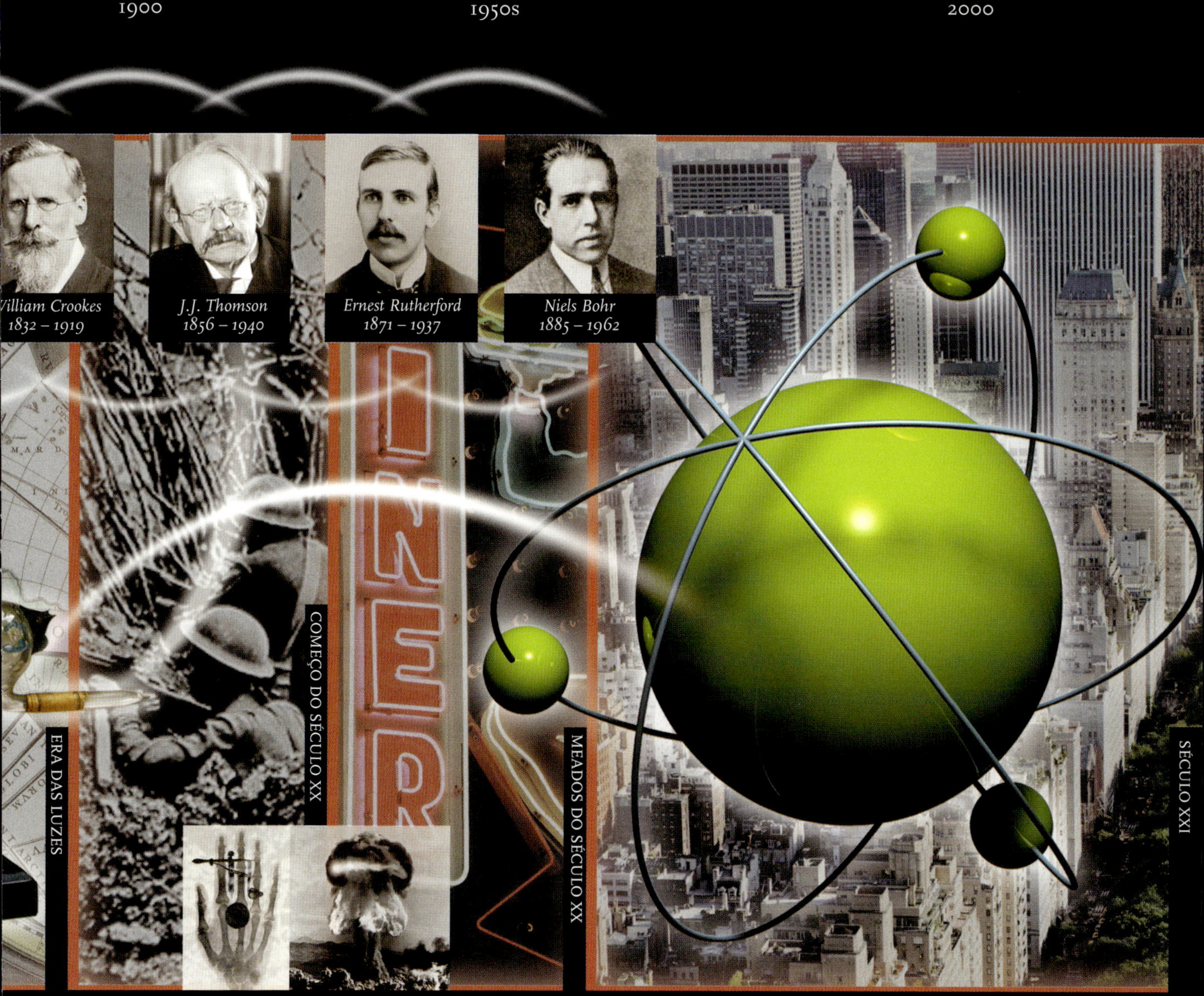

∧ *Primeiros raios X* ∧ *Bomba atômica* ∧ *Modelo atômico*

tubo de vácuo eletrificado de William Crookes e a descoberta dos raios X. J.J. Thomson compreendeu que os raios eram formados por partículas ainda menores que o átomo: os elétrons. Rutherford partiu dessa ideia para definir a estrutura atômica, incluindo a noção de que o átomo é constituído quase completamente de espaço vazio. Seu colega Niels Bohr resolveu o problema de como os elétrons orbitavam o núcleo, inaugurando o estonteante mundo da mecânica quântica.

A compreensão da estrutura do átomo abriu caminho para sua divisão, a fissão nuclear. Rutherford obteve o primeiro sucesso parcial em 1919; em 1932, já fora bem-sucedido, e começava a contagem regressiva para a era atômica.

3. Vida

COMO VIEMOS PARAR AQUI?

Na baixa Idade Média, o leão era tido como o rei dos animais (é este o significado de *leo* em latim). Acreditava-se que usava o rabo para apagar as próprias pegadas e enganar os caçadores, que dormia de olhos abertos e que seus filhotes nasciam mortos, recebendo do pai o sopro vital no terceiro dia – como Cristo, que teria passado três dias morto antes de subir aos céus.

Todas essas informações podiam ser encontradas no "Bestiário", lista dos animais do mundo – inicialmente, eram 40 – compilada pela primeira vez por um grego anônimo, depois do século I, e ampliada no decorrer dos séculos, à medida que era estudada por sábios árabes e cristãos. Copiada e recopiada, com belas ilustrações cada vez menos realistas, a obra chegou ao século XVII como fonte definitiva de conhecimentos sobre o reino animal. Quando o número de criaturas incluídas cresceu, elas foram agrupadas em "famílias", mas estas também abrangiam seres mitológicos, como fênix, dragões e unicórnios. Todos os bichos eram dotados de significado moral e religioso, e suas existências, determinadas por um plano divino. Era preciso haver um cavalo-marinho, porque havia cavalos na terra, e a simetria divina exigia que também vivessem no mar.

E nós, onde nos encaixávamos? Na Europa cristã, ninguém perguntava como viemos parar aqui. Éramos o auge da criação, o fim da grande cadeia do ser que passava por animais, insetos e plantas, descendo até as mais baixas formas de vida, em que tudo tinha lugar definido, e havíamos sido colocados nessa posição pelo Todo-Poderoso. Mas as pessoas começaram a sair pelo mundo observando, desenhando e estudando a natureza, e foi isso que nos levou a perceber que a questão sobre "como viemos parar aqui?" precisava ser respondida.

Ilustração de um manuscrito do século XIV mesclando interpretações medievais de animais existentes, como os elefantes, e figuras fantásticas, como homens selvagens e dragões.

PLANTAS ÚTEIS

Hans Sloane
1660–1753

O ponto de partida dessa jornada foi a descoberta, pelos europeus, do chamado "Novo Mundo". Até hoje, sentimos os abalos provocados por esse grandioso evento da história humana. Deixando de lado a busca de ouro e prata, as invasões, conquistas, guerras e disputas por impérios, só o impacto dos novos animais e plantas bastaria para revolucionar o mundo. Durante os dois séculos seguintes, milhares de pessoas partiriam da Europa, numa longa e perigosa jornada, para ver com os próprios olhos o novo continente: aventureiros, conquistadores, fazendeiros e vice-reis. Mas as descobertas despertaram também a curiosidade e o desejo de ver e experimentar o mundo natural para além das terras europeias.

Em 1687, o médico e botânico inglês Hans Sloane avistou a Jamaica pela primeira vez, depois de três meses no Atlântico. Sloane viajava como médico particular do governador da ilha, o duque de Albemarle, mas seu maior interesse era o mundo natural. Mais tarde, escreveu que viajara às Índias Ocidentais para "ver o que pudesse daquilo que há de extraordinário na natureza". Na Jamaica, encontrou novas oportunidades de satisfazer sua paixão pela natureza.

A observação da natureza, contudo, era bem mais que um mero passatempo. Na natureza, em especial nas plantas, estão os fundamentos do poder imperial. A descoberta da América revelara uma profusão de riquezas naturais. Pimentas, tomate e batata são apenas algumas das maravilhas botânicas transpostas para a Europa. Na própria Jamaica, a vida girava em torno da cana, cuja exploração transformou a ilha, de ponto de encontro de piratas em pilar do Império Britânico, com terríveis consequências para as populações escravizadas, levadas para lá aos milhares para cultivar as plantações. No auge, as fazendas jamaicanas produziam 77.000t anuais de açúcar. E não era só a cana; algodão e tabaco eram importados da América, enquanto chá e especiarias vinham do Oriente. Até os materiais de que se fabricavam os navios eram quase todos vegetais: convés e estrutura de carvalho, velas de algodão, cordas de cânhamo e resina de pinheiro para calafetar o casco.

O comércio global dependia dos vegetais, e a busca de novas plantas prosseguia. A curiosidade científica caminhava de mãos dadas com o potencial lucrativo, motivação que Sloane não ignorava. O equivalente vegetal do bestiário medieval era o "Herbário", também originado do trabalho de gregos na era romana. Mas a obra também trazia informações práticas – as plantas eram listadas segundo seu uso como alimentos ou temperos, ou por suas propriedades medicinais. O rabanete, por exemplo, era descrito assim: "produz gases e calores, ... bom para quem quer vomitar." Durante milênios, as plantas foram usadas para tratar doenças e dar

Antiga caixa de amostras da coleção de Sloane.

Ramo prensado e sementes de cacau coletados na Jamaica, preservados ao lado de uma ilustração da planta num dos álbuns de Sloane.

um pouco mais de conforto à nossa vida. Assim, o Herbário funcionava como um catálogo de "simples", isto é, das plantas que produziam uma droga medicinal específica. Como médico, Sloane tinha profundo interesse na identificação de plantas com valor medicinal.

COLECIONADORES

Sloane aproveitava todos os intervalos entre suas tarefas de médico para explorar a ilha a cavalo, reunindo amostras e desenhos da flora e da fauna. Recém-eleito para a Royal Society, ele se enquadrava num novo tipo de homem de ciência, obcecado pela ideia de colecionar e classificar a natureza para melhor descrever e compreender as obras de Deus. Sua ética de trabalho vinha da rígida formação protestante. Já seu patrão, o governador, que se entregava a farras e bebedeiras, morreu 15 meses depois da chegada de Sloane à Jamaica. O médico teve de embalsamar o corpo para a viagem e, em seguida, embalar suas amostras e voltar para casa. Levava um diário pormenorizado de sua estada na ilha, com anotações sobre tudo o que vira, do clima aos costumes e à geologia locais, uma coleção com cerca de oito mil amostras da flora e da fauna e álbuns com desenhos detalhados dos espécimes que não pudera preservar. Tentou carregar uma cobra, uma iguana e um crocodilo, mas nenhum dos animais sobreviveu à travessia. Uma das amostras coletadas por Sloane foi uma semente de cacau, que ele vira os nativos transformar em bebida medicinal. O naturalista descreveu seus efeitos como "nauseantes e indigestos". Mas descobriu que, misturada com leite, seu gosto ficava bastante agradável, e, de volta a Londres, patenteou a mistura, promovendo-a por sua "leveza no estômago". Com o correr dos anos, o produto lhe proporcionou uma renda razoável.

A GRANDE CADEIA DO SER

A "grande cadeia do ser" era uma concepção filosófica sobre a ordem do Universo e da vida. Tinha origem nas ideias dos filósofos da Grécia Antiga, em especial Aristóteles, desenvolvidas e adotadas pela teologia cristã, a partir de santo Agostinho, nos séculos IV e V. Pela doutrina da Igreja, Deus estava no ponto mais elevado do Universo; abaixo vinham anjos, homens, animais e vegetais; por último, objetos inanimados como rochas e minerais. Cada elo podia ser expandido, e, entre os homens, os reis estavam acima de nobres, pequenos proprietários, camponeses, servos e assim por diante. Entre os animais, o leão vinha primeiro, numa sequência que passava pelo gado doméstico, cães, gatos etc. Entre os minerais, o ouro era o primeiro. Na Idade Média, debatia-se se os anjos individuais pertenciam ou não à mesma espécie. Era fundamental que cada elo da corrente fosse ocupado e representado por uma só "espécie", sem espaços vagos. Assim, não era possível qualquer mudança na ordem natural.

CLASSIFICAÇÃO

À esquerda: Ilustração da "grande cadeia do ser", publicada na *Rhetorica christiana*, registro da viagem pelo México do missionário franciscano Diego de Valades.

Quando voltou da Jamaica, Sloane não abandonou sua paixão de colecionador. Aquilo tinha sido só o começo. Na Inglaterra, adquiriu uma incrível variedade de objetos, incluindo coleções completas de outros colecionadores. No fim da vida, com os lucros do chocolate, os pacientes da classe alta, investimentos inteligentes e uma esposa de família abastada, era um homem rico e acumulara a maior coleção de curiosidades do mundo: 265 volumes de plantas prensadas; 12.500 outros "vegetais e substâncias vegetais"; 6.000 conchas; 9.000 invertebrados; 1.500 peixes; 1.200 pássaros, ovos e ninhos; 3.000 vertebrados, incluindo esqueletos e amostras empalhadas; e "curiosidades" humanas. Havia minerais, rochas e fósseis aos milhares, joias, ornamentos, medalhas, moedas, obras de arte, objetos etnográficos e uma biblioteca de 50 mil livros. A coleção era tão grande e especial que, seis meses depois da morte de Sloane, em 1753, o governo criou o Museu Britânico para abrigá-la. Ela serviu de base também para o Museu de História Natural e a para a Biblioteca Britânica, formando três dos principais acervos culturais, literários e científicos do mundo. Fiel à vocação médica, Sloane forneceu o terreno onde funciona o Chelsea Physic Garden, em Londres.

Mas a vasta coleção de Sloane era apenas um exemplo do que acontecia ao redor do globo. À medida que um número cada vez maior de colecionadores trazia ou registrava formas de vida até então desconhecidas, ficava claro que não era mais possível descrever a criação divina da maneira como se fazia há séculos. Os exploradores ficavam aturdidos pela a enorme diversidade do que viam. Até as cores escapavam a qualquer descrição, e Sloane comentava que as descobertas eram tão variadas que os nomes de cores se tornavam insuficientes para descrevê-las.

John Ray
1627–1705

Acima de tudo, eram necessários meios de distinguir com precisão um ser vivo do outro. O sistema classificatório adotado por Sloane na Jamaica e em suas coleções foi o definido pelo naturalista John Ray. Filho de ferreiro, Ray foi influenciado pela mãe, herbolária que tratava doentes com plantas. Na escola, foi um menino brilhante e estudou na Universidade de Cambridge antes de ser ordenado pastor. Em seguida, viu-se envolvido pela desordem política e religiosa que se seguiu à Guerra Civil Inglesa e à restauração da monarquia britânica. Como sacerdote, não podia empregar-se em trabalhos seculares, mas seus princípios não conformistas o impediam de exercer funções religiosas. Felizmente foi acolhido por um amigo aristocrata de Cambridge, Francis Willoughby, e juntos passaram três anos viajando pela Europa, estudando a flora e a fauna. Ray foi incorporado à família do aristocrata e, depois que o amigo morreu, concluiu em alguns anos um livro sobre peixes começado por Willoughby – o mesmo que quase levou a Royal Society à falência enquanto Isaac Newton tentava persuadi-los a publicar os *Principia* (*ver* Capítulo 1) – antes de lançar sua própria obra botânica de peso.

Ray classificou cerca de 18 mil espécies vegetais baseando-se em hábitat, distribuição, morfologia e fisiologia. Foi a primeira tentativa verdadeiramente científica de ordenar o mundo natural. Mas sua contribuição mais crucial foi definir o conceito de "espécie" em sentido moderno, observando que "uma espécie não cresce da semente de outra". A ideia foi adotada por um sueco obsessivo e egocêntrico, de nome Carl Linnaeus, e deu origem ao sistema de classificação das plantas até hoje empregado.

Lineu é conhecido por seu nome latino, porém, quando recebeu um título de nobreza, abandonou a forma latinizada adotada pelo pai, passando a se chamar Carl von Linné. Nascido em 1707, sempre se interessou pelas plantas. Ainda menino, foi apelidado de "pequeno botânico". Estudou medicina e tornou-se professor de botânica da Universidade de Uppsala. Em 1732, recebeu recursos para uma expedição à Lapônia, da qual relatou aventuras emocionantes e dificuldades extraordinárias. Na verdade, a viagem foi bem menos longa e árdua, mas Lineu "tomou emprestados" descrições de lugares e até o itinerário dos diários de outro explorador. O sueco tinha obsessão pela ordem e a sistematização, traço de personalidade que o ajudou a estabelecer bases sólidas para a ciência botânica. Ele conseguiu entender que as plantas se reproduziam sexuadamente – algo que nunca se havia imaginado – e criou um sistema para classificá-las de acordo com os órgãos sexuais masculinos e femininos complementares, conhecidos, respectivamente, como estame e pistilo. Isso foi um choque para a conservadora sociedade do século XVIII; suas descrições da reprodução vegetal eram peculiares, com expressões como "20 ou mais machos no mesmo casamento".

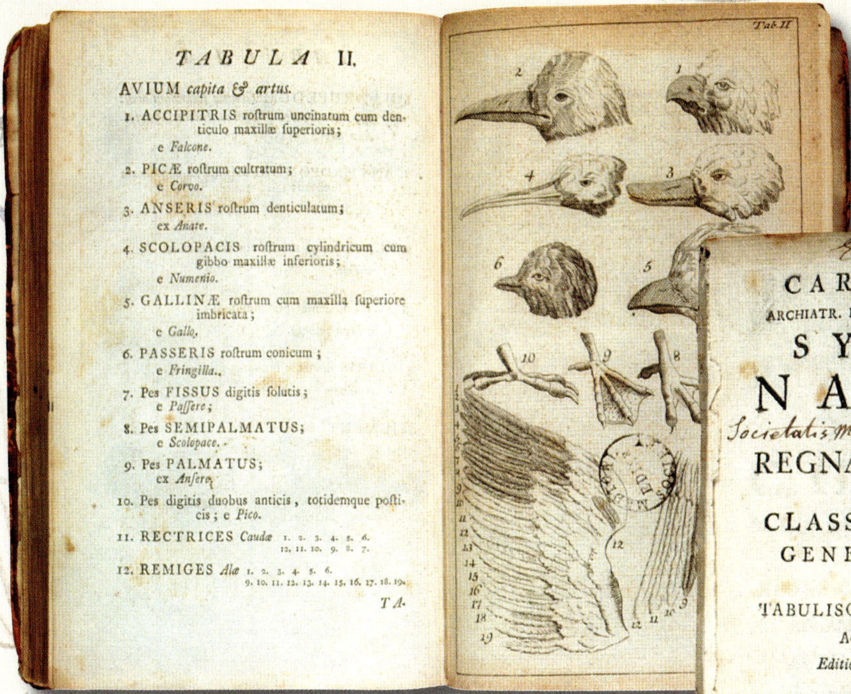
TABULA II.

AVIUM capita & artus.

1. ACCIPITRIS roftrum uncinatum cum denticulo maxillæ fuperioris;
e Falcone.
2. PICÆ roftrum cultratum;
e Corvo.
3. ANSERIS roftrum denticulatum;
ex Anate.
4. SCOLOPACIS roftrum cylindricum cum gibbo maxillæ inferioris;
e Numenio.
5. GALLINÆ roftrum cum maxilla fuperiore imbricata;
e Gallo.
6. PASSERIS roftrum conicum;
e Fringilla.
7. Pes FISSUS digitis folutis;
e Paffere;
8. Pes SEMIPALMATUS;
e Scolopace.
9. Pes PALMATUS;
ex Anfere.
10. Pes digitis duobus anticis, totidemque pofticis; e Pico.
11. RECTRICES Caudæ 1. 2. 3. 4. 5. 6. 12. 11. 10. 9. 8. 7.
12. REMIGES Alæ 1. 2. 3. 4. 5. 6. 9. 10. 11. 12. 13. 14. 15. 16. 17. 18. 19.

TA-

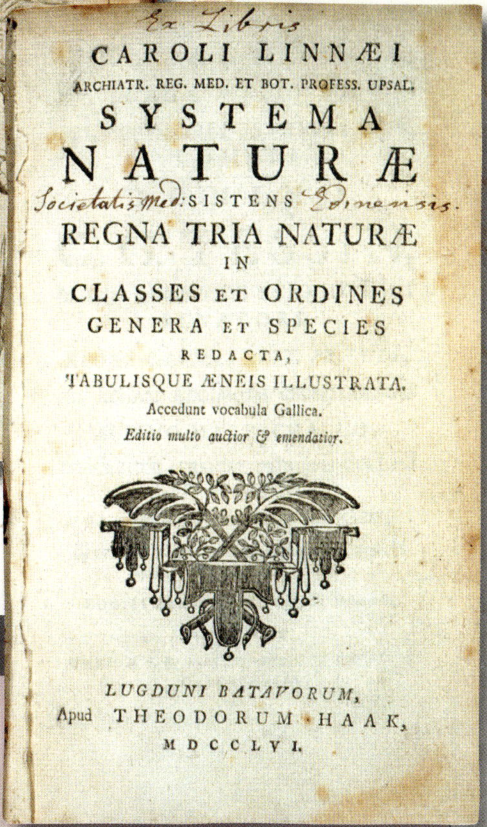
Ex Libris

CAROLI LINNÆI

ARCHIATR. REG. MED. ET BOT. PROFESS. UPSAL.

SYSTEMA NATURÆ

Societatis Med: SISTENS Edinensis.

REGNA TRIA NATURÆ IN CLASSES ET ORDINES GENERA ET SPECIES REDACTA, TABULISQUE ÆNEIS ILLUSTRATA.

Accedunt vocabula Gallica.

Editio multo auctior & emendatior.

LUGDUNI BATAVORUM, Apud THEODORUM HAAK, MDCCLVI.

A obra de Lineu sobre a classificação da natureza, que começou como um simples panfleto de 11 páginas, havia se transformado, na 13ª edição, numa enciclopédia de três mil páginas em vários volumes.

SYSTEMA NATURAE

O sistema concebido por Lineu para classificar a vida em *Systema naturae* se baseava numa estrutura hierárquica: três reinos divididos em classes, subdivididas em ordens, compostas por gêneros e espécies. Tudo tinha seu lugar. A grande vantagem era que a nomenclatura de um animal ou planta definia sua posição na ordem da natureza. O homem pertencia ao reino *Animalia*, à classe *Mammalia*, à ordem primata, ao gênero *Homo* e à espécie *sapiens* – daí *Homo sapiens*. Na 10ª edição, a obra classificava mais de 12 mil espécies de animais e plantas. Refletindo as crenças da época em bichos mitológicos, o gênero *Homo* incluía espécies humanas como a dos trogloditas (habitantes das cavernas) e anões da montanha, entre outras criaturas do tipo. Hoje, o sistema de Lineu foi aperfeiçoado com a inclusão de novas categorias e ramificações na árvore da vida, mas a ordem da nomenclatura dupla se mantém e é uma ferramenta essencial da biologia.

Lineu inventou também o sistema de dois nomes (binomial) da nomenclatura latina usado até hoje. Publicou o *Systema naturae* antes dos 30 anos e continuou a aperfeiçoá-lo, ampliando-o para os reinos animal e de invertebrados nas edições publicadas nos 20 anos seguintes.

Para um homem que fazia listas de tudo na vida – Lineu chegou a classificar outros botânicos –, era inevitável que seus planos incluíssem os seres humanos. O sueco foi o primeiro a nos classificar entre os outros animais e sabia que isso daria margem a críticas. Contudo, como quase todos na época, acreditava firmemente na imutabilidade das espécies. Mas a profusão de formas de vida recém-descobertas e categorizadas levantava questões incômodas acerca dos propósitos divinos. Era desconcertante se defrontar com tantas variações desnecessárias sobre um mesmo tema – por que Deus teria criado número tão grande de besouros, peixes ou flores? Mas aí estavam elas. Sempre as mesmas. Sempre aí. As espécies não surgiam nem desapareciam. Toda essa certeza, porém, seria literalmente minada.

Na época de Lineu, fósseis como esta amonita eram explicados como formações minerais incomuns ou restos de animais anteriores ao dilúvio bíblico.

COMO SE FORMAM OS FÓSSEIS

A palavra fóssil vem do latim e significa "escavado da terra". Até o século XVII, a maioria das pessoas pensava que os fósseis não passavam de pedras curiosas – não percebiam que eram fontes de informações sobre um passado distante. Sabemos hoje que os fósseis são vestígios de organismos vivos que morreram e foram preservados em rochas sedimentares. Formam-se quando um animal ou planta morre e é coberto por camadas de lama ou sedimentos. À medida que se solidifica, transformando-se em pedra, molécula por molécula – conservando a estrutura durante o processo –, a matéria orgânica é substituída por minerais dos sedimentos que a envolve. Se o organismo é logo soterrado, antes que outras criaturas danifiquem o cadáver, os vestígios serão mais completos. Antigos leitos de rios e depósitos de cinzas vulcânicas são fontes de fósseis preservados. Às vezes os tecidos vivos se perdem, deixando na rocha apenas o baixo relevo do formato. São os fósseis-traço.

OS ESTRATOS DE SMITH

Francis Egerton, terceiro duque de Bridgewater, ficou obcecado com a ideia de um canal para transportar o carvão de Worsley a Manchester. Depois de construí-lo, passou a um projeto ainda mais ambicioso, ligando Manchester a Liverpool.

Na segunda metade do século XVIII, a Revolução Industrial já começara a se consolidar na Inglaterra. Tecelagens e manufaturas adotavam máquinas como a *spinning-jenny* e a *spinning mule*; a produção em massa fora introduzida nas olarias pela fábrica de Josiah Wedgwood, a Etruria, em Staffordshire, com rodas e tornos mecanizados. Novas técnicas de produção de ferro e aço permitiram a construção de incríveis estruturas metálicas. Despontava como grande força por trás do crescimento industrial britânico o então recém-desenvolvido motor a vapor. A Revolução Industrial baseava-se sobretudo no carvão extraído das minas e transportado para os centros industriais: carvão para os altos-fornos e para a descarbonização do ferro; para alimentar as máquinas a vapor; para aquecer a lareira das casas cada vez mais numerosas nas cidades industriais. Carvão e cargas pesadas produzidas pela indústria deviam ser transportados pelo território britânico, o que levou a um vasto programa de construção de canais pelo país. A abertura do canal do duque de Bridgewater, em 1761, que ia de suas minas, em Worsley, a Manchester, 10km a leste, fez cair em 50% o preço do carvão na cidade. Foi o início da "febre dos canais". Ao longo dos 60 anos seguintes, inaugurou-se mais de uma centena de obras do gênero, espalhadas pelas ilhas britânicas, transportando carvão para alimentar a indústria, carregando produtos das fábricas aos portos e trazendo matérias-primas que fluíam da agricultura no ultramar. Tudo parte do círculo "virtuoso" comercial que impulsionava a pujante economia britânica.

William Smith nasceu em Oxfordshire, numa família de camponeses. Em 1787, aos 18 anos, já era ajudante de um agrimensor. Mais tarde foi trabalhar nos campos de carvão de Somerset e na construção do canal de Somerset Coal. Nas minas, percebeu que as rochas pareciam estar distribuídas em camadas ou estratos distintos. O princípio de que os sedimentos se depositam horizontalmente para então se deformar de alguma maneira, inclinando-se em ângulos diversos, já fora estabelecido um século antes, mas Smith observou que as camadas pareciam se estender de forma contínua e que os diferentes estratos podiam ser identificados ao longo de quilômetros. A ideia lhe ocorreu a partir de imperfeições observadas nas rochas – eram fósseis.

À esquerda: Com 16km de extensão, o canal de Bridgewater foi construído por James Brindley, um dos maiores engenheiros da época.

À direita: Colorido a mão, o mapa geológico britânico, de William Smith, instituiu o princípio do uso de cores diferentes para representar unidades rochosas diversas. Ainda conserva notável semelhança com os mapas atuais.

Desde menino, Smith se interessava por fósseis e brincava com braquiópodes fossilizados como se fossem bolas de gude brilhantes. Adulto, percebeu, nos estratos rochosos das minas e nos sulcos abertos na construção dos canais, que cada camada de rocha podia ser reconhecida pelo tipo de fóssil presente. Assim, embora um estrato se incline, se dobre, afunde até desaparecer, forme vincos ou fraturas, os marcadores fósseis permitem que seja identificado por todo o território, onde quer que apareça. Considerando que rochas mais novas devem estar dispostas acima das mais antigas, os fósseis característicos podiam ser usados para determinar a idade relativa das camadas – embora na época não houvesse métodos de datação absoluta. Smith chamou a descoberta de "princípio de sucessão faunística". Na última década do século XVIII, ele viajou milhares de quilômetros pelo interior britânico como agrimensor. Suas notas e observações serviram-lhe de base para publicar, em 1815, um mapa estratigráfico da Grã-Bretanha, o primeiro do gênero, uma obra ampla, com cada estrato rochoso belamente colorido, oferecendo uma visão clara das potencialidades minerais de cada região. Mas Smith teve uma vida atribulada. Sua obra estratigráfica foi plagiada, ele perdeu dinheiro e passou anos preso como devedor. Antes de morrer, porém, teve sua contribuição à ciência reconhecida, e é lembrado como o "pai da geologia inglesa". Hoje, o glorioso mapa está pendurado na parede da Geological Society, em Piccadilly, Londres.

"Smith percebeu, nos estratos rochosos das minas e nos sulcos abertos na construção dos canais, que cada camada de rocha podia ser reconhecida pelo tipo de fóssil presente."

A
DELINEATION
OF THE
STRATA
OF
ENGLAND AND WALES,
WITH PART OF
SCOTLAND;
EXHIBITING
THE COLLIERIES AND MINES,
THE MARSHES AND FEN LANDS ORIGINALLY OVERFLOWED BY THE SEA,
AND THE
VARIETIES OF SOIL
ACCORDING TO THE VARIATIONS IN THE SUBSTRATA,
ILLUSTRATED by the MOST DESCRIPTIVE NAMES
BY W. SMITH.
THE
GERMAN
OCEAN
IRISH SEA
THE
CAERNARVON BAY
CARDIGAN BAY
ST. GEORGE'S CHANNEL
BRISTOL CHANNEL
EXPLANATION
NGLISH CHANNEL

A MONTAGEM DE ESQUELETOS

Georges Cuvier
1769–1832

Smith não buscava uma origem nem uma explicação para os estratos e fósseis. "Um investigador mineral não deve se ocupar dos porquês e das causas", escreveu. Mas outros se ocuparam. A ideia de que os fósseis poderiam ser restos de criaturas mortas não era nova. Isso já era reconhecido por Aristóteles, pelo persa Avicena, no século XI, e por Leonardo da Vinci. Mas, no fim do século XVIII, ficaram claras as diferenças entre os fósseis das diversas camadas, o que lançava dúvidas desconcertantes sobre a idade da Terra e seus habitantes. Na França, a Revolução foi seguida por um grande programa de obras que revelou fósseis cada vez mais estranhos nas camadas rochosas escavadas no subsolo da capital. O problema – que os achados de Smith também revelariam, se ele quisesse enxergar – era que alguns dos vestígios pareciam bastante incomuns.

Georges Cuvier era assistente de um professor no Museu de História Natural, no Jardim des Plantes de Paris. Embora trabalhasse para uma família aristocrática, ele conseguiu passar despercebido durante o período mais radical da Revolução, vivendo no campo, onde pôde dar vazão a seus interesses de naturalista. Quando voltou à capital, já era respeitado na anatomia comparada, disciplina recém-criada que estudava as diferenças entre os animais. Havia se tornado tão hábil na análise de esqueletos que se gabava de ser capaz de identificar qualquer criatura a partir de um só osso. Cuvier percebeu que partes isoladas podiam dizer muito sobre o organismo. Assim, um dente canino indicava que o animal era carnívoro, tinha patas próprias para correr e garras para segurar a presa. Uma história resume isso muito bem: certa noite, um de seus alunos, provavelmente depois de beber além da conta, invadiu os aposentos

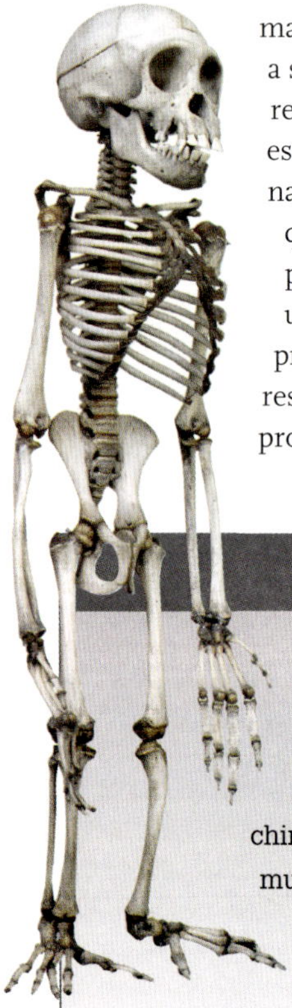

ANATOMIA COMPARADA

É famosa a história do médico Edward Tyson, que, no século XVII, dissecou um golfinho que subira o Tâmisa e estava à venda numa peixaria de Londres. Ele descobriu que, por dentro, o que julgava ser um peixe se parecia tanto com os outros quadrúpedes que só podia ser um mamífero. Mais tarde, dissecou um chimpanzé, revelando o que sua anatomia tinha em comum com a homem. Tyson muitas vezes é considerado o pai da anatomia comparada, que, após a emergência da teoria da evolução, permitira aos biólogos montar a árvore da vida. Pela identificação de diferenças e semelhanças entre esqueletos de diversas criaturas vivas e extintas, é possível rastrear as origens evolucionárias dos animais de hoje. Por exemplo, os pássaros modernos e alguns dinossauros apresentam o "osso da sorte", indicando um provável ancestral comum. Os esqueletos da baleia e do hipopótamo também revelam algum parentesco. Agora os cientistas empregam métodos mais sofisticados para comparar animais; além de observar as diferenças físicas, é possível usar sequências de DNA para identificar genes compartilhados.

do anatomista fantasiado de demônio e gritando: "Cuvier, Cuvier, vim comer você." Imperturbável, o professor respondeu: "Todas as criaturas com chifres e cascos são herbívoras, portanto, você não pode me comer."

EXTINÇÃO

A habilidade de Cuvier com os animais ficou conhecida, e ele começou a receber ossos fossilizados de criaturas descobertas em escavações e pedreiras de toda a Europa. Os registros fósseis extraídos dos estratos rochosos revelavam a presença de criaturas que não podiam mais ser encontradas vivas. Em 1796, Cuvier publicou um trabalho surpreendente, demonstrando de forma conclusiva que ossos encontrados na Sibéria, tidos como pertencentes a um elefante, eram de uma espécie totalmente nova, o mamute, já extinto. Essa era a palavra-chave. Até então, pensava-se que todas as criaturas viventes existiam desde sempre, tendo sido criadas como parte do projeto divino. Agora, como se não bastassem as questões desconcertantes suscitadas pela descoberta da enorme diversidade da vida, à medida que se revelavam outras espécies pelo mundo, descobriam-se também muitos outros animais que já não existiam há muito tempo. Quanto mais profundas as camadas escavadas, mais espécies extintas se encontravam. Com a espetacular sucessão de achados fósseis, incluindo o mastodonte e o pterodátilo, sem falar nos dinossauros (embora a palavra só tenha sido cunhada na década de 1840), ficou claro que a maioria dos animais fossilizados não existia mais. Teria Deus cometido erros?

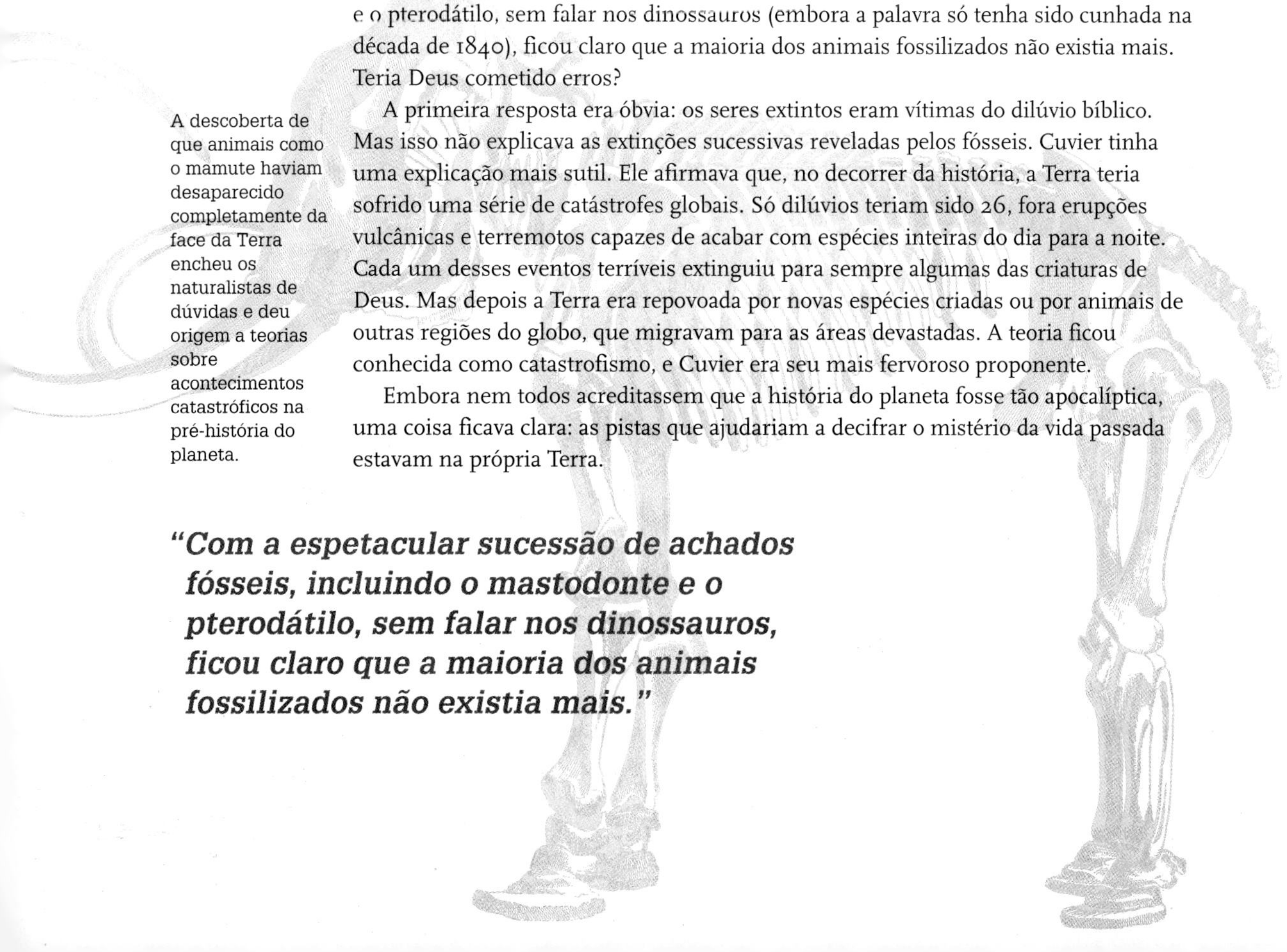

A descoberta de que animais como o mamute haviam desaparecido completamente da face da Terra encheu os naturalistas de dúvidas e deu origem a teorias sobre acontecimentos catastróficos na pré-história do planeta.

A primeira resposta era óbvia: os seres extintos eram vítimas do dilúvio bíblico. Mas isso não explicava as extinções sucessivas reveladas pelos fósseis. Cuvier tinha uma explicação mais sutil. Ele afirmava que, no decorrer da história, a Terra teria sofrido uma série de catástrofes globais. Só dilúvios teriam sido 26, fora erupções vulcânicas e terremotos capazes de acabar com espécies inteiras do dia para a noite. Cada um desses eventos terríveis extinguiu para sempre algumas das criaturas de Deus. Mas depois a Terra era repovoada por novas espécies criadas ou por animais de outras regiões do globo, que migravam para as áreas devastadas. A teoria ficou conhecida como catastrofismo, e Cuvier era seu mais fervoroso proponente.

Embora nem todos acreditassem que a história do planeta fosse tão apocalíptica, uma coisa ficava clara: as pistas que ajudariam a decifrar o mistério da vida passada estavam na própria Terra.

"Com a espetacular sucessão de achados fósseis, incluindo o mastodonte e o pterodátilo, sem falar nos dinossauros, ficou claro que a maioria dos animais fossilizados não existia mais."

QUANTOS ANOS?

Em 1760, a aldeia de Chamonix, no sopé de Mont Blanc, foi visitada por um homem de nome suntuoso, Horace-Bénédict de Saussure, que ofereceu um prêmio a quem conseguisse chegar ao cume da montanha, quase 5.000m acima do nível do mar. Muito antes dos crampons, das cordas de nylon e das roupas resistentes ao frio, os escaladores tinham de contar com o bom tempo, a sorte e suas habilidades técnicas. Segundo uma história local, seria impossível sobreviver na montanha por tempo suficiente para chegar ao topo, porque havia bruxas à espera dos intrusos e dragões espreitando nas cavernas. Ainda que muitos tenham tentado, todos falharam, e durante 26 anos ninguém fez jus ao prêmio.

Porém, no verão de 1786, a montanha afinal foi conquistada por um caçador de camurças da região e um médico. O próprio autor do desafio levou mais um ano para alcançar o pico. Saussure, porém, não era só um aventureiro apaixonado pelas montanhas. Era também o pioneiro de uma nova maneira de ver a Terra e estudá-la cientificamente. A nova ciência se chamava geologia, e nela Saussure enxergava uma oportunidade de responder à antiga questão sobre a estrutura do planeta, sua composição e os processos que o moldaram. Segundo o alemão Abraham Werner, todas as rochas teriam sido dispostas, depois de um dilúvio primordial, em quatro camadas sequenciais: primária, secundária, terciária e quaternária (os dois últimos termos continuaram adotados pelos geólogos até bem pouco tempo). Os partidários da teoria ficaram conhecidos como "netunistas", e Saussure era um de seus maiores defensores.

Folha de rosto da 1ª edição da importante obra de cronologia bíblica do bispo Ussher, *Anais do Velho Testamento*.

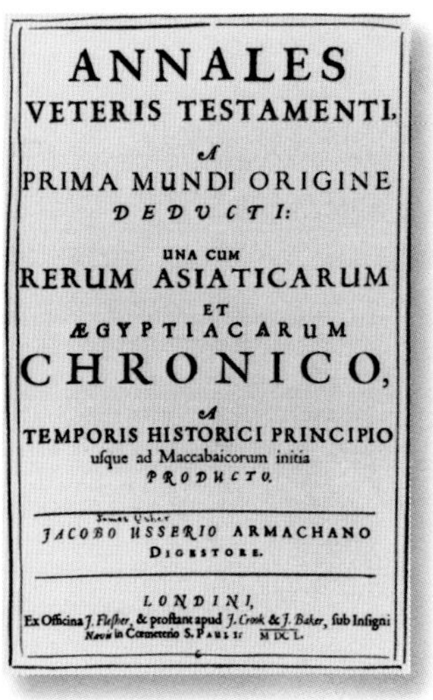
ANNALES
VETERIS TESTAMENTI,
A
PRIMA MUNDI ORIGINE
DEDUCTI:
UNA CUM
RERUM ASIATICARUM
ET
ÆGYPTIACARUM
CHRONICO,
A
TEMPORIS HISTORICI PRINCIPIO
usque ad Maccabaicorum initia
PRODUCTO.
JACOBO USSERIO ARMACHANO
DIGESTORE.
LONDINI,
Ex Officina J. Flesher, & prostant apud J. Crook & J. Baker, sub Insigni Navis in Cœmeterio S. Pauli. MDCL.

Pouco mais de cem anos antes, um bispo irlandês chamado James Ussher fizera ousada tentativa de datação da Terra, somando as idades aproximadas de todos os personagens citados na longa genealogia registrada na Bíblia, desde a semana da criação narrada no Gênese. A data a que chegou era de uma precisão espantosa: a madrugada de 23 de outubro de 4004 a.C. Ele não foi o primeiro a fazer isso; para Newton, o mundo teria sido criado em 4000 a.C.; pelos cálculos de Kepler (*ver* Capítulo 1), a data seria 3992 a.C. A datação de Ussher, notável feito de erudição, ainda que inexata, foi impressa nas edições subsequentes da Bíblia do rei Jaime, e muitos a levaram a sério. Outros dizem que os cálculos do bispo tiveram aceitação universal entre os povos tementes a Deus no século seguinte. Mas a maioria dos intelectuais, em particular na Europa continental, interpretava a bíblia metaforicamente, e o trabalho do irlandês só ganhou destaque no início do século XX, com o criacionismo da Terra jovem nos Estados Unidos. Durante o século XVIII e no período seguinte, a maior parte das pessoas instruídas reconhecia que a Terra era muito mais antiga que os primeiros registros da história humana. Contudo, todos aqueles casos de extinção, fossem quais fossem as causas, indicavam a passagem de um período de tempo considerável. A questão que mais preocupava os interessados na ciência que começava a ser chamada de geologia era: "Qual a idade exata da Terra?"

À esquerda: Saussure foi atraído para os Alpes por seus interesses botânicos, mas o estudo aprofundado das montanhas permitiu que ele desenvolvesse uma teoria acerca da história e da "geologia" (palavra de sua autoria) da cordilheira.

ROCHAS FUMEGANTES

Os créditos pela primeira tentativa científica, objetiva, de datar o planeta provavelmente cabem a Georges-Louis Leclerc, conde de Buffon, geólogo e naturalista francês com pretensões aristocráticas. Nascido sem título, herdou da mãe uma grande fortuna – que incluía a vila de Buffon, próxima a Dijon –, e desde então, aos 25 anos, acrescentou "de Buffon" ao nome. Seus experimentos geológicos se baseavam nas especulações de Isaac Newton nos *Principia* (*ver* Capítulo 1) sobre a taxa de resfriamento dos cometas, que, como observou o inglês, às vezes caíam no Sol. Buffon pensava que tais impactos podiam lançar no espaço fragmentos solares, e, portanto, a Terra teria se originado de uma porção de matéria fundida que girava ao redor do Sol e se resfriou pouco a pouco até uma temperatura compatível com a vida. Ele avaliava que, ao determinar quanto tempo o planeta levou para se resfriar, poderia calcular a data de sua criação.

À direita: Nomeado diretor do Jardin du Roi de Paris, em 1739, Buffon transformou o lugar num centro de pesquisas, abrindo caminho para seus sucessores, como Cuvier.

Buffon produziu em sua própria forja uma série de bolas de ferro com diâmetros aproximados de 1cm a 15cm, para representar a Terra. Colocou-as na fornalha, uma a uma, até que ficassem incandescentes. Em seguida, retirou-as e contou o tempo que levavam até se mostrarem frias ao toque. Uma descrição do experimento registra que "recorreu a quatro ou cinco belas mulheres, de pele muito macia, ... e que elas passavam [as esferas] umas para as outras, com suas mãos delicadas, enquanto lhe descreviam o grau de aquecimento e resfriamento". Depois de medir o tempo para as diferentes esferas, ele foi capaz de extrapolar o resultado para um globo do tamanho da Terra. Tendo repetido a experiência com vários modelos de diversos tamanhos, concluiu que o planeta levou 42.964 anos para desenvolver a vida, e um total de 75 mil anos para chegar à sua temperatura atual.

Embora não pareça, Buffon foi radical. Para os padrões da época, esses números representavam um tempo inimaginavelmente longo, o que despertou a ira dos teólogos da Universidade de Paris. Porém, quando publicou suas conclusões, em 1749, o naturalista teve o cuidado de evitar qualquer questionamento das escrituras. *Uma teoria da Terra* foi a primeira parte da obra monumental de uma vida inteira, a descrição de todo o mundo natural, *L'Histoire naturelle*, em 44 volumes. Essa série de livros apresentava o planeta sob perspectiva totalmente nova. Buffon afirmava que tanto a Terra quanto a vida nela encontrada tinham uma história que podia ser dividida em sete grandes períodos, numa conveniente metáfora dos sete dias da criação. Acima de tudo, porém, ele sugeria que as espécies podiam mudar com o tempo e a migraçao de uma parte do globo para outra. Contudo, os experimentos cronológicos de Buffon eram só o começo.

Duas figuras de pássaro extraídas de uma edição de 1829 das Obras completas de Buffon.

LETTRES
HISTOIRE

TEMPO PROFUNDO

Se percorrermos o litoral sudeste da Escócia, de Dunbar a Berwick-upon-Tweed, e tomarmos um barco na pequena cidade costeira de Cove, seremos brindados, alguns quilômetros adiante, com uma visão marcante: as rochas de Siccar Point. Em 1788, ao fazer essa mesma viagem, James Hutton obteve a confirmação de uma ideia que se formara pouco a pouco em sua cabeça, um pensamento cristalino e chocante em suas implicações. Siccar Point apresenta estratos horizontais de arenito sobrepostos a camadas verticais de uma rocha bem mais antiga, conhecida como grauvaca. A interpretação de Hutton era que as faixas verticais haviam se depositado horizontalmente, como qualquer sedimento, nas profundezas do oceano e depois haviam se inclinado aos poucos até 90 graus, por poderosas forças subterrâneas. As camadas horizontais mais recentes, de arenito, teriam se depositado sobre as mais antigas, como parte de uma planície costeira que sofrera uma sucessão de inundações e secas, à medida que subia ou descia o nível do mar. Para ele, isso demonstrava que os processos geológicos eram lentos, contínuos e se davam da mesma maneira. Até hoje o local é conhecido como inconformidade de Hutton.

Filho de comerciante, Hutton iniciara e abandonara os estudos de direito, e tentara cursar medicina, antes de enveredar por uma carreira comercialmente bem-sucedida, seguindo seu interesse em química. Ele enriqueceu com a invenção de um processo industrial para produzir cloreto de amônio a partir da fuligem. Também herdara uma fazenda, onde a vida ao ar livre estimulou seu interesse pela geologia. A abastança lhe permitiu dedicar os anos de maturidade a essa paixão, e Hutton fez muitas viagens pela Inglaterra e pela Escócia, observando a paisagem e elaborando a teoria das mudanças graduais. Identificou marcas de erosão lenta e contínua, terremotos sucessivos e soerguimento dos estratos rochosos, além de indícios de repetidas erupções vulcânicas no passado. Para onde quer que olhasse, encontrava sinais de que as forças naturais hoje atuantes no planeta agem muito devagar, e que essas mesmas forças sempre estiveram em ação.

"Para onde quer que olhasse, encontrava sinais de que as forças naturais hoje atuantes no planeta agem muito devagar, e que essas mesmas forças sempre estiveram em ação."

Ilustração da inconformidade geológica descoberta por Hutton em Siccar Point, na Escócia, revela a transição abrupta entre a camada superior de rochas de inclinação suave e os estratos verticais inferiores.

A teoria das mudanças graduais, que dispensava as catástrofes terríveis e repentinas, bíblicas ou não, era conhecida como uniformitarismo. A tese implicava admitir que a Terra era bem mais antiga do que se estimava. Nas célebres palavras escritas por Hutton em *Teoria da Terra*, "não vemos vestígio algum de começo, nenhuma expectativa de fim." Estava armado o palco para uma batalha intelectual.

Charles Lyell
1797–1875

Hutton tinha um estilo quase incompreensível, mas, poucos anos após a morte do autor, sua obra foi popularizada num livro escrito por seu amigo John Playfair, que participara da viagem a Siccar Point. O pensamento uniformitarista foi duramente condenado, por catastrofistas e por netunistas, até que outro escocês, que também abandonara a carreira jurídica, demonstrou a veracidade da mudança gradual da paisagem.

Como Hutton, Charles Lyell estudou direito para agradar os pais, mas, na Universidade de Oxford, foi inspirado pelo reverendo William Buckland a se dedicar à geologia. O religioso era um excêntrico professor que, entre outras coisas, tinha como meta comer cada uma das criações de Deus, e era conhecido por assustar os alunos oferecendo-lhes "iguarias" bizarras no chá. Ele também era catastrofista, à moda de Cuvier, e pensou haver descoberto indícios do próprio dilúvio quando, numa viagem a Yorkshire, encontrou ossos fossilizados de hiena no que julgou ser um covil coberto de lama. Mais ou menos no mesmo período, Lyell foi apresentado à ideia da uniformidade, de Hutton, e percebeu que ela coincidia com seu próprio pensamento. Uma excursão familiar pela Europa, no verão de 1818, ainda um estudante de 20 anos, aguçou-lhe o apetite pelo estudo da natureza. O jovem chegou a se formar e a praticar advocacia, até que um problema de visão obrigou-o, provavelmente com algum alívio, a abandonar uma carreira que envolvia a leitura de grande volume de documentos. Assim, começou a ganhar a vida escrevendo artigos e críticas, enquanto prosseguia os estudos geológicos. Quanto mais estudava a natureza, mais se convencia de que a tese das mudanças paulatinas de Hutton estava correta, e, numa longa viagem de pesquisas à Itália, em 1828, obteve dois surpreendentes indícios favoráveis ao uniformitarismo.

Em Pozzuoli, perto de Nápoles, há admiráveis ruínas romanas que nos impressionam ainda mais pelo que revelam acerca das mudanças sofridas pela Terra. No templo de Serápis, Lyell viu três colunas altas ainda de pé, cada qual manchada por uma faixa escura próxima ao topo. Observadas mais de perto, as manchas escuras revelaram-se marcas de erosão provocadas por moluscos marinhos. A única conclusão possível era de que, depois de construído o templo, o mar se elevara – ou a terra afundara – por tempo suficiente para que as pequenas criaturas aquáticas deixassem sua marca, até que o terreno se ergueu de novo. Além disso, tudo devia ter acontecido lentamente, ou as próprias colunas teriam ruído. Este era um sólido indício de mudanças geológicas graduais. Mas o que Lyell viu na Sicília, no espetacular monte Etna, foi ainda mais impressionante. Observando a montanha vulcânica, percebeu que esta se formara por fluxos sucessivos de lava, e que devia ter se passado um tempo enorme até que, camada por camada, o vulcão atingisse altura tão grande. Lyell compreendeu que a Terra devia ser incalculavelmente antiga, e que os processos hoje observados já estavam atuando desde sempre.

Os três volumes de seu livro, *Princípios de geologia*, foram publicados de 1830 a 1833, com o templo de Serápis no frontispício. Na obra, Lyell usou seu talento argumentativo de advogado para atacar e demolir a interpretação catastrofista dos dados geológicos. A influência do conceito de tempo profundo cresceu, e o poeta Alfred Tennynson nele se inspirou quando começou a escrever *In Memoriam*, depois da morte de um grande amigo:

"Onde a árvore cresceu, hoje ruge o oceano.
Ó Terra, que mudanças viste!
E onde agora freme a avenida,
Reinava a quietude do mar central."

As palavras de Tennynson evocam um planeta imemorial, que continua a existir sem qualquer propósito ou direção aparente. Os argumentos de Lyell prepararam o terreno para a compreensão de que, ao longo de um tempo geológico assim tão vasto, a própria vida poderia estar sujeita a mudanças graduais. O conceito de evolução estava no ar.

Páginas seguintes: Na década de 1830, o templo de Serápis despertou a atenção de outro cientista famoso, o matemático Charles Babbage, que ali passou algum tempo e reuniu desenhos de cortes transversais da construção.

MONTE ETNA

Charles Lyell percebeu que o monte Etna era formado por camadas sucessivas de lava. Se cada camada talvez tivesse um ou dois quilômetros de largura na extremidade mais distante, seria necessária até uma centena de erupções de lava para circundar a montanha, elevando-a a uma altura equivalente a uma única camada. Nesse ritmo, teriam ocorrido dezenas de milhares de erupções para formar o monte. Contudo, as grandes erupções ocorrem com alguns anos de intervalo, e o Etna tem mais de 3.300m de altitude. O mais surpreendente é que, entre dois estratos de lava, Lyell encontrou uma camada de ostras fossilizadas de cerca de 7m de profundidade. Assim, entre os dois fluxos de lava, um tempo enorme teria se passado para justificar tal acúmulo de fósseis; a montanha devia ser muito mais antiga do que se supunha. Os fósseis estavam entre as rochas "mais novas". Então, qual seria a idade das camadas mais antigas, com todas suas criaturas extintas? Esse raciocínio de elegante simplicidade levou o naturalista a concluir que a Terra era de uma antiguidade quase inimaginável.

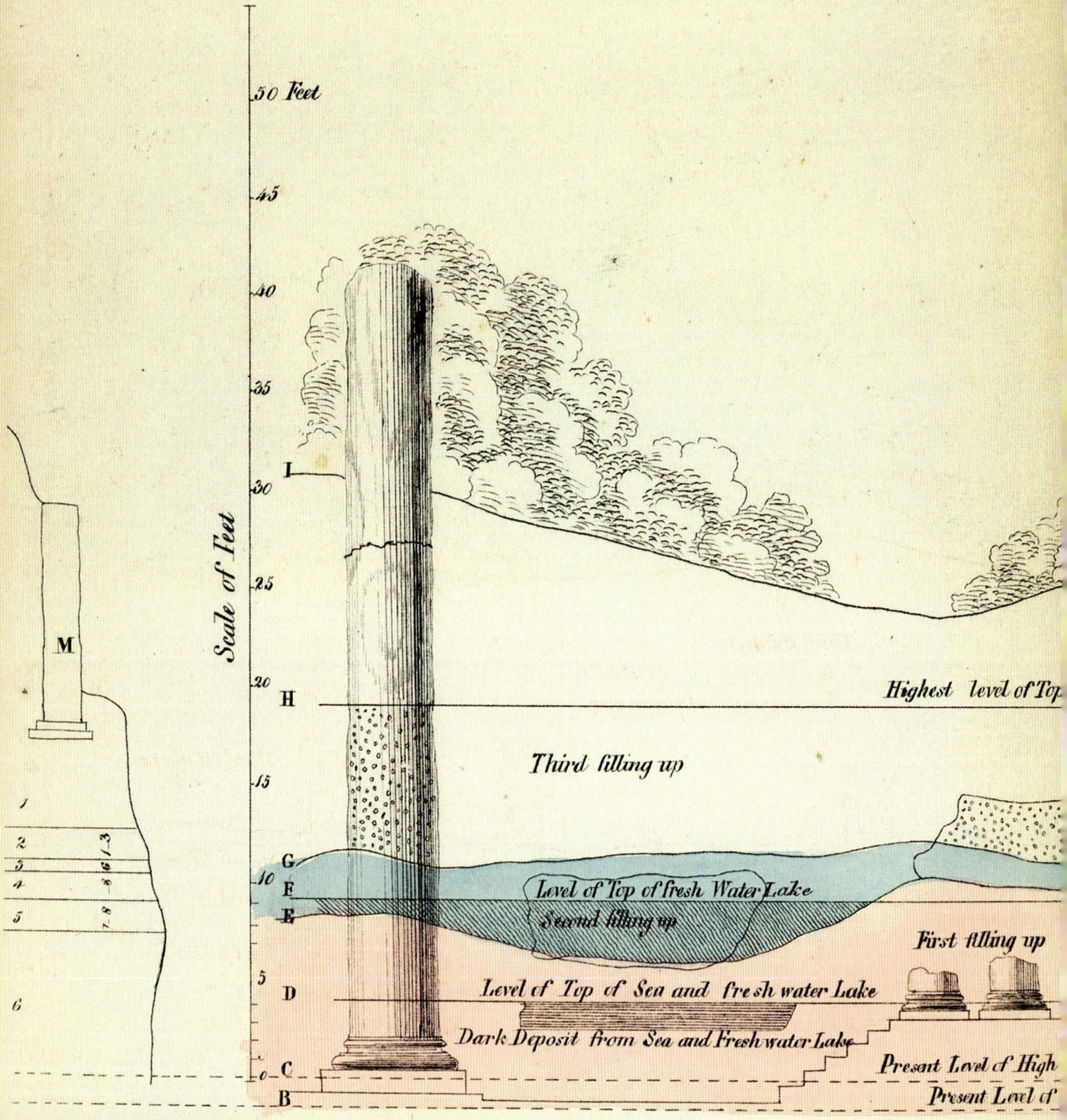

50 Feet
45
40
35
30
25
20
15
10
5
0
Scale of Feet
M
1
2
3
4
5
6
I
H
G
F
E
D
C
B
Highest level of Top
Third filling up
Level of Top of fresh Water Lake
Second filling up
First filling up
Level of Top of Sea and fresh water Lake
Dark Deposit from Sea and Fresh water Lake
Present Level of High
Present Level of

Section of the TEMPLE OF JUPITER SERAPIS, Shewing the Successive Changes it has undergone. 1828

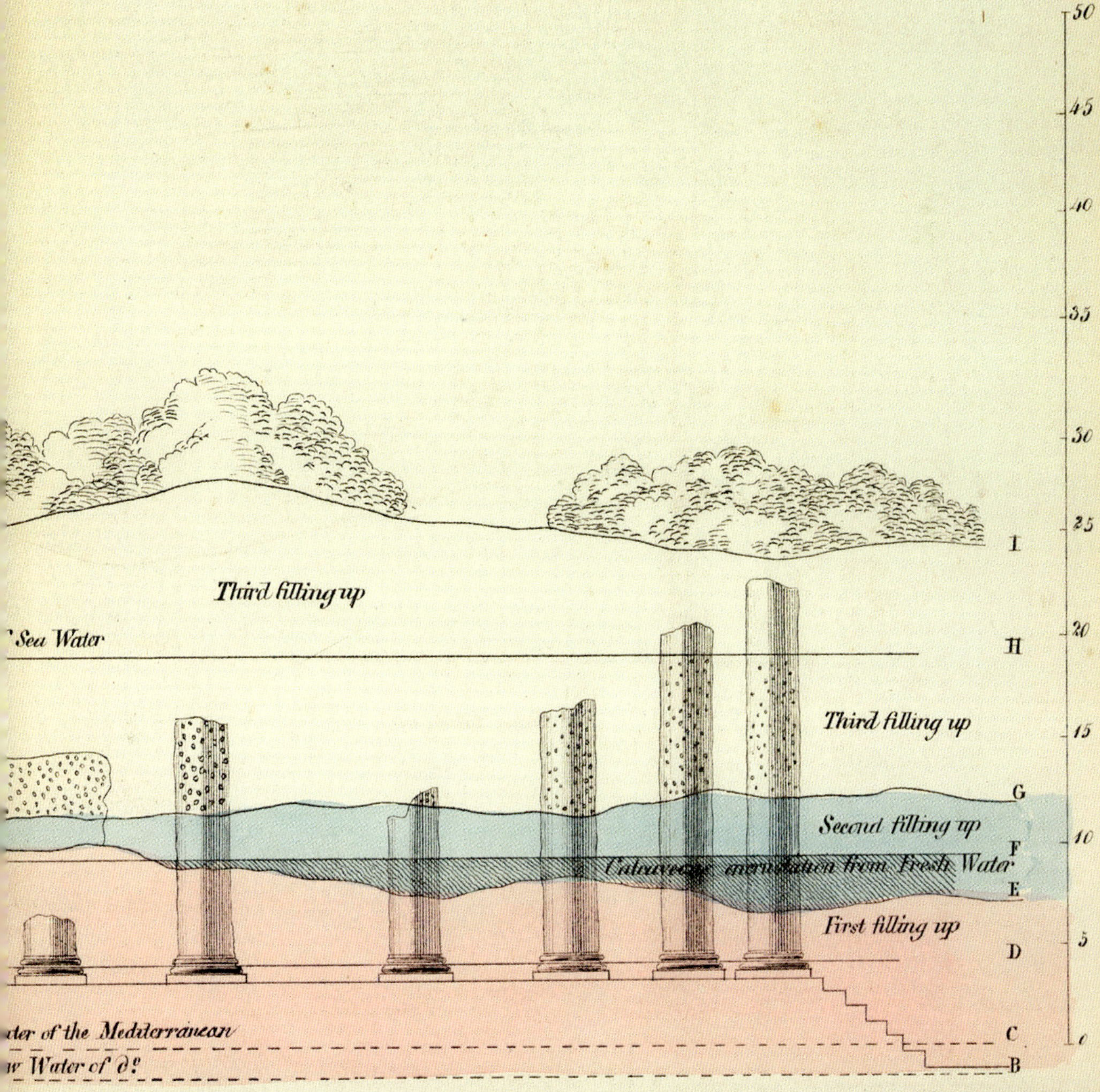

VESTÍGIOS DO PROGRESSO

Nos primeiros anos da era vitoriana, a sociedade britânica passou por incríveis transformações. Em 20 anos, mais de 10.000km de estradas de ferro riscaram os campos, reduzindo o tempo de viagem entre as cidades e transportando produtos pelo território. Os centros industriais brotavam por toda parte, trazendo para o cotidiano uma organização adequada aos procedimentos do trabalho fabril. O conceito oitocentista de progresso era quase palpável, e o país se tornara a maior potência industrial do mundo.

Nesse contexto de progresso, algo mais emergia: uma nova teoria da vida, propondo que não apenas as sociedades, mas também plantas, animais e todo o mundo natural, incluindo o homem, estavam sujeitos a mudanças. Em 1844, um pequeno livro saído das novas impressoras movidas a vapor se transformou em best-seller e provocou uma tempestade na sociedade vitoriana. Seu título era *Vestígios da história natural da criação*, e conjugava as ideias das mudanças geológicas graduais aos enigmas das extinções nos registros fósseis e da diversidade cada vez maior do mundo natural para sugerir uma teoria cósmica da "transmutação". A obra, de abrangência universal, descrevia a formação do sistema solar segundo a hipótese nebular, pela qual a gravidade teria feito com que as partículas menores se agregassem para formar os planetas – algo que não difere muito da tese hoje aceita. O livro seguia dizendo que a vida surgira por geração espontânea, e que os registros fósseis indicavam uma progressão gradual em direção a formas de vida cada vez mais complexas e elevadas: insetos, peixes, répteis, até chegar aos organismos superiores, como os mamíferos.

"Vestígios *afirmava que a evolução de peixes, aves e feras culminaria com a humanidade. Ia ainda mais longe ao sugerir que tudo se dera ao longo de uma imensidade de tempo, sem intervenção de um criador divino para cada espécie e cada elemento do planeta.*"

Vestígios tratava o mundo natural e os registros fósseis como exemplos de um lento processo de transmutação.

Robert Chambers (1802-1871). Suas declarações ousadas sobre a história da vida fizeram com que muitos achassem que o polêmico *Vestígios* fora escrito pelo influente editor, embora a assinatura só tenha aparecido na 12ª edição, de 1884.

Mas isso era só o princípio. *Vestígios* afirmava que a evolução de peixes, aves e feras culminaria com a humanidade (na humanidade branca e europeia, para ser mais específico). Ia ainda mais longe ao sugerir que tudo isso se dera ao longo de uma imensidade de tempo, sem intervenção de um criador divino para cada espécie e cada elemento do planeta. Em vez disso, a obra admitia que Deus tivesse estabelecido uma "lei natural", que teria então progredido de maneira evolutiva. A primeira edição se esgotou em poucos dias, e as críticas iniciais foram positivas. Até o príncipe Albert a lia todas as tardes para a rainha Vitória. Mas, como não poderia deixar de ser, o autor foi alvo de uma saraivada de críticas por parte dos especialistas, que atacavam sua falta de formação científica, e dos pensadores religiosos, que contestavam a afirmação blasfema de que o homem surgira de formas de vida inferiores. Não surpreende que o autor tenha permanecido anônimo.

Somente após sua morte, em 1871, confirmou-se que o livro fora escrito por Robert Chambers, que, com o irmão, dirigia uma editora de muito sucesso em Edimburgo, responsável pela *Chambers Encyclopaedia*, de fama mundial. Os irmãos haviam nascido com 12 dedos nas mãos e nos pés, havendo passado por cirurgias corretivas na infância. Porém, enquanto a operação do irmão fora bem-sucedida, a de Robert o deixara aleijado, e ele se voltou para o mundo dos livros. Fascinado pela geologia desde os anos de efervescência intelectual que se seguiram à publicação dos *Princípios*, de Lyell, considerava *Vestígios* a primeira tentativa efetiva de unir ciência natural e história da criação. Chambers talvez tenha sido o primeiro a tentar de fato responder à questão: "Como chegamos aqui?"

PESCOÇOS LONGOS

Jean-Baptiste Lamarck
1744–1829

Depois de ler *Vestígios*, Charles Darwin escreveu que o autor lhe impressionara pela "má geologia e zoologia ainda pior". A profusão de invectivas dirigidas ao livro – embora tenha garantido o sucesso de vendas – sem dúvida contribuiu para que Darwin hesitasse por 20 anos antes de tornar pública sua teoria, em 1858. O cientista estava determinado a garantir que seus argumentos se apoiassem em dados rigorosos, para não ser acusado de especulador. Mas reconhecia que *Vestígios* inaugurava o debate público sobre a evolução, abrindo caminho para a aceitação de sua teoria.

A evolução não era novidade. Anos antes de Chambers, Buffon já sugerira que os animais evoluíam de formas primitivas, e o próprio avô de Darwin, Erasmus, imortalizara a ideia num poema e a expusera num extenso livro intitulado *Zoonomia*. As ideias propostas na obra – de que Deus teria concebido as criaturas para o autoaperfeiçoamento – se encaixava bem no ethos de aprimoramento da sociedade. Concepções semelhantes haviam sido propostas e desenvolvidas como conceito científico pelo naturalista francês Jean-Baptiste Lamarck, que administrara o herbário do Jardin du Roi, em Paris. A teoria de Lamarck ficou conhecida como "herança dos caracteres adquiridos". O exemplo mais citado é o da girafa, que, segundo o naturalista, evoluíra a partir de uma criatura de pescoço mais curto. Em dado momento, algumas das "protogirafas" começaram a esticar o pescoço para alcançar as folhas mais altas das árvores. O cientista acreditava que essa capacidade de mudança se transmitia à geração seguinte, que, por sua vez, passava-a aos descendentes, e assim sucessivamente, produzindo mudanças graduais. A teoria ficou conhecida como lamarckismo, mas foi desacreditada, pois Georges Cuvier, partidário da imutabilidade das espécies, evitou que ela se firmasse nos círculos acadêmicos franceses.

Lamarck ao menos propôs algum tipo de mecanismo para a transformação das espécies. Afinal, este era o enigma. Se novas formas de vida emergiam com maior complexidade, como mostravam os registros fósseis, enquanto outras se extinguiam, o que levaria a isso? A resposta foi dada por Charles Darwin. Mas por que ele, e por que a resposta foi possível? Darwin pertencia a uma família rica e tinha condições de se dedicar a seus interesses, sem se preocupar com dinheiro. O casamento com Emma, sua prima e neta do rico industrial Josiah Wedgwood, melhorou a situação. Insatisfeito com os estudos de medicina em Edimburgo, Darwin transferiu-se para a história natural antes de ser enviado a Cambridge a fim de se preparar para o sacerdócio. Ali, continuou a se dedicar à história natural e à geologia, e, graças à amizade com um professor de botânica, conseguiu o posto de "naturalista" numa viagem de cinco anos ao redor do globo. Sua principal missão era estudar a costa da África. O HMS *Beagle* zarpou em dezembro de 1831. Nos cinco memoráveis anos que se seguiram, Darwin fez copiosas anotações e desenhos, registrando suas observações da natureza pelo mundo. O cientista levou consigo um exemplar do primeiro volume dos *Princípios*, de Lyell, e providenciou o envio do segundo. O conceito de tempo profundo e todas as suas consequências o impressionaram bastante.

À esquerda: A partir do século XVIII, a girafa se tornou um ícone do esforço para explicar a variedade da vida.

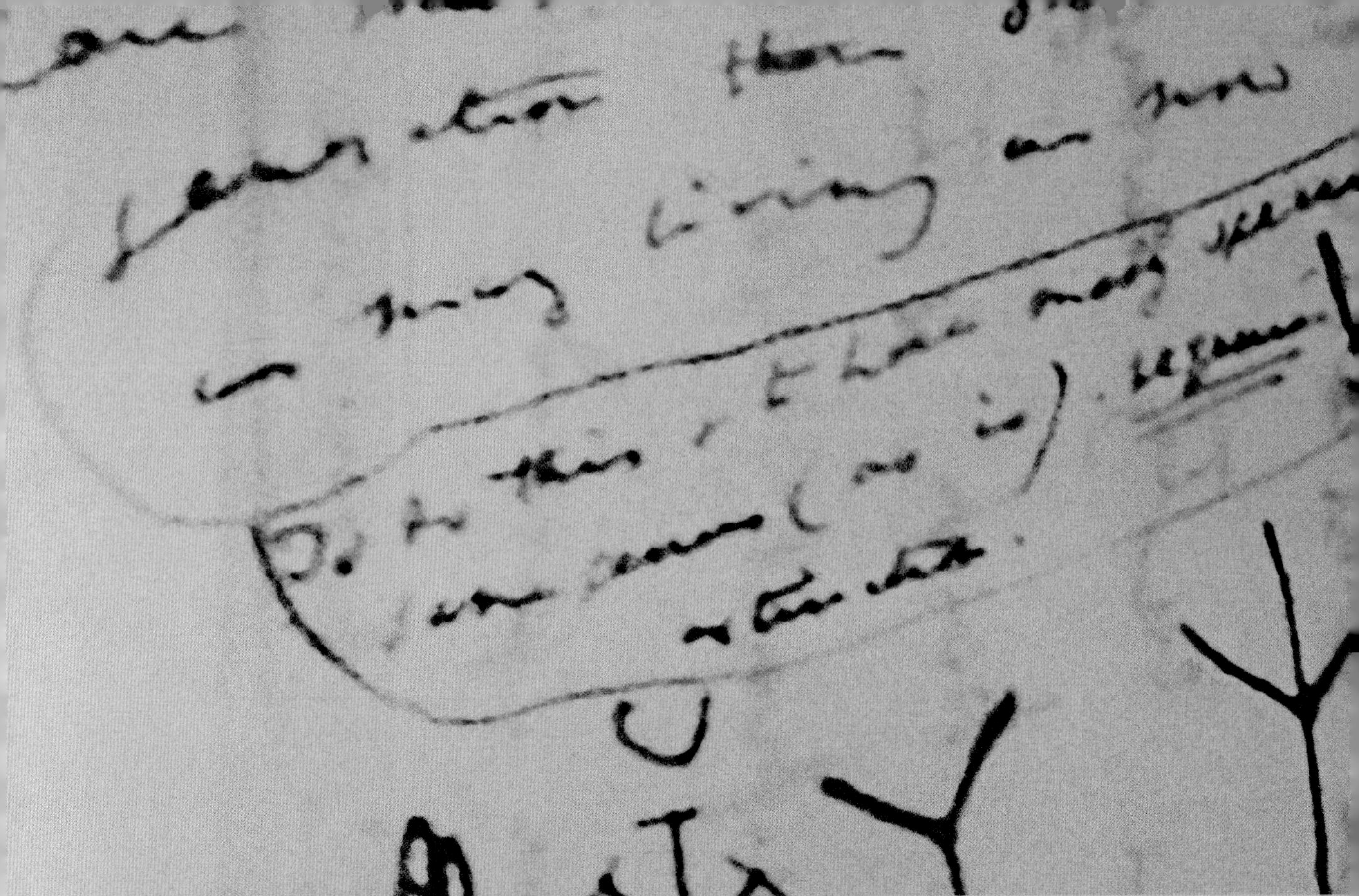

A LUTA PELA VIDA

Charles Darwin
1809–1882

Em sua jornada global, Darwin teve o mesmo assombro diante da diversidade das criaturas que Hans Sloane, mais de um século antes, e viu com os próprios olhos a força com que a Terra produz mudanças geológicas, quando presenciou um terremoto no Chile. Fazia anotações metódicas, as conclusões extraídas do que observava eram cuidadosas, e, dois anos depois do fim da viagem, suas ideias sobre a "transformação das espécies" já começavam a ganhar forma. Num caderno datado de 1837, pode-se ver o esboço de uma rudimentar árvore da vida, ramificando-se a partir de um ancestral comum – perto da figura, ele escreveu: "Eu acho." Como tudo no mundo, seu pensamento foi moldado pela época em que viveu. Na Inglaterra vitoriana, a indústria e o comércio prosperavam num ambiente competitivo; as empresas bem-sucedidas enriqueciam seus donos, enquanto aquelas cujos produtos não eram bons ou baratos faliam. O êxito do capitalismo vitoriano parecia evidente e era um sinal de que a competição pela sobrevivência fazia parte da vida. Naqueles primeiros anos, Darwin sofreu forte influência de um ensaio de Thomas Malthus sobre a teoria da população, lido "por divertimento". Malthus afirmava que a oferta de alimentos jamais acompanharia o crescimento populacional, então, sempre haveria guerra, fome, doença e pobreza; os mais fracos sucumbiriam à miséria e à decadência, perdendo a batalha pela vida. Os políticos usavam a lógica malthusiana em seus argumentos contra o auxílio aos trabalhadores pobres, pois era preciso manter o

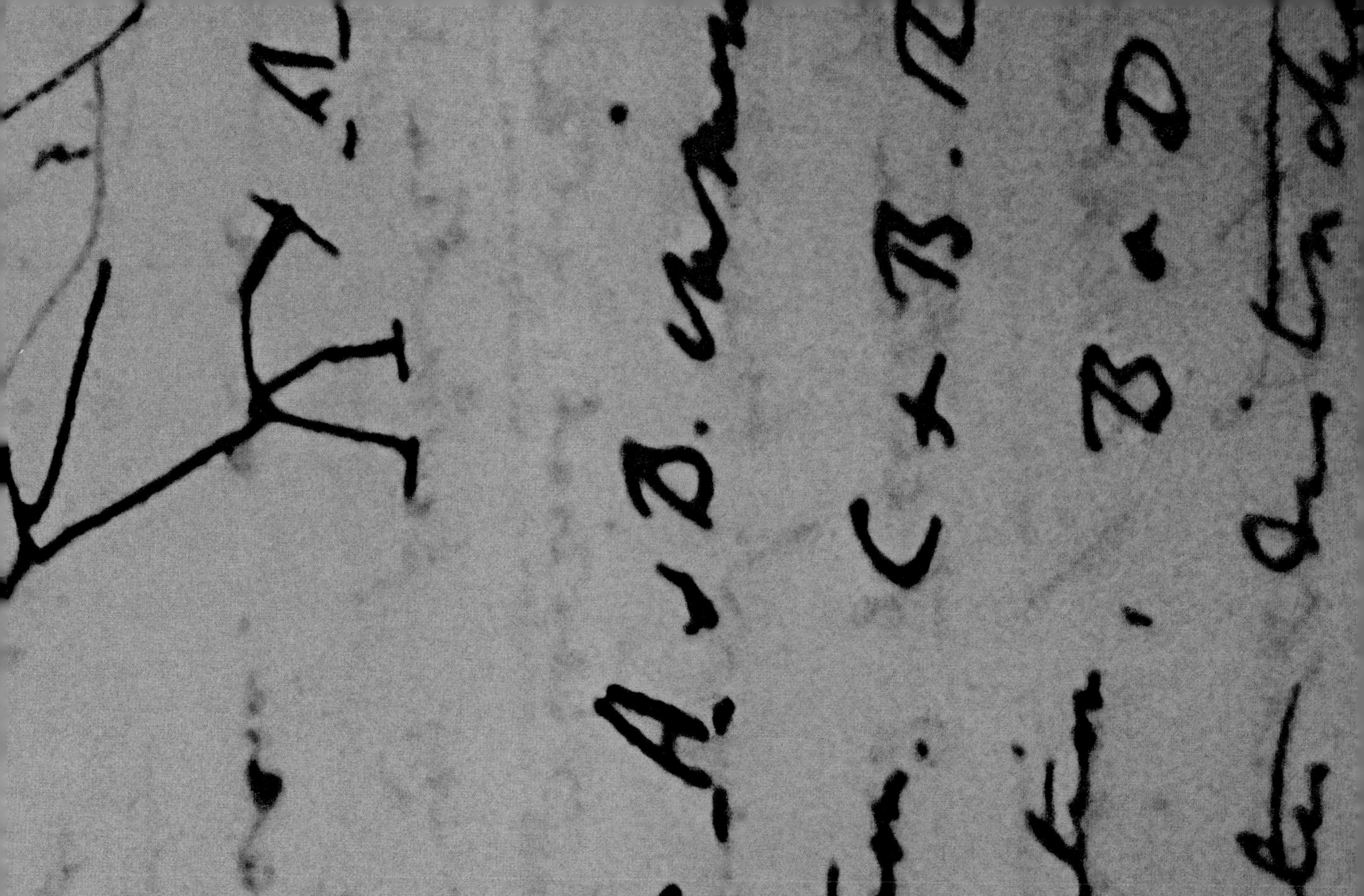

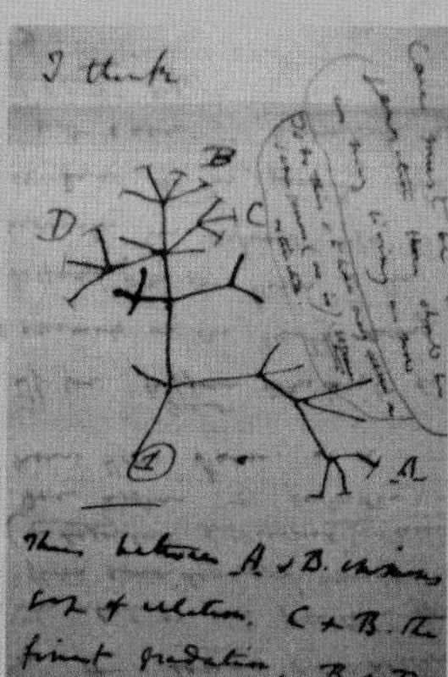

Esboço original da "árvore da vida" de Darwin. Ao contrário de muitos de seus partidários, ele não cometeu o erro de criar uma hierarquia entre as espécies.

equilíbrio populacional britânico. Em suma, como o próprio Darwin mais tarde escreveu, o que ele fez foi estender ao mundo natural a ideia de Malthus sobre os limites do crescimento populacional. O naturalista logo percebeu que a posse de uma vantagem na luta pela vida era um mecanismo pelo qual as espécies continuavam prosperando ou se extinguiam.

Definidos os elementos da teoria, Darwin passou quase duas décadas reunindo dados precisos que a apoiassem. Depois do furor que cercou a publicação de *Vestígios*, o cientista redobrou sua cautela. Mais uma vez, seu progresso foi moldado pela natureza da sociedade vitoriana. Até a década de 1840, a história natural era um passatempo de enorme popularidade. As estradas de ferro transportavam cada vez mais passageiros para os destinos turísticos do litoral, e as pessoas começavam a se dedicar ao estudo da natureza. Publicavam-se muitos livros sobre como coletar espécimes da flora e da fauna. Havia naturalistas amadores em abundância, e, enquanto reunia dados, Darwin formou uma rede de outros cavalheiros com quem se correspondia. Instalado com a nova família na Down House, sua residência em Kent, e sofrendo constantes problemas de saúde, ele era bastante recluso, mas escreveu milhares de cartas ao longo da vida, trocando informações e amostras – prática facilitada pela reforma e o barateamento dos correios. A rede estendia-se a partes remotas do globo, e amostras eram enviadas de países de todo o Império Britânico, cuja extensão estava no auge. Ele mesmo criador de pombos, estudava os efeitos da seleção de características específicas, empregados pelos criadores para produzir novas variedades de cães, gatos, vacas, cavalos, plantas e aves.

SELEÇÃO NATURAL

A "teoria da evolução pela seleção natural" de Darwin é uma demonstração elaborada de como a natureza obtém pelo acaso, ao longo de milênios, o que os homens fizeram nos cruzamentos seletivos, escolhendo com cuidado as criaturas que devem se reproduzir. Todos os seres vivos competem por territórios e alimentos limitados, e também pelas chances de reprodução. A prole sempre é ligeiramente diferente dos pais. De vez em quando, uma dada variação acidental se mostra vantajosa na luta pela vida; numa girafa, por exemplo, o pescoço mais longo serve para alcançar comida em época de escassez. O sucesso na luta pela sobrevivência significa que a variante gerará mais descendentes, que, por suas vez, também se reproduzirão. Pouco a pouco, em intervalos longuíssimos, a população da variante exitosa cresce. Outras mutações bem-sucedidas podem dar origem, num tempo ainda maior, a descendentes tão diversos dos antepassados que pertençam a uma nova espécie, formada por indivíduos que, ao cruzar com membros da espécie original, não geram descendentes férteis. Já para as variantes em desvantagem na luta pela vida (as girafas de pescoço curto), a consequência é inversa: sua população declina e caminha para a extinção. Esse processo paulatino e maravilhoso depende sobretudo de extensos períodos de tempo geológico.

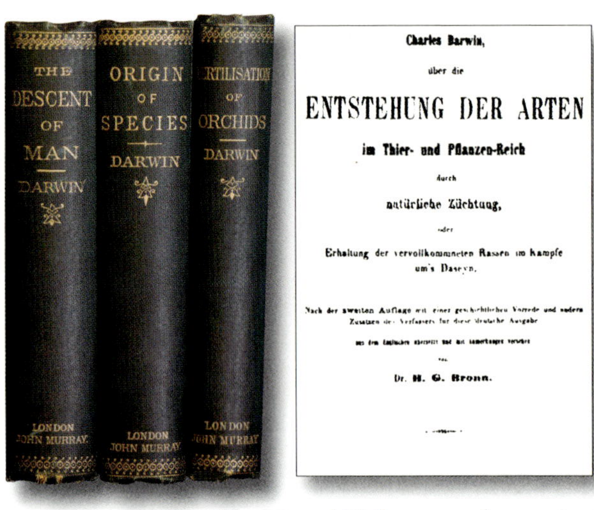

A origem das espécies logo se tornou um best-seller internacional, mas as edições estrangeiras às vezes eram problemáticas, porque os tradutores introduziam suas próprias ideias e preconceitos.

Mesmo em seu mundo confortável, o próprio Darwin não estava imune à competição. Ele só publicou sua teoria depois de receber uma carta de um de seus correspondentes na Malásia, Alfred Russel Wallace, que, de maneira independente, elaborara a mesma concepção de seleção natural. Após consultar amigos e conselheiros, incluindo Lyell, as ideias de Darwin e Wallace foram divulgadas em conjunto, em julho de 1858. A ocasião passou despercebida e, durante o ano seguinte, Darwin se apressou em dar forma escrita a 25 anos de pesquisas. *A origem das espécies* foi publicado em novembro de 1859 e logo se tornou best-seller. A obra ainda é uma das maiores demonstrações de argumentação científica bem-construída, precisa e cuidadosa, com dados meticulosos que levam inexoravelmente a uma teoria engenhosa e sutil.

ALÉM DE DARWIN

A teoria da evolução pela seleção natural continuou a ser tema de debates e disputas ao longo dos 150 anos passados desde sua publicação. Desde o início, suas implicações para a fé religiosa suscitaram disputas acaloradas, que giravam em torno

"A resposta para a questão da hereditariedade já fora apontada por Gregor Mendel, obscuro monge agostiniano."

da conclusão inescapável de que os seres humanos não passavam de variações descendentes de um primata mais primitivo.

O conceito de darwinismo social também foi adotado por uma série de visionários políticos e econômicos. A expressão "sobrevivência do mais apto", que o próprio Darwin nunca empregou, passou a ser usada para justificar os extremos do capitalismo ocidental, a emergência da sociedade comunista e as ideias de pureza racial que serviram de base ao Estado nazista. Em período mais recente, a teoria foi culpada por esses extremos, cada vez mais atacada pelo movimento religioso criacionista, em especial nos Estados Unidos.

No plano científico, porém, Darwin admitia que a teoria apresentava problemas, sobretudo que não era capaz de explicar como as adaptações se transmitiam de geração a geração. Mais tarde, retomou o lamarckismo, como outros cientistas, talvez porque a tese se coadunasse com o ideal de trabalhar duro para melhorar de vida, legando aos filhos o fruto do trabalho. Ele não sabia que a resposta para a questão da hereditariedade já fora apontada por Gregor Mendel, obscuro monge agostiniano que vivia na abadia de São Tomás, na atual cidade de Brno, na República Tcheca. O trabalho meticuloso de Mendel revelou as verdadeiras leis da hereditariedade: as características são definidas por pares de genes (embora ele não usasse tal palavra), um herdado do pai e outro da mãe. Para cada característica, somente um gene se expressa nos descendentes. Alguns genes são "dominantes", isto é, predominam sobre os "recessivos", e suas características aparecerão com maior frequência nas gerações seguintes. Quando Mendel morreu, o abade queimou seus escritos, e o trabalho só foi redescoberto no início do século XX. Ele havia revelado, porém, o processo que tornava possível a seleção natural.

AS ERVILHAS DE MENDEL

Durante sete anos, no mesmo período em que Darwin publicou *A origem das espécies*, Gregor Mendel cultivou 29 mil pés de ervilha para pesquisar como suas características eram passadas de geração em geração. O objetivo era criar vegetais híbridos e safras mais resistentes. A maioria dos biólogos da época afirmava que as características dos genitores eram transmitidas ao se combinarem nos descendentes, que seriam um meio-termo entre os pais. Isso resultaria na diluição de todas as características hereditárias depois de algumas gerações, além de não explicar por que, por exemplo, alguns filhos ficam muito mais altos ou baixos que os pais, em vez de crescer até uma altura média. O trabalho meticuloso de Mendel levou-o a concluir que existiam unidades hereditárias chamadas "fatores" (que hoje chamamos "genes") que sempre atuavam aos pares, um de cada genitor. Depois, percebeu que os genes eram dominantes ou recessivos, o que explicava como uma característica se ausentava por várias gerações antes de reaparecer. O cientista elaborou duas "leis da hereditariedade" que constituem a base da genética moderna.

O MUNDO MUDA

E quanto à questão de "como viemos parar aqui"? Assim como o tempo profundo foi a chave para o entendimento da evolução, a história das rochas seria fundamental para a resposta a essa grande incógnita.

Nas décadas que se seguiram aos trabalhos de Lyell e Darwin, a geologia e a biologia tomaram rumos distintos. O avanço da biologia no meio século seguinte foi surpreendente, com a localização dos genes no interior dos núcleos (os centros de controle) das células e, por fim, pela identificação da estrutura da dupla hélice, o DNA, como código químico dos genes (*ver* Capítulo 5). A biologia molecular avançada se tornou uma das maiores e mais bem-financiadas áreas da ciência. Os frutos da teoria evolucionista vão desde as enzimas usadas no sabão em pó "biológico" a bactérias capazes de produzir novos fármacos em larga escala; suas aplicações estão no cerne de programas de computador avançados e na base de nossa compreensão do curso das doenças. Os cientistas hoje são capazes de manipular os genes, controlando o próprio processo evolutivo e estão a ponto de gerar formas sintéticas de vida.

Enquanto isso, a geologia caia em certa estagnação. Houve alguns avanços significativos, em especial com a descoberta da radioatividade, que permitiu a datação precisa das rochas pela medição do decaimento de isótopos radioativos. Contudo, a maior parte dos esforços geológicos não se dirigia ao debate acerca de grandiosas teorias sobre a Terra, nem à disputa entre uniformitarismo e catastrofismo, mas ao trabalho de campo, de mapear e registrar camadas de rochas e fósseis, na tentativa de obter dados exatos sobre a idade relativa dos estratos – complementando o trabalho de William Smith, um século antes. Circulavam algumas teorias para explicar toda a Terra, mas não existiam dados suficientes para extrair conclusões sólidas. Na virada do século XX, predominava a tese de que o planeta se contraía aos poucos, à medida que esfriava, e a superfície se enrugava como uma passa, formando cadeias de montanhas, vales, o leito dos oceanos e continentes. Os físicos do século XX, porém, descartaram essa ideia quando a descoberta da radioatividade lhes permitiu mostrar que o resfriamento do centro da Terra era insignificante e não bastava para explicar o surgimento de enormes cordilheiras como a do Himalaia.

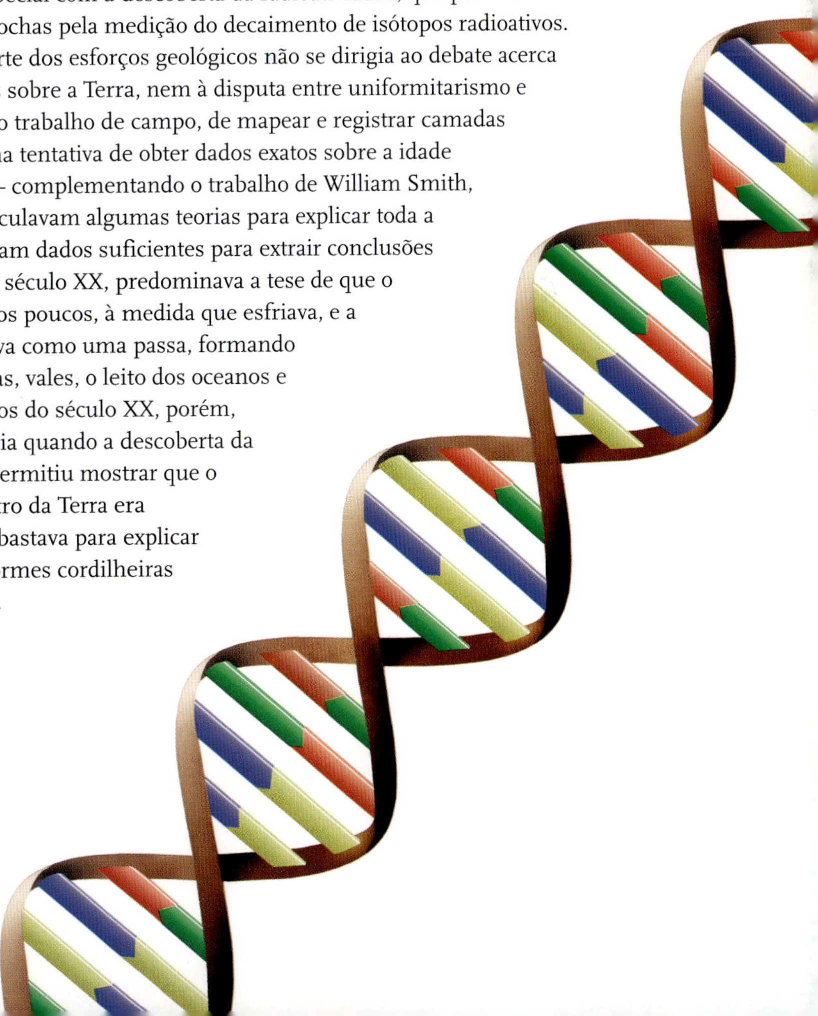

À esquerda: Representação artística dos cromossomos no núcleo celular – cada um contém um par de filamentos de DNA idênticos, quimicamente ligados às diversas proteínas, numa estrutura denominada cromátide.

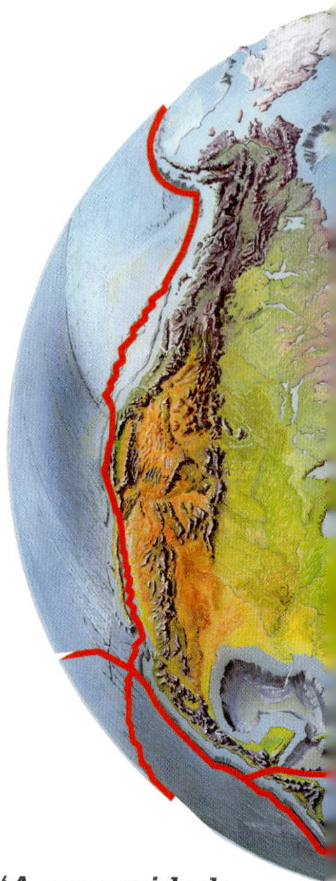

O QUEBRA-CABEÇA CONTINENTAL

Em 1910, o desconhecido meteorologista alemão Alfred Wegener folheava distraído as páginas de um novo atlas quando a incrível semelhança de traçado entre o litoral sul-americano e a costa ocidental africana lhe chamou a atenção. Não era o primeiro a notar isso, mas, pouco tempo antes, percebera também que os fósseis de animais extintos eram muito parecidos nos dois lados do Atlântico. Esta é a origem da teoria da "deriva continental", divulgada por Wegener em 1912 numa série de palestras e que continuou a se desenvolver na década seguinte, enquanto o autor prosseguia em sua carreira na meteorologia.

Um século antes, Jean-Baptiste Lamarck sugerira que os continentes avançavam progressivamente pelo globo, e as correntes oceânicas tendem a erodi-los pelo lado oriental, enquanto depositam novos sedimentos no lado oeste. Era uma tese tão frágil quanto sua teoria da evolução. Wegener, porém, apresentava evidências irrefutáveis das mudanças. Quanto mais estudava geologia e história natural dos continentes, mais indícios encontrava de que estes teriam se afastado: os resquícios de geleiras e cadeias montanhosas que se alinhavam, fósseis de plantas tropicais encontrados no que hoje é o Ártico e similaridades entre populações animais e estratos rochosos de diferentes regiões do globo. Como num quebra-cabeça, ele encontrou um padrão de encaixe e chegou a um mapa do supercontinente que teria dominado a superfície do planeta, ao qual deu o nome de Pangeia.

A comunidade geológica ridicularizou a ideia – como as gigantescas placas da crosta continental avançavam pelas rochas do leito oceânico? Diziam que as provas de Wegener eram circunstanciais. Em 1930, o meteorologista partiu para o Ártico, numa expedição de monitoramento do clima, esperando obter medições comprobatórias de que as massas de terra da Groenlândia e da Escandinávia se afastavam rapidamente. No auge no inverno ártico, em seu aniversário de 50 anos, Wegener tentou voltar a seu campo base atravessando a calota de gelo groenlandesa, para buscar mantimentos. Jamais chegou, e seu corpo congelado foi encontrado no ano seguinte. Mesmo depois de sua morte, a teoria continuou a sofrer ataques violentos, e os jovens estudantes de geologia aprendiam que se interessar pela deriva continental não era bom para suas carreiras.

"A comunidade geológica ridicularizou a ideia – como as gigantescas placas da crosta continental avançavam pelas rochas do leito oceânico?"

Esta série de mapas do mundo mostra o movimento tectônico dos continentes, desde a divisão da Pangeia, de Wegener, até hoje.

Período jurássico – c. 195 milhões de anos

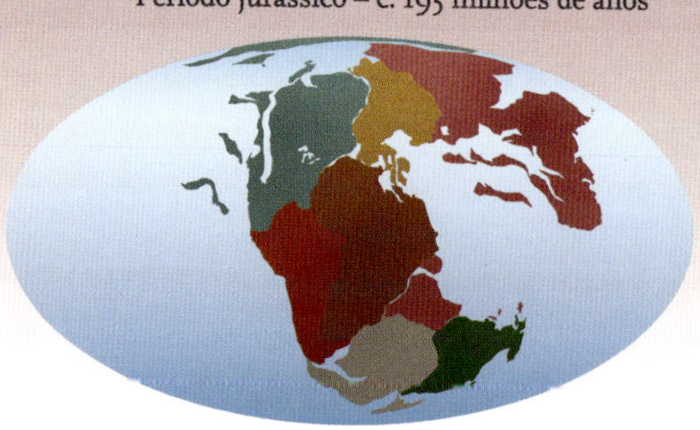

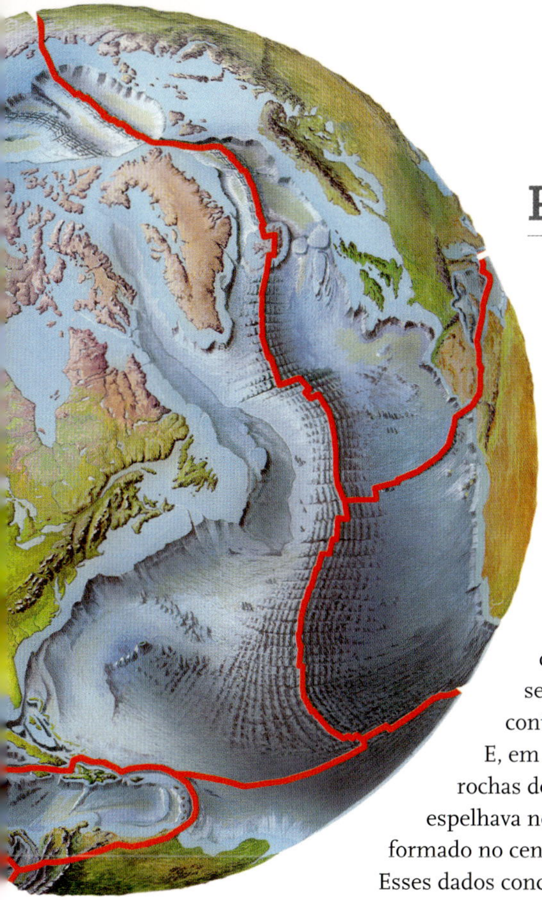

Estrutura subjacente às placas continentais, com seus limites concentrados ao longo da margem dos continentes e nas dorsais oceânicas..

PISTAS DA GUERRA FRIA

As evidências sólidas que Wegener não encontrou acabaram descobertas por um caminho bem diferente. O incrível desenvolvimento da guerra submarina durante a Segunda Guerra Mundial e os primeiros anos da Guerra Fria criaram uma necessidade premente de entender o leito do oceano e mapear o que até então fora um mundo obscuro. A nova ciência da oceanografia recebia vultosos investimentos, e os resultados eram notáveis. Três dados novos foram descobertos. Primeiro, ficou claro que o oceano Atlântico é atravessado por uma enorme cordilheira submersa, disposta longitudinalmente em seu centro como uma espinha dorsal; parte dela se ergue bem acima da superfície, formando a ilha da Islândia. Depois, descobriu-se que as rochas do solo oceânico, que os geólogos sempre haviam considerado mais antigas que as da crosta continental depositada sobre elas, eram na verdade muito recentes. E, em terceiro lugar, a nova ciência do paleomagnetismo revelou que as rochas do fundo do oceano apresentavam um padrão magnético que se espelhava nos dois lados da cordilheira, indicando que as rochas haviam se formado no centro, para então se dividir e se mover em direções opostas.

Esses dados concretos e inegáveis foram reunidos, em meados dos anos 1960, na teoria tectônica de placas, hoje aceita como o mecanismo pelo qual a crosta terrestre se forma como rocha vulcânica derretida nas dorsais oceânicas. As dorsais formam uma vasta rede interconectada ao redor do globo. Segundo a tectônica de placas, o fundo do mar se abre nas dorsais, empurrando a crosta continental. Em outros pontos, as placas da crosta se chocam, e uma é forçada para baixo da outra, desaparecendo na rocha derretida da camada inferior. A superfície do planeta se divide numa miríade dessas "placas", como a casca rachada de um ovo cozido. Nos pontos de atrito e choque, formam-se falhas geológicas, como a de San Andreas, na Califórnia, dando origem a terremotos e erupções vulcânicas, ou provocando o soerguimento de montanhas. O mecanismo que comanda todo esse processo de convecção – subida da rocha derretida e descida da rocha resfriada – é o calor do manto abaixo da crosta.

Período cretáceo – c. 125 milhões de anos

Período paleogêneo – c. 60 milhões de anos

VIDA E MORTE

A descoberta da tectônica de placas revitalizou a geologia. De repente, mistérios geológicos de todo tipo – por que os terremotos e vulcões ocorrem em determinados lugares e por que as montanhas se erguem – começaram a ser desvendados. Os benefícios práticos também foram enormes, pois os geólogos aprenderam a localizar com precisão as jazidas petrolíferas, e a direcionar a busca de minerais formados nas profundezas da Terra e pressionados em direção à superfície. A tectônica ainda revelou um elo inextrincável entre geologia e vida. Sabemos hoje que o movimento das placas é fundamental para ciclo do carbono na Terra: o dióxido de carbono é expelido na atmosfera pelos vulcões, retirado do ar pelas plantas e árvores que alimentam os animais, que morrem e se decompõem, formando camadas de sedimentos no fundo do mar que caem nas camadas derretidas do planeta, recomeçando o ciclo. A tectônica explica como e onde restos de animais e vegetais mortos formaram, ao longo de milhões ou bilhões de anos, camadas de carvão ou petróleo em antigos leitos oceânicos. A teoria é crucial para o intrincado equilíbrio entre oxigênio e dióxido de carbono na atmosfera. Em muitos sentidos, a história da vida na Terra e a história geológica se confundem.

Os rumos evolutivos da vida também sofreram profunda influência do movimento no planeta. Enquanto os continentes avançavam, mudando de forma e latitude, as espécies que se desenvolviam neles ou nos oceanos eram obrigadas a se adaptar a climas diferentes, ou competir com outras criaturas que haviam migrado para seus territórios. Algumas floresciam e outras se extinguiam, criando condições para o surgimento de novas formas de vida. O soerguimento de grandes cadeias montanhosas como a do Himalaia – ocorrido quando a placa sobre a qual está o subcontinente indiano se chocou com a que sustenta a Ásia – criou barreiras à migração ou alterou o sistema climático nas camadas superiores da atmosfera, resultando em novos ambientes, inundações ou secas, que os seres vivos tinham de enfrentar. A mudança de posição dos continentes modificou também a circulação dos oceanos, criando novas dificuldades para a vida marinha e desencadeando o rápido início e o súbito fim das eras do gelo. De tempos em tempos, a vida era ameaçada por fenômenos gigantescos, como grandes terremotos, maremotos, inundações provocadas pelo rompimento de lagos glaciais ou erupções vulcânicas que fluíam por milhares de anos. Para completar, o sistema solar, em seus primórdios, era bem mais violento, e mais frequentes os impactos de cometas e asteroides. Os vestígios das catástrofes ainda podem ser vistos. Os registros fósseis e os dados geológicos revelam a ocorrência de cinco episódios de extinção em massa que aniquilaram mais da metade das espécies então existentes, um dos quais quase acabou com toda a vida na Terra. O impacto do cometa que atingiu nosso mundo há 65 milhões de anos, assinalando o fim da era dos dinossauros, foi apenas o mais famoso, não o maior.

À direita: Imagem por satélite da atividade vulcânica e das geleiras da Islândia, um dos poucos lugares do mundo em que uma dorsal oceânica, linha divisória entre duas placas tectônicas, aflora acima da superfície.

A FORMAÇÃO DOS CONTINENTES

Os satélites que orbitam a Terra nos permitem enxergar o fundo dos oceanos. Destaca-se a extraordinária rede de dorsais oceânicas que, como cicatrizes, riscam o centro de cada uma delas. Juntas, elas formam uma cadeia montanhosa contínua de quase 60.000km de extensão, onde se encontram as montanhas mais altas do mundo, embora quase totalmente fora do alcance de nossa visão. Pequenas ilhas como Islândia, Açores, Bermuda e Ascensão são cumes de montanhas, marcando os pontos onde a cadeia aflora acima da superfície do Atlântico. A dorsal Atlântica se estende do oceano Ártico ao Antártico e é a maior cordilheira do mundo. As dorsais assinalam os limites entre as placas tectônicas e marcam os locais onde o novo fundo do mar se forma, expandindo-se e causando o movimento colossal da crosta terrestre. O oceano Atlântico, por exemplo, tem menos de 180 milhões de anos. Sua formação teve início quando a Pangeia começou a se romper. Massas de terra e oceanos só assumiram a configuração atual há cerca de 60 milhões de anos.

SOBREVIVENTES DE SORTE

A resposta da pergunta "como viemos parar aqui?" é bastante clara. Foi tudo uma questão de sorte. Esse bloco de rocha derretida foi responsável pelo aparecimento – e desaparecimento – de cada uma das espécies que já viveu, incluindo a nossa. Somos o produto da reação da vida a um planeta sempre mutável e violento, não o ápice da grande cadeia do ser. Pertencemos a uma linhagem de sobreviventes cujos ancestrais tiveram sucesso na luta pela vida, enquanto outros fracassavam. Uma mudança climática aqui, um terremoto ali, um oceano que seca ou mais uma era do gelo, e a história poderia ter sido bem diferente. Se voltássemos no tempo para a época imemorial em que a vida começou, e deixássemos a evolução e o planeta seguirem seu curso de novo, nada garantiria que o resultado seríamos nós.

Temos muita sorte por estarmos aqui. Pensar nisso nos ensina a manter os pés no chão.

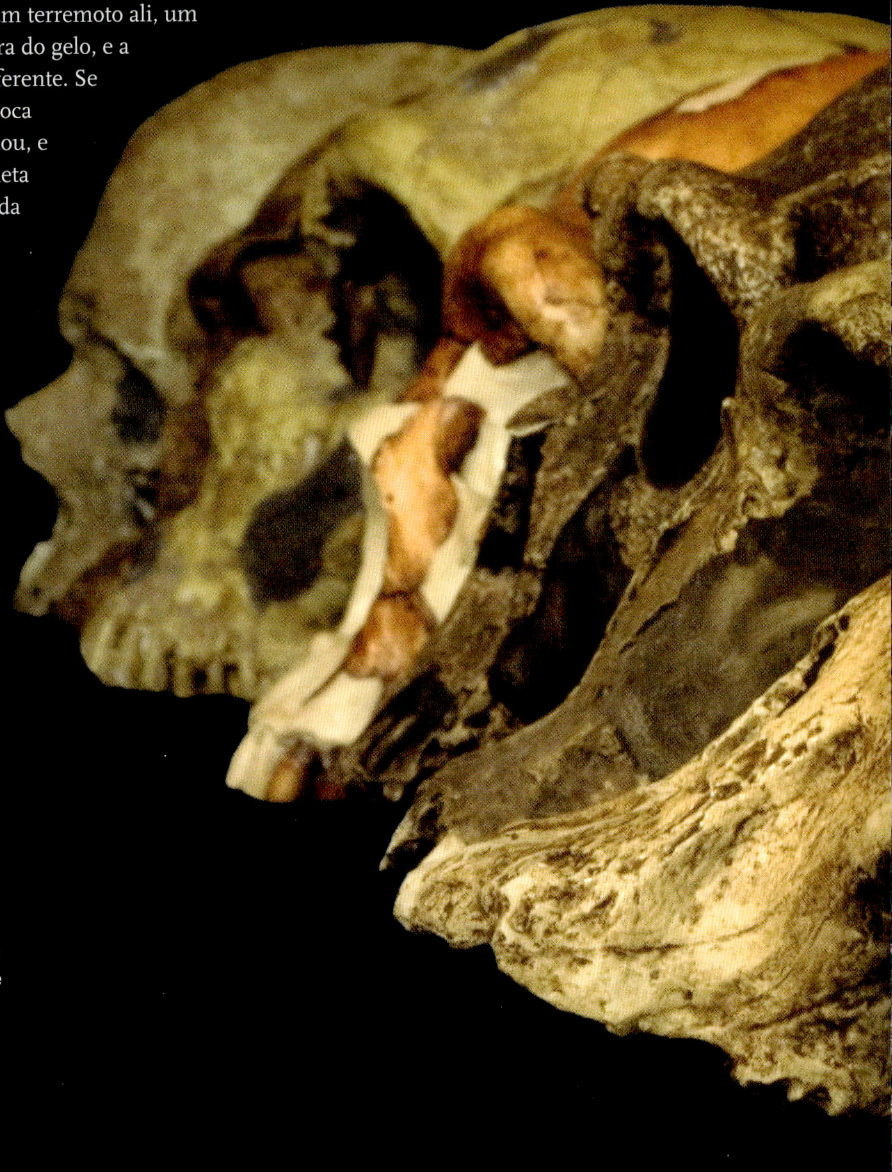

As origens do homem – uma fileira de crânios de nossos parentes próximos. Da direita para a esquerda, os antigos "australopitecos", *Australopithecus afarensis* (3,9-2,9 milhões de anos) e *A. africanus* (3,2-3,4 milhões de anos), o homem primitivo, *Homo erectus* (1,8-0,3 milhões de anos), um neandertal, o *Homo neanderthalensis* (c.0,1 milhão a 30.000 anos), e o homem moderno, o *Homo sapiens* (desde c.200.000 anos).

400 a.C. 27 d.C. 900 1400 1500 1600 1700

^ *Sementes e pés de cacau coletados e prensados*
^ *Antiga caixa de amostras da coleção de Sloane*

^ Systema Naturae *de Lineu*

Com a descoberta do Novo Mundo, começaram a aparecer as primeiras fissuras na certeza divina sobre nossa origem e lugar na natureza. Quando colecionadores como Hans Sloane tentaram classificar as incríveis espécies descobertas, ficou claro que a narrativa bíblica da criação não abarcava a real variedade da vida.

O ex-sacerdote John Ray classificou 18 mil plantas e definiu o conceito de espécie. A ideia foi adotada por Carl Lineu, cujo *Systema Naturae* (1735) dava a cada espécie um nome formado por dois termos, baseado na posição numa hierarquia concebida por ele. Lineu pôs o ser humano entre os animais, mas estava convencido de que as espécies eram imutáveis.

Essa crença estava prestes a ser posta em xeque pelos dados surgidos durante a construção de canais e nas pedreiras. Eram descobertos fósseis que não pertenciam a qualquer espécie atual. Um caso famoso foi o mamute

< *Antigo esqueleto de mamute*
^ Vestígios da história natural da criação, *de Robert Chambers*

^ A origem das espécies *e outra obras de Darwin*

siberiano, de Georges Cuvier, em 1786. A nova ciência da geologia, batizada por Horace-Bénédict de Saussure e exposta nos *Princípios de geologia* (1830-1833), de Charles Lyell, popularizou a tese de que o planeta era extremamente antigo e passara por mudanças graduais.

A ideia de mudanças graduais dos geólogos e o enigma das extinções uniram-se no polêmico livro *Vestígios da história natural da criação* (1844), de Robert Chambers. Em sua própria teoria da evolução, Charles Darwin empregou as observações de toda uma vida e o meticuloso rigor científico que faltavam a Chambers. *A origem das espécies*, de 1859, resume a teoria da seleção natural que iria transformar a vida.

4. Energia

ELA NÃO TEM FIM?

Durante os últimos mil anos, o engenho humano liberou enorme quantidade de energia da natureza e criou um mundo centrado no interruptor. A invenção, projeto e construção de novas máquinas e as descobertas sucessivas de novas fontes energéticas formam a espinha dorsal dessa história. Nosso enredo, porém, é constituído por dois fios entrelaçados: um conta como aprendemos o que a energia faz; o outro, como entendemos a real natureza da energia. Mas a busca de novas fontes energéticas não foi conduzida por teóricos, na tentativa de revelar importantes leis científicas. Quase sempre foi orientada por homens práticos que esperavam obter algum proveito: inventores, industriais e investidores descobriram como explorar a energia, e sonhavam com riqueza e poder ilimitados. As tentativas de atingir essa meta ajudaram a criar o mundo moderno. Quando a teoria se emparelhou com a prática, elas nos proporcionaram algumas das mais profundas reflexões sobre a natureza do tempo e o destino do Universo.

A energia elétrica permitiu que os seres humanos finalmente conquistassem a noite, inaugurando nossa moderna civilização de 24 horas – nesse caminho, revelaram-se também princípios físicos fundamentais e leis da natureza.

O MUNDO DA ÁGUA

A história começa com a água. O uso de rodas hidráulicas remonta às antigas civilizações da Mesopotâmia; as inscrições babilônicas e sumérias fazem referência a elas, mas não esclarecem como eram usadas. Na China, eram empregadas pela dinastia Han desde o século 3 a.C., para alimentar foles e mover martelos nas forjas. Porém, na época de gregos e romanos, a água já fora canalizada para mover moinhos em escala gigantesca. Em Barbegal, perto de Arles, no sul da França, ainda podemos ver as ruínas do que já foi chamado de "maior concentração conhecida de energia mecânica do mundo antigo". Ali foi construído um aqueduto para transportar água das montanhas Alpilles até a cidade romana de Arles. Pelo caminho, o líquido passava por dois conjuntos de enormes rodas hidráulicas, 16 ao todo, que impulsionavam igual número de moinhos instalados na encosta. A água era canalizada montanha abaixo, e o fluxo de uma roda alimentava a seguinte. Estima-se que os moinhos produzissem 4,5t diárias de farinha para a população de Arles e seu entorno.

Grande parte da Espanha muçulmana, do Norte da África e do Oriente Médio era alimentada por rodas d'água horizontais, e, desde o século XVII, também verticais. A invenção do volante, roda de giro mais rápido, cujo peso anula qualquer irregularidade da roda principal provocada por alteração no volume de água, é atribuída aos engenheiros islâmicos. Manivelas, engrenagens, turbinas e barragens para controlar o abastecimento estavam presentes nos grandes complexos industriais da Espanha muçulmana, onde tecidos, papel e até aço eram produzidos em máquinas hidráulicas. Também na Europa medieval, do século VIII ao XV, havia moinhos para processar malte e cânhamo, curtir couro, forjar ferro, triturar minérios, afiar lâminas e serrar madeiras. Era um mundo movido pela água, surgido da engenhosidade de mecânicos e engenheiros ao longo de três mil anos de tentativa e erro.

Acima: O que restou de uma gigantesca roda d'água medieval islâmica, preservada em Hama, na Síria.

Abaixo: Ruínas do grande aqueduto de Barbegal, no sul da França – antiga fonte de energia para os moinhos hidráulicos.

Abaixo: Visão das "noras" no rio Orontes, em Hama – outro tipo de roda hidráulica usado para elevar a água até o conduto.

OS VENTOS DA HOLANDA

Simon Stevin
1548–1620

As primeiras tentativas de unir teoria e prática na exploração da energia foram obras de um notável matemático e inventor holandês, Simon Stevin. No que se refere às fontes energéticas naturais, a Holanda do século XVI, que abrangia boa parte da Bélgica e Luxemburgo, formando os Países Baixos, estava em desvantagem. O próprio nome já resume o problema: terras muito planas, onde a água não fluía com rapidez para mover moinhos. Por outro lado, as planícies costeiras às margens do mar do Norte eram servidas pelos ventos mais constantes de todo o mundo desenvolvido na época.

Os ventos já eram há muito empregados na propulsão de barcos a vela. Seu uso em moinhos, por meio de um eixo de rotação vertical, começou na Pérsia, nos séculos IX e X, e se espalhou pela Europa. Foi nos Países Baixos, porém, que os moinhos de vento se desenvolveram a ponto de abastecer um império. Em meados do século XVI, a Holanda era parte do domínio dos Habsburgo, governado pelo imperador do Sacro Império Romano, Carlos V, e depois por seu filho, Felipe II da Espanha. Os 50 anos seguintes foram de longa rebelião contra o domínio espanhol, resultando na divisão do território em áreas que correspondem aproximadamente à Bélgica e à Holanda atuais. A separação representou também intensa transferência de riqueza da Antuérpia, cidade que dominava o comércio no norte da Europa, para Amsterdã, para onde fugiu a parcela protestante da população do antigo centro comercial. A mudança assinalou o início de um explosivo período de crescimento econômico para as Províncias Unidas dos Países Baixos, e a Holanda se tornou a nação comercial mais poderosa do mundo.

"A mudança assinalou o início de um explosivo período de crescimento econômico, e a Holanda se tornou a nação comercial mais poderosa do mundo."

O estopim de todo esse tumulto foi uma revolução no setor energético. Simon Stevin, engenheiro e arquiteto nascido na cidade belga de Bruges, participou do projeto de fortificações militares cruciais para a luta contra a Espanha. Era também detentor de uma série de patentes concedidas pelos Estados da Holanda. A partir destas e dos registros das disputas em torno da exploração comercial de suas ideias podemos ter noção dos trabalhos de engenharia por ele empreendidos. Stevin trabalhou em comportas, dragas e moinhos. Os terrenos baixos e pantanosos da Holanda sofriam constantes inundações provocadas pelas tempestades que assolavam o mar do Norte. Havia gerações, os holandeses protegiam suas terras com diques a fim de conter o oceano e usavam moinhos de vento para drenar planícies alagadas, canais e portos. O que havia de especial no trabalho de Stevin era sua formação matemática, que lhe permitia aplicar teorias e cálculos ao aproveitamento mais eficiente da energia eólica. Suas obras eram teóricas e práticas. Estimou o ângulo ideal das pás das rodas para erguer mais água e nelas instalou bordas de couro para minimizar a perda de líquido; estimou a velocidade de rotação mais eficiente e o tamanho ideal dos dentes das engrenagens.

A maior contribuição de Stevin à nação holandesa, porém, foi promover um aumento significativo na capacidade de aproveitamento das terras, dispondo os moinhos de vento em níveis sucessivos, para que a água fosse bombeada de áreas cada vez mais baixas. À medida que o terreno ficava mais baixo e os diques maiores, novos níveis de moinhos tinham de ser construídos para preservar os campos recém-criados. No ponto mais profundo, as terras litorâneas eram drenadas por fileiras de até 14 moinhos escalonados. Afirma-se que a "idade do ouro" do império mercantil holandês não seria possível sem que o êxito na drenagem tivesse possibilitado uma produção agrícola suficiente para alimentar a população. Em meados do século XVII, a Companhia das Índias Orientais – a primeira corporação multinacional –, fundada em 1602, já era a empresa privada mais rica do mundo. Amsterdã e Delft estavam abarrotadas de porcelana chinesa, especiarias, cacau e arroz que

"Amsterdã e Delft estavam abarrotadas de porcelana chinesa, especiarias, cacau e arroz que precisavam ser processados em moinhos."

precisavam ser processados em moinhos. A força dos ventos era usada na fabricação de tecidos, papel, óleos, temperos e farinha.

Em 1594, o holandês Cornelis Corneliszoon patenteou a serraria movida a vento, que empregava uma manivela para converter o movimento giratório de um moinho no vaivém de uma lâmina. Isso resultou numa rápida expansão da indústria naval holandesa, que atendia a grande Marinha Mercante nacional e as armadas de outros países europeus. Até 1600, metade da frota naval britânica era de construção holandesa.

Na idade do ouro da Holanda do século XVII, desenvolveu-se o que hoje se considera a primeira economia moderna, com seguros, fundos de aposentadoria, banco central e a primeira bolsa de valores permanente, em Amsterdã. Houve até o primeiro ciclo de bolha inflacionária, provocado pelos preços absurdos dos bulbos de tulipa. Introduzidas na Europa pelos turcos otomanos, no fim do século XVI, as tulipas passaram a ser cultivadas em maior escala quando um botânico da Universidade de Leiden importou uma variedade adaptada ao frio holandês. A flor se transformou num cobiçado símbolo de status, com o cultivo de um número cada vez maior de variedades e cores. Em fevereiro de 1637, os preços dos bulbos alcançaram um patamar extraordinário; conta-se que uma única tulipa valia cinco hectares de terra. Mas, em três meses, o mercado entrou em colapso, provocando a ruína de muitos plantadores e comerciante. A primeira economia moderna vivia o estouro da primeira bolha especulativa.

No século XVII, os holandeses gozavam do mais alto padrão de vida no mundo conhecido. A base de sua revolução econômica era o aproveitamento sistemático da energia do ar. A Holanda continuou a depender do vento até meados do século XIX. Enquanto o vapor começava a transformar a sociedade britânica, na outra margem do mar do Norte, a indústria e o comércio holandeses eram alimentados por mais de dez mil moinhos.

Simon Stevin se interessava por outras maneiras de explorar a energia. Ele projetou e construiu um carro movido a vento para transportar seu amigo, o príncipe Maurício de Nassau (que comandaria a vitoriosa revolta dos Estados da Holanda contra a Espanha) e 26 outros passageiros num passeio pela praia de Scheveningen, afirmando haver atingido velocidade superior à dos cavalos. Seu interesse pelos números levou-o a introduzir a escrituração por partidas dobradas na contabilidade estatal. Atribui-se a ele também a invenção do sistema decimal para substituir as frações.

Fileira de moinhos de vento em Kinderdijk, Holanda, parte de um conjunto de 19 moinhos construídos na década de 1740 para drenar uma extensa área de campos agricultáveis.

O MOTO PERPÉTUO

A ideia de uma força inesgotável ocorreu a Stevin. O sonho da energia gratuita seduzira algumas das melhores cabeças que o precederam. A "roda mágica", inventada na Baviera, empregava ímãs naturais (magnetita) fixados a uma grande roda, fazendo com que ela girasse sozinha – até ser freada pelo atrito. Na Idade Média, o arquiteto e mestre de obras francês Villard de Honnecourt, que registrou em seu caderno de desenhos a construção das grandes catedrais, projetou uma máquina de moto perpétuo baseada em pesos fixados a uma roda. Até Leonardo da Vinci, entre seus projetos de helicópteros, submarinos e paraquedas, concebeu uma roda hidráulica que funcionaria como fonte perpétua de energia. Stevin, porém, se interessava por um mecanismo em particular, que não envolvia rodas, mas bolas: uma cadeia de esferas giratórias que desciam um plano inclinado para subir em outro mais curto. Afirma-se que, por haver mais bolas na subida que na descida, a cadeia se moveria para sempre. Os cálculos de Stevin mostraram que isso não era verdade e serviram para introduzir na mecânica um princípio de equilíbrio estático válido até hoje.

Mais ou menos na mesma época em que Galileu realizava seus célebres experimentos com projéteis (*ver* Capítulo 1), Stevin analisava a força atuante num declive, diferenciando os componentes vertical e horizontal. Polímata interessado no conhecimento de princípios e na verificação de provas, foi um dos primeiros pensadores "científicos". Tinha entre suas metas recuperar a sabedoria perdida do passado e inaugurar uma nova era de conhecimento universal, e concluiu ser melhor se comunicar em holandês, ultrapassando os limites da elite que sabia latim. No frontispício de sua obra sobre cálculos decimais, escreveu a seguinte dedicatória: "Simon Stevin deseja boa sorte aos observadores de estrelas, agrimensores, medidores de tapetes, medidores de moedas, medidores de corpos em geral e comerciantes." Infelizmente o holandês não se tornou a língua da comunicação científica, e esta talvez seja uma das razões pelas quais, apesar da qualidade de sua ciência e do pioneirismo do que publicou, ele fosse tão desconhecido em seu tempo – e ainda hoje.

A obra de Stevin representa um raro momento nos primórdios da exploração da energia, em que a teoria chegou a exercer influência efetiva sobre a prática. Mas o que ele nem ninguém sabia na época era que o moto perpétuo contradiz a segunda lei da termodinâmica; seriam precisos mais 200 anos para que os teóricos descobrissem essa lei, num período em que o mundo energético se transformaria pela ação de gente disposta a pôr a mão na massa e lutar por cada centavo que fosse possível ganhar.

À direita: Série de esboços de Leonardo da Vinci mostrando diversas rodas d'água e parafusos de Arquimedes (mecanismos para elevar a água), com anotações em sua inconfundível escrita espelhada.

Abaixo: Os projetos típicos de mecanismos de moto perpétuo muitas vezes envolviam rodas d'água associadas a canaletas que reconduziam o líquido derramado para mover a máquina.

"A obra de Stevin representa um raro momento nos primórdios da exploração da energia, em que a teoria chegou a exercer influência efetiva sobre a prática."

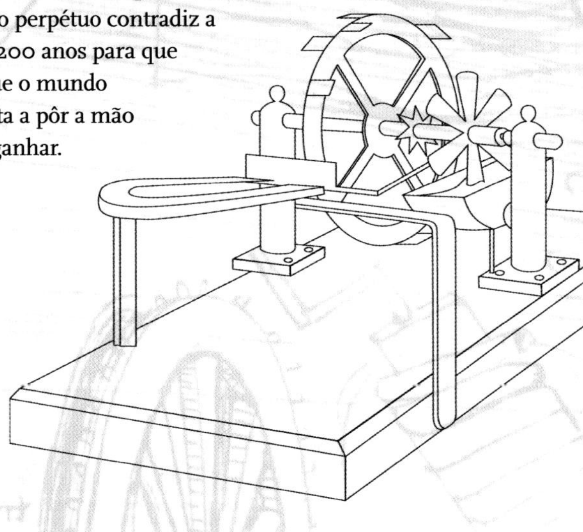

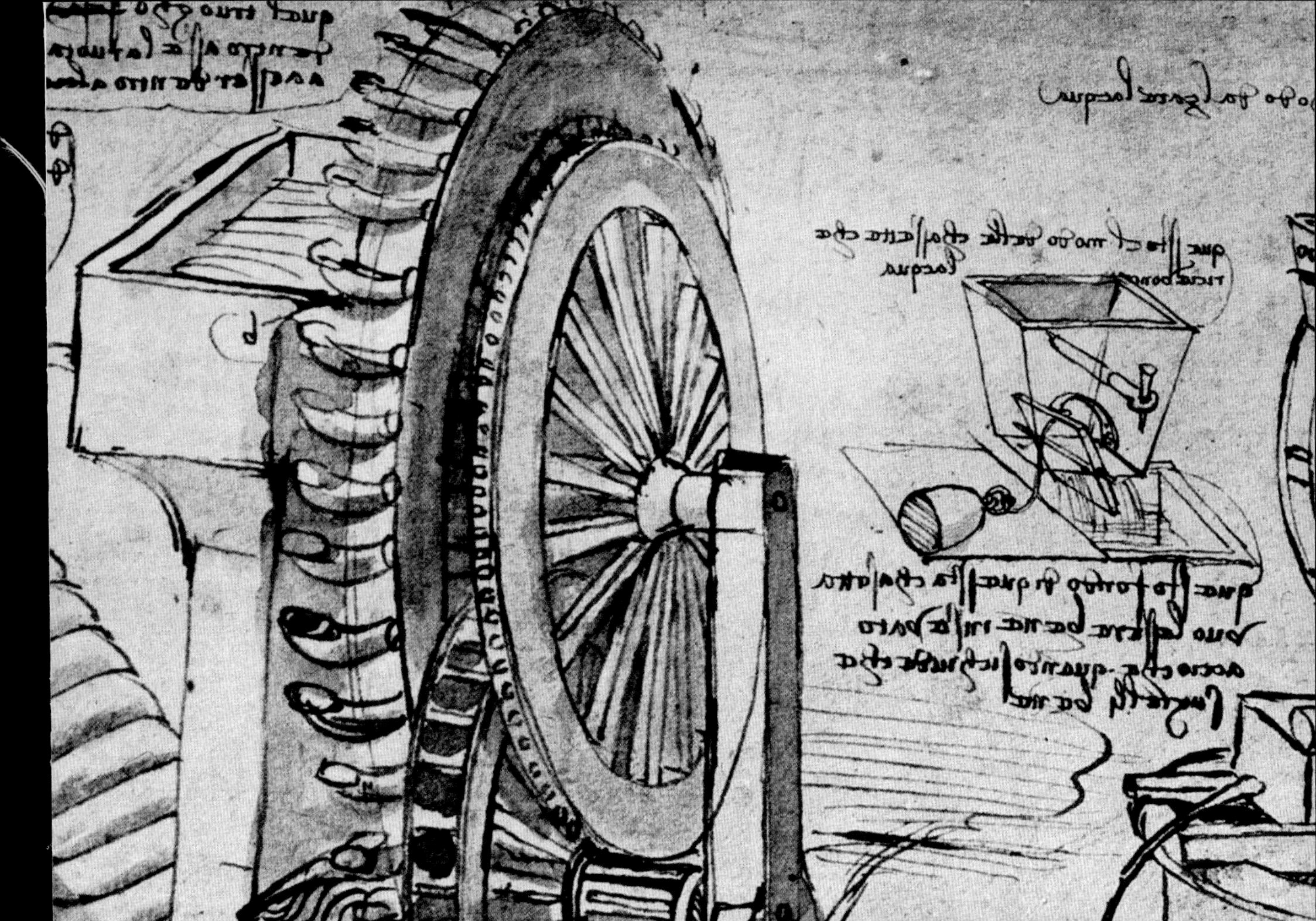

MOVIMENTO PERPÉTUO

O "parafuso hidráulico", mecanismo de movimento perpétuo criado por Robert Fludd em 1618, é considerado o primeiro dispositivo do gênero projetado para um fim prático – acionar as mós de um moinho. A ideia de uma máquina que não precisasse de energia permanente remonta ao século XII. Em 1150, o matemático indiano Bhaskara afirmou ter criado uma roda que girava para sempre. O princípio era o mesmo adotado pelos sonhadores de muitas das gerações seguintes: a roda desequilibrada, com pesos que oscilam com maior intensidade na descida que na subida. A "roda mágica" medieval da Baviera funcionava com ímãs. No século XVI, houve um moinho de vento "autossoprante", e um dos conselheiros da rainha Elisabeth I, John Dee, declarou que vira uma máquina de movimento perpétuo, mas não lhe foi permitido se aproximar para descobrir como funcionava. Nem as melhores cabeças do Iluminismo estavam livres de ideias erradas. Robert Boyle, que aperfeiçoou a bomba de ar, concebeu um recipiente que "se enchia sozinho", invento que chegou a ser discutido pela Royal Society, em 1685. Nenhum desses mecanismos funciona, pois eles violam a segunda lei da termodinâmica. No fim do século XVIII, a Académie Royale des Sciences francesa já não se dispunha a analisar supostos casos de moto perpétuo. Em período mais recente, o Departamento de Patentes dos Estados Unidos estipulou que o registro de máquinas de moto contínuo só poderia ser aceito se acompanhado de um modelo funcional.

Embora houvessem escolhido as noites de lua cheia para suas reuniões, por causa da iluminação, os membros da Sociedade Lunar ainda se referiam a si mesmos, de forma zombeteira, como "lunáticos".

OS HOMENS DA LUA

Na década de 1770, as noites de lua cheia eram as mais difíceis para assaltantes e ladrões. Em Birmingham, cidade industrial de crescimento acelerado, no centro da Inglaterra, essas eram as noites aguardadas por um grupo incomum de amigos, que aproveitava o luar para enxergar o caminho de casa, os membros daquela que se tornou conhecida como Sociedade Lunar. A diversidade dos participantes era grande. Os clubes e as sociedades estavam na moda, mas aquela não era uma associação exclusiva ou um encontro de aristocratas. Seus "membros" eram homens práticos, que viviam de seu trabalho e se preocupavam em promover a transformação da sociedade. Alguns eram não conformistas, outros, sacerdotes da igreja oficial; alguns eram radicais, outros tradicionalistas. Mas todos deixavam as convicções políticas e religiosas de lado, pois o assunto das conversas eram as incríveis descobertas científicas e técnicas produzidas naquele século excepcional. Seus nomes soam como uma lista de chamada dos pioneiros da Revolução Industrial: Josiah Wedgwood, o oleiro que introduziu o sistema fabril; Erasmus Darwin, avô de Charles Darwin (*ver* Capítulo 3); James Watt, famoso pelas máquinas a vapor; Matthew Boulton, empresário e industrial; John Wilkinson, fabricante de ferro; Richard Arkwright, o homem que mecanizou a indústria têxtil britânica, além de um visitante ocasional americano, o revolucionário Benjamin Franklin.

"O assunto das conversas eram as incríveis descobertas científicas e técnicas produzidas naquele século excepcional."

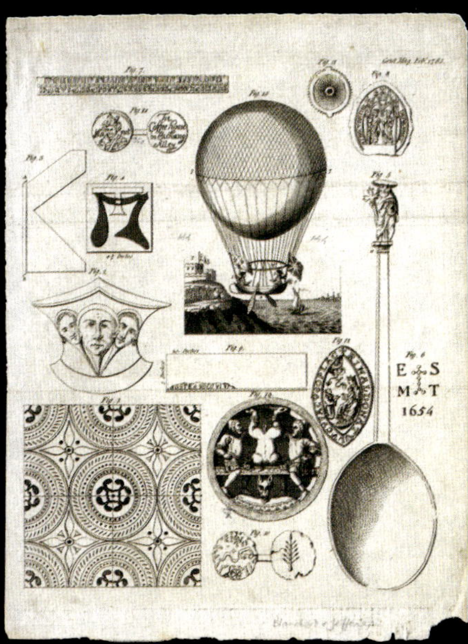

Página de uma edição de 1785 da *Gentleman's Magazine* mostrando projetos de balões.

O grupo interessava-se por ideias, descobertas, invenções e aplicações práticas. O século XVIII presenciou uma torrente de inovações, divulgadas em publicações que iam das *Philosophical Transactions of the Royal Society* à *Gentleman's Magazine*. Foi nessa época que chegou ao fim a longa luta de John Harrison para aperfeiçoar o cronômetro marítimo, resolvendo o problema do cálculo da longitude no mar. Foi também o século da decomposição do ar e da água em seus constituintes químicos (*ver* Capítulo 2); da descoberta de um novo planeta, Urano; e das incríveis coleções de animais e vegetais trazidas das grandes viagens oceânicas por navegadores como o capitão James Cook. Inaugurava-se a "Idade da Razão", em que escritores e filósofos começaram a afirmar que o pensamento racional esclarecido baniria crenças místicas e superstição, anunciando uma nova era de liberdade política e intelectual, acompanhada de progresso material, sob a condução das duas "nações livres", a Holanda e a Inglaterra. Era o chamado Século das Luzes.

TRUQUES ELÉTRICOS

O fenômeno científico mais característico do Século das Luzes foi a eletricidade. Essa palavra foi cunhada por William Gilbert, médico da rainha Elisabeth I, que estudara magnetismo durante anos até concluir que a própria Terra era magnética, explicando por que a bússola sempre aponta para o norte. Seu livro, *De Magnete*, de 1600, incluía também detalhes de experimentos para gerar uma carga de eletricidade estática – embora não soubesse com o que estava lidando – friccionando um pano em âmbar e outros materiais. Durante décadas, o método mais usado na criação de estática consistia em esfregar vigorosamente um bastão de vidro no pelo de um gato. Assim, o bastão passava a atrair penas, linhas e pedaços de papel, ou produzia uma pequena centelha, ao ser descarregado. Por volta de 1660, o alemão Otto von Guericke, mais conhecido pelos estudos sobre o vácuo, inventou uma "máquina de fricção" para gerar carga elétrica. O mecanismo consistia num globo giratório de enxofre, no qual se podia esfregar a mão.

Na virada do século XVIII, a então recém-criada Royal Society era o lugar de Londres onde os filósofos naturais (o termo "cientista" só surgiria mais de um século depois) se reuniam para debater, teorizar e fazer experimentos. A sociedade fazia parte de uma rede espalhada por toda a Europa, em conexão com academias científicas similares em Florença, Paris e Berlim. O presidente era Isaac Newton, e seu discípulo e "pesquisador especial" era Francis Hauksbee. Este descobriu que, substituindo a esfera de enxofre de Guericke por um globo de vidro, era possível gerar com regularidade carga suficiente para se trabalhar com ela. A publicação dos *Experimentos fisiomecânicos* de Hauksbee, em 1709, foi seguida por uma série de demonstrações elétricas em salões de conferências, reuniões particulares e apresentações públicas. O ex-tintureiro Stephen Gray se encantou com a eletricidade e começou a fazer experimentos sistemáticos, aperfeiçoando técnicas que permitiam conduzir uma carga por longos cabos e filamentos, e identificando os diferentes materiais condutores e isolantes. Numa de suas demonstrações mais impressionantes, Gray suspendia um menino pequeno por fios de seda presos ao teto, carregava-lhe os pés com a máquina de fricção e fazia com que a criança atraísse fragmentos metálicos pela ponta dos dedos. Os geradores de centelhas de todos os tamanhos se transformaram numa febre, e, nos jantares, os convidados eram recebidos com talheres que soltavam faíscas ou até com beijos eletrificados da anfitriã.

"A palavra eletricidade foi cunhada por William Gilbert, que estudara magnetismo durante anos, até concluir que a própria Terra era magnética."

No campo científico, a história não era diferente. Em meados da década de 1740, o médico holandês Pieter van Musschenbroek, professor de matemática na

À direita: O pensamento iluminista foi responsável pela associação entre as poderosas descargas dos raios e as diminutas centelhas da eletricidade estática.

À esquerda: Um capacitor primitivo de Musschenbroek, conhecido como "garrafa de Leyden". A capacidade de "armazenar" eletricidade durante os experimentos foi crucial para a melhor compreensão do curioso fenômeno.

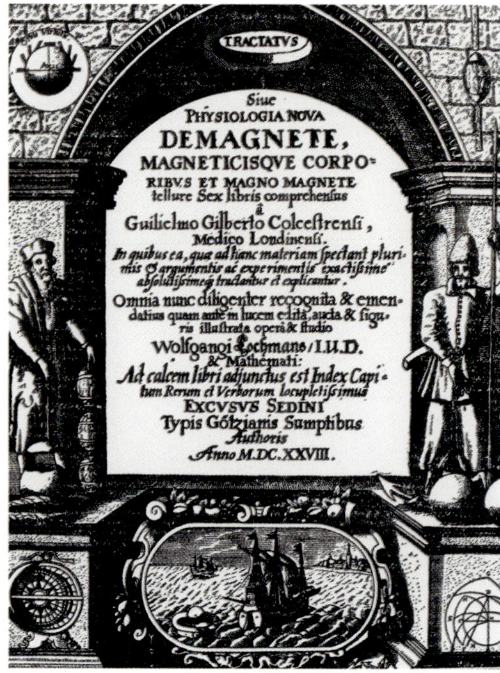

TRACTATVS
Siue
PHYSIOLOGIA NOVA
DE MAGNETE,
MAGNETICISQVE CORPO-
RIBVS ET MAGNO MAGNETE
tellure Sex libris comprehensus
à
Guilielmo Gilberto Colcestrensi,
Medico Londinensi.
In quibus ea, quæ ad hanc materiam spectant pluri-
mis & argumentis ac experimentis exactissime
absolutissimeq; tractantur et explicantur.
Omnia nunc diligenter recognita & emen-
datius quam ante in lucem edita, aucta & figu-
ris illustrata operâ & studio
Wolfgangi Lochmans / I.U.D.
& Mathemati:
Ad calcem libri adjunctus est Index Capi-
tum Rerum et Verborum locupletissimus
EXCVSVS SEDINI
Typis Götzianis Sumptibus
Authoris
Anno M.DC.XXVIII.

Acima, à esquerda: Ilustração de um dos experimentos pioneiros de Stephen Gray com a transmissão de cargas estáticas.

Acima, à direita: O estudo do magnetismo publicado em 1600 por William Gilbert, *De Magnete*, influenciou o desenvolvimento da ciência experimental nos séculos XVII e XVIII.

Universidade de Leiden, inventou o primeiro capacitor – uma garrafa de vidro parcialmente cheia de água com um cabo atravessando a tampa.

Musschenbroek descobriu que ele podia ser carregado por uma máquina de fricção, e que a carga permanecia armazenada até que fosse intencionalmente liberada, causando forte choque. Ele escreveu sobre o "experimento novo, porém terrível, que ninguém deveria tentar", e sua técnica de marketing negativo garantiu que o aparelho fosse adotado por filósofos naturais e produtores de espetáculos pela Europa. O mecanismo foi aperfeiçoado, e não demorou para que baterias compostas de várias garrafas começassem a ser usadas na produção de grandes descargas capazes de causar danos graves ou mesmo matar pequenos animais.

A eletricidade armazenada oferecia boas oportunidades de estudos, mas, para os homens de ciência, era difícil resistir à tentação dos espetáculos e do entretenimento. Na França, o padre e filósofo natural Abbé Nollet deu o nome de "garrafa de Leyden" ao invento de Musschenbroek e o usou para eletrificar uma fileira de 200 monges cartuxos de mãos dadas, vendo-os saltar enquanto eram percorridos pela corrente. Entre os americanos, Benjamin Franklin alimentou sua reputação de pensador esclarecido com o famoso experimento no qual extraía a carga de um relâmpago (aproveitando a chance para promover seu condutor de raios patenteado). Mas nem ele resistiu à ideia de oferecer champanhe eletrificado a seus convidados ou de servir-lhes um peru abatido por choque elétrico.

Em meio a tudo isso, porém, uma coisa ficou clara. Ninguém fazia a menor ideia do que era a eletricidade. William Gilbert chamou-a de eflúvio; para Hauksbee, era força elétrica. Newton acreditava que poderia ser parte do próprio princípio vital; Joseph Priestley achava que era apenas um fluido regulador da vida. Já Franklin defendia uma teoria dos dois fluídos. Por algum tempo, o fenômeno foi conhecido como "virtude" elétrica. John Wesley, fundador do metodismo, acreditava que a eletricidade podia servir de cura universal para os males dos pobres e percorria o país oferecendo a seus seguidores sessões diárias de tratamento com descargas elétricas. Ninguém sabia o que era eletricidade, mas sabia-se que era possível ganhar dinheiro com ela. Os apresentadores de espetáculos lucravam. Numa época em que a medicina era um negócio como outro qualquer e não tinha nada de melhor a oferecer, os efeitos óbvios da eletricidade sobre o corpo humano fizeram com que o fenômeno logo fosse visto como panaceia. O exemplo mais extremo talvez seja o de um estudante de Edimburgo que, depois do fracasso no curso de medicina, montou o Templo da Saúde, contando com um "leito elétrico celestial" para ajudar casais inférteis a conceber. Durante algum tempo, Emma Hamilton, mais tarde famosa como amante do célebre almirante britânico Lord Nelson, trabalhou ali como "virgem vestal".

> ***"Em meio a tudo isso, porém, uma coisa ficou clara. Ninguém fazia a menor ideia do que era a eletricidade."***

O VÁCUO

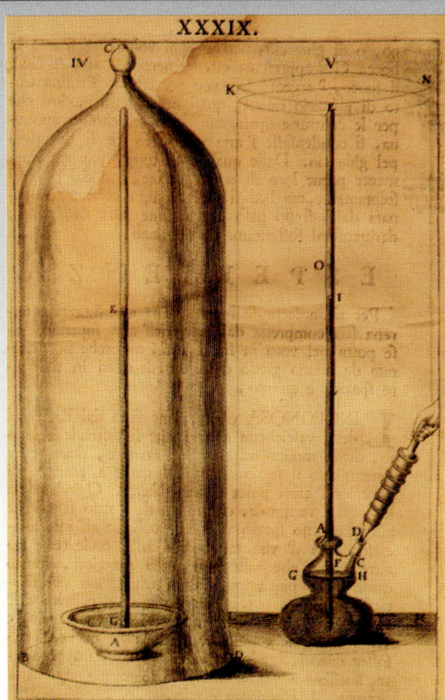

A ideia de que "a natureza abomina o vácuo" tem origem provável em Aristóteles, para quem o espaço vazio sempre tenta atrair algo para si. O conceito suscitou discussões acaloradas até meados do século XVII, quando Evangelista Torricelli, sucessor de Galileu na cátedra de matemática da Universidade de Pisa, resolveu investigar por que, ao elevar a água por uma bomba de sucção, não era possível ir além do limite de cerca de 10m. (Hoje sabemos que isso acontece porque não é possível vencer a pressão da atmosfera.) Ele encheu de mercúrio um longo tubo de vidro e o emborcou numa tigela cheia da mesma substância. O nível da coluna de mercúrio caiu até se manter por efeito da pressão atmosférica sobre o líquido da tigela. Torricelli declarou então que o espaço aberto no alto do tubo tinha de ser um vazio, um vácuo. Acabava de inventar o primeiro barômetro, pois a altura da coluna de mercúrio varia com a pressão atmosférica. Em 1650, o alemão Otto von Guericke construiu a primeira bomba de vácuo, aperfeiçoada por outros até se tornar um instrumento cientifico fundamental para o estudo dos gases.

VAPOR

James Watt
1736–1819

Era nessa inebriante atmosfera de conhecimento, ignorância, espanto e lucro que os homens da Sociedade Lunar cultivavam sua amizade. As duas figuras principais eram Erasmus Darwin, sempre propondo novas ideias e invenções (um carro movido a vapor, um moinho de vento horizontal ou uma cabeça robótica falante), e Matthew Boulton, sempre de olho no dinheiro. Enquanto Erasmus se perguntava se a eletricidade era a chave da alma humana, Boulton não tinha dúvidas de que se tratava de algo material. Ambos, porém, acreditavam no ideal do progresso e achavam que podiam ajudar a atingi-lo. Boulton herdara uma fábrica de pequenos objetos metálicos de luxo: botões, fivelas, castiçais, caixas de rapé, pinças etc. A empresa era conhecida pelos brinquedos que fabricava. Ele era um bom homem de negócios, com tino para o marketing e a autopromoção, que soube promover sua imagem junto à família real em Londres. Boulton expandiu os negócios e transferiu a fábrica para instalações mais amplas no Soho, perto de Birmingham, transformando-a em exemplo de inovação e sucesso industrial. O abastecimento hídrico na região era bastante irregular, tornando as rodas d'água pouco confiáveis, e os pensamentos do empresário se voltaram para a energia do

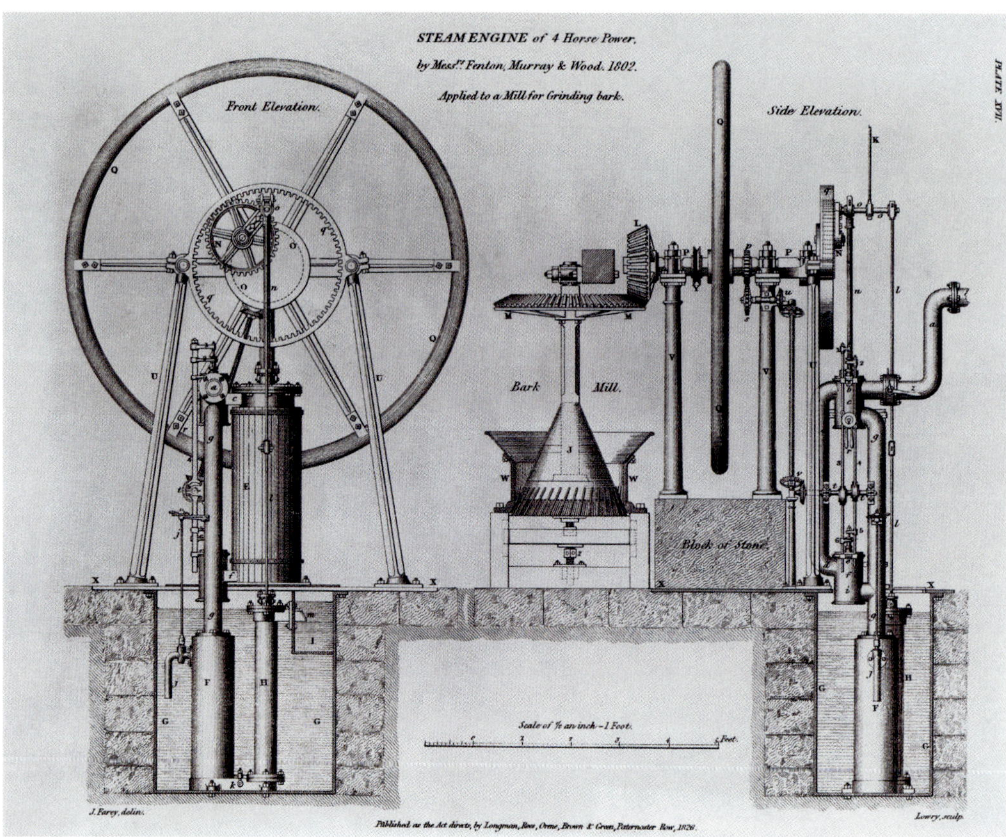

Um dos primeiros motores a vapor projetado por Murray, Fenton e Wood. A série de rodas acima do êmbolo, no lado esquerdo, forma uma "engrenagem hipocicloidal" concebida para contornar limitações estabelecidas por patentes.

vapor. Foi nesse contexto que Boulton conheceu, pela rede de correspondências e amizades da Sociedade Lunar, o homem que o ajudaria a transformar o mundo industrial: James Watt.

Fabricante de instrumentos escocês, Watt era dono de uma pequena loja em Glasgow onde consertava e vendia de tudo. Segundo uma história popular, ele teria se inspirado na oscilação de uma tampa de chaleira, que observou na infância, para

A INVENÇÃO DE WATT

No motor "atmosférico" de Newcomen, o vapor de uma caldeira é levado para dentro de um grande cilindro metálico, ocupando o espaço abaixo de um êmbolo. Em seguida, um jato de água fria provoca a rápida condensação do vapor. Isso cria um vácuo no interior do cilindro, e a pressão da atmosfera externa força o êmbolo para baixo, movendo uma haste que aciona a bomba na outra extremidade. Então, o peso da haste faz com que ela volte à posição original, erguendo o êmbolo, provocando a entrada de mais vapor e iniciando um novo ciclo. A grande invenção de James Watt foi o "condensador isolado", para o interior do qual o vapor era canalizado, se resfriava e deixava para trás o vácuo no cilindro principal. Assim, não se desperdiçava energia no reaquecimento do cilindro. A máquina a vapor de Watt consumia 75% menos carvão que a de Newcomen, representando grande economia para os donos de minas.

Motor de Newcomen ao lado de um modelo do mecanismo construído para a mina de carvão Griff, em Warwickshire.

inventar o motor a vapor; na verdade, ele nem sequer foi o autor da invenção. A história verdadeira é bem mais complicada, desonesta e significativa.

As máquinas a vapor já eram conhecidas desde bem antes do período iluminista. No século I, há um registro de uma "eolípila", pequena esfera que girava impulsionada por jatos de vapor, e existem projetos de turbinas feitos no Império Otomano e na Itália, no século XVI e início do XVII. Em 1698, o inventor inglês Thomas Savery patenteou "um mecanismo para elevar a água por meio de fogo", ao qual deu o nome de "amigo do mineiro". E houve também o "digestor a vapor", panela de pressão rudimentar construída pelo francês Denis Papin. Mas a primeira máquina a vapor funcional foi o "motor atmosférico" desenvolvido por Thomas Newcomen, pregador batista leigo e funileiro de Devon que se apropriou do invento de Savery, aperfeiçoou a ideia e construiu cerca de 75 máquinas instaladas pela Grã-Bretanha. A indústria pressionava a mineração a escavar com maior profundidade e a extrair cada vez mais estanho, cobre, chumbo e carvão. Criava-se assim a necessidade de bombear a água para fora dos profundos túneis. Foi esse problema que levou ao desenvolvimento das máquinas a vapor.

A ineficiência do motor de Newcomen era extrema, pois o cilindro principal precisava ser resfriado para que o vapor se condensasse, criando um vácuo a cada movimento do êmbolo. Assim, desperdiçava-se enorme quantidade de energia no reaquecimento do cilindro. James Watt e um amigo da Universidade de Glasgow, por iniciativa dele, começaram a pensar na possibilidade de um carro movido a vapor. Watt tentou construir um modelo, mas não funcionou.

Em 1760, a Universidade lhe pediu que consertasse o modelo de uma máquina de Newcomen. Ele fez o melhor, mas ficou decepcionado com a ineficiência do sistema. Apesar de depressivo, Watt era um engenheiro prático, perfeccionista, e gostava de desafios. Ninguém lhe pedira para projetar um motor mais eficiente, mas ele estava determinado a fazê-lo. Sua grande ideia, surgida num lampejo de inspiração, enquanto caminhava por um parque de Glasgow, como mais tarde escreveu, era simples e engenhosa. Watt percebeu que, se o vapor fosse resfriado e condensado num compartimento separado do cilindro onde estava o êmbolo, este permaneceria quente, melhorando a eficiência do mecanismo no aproveitamento do calor e do combustível. Assim, ele não inventou a máquina a vapor, mas o condensador isolado. Não se pode negar, no entanto, que essa foi uma modificação de sucesso espetacular.

"A indústria pressionava a mineração britânica a escavar com maior profundidade e a extrair cada vez mais estanho, cobre, chumbo e carvão."

O PRIMEIRO CARRO A VAPOR

As tentativas de James Watt para construir um veículo movido a vapor foram um fracasso. Por isso não devemos esquecer Nicholas-Joseph Cugnot, engenheiro militar francês de Lorena. Em 1769, ele conseguiu construir um modelo de *fardier à vapeur*, triciclo movido por uma máquina atmosférica a vapor. No ano seguinte, testou-se um veículo em tamanho real, pesando 2,5t, que seria usado pelo exército francês para levar canhões ao campo de batalha. Ele foi capaz de transportar quatro pessoas a uma velocidade de 4km/h. Conta-se que, dois anos mais tarde, outro teste saiu do controle, e a máquina derrubou parte do muro das antigas instalações do arsenal real, onde, na época, funcionava o fórum de Paris. Os julgamentos foram interrompidos, mas o rei concedeu uma pensão a Cugnot. Infelizmente, depois da Revolução Francesa, o pagamento foi suspenso, e o inventor passou 20 anos exilado, voltando a Paris pouco antes de morrer, por ordem de Napoleão. Seu invento provavelmente foi o primeiro veículo motorizado do mundo, mas hoje quase ninguém lembra de seu nome.

ENERGIA PATENTEADA

Watt não dispunha de capital para construir máquinas em tamanho real. Ele se associou ao proprietário de uma fundição, mas teve dificuldades para fabricar um motor funcional. Seu maior problema era não conseguir um cilindro fundido com a precisão necessária para evitar um grande vazamento de vapor. Mas requereu uma patente, que lhe foi concedida, sobre "um novo método para reduzir o consumo de vapor e combustível em motores a fogo", sem qualquer detalhe mais específico. Definição tão vaga lhe permitia reivindicar a propriedade de quase todas as propostas de melhoria da máquina a vapor; ao longo dos 30 anos seguintes, a vida de Watt girou em torno das disputas de patentes. Seu parceiro faliu depois do colapso do sistema bancário escocês, em 1772, mas o inventor já travara conhecimento com Matthew Boulton, e o empresário de Birmingham assumiu a parte do antigo sócio. Em 1774, depois da morte de sua mulher, Watt foi trabalhar com Boulton no Soho. O problema de vazamento nos cilindros se resolveu graças a outra conexão da Sociedade Lunar. A indústria de armamentos vivia um período de florescimento, pois o exército britânico tinha necessidade cada vez maior de manter o controle sobre os territórios coloniais. O fabricante de ferro John Wilkinson, o "louco de ferro", cunhado de Joseph Priestley, aperfeiçoara uma nova máquina de brocar canhões. Ele adaptou o mecanismo para fabricar um cilindro que seria usado no motor de Watt. O resultado foi excelente, com precisão equivalente "à espessura de um shilling antigo", e os primeiros motores funcionais foram instalados em 1766 – um para alimentar a fornalha da siderúrgica de Wilkinson e outro para bombear água para fora de uma mina de carvão em Tipton.

"As máquinas de Boulton e Watt gastavam cerca de 75% menos carvão que os antigos motores de Newcomen."

As máquinas de Boulton e Watt gastavam cerca de 75% menos carvão que os antigos motores de Newcomen, e os dois ganhavam dinheiro com a venda dos direitos de construir e usar o invento, cobrando royalties equivalentes a 1/3 da economia feita pelo cliente. No início, a economia era medida em carvão. Mais tarde, quando as máquinas a vapor foram adotadas nas cervejarias, a contagem passou a ser feita considerando o número de cavalos necessários para realizar o mesmo trabalho. (Essa é a origem do conceito de "cavalos-vapor".) Foi ai que os problemas começaram. Na Cornualha, a concorrência brutal na mineração de estanho significava que as minas só tinham a opção de usar os melhores motores para suas bombas d'água, pois este era praticamente o único item em que era possível

Os mineiros do século XVIII só contavam com a força humana e animal. A adoção de bombas a vapor foi um grande avanço no aumento de segurança das minas.

cortar custos. Contudo, os termos amplos da patente de Watt eram motivo de ressentimentos entre donos de minas e fabricantes de motores de Newcomen. Watt passou muitos anos em idas e vindas pelo país, na tentativa de fazer valer a patente – aquela não era a vida almejada por ele. A comunidade mineira da Cornualha era intratável. Ficou famoso o episódio em que um dos agentes de Boulton e Watt, incumbido de entregar uma ordem judicial exigindo o pagamento dos royalties devidos, foi pendurado pelos tornozelos sobre o poço de uma mina, enquanto lhe perguntavam se ele ainda queria entregar o documento. Além dos royalties não pagos, outros engenheiros copiavam os projetos e construíam suas próprias versões. Até John Wilkinson foi flagrado vendendo seus motores de "Boulton e Watt", o que levou Boulton a adotar a fabricação própria das máquinas nas instalações do Soho.

Birmingham dominou o mundo do vapor até o fim do século XVIII. Como Boulton certa vez declarou ao jornalista James Boswell: "O que vendo aqui, senhor, é o que todo o mundo quer – energia." As máquinas a vapor eram instaladas em siderúrgicas, cervejarias, fábricas e moinhos, em qualquer lugar onde a força de um êmbolo pudesse ser transformada em movimento giratório, movendo correias, bombas, serras, martinetes ou foles. No fim do século XVIII, quando a patente finalmente expirou, havia 450 motores de Boulton e Watt em funcionamento.

No decorrer das décadas, Watt introduziu numerosas modificações em suas máquinas a vapor: regulador centrífugo para controlar a velocidade, válvula borboleta, motor de duplo efeito, motor composto. Cada uma delas contribuiu para tornar o sistema mais eficiente, estável e potente. Todas, porém, foram fruto de uma engenharia de tentativa e erro, testes empíricos ou concorrência comercial. Por exemplo, alguém patenteara um virabrequim, e Watt teve de descobrir outra maneira de converter a força de um êmbolo em movimento rotativo; ele inventou as engrenagens em "sol e lua". Não havia nem sombra de teoria. Para não sermos injustos, Watt chegou a usar o conceito então recém-descoberto de "calor latente"– a quantidade de calor que uma substância precisa absorver ou liberar para mudar de estado, como no caso do vapor que se condensa em água – na criação do condensador isolado, mas a compreensão da ciência por trás da máquina a vapor estava muito defasada. O calor era tido, na época, como substância em si. Em certo sentido, a questão "o que é energia?" tinha pouca importância para aqueles ocupados em descobrir como usá-la para ganhar dinheiro.

"A questão 'o que é energia?' tinha pouca importância para aqueles ocupados em descobrir como usá-la para ganhar dinheiro."

Páginas seguintes: O advento da locomotiva a vapor, no início do século XIX, transformaria a sociedade com as viagens em alta velocidade.

A ERA DO VAPOR

Richard Trevithick
1771–1833

A luta contra o pagamento de royalties sobre patentes, na Cornualha, contribuiu para o surgimento de outras ideias a respeito da energia. Os Trevithick – pai e filho, ambos Richard – eram poderosos mineradores de estanho na região. Foram eles que penduraram o representante de Watt sobre uma mina na disputa dos direitos. Os dois copiaram os motores de Boulton e Watt, mas Richard Júnior também era inventor. Na tentativa de se livrar do pagamento de royalties, descobriu uma forma de dispensar o condensador isolado. Nas máquinas de Watt, o cilindro era preenchido com vapor a baixa pressão, dependendo da atmosfera para mover o êmbolo, que depois era expelido sem passar pelo condensador. A alta pressão significava que tudo no sistema era menor e consumia menos combustível. Até o fim do século XVIII, os motores de Trevithick eram instalados na minas da Cornualha para bombeamento e ventilação. Mas o jovem Richard entrou para a história porque logo percebeu que seu engenho era pequeno o bastante para ser instalado sobre rodas, incluindo as reservas de água e carvão, e mover a si mesmo. Na véspera do Natal de 1801, o mundo conheceu o "Demônio soprador"; a carruagem a vapor autopropelida em tamanho real de Trevithick transportou vários homens até o alto de Camborne Hill. Começara a era da locomotiva a vapor.

Ilustrações da locomotiva de Trevithick, o "Demônio soprador".

Em 1804, uma máquina de Trevithick foi instalada sobre rodas e usada para puxar 10t de ferro, cinco vagões e 70 homens, percorrendo um "trilho de bonde" de 16km,

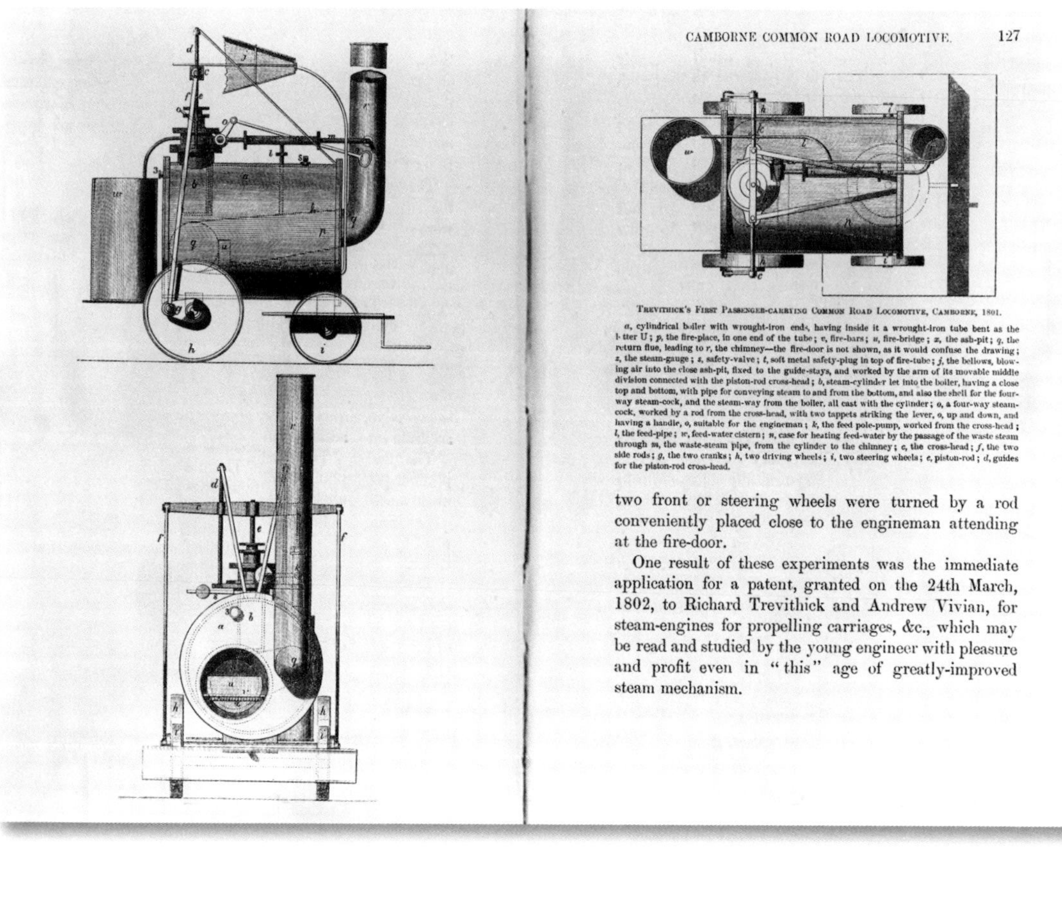

CAMBORNE COMMON ROAD LOCOMOTIVE. 127

TREVITHICK'S FIRST PASSENGER-CARRYING COMMON ROAD LOCOMOTIVE, CAMBORNE, 1801.

a, cylindrical boiler with wrought-iron ends, having inside it a wrought-iron tube bent as the letter U; *p*, the fire-place, in one end of the tube; *v*, fire-bars; *u*, fire-bridge; *x*, the ash-pit; *q*, the return flue, leading to *r*, the chimney—the fire-door is not shown, as it would confuse the drawing; *z*, the steam-gauge; *s*, safety-valve; *t*, soft metal safety-plug in top of fire-tube; *j*, the bellows, blowing air into the close ash-pit, fixed to the guide-stays, and worked by the arm of its movable middle division connected with the piston-rod cross-head; *b*, steam-cylinder let into the boiler, having a close top and bottom, with pipe for conveying steam to and from the bottom, and also the shell for the four-way steam-cock, and the steam-way from the boiler, all cast with the cylinder; *o*, a four-way steam-cock, worked by a rod from the cross-head, with two tappets striking the lever, *o*, up and down, and having a handle, *o*, suitable for the engineman; *k*, the feed pole-pump, worked from the cross-head; *l*, the feed-pipe; *w*, feed-water cistern; *n*, case for heating feed-water by the passage of the waste steam through *m*, the waste-steam pipe, from the cylinder to the chimney; *c*, the cross-head; *f*, the two side rods; *g*, the two cranks; *h*, two driving wheels; *i*, two steering wheels; *e*, piston-rod; *d*, guides for the piston-rod cross-head.

two front or steering wheels were turned by a rod conveniently placed close to the engineman attending at the fire-door.

One result of these experiments was the immediate application for a patent, granted on the 24th March, 1802, to Richard Trevithick and Andrew Vivian, for steam-engines for propelling carriages, &c., which may be read and studied by the young engineer with pleasure and profit even in "this" age of greatly-improved steam mechanism.

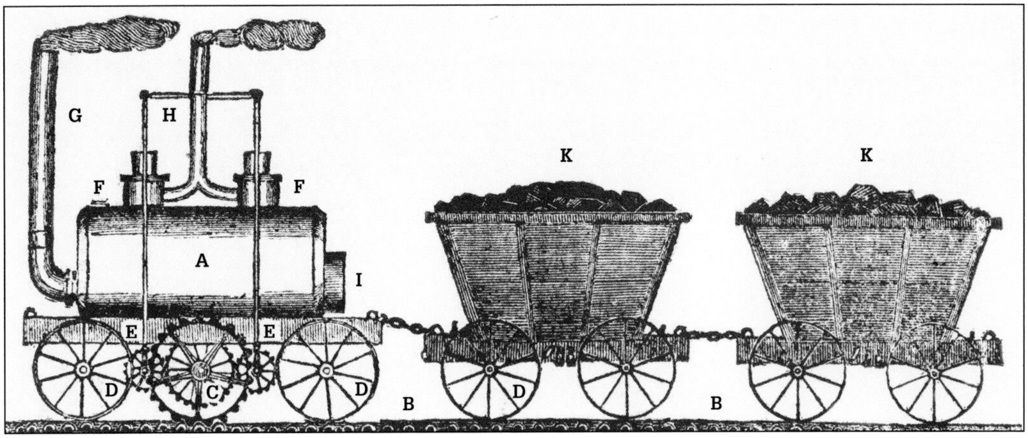

Ilustração de época da locomotiva Blücher, construída por George Stephenson em 1814.

Descrição da figura
A Caldeira
BB Trilho
C Roda propulsora, acionada pela ação do vapor ou qualquer outro propulsor inicial
DDD Rodas dos vagões
EE Bielas
FF Cilindros de vapor
G Chaminé de fumaça
H Tubo de vapor ou descarga
I Fornalha
KK Vagões de carvão

em Merthyr Tydfil, no País de Gales. O passo seguinte foi construir uma locomotiva a vapor a que deu o nome de "Pegue-me quem puder". O inventor criou em Londres uma espécie de circo, com passeios em máquina a vapor, mas não despertou interesse. A ideia foi adotada por outros, e dentro de alguns anos o carvão era transportado por máquinas a vapor pelos trilhos que partiam das minas. A expiração da patente de Watt, no início do século XIX, foi um fator decisivo, pois permitiu que muitos outros fizessem suas próprias experiências de projeto, fabricação e exploração de máquinas a vapor sem temer os processos de Boulton e Watt.

"A Inglaterra e o mundo entravam definitivamente na era do vapor, transformando todos os aspectos da vida industrial."

A Inglaterra e o mundo entravam definitivamente na era do vapor, e a força sibilante da alta pressão transformava todos os aspectos da vida industrial. Em fábricas, campos e moinhos, o vapor ditava o ritmo de trabalho. As indústrias não dependiam mais de moinhos de vento ou rodas hidráulicas, e os trens tornavam-se o meio de transporte para cargas e passageiros. Os novos tempos traziam consigo toda uma nova linguagem, como a expressão "a todo vapor", para caracterizar o funcionamento das máquinas e também o comportamento humano.

Na Europa continental, na Grã-Bretanha e nos Estados Unidos, a energia era liberada do carvão em escala sem precedentes. Tudo dependia das máquinas, cada vez mais numerosas, rápidas e eficientes. E foi nesse mundo, na primeira metade do século XIX, que a teoria afinal alcançou o nível atingido pelos engenheiros práticos que haviam aprendido a explorar a força da natureza.

Os cientistas formularam aquela que ficou conhecida como primeira lei da termodinâmica. Os primeiros passos em direção a uma teoria coerente da energia foram dados na França, com os escritos de Nicolas Léonard Sadi Carnot, engenheiro

À esquerda: Sadi Carnot (1796-1832), filho de um general de Napoleão, trocou a carreira militar pela física e fez grandes progressos no estudo da energia.

militar que resolveu estudar a máquina a vapor e investigar a velha questão: "O trabalho gerado por uma fonte de calor é potencialmente ilimitado?"; ou, em outras palavras: "É possível obter energia ilimitada?" Num meio científico que ainda via o calor como fluido invisível que passava de um corpo a outro até chegar ao equilíbrio, seu livro de 1824, *Reflexões sobre a potência motriz do fogo*, estabeleceu a lei fundamental segundo a qual o calor sempre flui do objeto mais quente para o mais frio e uma medida para o "trabalho" realizado no processo. Também projetou e idealizou um motor que serviria como modelo teórico para o estudo da energia, precursor dos atuais motores de combustão interna. As ideias de Carnot foram levadas adiante na Alemanha, por Rudolf Clausius, e na Inglaterra, pelo grande físico William Thomson, o futuro Lord Kelvin. Assim, na década de 1850, a "primeira lei" já fora concebida. O enunciado afirma que a energia não pode ser criada nem destruída; pode ser convertida de uma forma em outra (como no caso do calor transformado em trabalho), mas a quantidade existente será sempre a mesma.

OS MOTORES DIABÓLICOS

A máquina a vapor de alta pressão de Richard Trevithick diferia radicalmente do projeto original de James Watt e de todos os sistemas anteriores. Sua eficiência no uso do calor era muito maior, com fornalha e êmbolo encerrados dentro da caldeira. O mecanismo dispensava o condensador isolado e permitia que o êmbolo fosse impulsionado pela injeção de vapor nas duas direções de movimento, dobrando sua potência. Mas o projeto era perigoso, pois exigia uma caldeira que não explodisse quando submetida a uma pressão cerca de 50 vezes maior que a da atmosfera. Muita gente achava que Trevithick tinha um pacto com o demônio. O vapor é invisível a altas pressões – só é visto quando condensado –, e as caldeiras experimentais que explodiam de repente sem causa aparente passaram a ser vistas como fenômenos demoníacos.

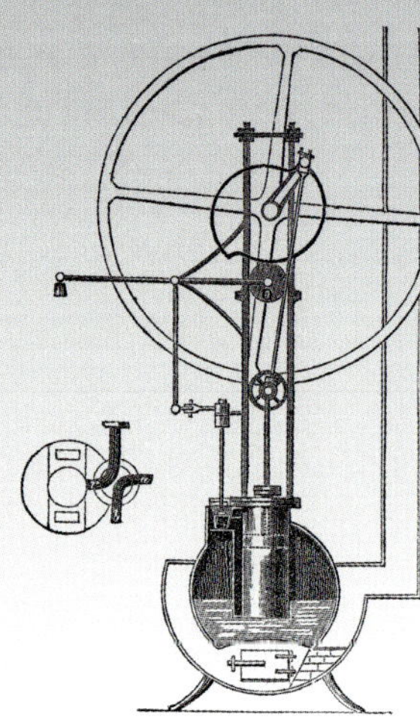

EFICIÊNCIA VITORIANA

Para alguns, de forma isolada, a primeira lei poderia significar que, caso se obtivesse a eficiência perfeita, sem perda energética por atrito ou calor, era possível se criar o moto perpétuo. Extrair o máximo do que estava disponível era um dos princípios norteadores da sociedade oitocentista. Eficiência e economia foram elevadas à condição de altos valores morais, expressão da mentalidade frugal da era vitoriana. No contexto da vida cotidiana e doméstica, isso podia ser visto na popularidade do famoso *Livro de administração doméstica* da senhora Beeton, que oferecia conselhos econômicos, receitas, dicas sobre moda e como lidar com os empregados. Na política, as ideias bizarras de James Thomson, irmão de Lord Kelvin, são um exemplo de como se execrava o desperdício: ele escreveu lamentando os custos exorbitantes do carregamento de cerca de 200.000t anuais de guano – esterco de aves – do Peru para uso como fertilizante e na fabricação de pólvora. Thomson observou que, só no rio Tâmisa, são lançadas, por dia, mais de 100.000t de dejetos humanos. Por que não coletar toda a urina, concentrá-la pela fervura e poupar no dispendioso custo das importações.

"Extrair o máximo do que estava disponível era um dos princípios norteadores da sociedade oitocentista."

A mentalidade vitoriana associava virtude e frugalidade. Se um engenheiro fosse frugal e econômico, poderia extrair da natureza energias inesgotáveis. Mas os engenheiros vitorianos tinham esperança – na segunda metade do século XIX, o Escritório Britânico de Patentes recebeu mais de 500 pedidos de registro para dispositivos dessa natureza, enquanto o total de todos os anos anteriores não chegava a 25. Para azar desses sonhadores, a primeira lei da termodinâmica era seguida pela segunda, cujo conteúdo não deixa margem a dúvidas: a entropia sempre aumenta. A entropia pode ser entendida como a medida do grau de desordem de um sistema, seja o cilindro de uma máquina a vapor ou o próprio Universo. Em termos práticos, portanto, a segunda lei significa que o calor sempre flui do quente para o frio, como Carnot observara, mas sua implicação mais profunda é que tudo no Universo se torna cada vez mais desordenado. A energia se dissipará. Tudo acaba parando de funcionar. Este é sem dúvida o prego no caixão do eterno movimento. Alguns cientistas vitorianos não se conformavam com a ideia de que a natureza seguisse tal lei, pois esta implicava uma decadência moral inelutável, significando que nenhum esforço bastaria para pôr ordem no caos. Sua real importância, porém, estava em lançar a semente da ideia de que o Universo podia ter um começo e um fim.

Publicado pela primeira vez em 1861, o *Livro de administração doméstica* da senhora Beeton era bem mais que um volume de receitas. A obra estabelecia os princípios de gerenciamento eficiente de uma casa.

PEIXES ELÉTRICOS

O impulso para a transformação industrial da Europa veio do vapor. Porém, no momento em que a energia mecânica começava a ser entendida, outro tipo de força – antes restrita aos salões do século XVIII, na diversão dos membros da Sociedade Lunar e seus amigos – fazia sua inesperada aparição no mundo prático. O coronel John Walsh, ex-secretário do governador de Bengala, Robert Clive, fizera fortuna com seu cargo na Companhia das Índias Orientais. Ele voltou à Inglaterra para ocupar uma cadeira no Parlamento e se dedicar a seu maior interesse, a ciência. O coronel ficou fascinado pelos relatos sobre o peixe elétrico e, em 1772, embarcou numa expedição para La Rochelle, na França, com o objetivo de capturar e estudar o animal. Existem 69 espécies conhecidas de peixe elétrico – peixes capazes de dar fortes choques elétricos para atordoar as presas ou se defender. Acredita-se que eram usados pelos antigos gregos para ajudar no controle da dor em partos e cirurgias. Walsh comparou essa propriedade à da garrafa de Leyden, o capacitor inventado por Pieter van Musschenbroek, e até tentou criar um peixe artificial de couro. O enigma do peixe elétrico influiu na discussão sobre o fascinante fenômeno da eletricidade.

Possivelmente inspirado nas pesquisas de Walsh, o físico Luigi Galvani, de Bolonha, observou os espasmos das pernas de rãs mortas atingidas por descargas elétricas, e realizou uma série de experimentos para investigar o que chamava de "eletricidade animal", convencido de que ela provinha dos músculos.

Opunha-se, assim, a Alessandro Volta, descobridor do potássio (*ver* Capítulo 2), para quem a eletricidade era "metálica" e exterior ao animal. Foi uma disputa longa e acirrada, mas Volta demonstrou ser possível provocar contrações no anfíbio colocando-o entre dois metais diferentes e fechando o circuito com um fio. Esse foi o início de uma série de experimentos que deram origem à "pilha" de Volta, pequeno sanduíche de discos de zinco e cobre intercalados por discos de papel embebido em água salgada. Havia um fio em cada ponta; quando eles se tocavam, geravam corrente elétrica. O cientista percebeu a importância do resultado e, em 1800, escreveu para a Royal Society de Londres, o grupo mais influente que conhecia, para anunciá-lo ao mundo. A carta incluía as instruções necessárias à montagem de uma pilha. Aquela era a primeira bateria funcional. Sua potência equivalia à de uma pilha AA. Embora durasse muito menos – até a secagem dos discos de papel –, não deixava de ser uma fonte portátil de energia. Não cumpria esperar pela queda de um raio ou passar horas friccionando tubos de vidro; a bateria de Volta não produzia uma faísca de descarga instantânea, mas uma "corrente" sempre à disposição.

"Estabelecia-se um elo claro entre magnetismo e eletricidade, dois fenômenos misteriosos que fascinavam os filósofos naturais havia gerações."

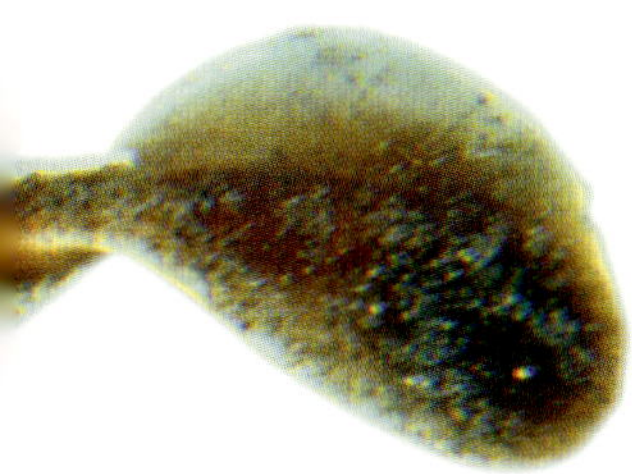

O peixe elétrico gera correntes elétricas a partir de "baterias" dispostas dos dois lados da cabeça. Suas propriedades peculiares já eram conhecidas aproximadamente desde a antiga civilização grega, quando as descargas do animal eram usadas no tratamento da dor.

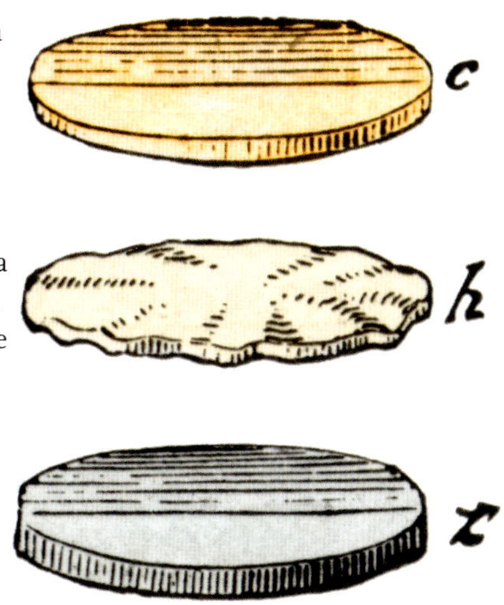

Cada "célula voltaica" consiste num disco de cobre e outro de zinco, separados por um pedaço de tecido ou disco de papel embebido em água salgada.

Ninguém sabia ainda o que era a eletricidade, mas, dessa vez, os cientistas experimentais tomavam a dianteira. A pilha voltaica foi aperfeiçoada para fornecer uma reserva de eletricidade maior, mais estável e constante para experimentos, possibilitando uma série de descobertas químicas, como as de Humphry Davy, pela técnica da eletrólise. Até que, em 21 de abril de 1820, registrou-se, no laboratório de um químico dinamarquês, uma daquelas observações singulares na história da ciência. Conta-se que Hans Christian Oersted se preparava para dar aula quando observou os equipamentos elétricos e reparou que o ponteiro de uma bússola se desviara por efeito da corrente que passava por um fio próximo. A corrente parecia gerar um campo magnético que formava um ângulo reto em relação ao fio. Estabelecia-se um elo claro entre magnetismo e eletricidade, dois fenômenos misteriosos que fascinavam os filósofos naturais havia gerações – o conceito de eletromagnetismo acabara de surgir.

O FLUXO DE INFORMAÇÕES

Samuel Morse
1791–1872

O mundo da eletricidade e o mundo da energia das máquinas logo se ligariam, embora não da maneira esperada. A descoberta de Oersted provocou uma disputa entre aqueles que pensavam em explorar o fenômeno, e logo surgiram vários projetos de usar eletricidade para produzir sinais a distância. Ao ligar e desligar uma corrente, era possível fazer oscilar uma agulha no outro extremo da linha. Em pouco mais de dez anos, apareceram várias propostas de sistemas telegráficos eletromagnéticos na Alemanha, na Inglaterra e nos Estados Unidos. O russo Pavel Schilling demonstrou um telégrafo de oito cabos que percorriam os cômodos de sua residência e em cuja extremidade havia agulhas magnéticas suspensas por fios de seda; na Pensilvânia, David Alter conectou sua casa ao celeiro; e, na Alemanha, Carl Friedrich Gauss estendeu 1.000m de cabo sobre os telhados de Göttingen. Na Grã-Bretanha, foi instalado um telégrafo comercial ao longo de um trecho da Great Western Railway. Seis anos depois, o sistema permitiu que a polícia londrina esperasse um assassino fugitivo que embarcara num trem em Slough, há cerca de 40km, quando ele chegou à estação de Paddington. Aquela era uma tecnologia com benefícios práticos evidentes.

Em 1830, as estradas de ferro britânicas talvez somassem 200km. Em 1860, já eram mais de 10.000km. Seguindo os trajetos retilíneos e longos dos trilhos, os cabos telegráficos logo transformaram as comunicações por toda a parte. Mas em nenhum lugar as mudanças foram tão intensas como nos Estados Unidos. Lá, o código patenteado por Samuel Morse, desenvolvido com seu assistente Alfred Vail, foi adotado universalmente. O telégrafo seguia paralelo às grandes estradas de ferro que abriam caminho pelo continente. Desde então, a eletricidade sempre esteve no cerne do fluxo de informações. O telefone, que converte sons em corrente elétrica e vice-versa, veio em seguida. Depois foi a vez do rádio, baseado na transmissão de ondas eletromagnéticas. Já as comunicações digitais de hoje dependem das mudanças de estado dos elétrons.

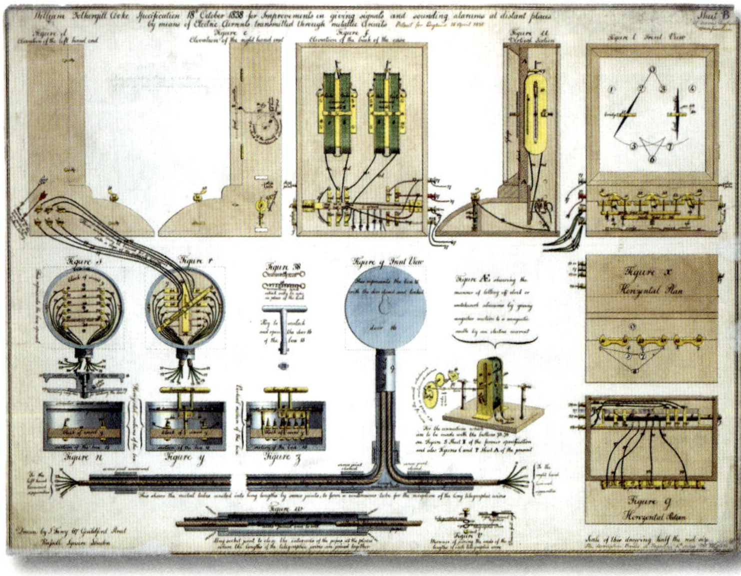

Patente de 1838 do primeiro sistema telegráfico elétrico, criado por Fothergill Cooke e Charles Wheatsone.

"A máquina a vapor e o telégrafo mudaram o mundo. Juntos, eles nos trouxeram o conceito de tempo universal."

A máquina a vapor e o telégrafo mudaram o mundo. Juntos, eles nos trouxeram o conceito de tempo universal. Antes de ser possível viajar na velocidade do vapor, não era necessário que a hora fosse exatamente a mesma em Londres, por exemplo, no leste da Inglaterra e na Cornualha, no sudoeste. Num mundo em que tudo levava horas, não importava uma diferença de oito minutos entre Penzance, no extremo da península, e a capital do país. Agora, porém, horários precisos passavam a ser importantes. Oito minutos de diferença entre os relógios dos maquinistas de dois trens podiam provocar uma colisão. O telégrafo logo foi adotado pelas estradas de ferro; não havia outra maneira de enviar uma mensagem a uma estação ou a um sinaleiro antes da chegada do trem. Para garantir que todo o sistema funcionasse sem sobressaltos, os trens começaram a usar a mesma hora ferroviária padronizada, que mais tarde viria a ser conhecida como hora média de Greenwich. Em 1860, quase todos os relógios públicos britânicos marcavam a mesma hora; nas décadas seguintes, outros países adotaram o padrão. Nos Estados Unidos, milhares de "meios-dias" locais deram lugar, primeiro, às horas estipuladas pelas sedes das empresas ferroviárias, depois, aos fusos horários que conhecemos hoje.

Graças ao telégrafo, os criminosos foragidos podiam ser capturados, e as jovens que fugiam para se casar podiam ser pegas antes de fazer os votos; as informações circulavam a uma velocidade estonteante, não só dentro dos países, mas também pelo território dos impérios. Por volta de 1870, todos os continentes estavam ligados por cabos, e os telegrafistas enviavam mensagens de um lado a outro do mundo. A própria natureza dos impérios havia mudado. Cumpria ter guarnições para vigiar e proteger as linhas e as plantações de guta-percha, de onde se obtinha o látex usado no isolamento de milhares de quilômetros de cabos elétricos ao redor do globo. Assim, mudava a sorte de países como a Malásia, onde se cultivavam as árvores, à medida que seu valor na economia britânica se alterava. Acima de tudo, era cada vez maior a quantidade de carvão necessária para alimentar os milhares de máquinas a vapor que moviam a indústria e os transportes.

O TELEFONE

O sucesso do telégrafo fez da transmissão de sons a distância um objetivo imediato. A invenção do telefone costuma ser atribuída a Alexander Graham Bell, escocês que vivia nos Estados Unidos e, em 1876, obteve a primeira patente do aparelho, grande sucesso comercial. Contudo, há quem diga que o italiano Antonio Meucci já apresentara um telefone rudimentar alguns anos antes. Meucci desenvolvera um "tratamento" elétrico para o reumatismo e, ao eletrocutar um paciente, ouviu um grito que parecia percorrer o fio de cobre – o som fazia vibrar um condutor elétrico próximo ao doente, gerando uma carga eletrostática que, por sua vez, provocava vibrações no condutor próximo ao ouvido de Meucci. O italiano se pôs a trabalhar num dispositivo com eletroímãs conectados a diafragmas. O principio do sistema era: o som movimentava o diafragma, este movia o imã, que fazia flutuar a corrente que atravessava o fio. Na outra extremidade, o som era reconstituído pelo processo inverso. Não restou modelo funcional do aparelho de Meucci, e ele deixou de pagar a renovação do pedido de patente. Ainda não se sabe se ele foi ou não o inventor do telefone.

CIÊNCIA E PRÁTICA

Oersted havia pouco tempo demonstrara que a eletricidade podia mover um imã quando se passou a conhecer o fenômeno inverso. Michael Faraday era aprendiz de encadernador, mas já tentara tudo para conseguir um emprego na área científica, que era a sua paixão. Uma série de eventos fortuitos na Royal Institution – incluindo um experimento químico em que Humphry Davy provocou em si mesmo uma cegueira temporária e a demissão do ajudante de laboratório por agredir o fabricante de instrumentos – fez com que Faraday se tornasse o novo assistente do cientista. Logo ele se transformou no principal experimentador de Davy em eletromagnetismo, e em 1821 conseguiu criar um dispositivo em que uma corrente elétrica provocava o movimento circular de um ímã. Era o início de um trabalho que o levaria à criação do motor elétrico. Dez anos mais tarde, fez algo ainda mais significativo. Projetou uma máquina que fazia o inverso: o movimento de um magneto gerava corrente elétrica numa bobina formada por um fio enrolado ao ímã. Esse era o princípio do dínamo – um motor em constante rotação, como a máquina a vapor, podia gerar corrente elétrica. Faraday criou as duas partes da indústria de energia elétrica: a corrente elétrica que gera movimento e o movimento que gera eletricidade.

Michael Faraday
1791–1867

No início, dínamos e motores elétricos ficavam restritos aos laboratórios ou eram usados como curiosidades para impressionar o público. Porém, na década de 1870, já se havia construído um dínamo capaz de fornecer eletricidade em escala industrial, projeto do engenheiro belga Zénobe Théophile Gramme, que construiu também outra máquina quase idêntica operando no sentido contrário e funcionando como um motor elétrico. Agora, com a eletricidade disponível em escala industrial, as fábricas podiam usar vapor ou água para girar enormes dínamos e criar energia elétrica, distribuída para motores elétricos menores que acionavam as máquinas, livrando-se da complexidade das correias e polias usadas na conexão de motores a vapor. Até o fim da década, Thomas Edison já desenvolvera lâmpadas incandescentes de produção comercialmente viável, e o ambiente de trabalho podia ser iluminado até tarde da noite. A nova tecnologia elétrica anunciava a "Segunda Revolução Industrial". Países como a Alemanha, que se industrializaram tardiamente, já podiam desenvolver suas economias em ritmo acelerado, diminuindo o desequilíbrio de poder industrial e econômico na Europa e reduzindo a vantagem britânica.

À direita: Fábrica movida à eletricidade em Hanover, Alemanha, no início do século XX. A introdução da energia elétrica foi um elemento importante da "Segunda Revolução Industrial".

Os motores elétricos usam atração e repulsão entre magnetos fixos e alteraçoes no campo eletromagnético de uma bobina de fio para girar um disco e mover um eixo de transmissão.

UMA RESERVA DE ENERGIA

Até o fim do século XIX, ninguém podia imaginar que um dia o planeta seria dominado pela energia elétrica. Mesmo com todas as mudanças nas fábricas, voltar para casa à noite ainda significava caminhar sob lampiões a gás. A eletricidade tinha grande potencial para transformar esse quadro, mas havia uma grande dificuldade: a distribuição. Não era problema instalar uma máquina a vapor perto de uma fábrica para acionar o gerador, alimentar os motores e acender as lâmpadas. Porém, perdia-se tanta energia ao longo dos cabos que seriam necessários uma máquina e um gerador em cada esquina para abastecer uma cidade. O alcance das primeiras redes de distribuição não passava de 2km. O desafio era criar um sistema capaz de oferecer eletricidade utilizável no extremo de uma linha muito extensa.

Em 1883, foi vitorioso o Movimento pelo Niagara Livre – uma das primeiras campanhas ambientalistas – para devolver as cataratas a um estado mais natural que o observado pelos visitantes . A vasta fonte de energia natural das quedas d'água situadas na fronteira entre Estados Unidos e Canadá já era explorada desde que os primeiros colonos escavaram canais nas margens do rio, havia um século ou mais. Naquela altura, porém, as duas margens estavam tomadas por moinhos e fábricas de todo tipo, movidos pelo fluxo incessante da água. A criação de uma reserva estadual ao redor das quedas pôs ordem na situação, mas a maior parte da energia disponível continuava inexplorada, num terrível exemplo de desperdício de oportunidade comercial. Foi então que, em 1886, Thomas Evershed, engenheiro que trabalhava perto das cataratas, no canal Erie, propôs um grandioso projeto de engenharia, a construção de uma série de túneis e canais levando a água das cataratas para fora da reserva, a fim de que fosse aproveitada na geração de energia. Os custos eram astronômicos, e não se sabia bem como explorar aquela fonte energética compensando investimento tão elevado. As quedas geram oito milhões de cavalos de potência, muito mais que o necessário para abastecer Niagara Falls, a cidadezinha mais próxima, de apenas cinco mil habitantes. Assim, uma questão se impunha: seria possível transmitir energia até 40km dali, para a próspera Buffalo, cidade cuja população já era de 250 mil pessoas e continuava a crescer?

A cada segundo, até $5.700m^3$ de água fluem pelas quedas de extensão quilométrica de Niagara, fazendo das cataratas uma irresistível fonte de energia.

A GUERRA DAS CORRENTES

Thomas Edison
1847–1931

Dois gigantes do setor elétrico ofereceram, cada um, uma resposta diferente. Thomas Edison, inventor da primeira lâmpada funcional e de muitos outros dispositivos elétricos, instalou em Manhattan uma pequena rede local para distribuir energia usando corrente contínua. Nesse sistema, a eletricidade flui sempre no mesmo sentido, sofrendo grandes perdas no caminho, pela resistência das linhas. Para distâncias superiores a 2km, seria preciso usar uma corrente inicial tão forte que queimaria lâmpadas e motores, ou fabricar cabos de uma grossura impraticável. Do outro lado da disputa estava George Westinghouse, inventor do sistema de freios ferroviários a ar comprimido que havia comprado patentes de Nikola Tesla, ex-funcionário e desafeto de Edison. Tesla introduzira importantes aperfeiçoamentos no método de corrente alternada, no qual a corrente flui ora num sentido ora no outro. A ideia era usar uma tensão mais alta para transmitir a energia a longas distâncias e reduzi-la até um nível conveniente no local de consumo. Isso seria feito por um transformador, e para tal serviam as invenções de Tesla.

A batalha feroz entre os dois empresários foi o ponto alto da "Guerra das Correntes", travada havia mais de uma década entre diferentes facções, na Europa e nos Estados Unidos, que se proclamavam donas do melhor sistema. Edison lançou mão de todos os truques de marketing conhecidos para desacreditar a corrente alternada. Chegou até a promover o uso do sistema rival na recém-inventada cadeira elétrica, para demonstrar o perigo da alta voltagem. Por fim, a primeira tentativa bem-sucedida de distribuir eletricidade a longa distância foi demonstrada em 1891, durante a Exibição Eletrotécnica de Frankfurt, na Alemanha. A energia – gerada sob a forma alternada numa fábrica de cimento 175km mais ao sul, em Lauffen am Neckar – era transportada por linhas elevadas para acender um conjunto de mil lâmpadas na entrada da exposição e, ironicamente, acionar uma roda d'água artificial. O sucesso espetacular do evento foi um fator decisivo na questão de Niagara, e escolheu-se o método alternado. Em 16 de novembro de 1896, à meia-noite, o sistema de Tesla e Westinghouse provou sua eficiência; a energia dos transformadores chegou a Buffalo. Os primeiros mil cavalos de força foram para a companhia de trens urbanos, e a população da cidade logo encomendou mais cinco mil à empresa de energia local. Em poucos anos, o número de geradores nas cataratas cresceu para dez, e as linhas de transmissão chegaram a Nova York. A Broadway parecia arder à luz das lâmpadas; trens e metrô enchiam a cidade de ruído. A energia elétrica, elemento crucial para quase toda a tecnologia moderna, logo estaria em toda parte.

"A energia elétrica, elemento crucial para quase toda a tecnologia moderna, logo estaria em toda parte."

À esquerda: A confiabilidade da iluminação elétrica transformou as cidades europeias e americanas, tornando as ruas mais seguras e ajudando a criar uma sociedade que não dorme.

À direita: A lâmpada incandescente de Edison não foi a primeira do gênero. Uma série de inovações a tornaram mais robusta e capaz de funcionar conectada a uma rede de energia.

MÁGICA RADIOATIVA

A busca por novas fontes de energia havia mudado o mundo moderno. A eletricidade servia para quase tudo. Mas havia um porém. Quem não pudesse contar com uma queda d'água capaz de gerar a energia necessária era obrigado a alimentar os geradores com os mesmos combustíveis do passado: óleo, carvão, ou mesmo lenha. Foi então, na virada do século XX, que surgiu uma fonte inteiramente nova, reacendendo por um momento o sonho da energia inesgotável. Era a radioatividade, descoberta por Henri Becquerel e estudada por Marie e Pierre Curie. O fenômeno parecia produzir luz e calor do nada. Nas palavras de William Crookes, inventor do primeiro tubo de descarga elétrica (*ver* Capítulo 2), a descoberta era "um exemplo de energia aparentemente contínua, algo antes inconcebível. Quem seria capaz de prever todas as novas conquistas por ela prenunciadas?" Pierre Curie acreditava que a radioatividade durava para sempre.

O casal Curie descobriu o rádio, produto do decaimento radioativo do urânio, em 1898. A estranheza da nova energia cativou a imaginação popular para o bem e, como se viu depois, para o mal. Hoje, isolada na segurança de uma sala especial no Tennessee, podemos ver uma coleção de diversos produtos baseados em suas notáveis propriedades, incluindo o "espintariscópio", inventado por Crookes. O dispositivo tem uma minúscula porção de rádio, pequena demais para ser vista a olho nu, e uma tela fluorescente em miniatura, para a qual se devia olhar, no escuro, através de uma lente de aumento, para ver "um espetáculo infinito de estrelas cadentes". Há também pastas de dente, cremes de beleza e pílulas radioativas, além de tônicos de rádio, batizados de "luz solar líquida", que em tese trariam benefícios à saúde. Animais e homens pareciam vicejar após breve exposição ao material, mas esse era apenas um efeito colateral da superprodução de glóbulos vermelhos, mecanismo de defesa natural contra a destruição provocada pelo envenenamento radioativo. Um industrial de Pittsburgh tomava doses diárias de uma água radioativa chamada Radithor e presenteava os amigos com engradados do produto. Teve uma morte dolorosa: os ossos de sua mandíbula se desfizeram.

"Não sabemos. Descobrimos forças e poderes que escapam ao conhecimento atual e vão muito além da imaginação."

Materiais radioativos então recém-descobertos eram usados em muitos remédios e produtos suspeitos, provocando enormes danos antes que seus perigos fossem compreendidos.

Na década de 1930, ainda se vendiam cosméticos contendo rádio.

A verdade era que ninguém, nem os autores da descoberta, sabia como funcionava a radioatividade. Quando perguntaram a Pierre Curie o que haviam descoberto, ele respondeu: "Não sabemos. Descobrimos forças e poderes que escapam ao conhecimento atual e vão muito além da imaginação." Contudo, dentro de poucos anos, o fenômeno seria reconhecido como exemplo da ação dos princípios fundamentais da energia.

RADIOATIVIDADE

Os elementos químicos constituintes de toda matéria se distribuem pela tabela periódica por ordem de número atômico, o número de prótons no núcleo. Os elementos mais leves são estáveis, os mais pesados são instáveis. Nos elementos pesados, como o urânio, a força de coesão entre nêutrons e prótons é insuficiente para manter a coesão do núcleo, e este sofre um processo de decaimento radioativo, emitindo partículas subatômicas e radiação eletromagnética: os raios alfa, beta e gama. O decaimento continua, com perda de massa, até a transformação do elemento numa forma estável. O urânio (número atômico 92) se estabiliza sob a forma de chumbo (número atômico 82). O tempo necessário para que metade dos núcleos de um material decaia é conhecido como meia-vida. O isótopo mais comum do urânio tem meia-vida aproximada de 4,5 bilhões de anos. Assim, embora o processo seja longuíssimo, a energia liberada não é eterna. Não eram violadas, portanto, as leis da termodinâmica. A palavra "radioatividade" foi criada por Marie Curie.

A VEZ DA TEORIA

James Clerk Maxwell
1831–1879

No final, a teoria conseguiu alcançar o mesmo nível que a exploração prática da energia. Michael Faraday, ao investigar os efeitos da eletricidade e do magnetismo, chegou à conclusão de que existia uma hierarquia de forças, com a eletricidade – a força de Deus – na posição superior e a gravidade um pouco mais abaixo. Faraday era o maior experimentador de sua época e demonstrou que a corrente elétrica, as cargas eletrostáticas e o magnetismo eram em essência o mesmo fenômeno. Ele afirmava que a eletricidade e o magnetismo atuavam ao longo de "linhas de força", que seu deslocamento demandava tempo e talvez se desse sob a forma de ondas. Mas a matemática do cientista não era boa o bastante para desenvolver a noção de "campos" elétricos e magnéticos. Coube a um matemático escocês traduzir aquelas ideias em leis matemáticas rigorosas. Criado em Edimburgo, James Clerk Maxwell fez seus estudos universitários lá e em Cambridge, e tornou-se professor em Aberdeen ainda muito jovem, aos 25 anos, antes de se estabelecer no King's College de Londres. O matemático pesquisou a física das cores e a natureza dos anéis de Saturno, mas seu maior feito foi, a partir das ideias de Faraday sobre campos de força, demonstrar matematicamente que eletricidade, magnetismo e a própria luz eram manifestações de um mesmo fenômeno, as ondas eletromagnéticas. Em 1888, nove anos após a morte de Maxwell, isso ficou provado quando o físico alemão Heinrich Hertz demonstrou a existência das ondas de rádio e comprovou que elas viajavam à velocidade da luz.

Ao postular que a velocidade da luz é constante, as equações de Maxwell serviram também de fundamento para as ideias radicais surgidas na mente de Albert Einstein, incluindo a teoria da relatividade especial. Publicada em 1905, a ideia virou a física de cabeça para baixo, contrariando a concepção vigente de Universo baseada na mecânica newtoniana e introduzindo no vocabulário físico conceitos contraintuitivos, como espaço-tempo, contração do espaço e dilatação do tempo. Mas, por outro lado, ofereceu uma explicação fundamental sobre a verdadeira natureza da energia, na mais famosa equação da ciência: $E = mc^2$. Energia é igual à massa multiplicada pelo quadrado da velocidade da luz, um número de grandeza quase inimaginável. Até então a energia

As reações de fusão nuclear ocorridas na explosão de uma bomba de hidrogênio liberam uma incrível força destrutiva; bem-aproveitadas, podem também oferecer uma solução para nossas futuras necessidades energéticas.

era compreendida em termos de calor, eletricidade ou mesmo força do vento e da água, sendo as diversas formas transformáveis entre si. Mas aquele era um nível de igualdade muito mais estranho; calor, movimento e radiação podiam ser vistos agora como expressões dessa ideia fundamental. A massa – a matéria de todas as coisas – encerra uma quantidade de energia de grandeza quase inimaginável, que pode ser liberada por movimento, queima, compressão e desintegração.

Nenhum dos grandes inventores e engenheiros dos três séculos anteriores precisara daquela equação para construir as máquinas que ergueram impérios ou transformaram nações, mas, uma vez enunciada, a fórmula explicava tudo o que haviam criado. Explicava também o incrível poder que podia ser obtido pela divisão do átomo. A radioatividade passava a ser entendida como a energia em estado puro, liberada pela desintegração de quantidades infinitesimais de massa. Assim, pela primeira vez, a ciência teórica estabelecia uma meta para inventores e engenheiros.

"Qualquer que seja a forma de energia explorada, ela quase sempre chega até nós empregando as tecnologias vitorianas de geração e distribuição elétrica."

No início, nem Einstein acreditava que tal energia pudesse ser usada na prática. Hoje sabemos que ele estava enganado. A bomba atômica foi criada, e nossos arsenais nucleares atestam as conquistas da ciência.

Há outro aspecto irônico na história da energia. A radiação nuclear é agora importante fonte de energia para a geração de eletricidade. Mas, nas usinas nucleares, a radioatividade é só outro combustível como carvão, gás ou petróleo. Serve para produzir calor, gerando vapor para mover turbinas que alimentam geradores. Isso vale para a maioria dos meios mais modernos de gerar energia, até para fontes renováveis como o vento e as ondas, a hidreletricidade ou os combustíveis verdes, como a biomassa. Qualquer que seja a forma de energia explorada, ela quase sempre chega até nós empregando as tecnologias vitorianas de geração e distribuição elétrica.

Assim, foi a busca de energia ilimitada que nos deu as máquinas que movem o mundo moderno. Ao mesmo tempo, as tentativas de experimentadores e teóricos para entender como essas máquinas funcionam revelaram verdades profundas sobre a ciência. Os cientistas chegaram a equações que indicam o enorme potencial energético existente no mundo e as leis da termodinâmica, explicando por que nenhuma energia pode ser ilimitada.

Conexões – Energia

400 a.C. | 27 d.C. | 900 | 1400 | 1500 | 1600 | 1700

^ *Primeira bateria*

^ *Garrafa de Leyden*

A história da geração de energia começa pelos recursos naturais mais óbvios no mundo que nos cerca: água e vento. No Iluminismo, surgiram duas outras fontes. A eletricidade foi uma carga efêmera produzida por fricção até meados da década de 1740, quando Pieter van Musschenbroek inventou um meio de armazená-la, um capacitor ou "garrafa de Leyden". Alessandro Volta avançou mais um passo com a "célula voltaica", a primeira bateria funcional.

Ao mesmo tempo, começava a era do vapor. Máquinas a vapor rudimentares já existiam há séculos, mas o motor de Thomas Newcomen, aperfeiçoado por James Watt em 1760, transformou o panorama industrial.

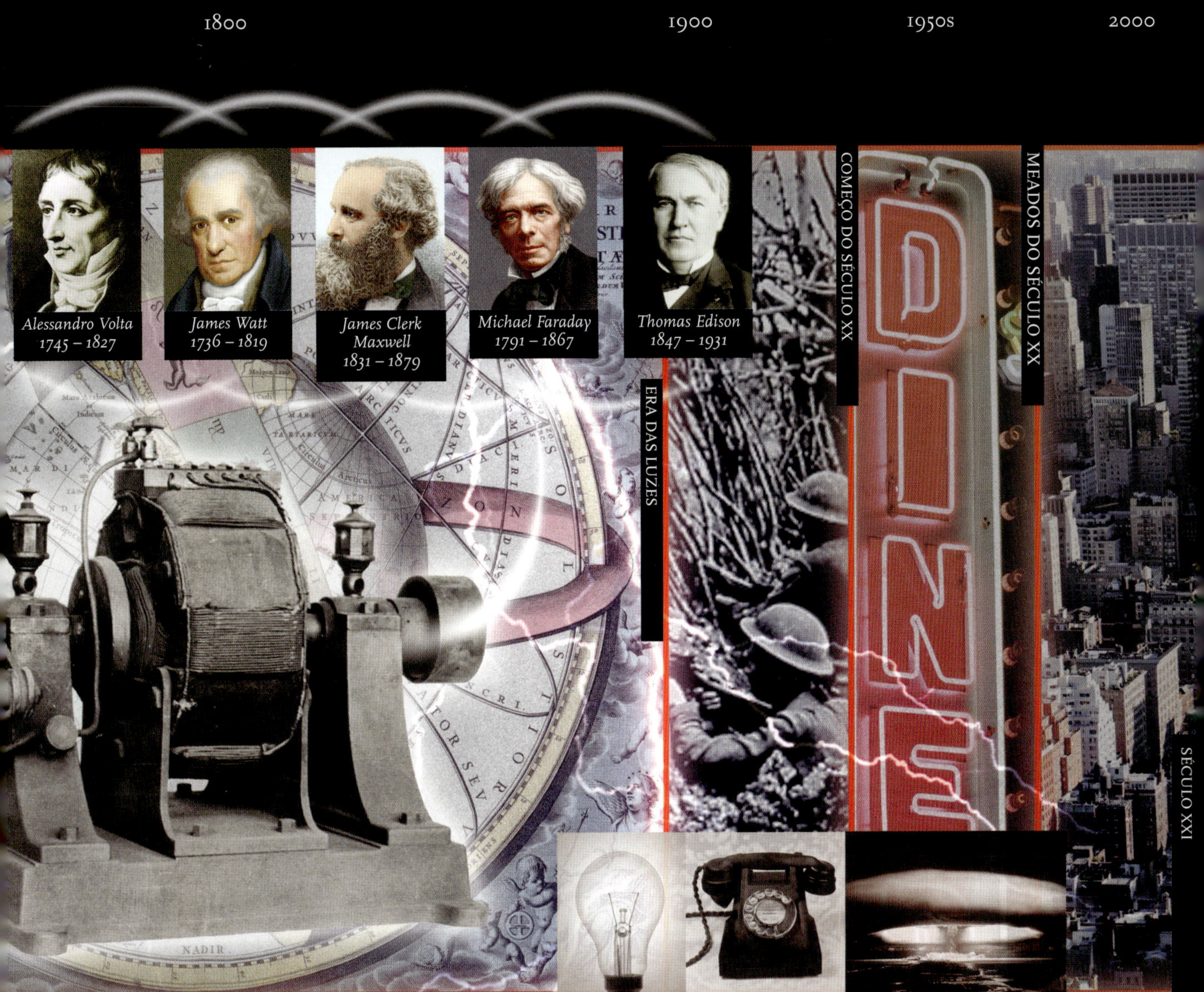

^ *Primeiro motor elétrico* ^ *Lâmpada elétrica* ^ *Telefone* ^ *Explosão atômica*

Duas invenções relacionadas de Michael Faraday transformaram a eletricidade na fonte de energia que iria fazer uso do vapor e depois eclipsá-lo: o motor elétrico e o gerador. No fim do século XIX, a "Segunda Revolução Industrial" já estava em curso, com inovações como a lâmpada elétrica (cuja primeira versão confiável foi criada por Thomas Edison) e o telefone, que mudaram para sempre nossas vidas, nosso trabalho e as comunicações.

O último ato da história é o momento em que a natureza prática da busca de energia se casa com a teoria. As pesquisas de James Clerk Maxwell acerca das ondas eletromagnéticas abriram caminho para o trabalho de Albert Einstein e o incrível poder do átomo.

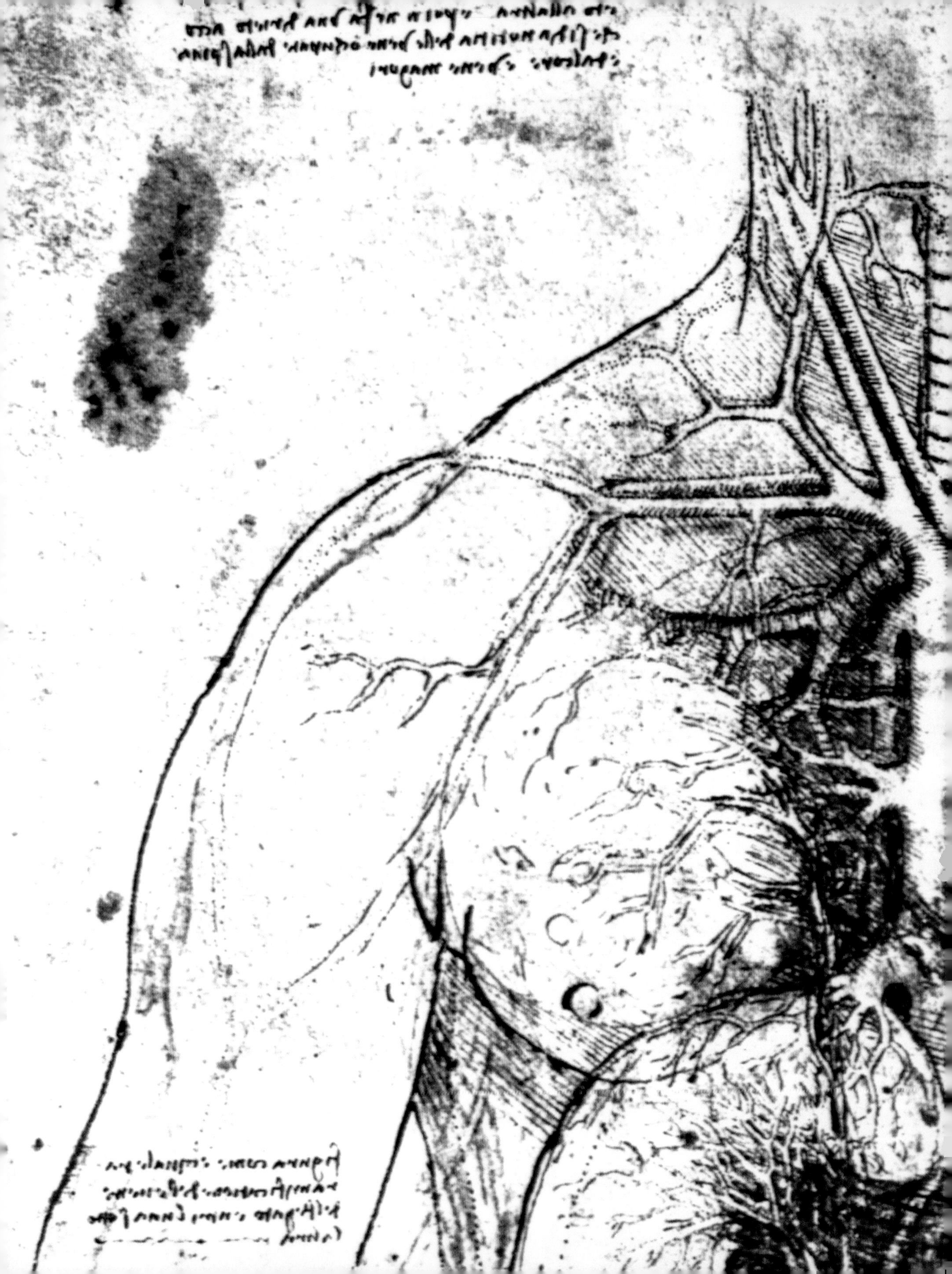

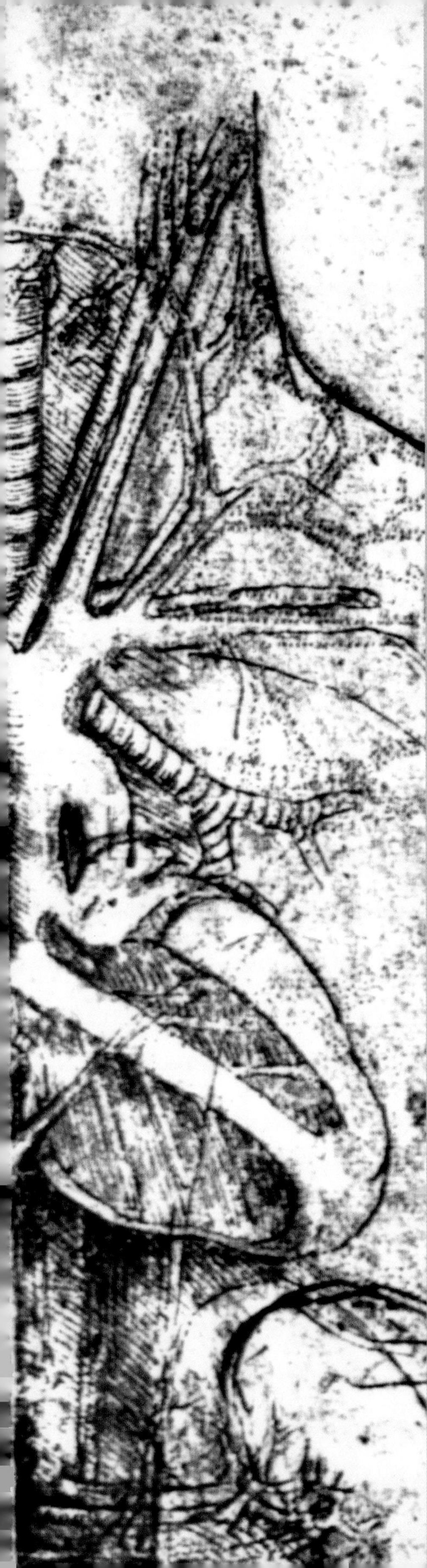

5. Corpo

QUAL O SEGREDO DA VIDA?

Saia e compre 18kg de carbono, fósforo suficiente para fazer dois mil palitos e um pequeno prego de ferro. Depois, procure um farmacêutico camarada e peça-lhe pequenas quantidades de outros elementos relativamente comuns. Leve-os para casa, misture-os num balde, adicione 50 litros de água e mexa. A mistura resultante é quimicamente similar a uma pessoa. No entanto, não constitui um ser humano e não pode, claro, ganhar vida.

Qual, então, o segredo da vida? O que transforma um punhado de produtos químicos em entidade biológica viva e que respira? A busca de respostas para essas perguntas criou a medicina moderna e nos permitiu chegar a tal ponto que parece que a vida logo será sintetizada em laboratório. Não está longe o momento em que criaremos uma célula integralmente feita pelo homem. Quando isso acontecer, será um dos momentos mais extraordinários de nossa história.

Nos dois últimos séculos, no Ocidente, duas abordagens bastante diferentes têm sido empregadas na tentativa de descobrir o que nos dá vida. A primeira é simplesmente cortar as coisas e abri-las para observar o interior. Será que a vida é um simples produto da maneira como somos formados? Essa abordagem tem sido produtiva, mas talvez já tenhamos chegado ao limite do que a análise pode dizer. A segunda forma é procurar uma força vital – algo fisiológico que pudesse explicar a diferença entre um corpo morto e um corpo vivo. Como veremos, ela levou a importantes descobertas, como a eletricidade biológica e o papel dos hormônios, mas não nos deixou mais perto de responder à pergunta “o que é vida?”

Detalhe do esboço anatômico de um torso humano, de Leonardo da Vinci. Apesar de estudos anatômicos tão detalhados, ainda foram necessários grandes esforços para descobrir a função dos vários órgãos.

OS ANATOMISTAS

A primeira pessoa a fazer desenhos precisos do corpo humano foi o gênio do Renascimento, Leonardo da Vinci. Filho ilegítimo de um advogado e uma camponesa, Da Vinci não recebe educação formal; talvez por isso fosse questionador e estivesse mais disposto a confiar em seus próprios olhos do que na sabedoria dos antigos. Desenhava o que via, e não o que os outros diziam que ele deveria ver. Suas pinturas baseavam-se em novos estudos sobre perspectiva, mas também numa completa compreensão do corpo humano. Quando se tornou aprendiz, seu mestre, o pintor Andrea del Verocchio, insistia para que ele e seus colegas estudassem anatomia. Mais tarde, já artista famoso, pôde observar melhor o corpo humano dissecando cadáveres. Na época – início do século XVI – essa prática não era ilegal, embora malvista e assustadora. Ele dissecava sobretudo à noite, com a ajuda de um jovem assistente, e estava sempre numa corrida contra o relógio e o início da decomposição.

Leonardo da Vinci
1452–1519

Os desenhos anatômicos de Da Vinci estão entre os melhores já produzidos e incluem a primeira ilustração de um feto no útero. Entretanto, notável no trabalho de Da Vinci era que ele não só desenhava o que via, mas chegava a conclusões reveladoras a partir do observado. Ao comparar as artérias de um velho com as de um jovem rapaz, por exemplo, concluiu que o espessamento das artérias do ancião contribuíra para sua morte. Ele descreveu a arteriosclerose centenas de anos antes de qualquer outro, numa época em que muitos médicos achavam que as artérias só transportavam ar. Infelizmente, como ocorria com grande parte de seus projetos, o trabalho não foi concluído de modo que o autor se desse por satisfeito – havia sempre algo a mais a ser descoberto –, e a obra continuou inédita por mais 160 anos.

Para compreender a anatomia humana, os médicos contemporâneos de Da Vinci contavam, ao contrário dele, com os rudimentares desenhos do século II

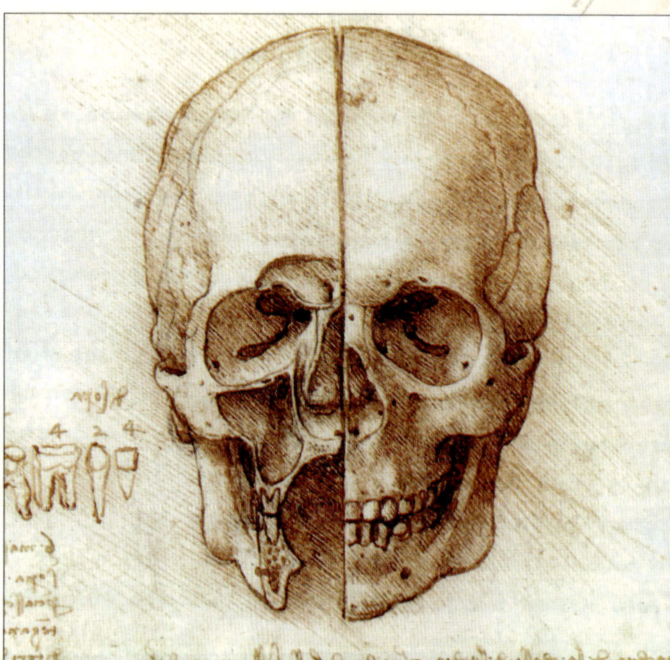

"Os desenhos anatômicos de Da Vinci estão entre os melhores já produzidos e incluem a primeira ilustração de um feto no útero."

Leonardo concluiu, provavelmente em 1489, uma série de desenhos detalhados do crânio humano, tentando determinar onde se situavam as faculdades mentais.

feitos por um homem chamado Claudius Galenus, também conhecido como Galeno. Grego, nascido em torno de 130 a.C., onde é hoje a Turquia, Galeno iniciara sua carreira tratando de gladiadores, o que deve ter-lhe dado íntimo conhecimento do corpo humano *in extremis*. Como dissecar corpos humanos era desencorajado na época, seus estudos se limitavam a animais como macacos e porcos, e ele tinha grande prazer em abrir babuínos diante dos cidadãos romanos interessados para exibir seu grande conhecimento anatômico. Os livros de Galeno eram vistos quase como textos sagrados e jamais questionados. Só muito tempo depois da morte de Leonardo da Vinci um anão flamengo, Andreas Vesalius, mudaria isso tudo.

À direita: O médico grego Galeno foi a autoridade máxima em todos os assuntos médicos por quase 1.500 anos.

MEDICINA CHINESA

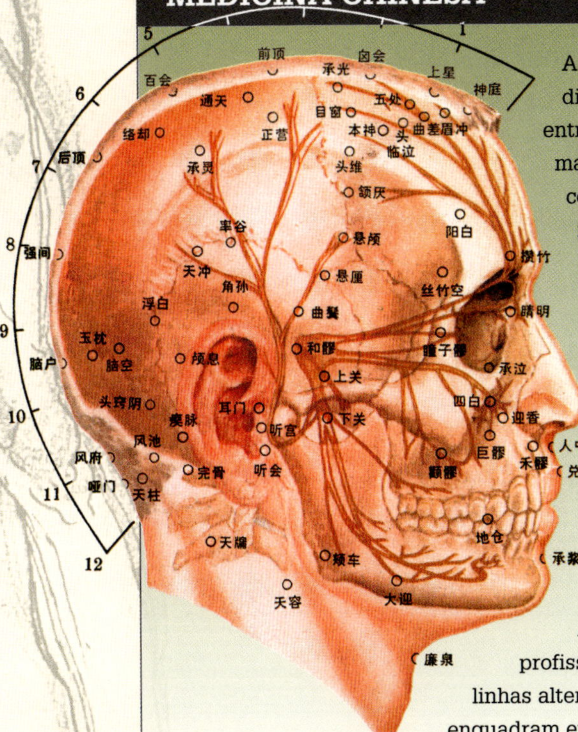

A medicina chinesa tradicional tem raízes muito diferentes da medicina ocidental e dá ênfase à interação entre indivíduo e ambiente. Historicamente, sempre houve mais interesse em descobrir o que funcionava, e não como algo funcionava. As formas mais conhecidas da medicina chinesa fora da China são a fitoterapia e a acupuntura. Há dois mil anos foi criado um manual chinês que listava as mais valiosas ervas medicinais conhecidas. O livro foi se ampliando ao longo dos anos, culminando no *Compêndio de matéria médica*, escrito durante a dinastia Ming (1368-1644) e usado até hoje. A acupuntura deve ser ainda mais antiga; encontraram-se pedras afiadas da Idade da Pedra que afirmam ter sido utilizadas em acupuntura. A explicação chinesa tradicional para essa terapia é que a energia vital, conhecida como *qi*, flui por meridianos ou linhas. Acredita-se que a inserção de uma agulha por um profissional qualificado em certos pontos ao longo dessas linhas altera o fluxo energético. Essas afirmações não se enquadram em nosso conhecimento atual da biologia humana, e, embora muitos a julguem útil, em particular para o alívio de dores, os céticos acreditam que a acupuntura tenha um sofisticado efeito placebo.

DISSECAÇÕES FATAIS

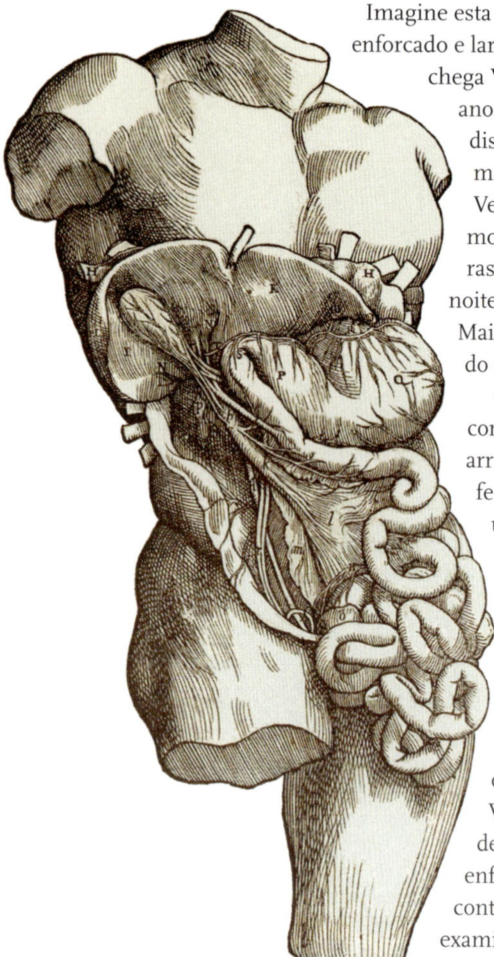

Imagine esta cena: estamos em 1536, e um criminoso foi enforcado e largado apodrecendo no cadafalso. Certa noite, chega Vesalius, um estudante de medicina de 22 anos. Ele olha para o corpo com anseio; as dissecações humanas podem não ser ilegais, mas o roubo de cadáveres é. Isso não o detém. Vesalius pula no cadafalso, agarra as pernas do morto e puxa-as. Com um terrível som de rasgo, as pernas se soltam do corpo. Ele foge noite adentro, carregando-as debaixo dos braços. Mais tarde, o estudante volta para buscar o resto do corpo.

O que Vesalius fazia era muito perigoso. Ele corria o risco de ser preso e ter sua vida pessoal arruinada. Mas as meticulosas autópsias que fez daquele e de outros corpos desafiariam um sistema de crenças que permanecera inabalável durante séculos. Na escola de medicina de Vesalius havia apenas um conjunto de livros de anatomia – aqueles escritos por Galeno, cujas palavras eram lidas em voz alta pelo médico-chefe enquanto os alunos observavam a distância. Vesalius, no entanto, decidira fazer algo que teria enfurecido e enojado seus contemporâneos: dissecar e examinar um corpo humano. Sem se deixar desanimar diante da carne humana em decomposição, Vesalius colocava o corpo roubado sobre a mesa da cozinha e começava a fatiá-lo até chegar aos ossos. Tratava a tarefa como se estivesse fazendo caldo de carne. Primeiro, enchia uma grande panela com água e a levava a ponto de fervura. Então, pegava pedaços do cadáver e removia o máximo de pele e carne possível antes de jogá-los na panela, onde cozinhavam por horas, até se desintegrar. Afinal, osso a osso, tentava identificar cada parte do esqueleto. Era uma tarefa árdua; há 206 ossos no corpo humano, e esse era apenas o começo. Vesalius também queria cada órgão, ligamento e músculo, e estava determinado a compreender onde cada um se encaixava – era como montar um quebra-cabeça. Para tal, precisava de mais corpos. Então, naturalmente, ele os roubava.

À esquerda: Os detalhados desenhos anatômicos de Vesalius derrubaram muitos pressupostos que haviam permanecido inabaláveis por mais de um milênio.

Abaixo: Andreas Vesalius (1514-1564), nascido numa família de médicos, passou boa parte da infância dissecando pássaros, ratos e outros animais pequenos.

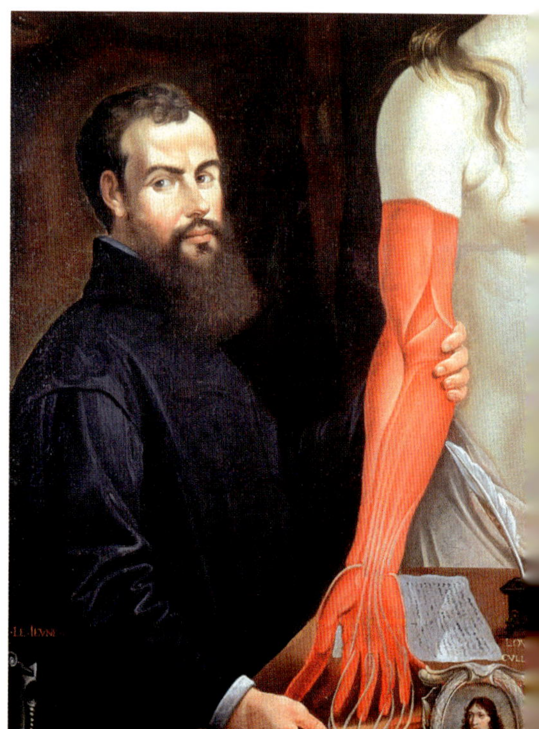

"Vesalius localizou corretamente todos os principais órgãos, nervos e músculos do corpo humano; e deu início ao estudo apropriado da anatomia humana."

Ilustrações da obra de Vesalius, incluindo a figura no frontispício, que mostra uma dissecação teatral (à esquerda).

Mais tarde, como professor de cirurgia e anatomia na Universidade de Pádua, conheceu um juiz solidário que lhe obtinha um suprimento de corpos de maneira legítima. Apesar de ser professor, Vesalius continuava a realizar dissecações e empregava artistas talentosos para ilustrar sua obra. Os desenhos foram reunidos em 1543, na no livro *A estrutura do corpo humano*. Ali ele ressaltava que grande parte do que Galeno escrevera estava incorreta, e que 1.300 anos de ensino da medicina apresentavam sérias falhas. Alguns o consideravam louco. Outros, que se davam ao trabalho de ler o livro com cuidado, desconfiavam que talvez o corpo humano tivesse mudado desde a época de Galeno. Ao todo, Andreas Vesalius corrigiu mais de 200 erros de Galeno.

A obra-prima de Vesalius foi publicada no mesmo ano que a grande obra de Copérnico, *De Revolutionibus* (*ver* Capítulo 1). Assim, 1543 é considerado por alguns o início da era científica, embora o livro de Copérnico tenha se tornado significativo até muito depois de sua morte. *De Fabrica* não abordava um assunto de escala tão épica quanto o realinhamento do sistema solar, mas era, a seu modo, uma obra monumental. Nela, Vesalius localizou corretamente todos os principais órgãos, nervos e músculos do corpo humano; e, o que é mais importante, deu início ao estudo apropriado da anatomia humana. O anatomista mostrara aquilo em que ele e outros, como Da Vinci, acreditavam fervorosamente – que não se podia confiar na sabedoria dos antigos e que era preciso experimentar e observar com os próprios olhos.

Lamentavelmente, Vesalius não teve uma vida longa e feliz. Ele brigou com seu patrono e embarcou numa peregrinação para a Terra Santa. (Dizem que sua consciência pesou, e ele partiu para se redimir de ter profanado tantos corpos, embora seja extremamente improvável que tenha tido esse escrúpulo.) No caminho de volta, em 1564, o navio naufragou, e ele foi parar numa ilha grega, onde morreu de fome, com apenas 50 anos.

O CORPO COMO MÁQUINA

A Universidade de Pádua, onde Vesalius desenvolveu grande parte de sua obra pioneira, continuava a expandir sua reputação como centro médico preeminente e progressista. Em 1597, 54 anos depois de publicado *De Fabrica*, um jovem médico inglês chamado William Harvey foi estudar em Pádua. Filho de fazendeiro, Harvey estudara medicina em Cambridge, mas achava o ensino desinteressante e desencorajador. Em Pádua, começou a desenvolver ideias tão inquietantes quanto as de Vesalius. O irônico é que William Harvey não tentava mudar o *status quo* – tinha um espírito tradicionalista. Ele levou muito tempo para publicar suas descobertas, em parte por temer ser ridicularizado, em parte por se preocupar em como elas seriam interpretadas. A exemplo de Copérnico, Harvey relutava em ser forçado a adotar uma posição que o levasse a destruir um dos poucos elementos da obra de Galeno que permaneciam incontestados. Ao fazê-lo, iniciou um movimento que estabeleceria uma visão mecanicista do corpo, algo que, como tradicionalista temente a Deus, ele teria odiado.

Quando chegou a Pádua, Harvey estudou sob a tutela de Girolamo Fabrizio, também conhecido como Fabricius – cirurgião hoje famoso por ter sido o primeiro a descrever as válvulas no interior das veias. Apesar de ter criado desenhos detalhados das válvulas, Fabricius estava completamente enganado acerca de sua funcionalidade. Achava que elas controlavam a taxa de fluxo sanguíneo do fígado para os outros órgãos, nisso prendendo-se a mais um dos erros de Galeno. Mais tarde, Harvey demonstraria o verdadeiro papel das válvulas, e, mostrando que o sangue circula por artérias e veias, abalaria de vez os conhecimentos produzidos por Galeno.

A Universidade de Pádua foi um grande centro de pesquisas médicas e científicas entre os séculos XV e XVIII.

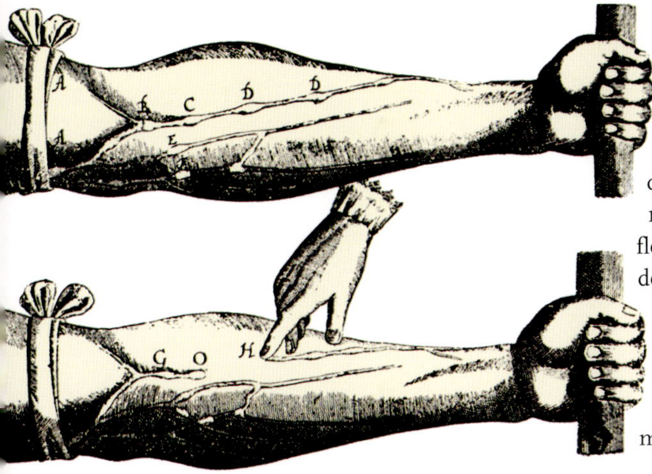

Na época de Harvey, o sangue era visto como um dos quatro humores – as quatro substâncias básicas que preencheriam o corpo humano. Segundo a medicina do século XVI, essas substâncias eram: fleuma, bílis amarela, bílis negra e sangue. Os humores deviam estar em equilíbrio. Sangue demais, por exemplo, podia causar doenças, e a sangria, prática médica extremamente popular até o século XIX, era seu tratamento lógico. Porém, a concepção de sangue – o que é e o que faz – ainda estava presa a ideias muito antigas. Aceitavam-se amplamente os ensinamentos de Galeno, de que os homens possuíam dois sistemas sanguíneos diferentes, cada qual com suas artérias e veias, sem conexão entre si e com papéis diversos na nutrição do corpo. Segundo Galeno, o fígado produzia o sangue, que era transportado para o resto do corpo pelas veias, sendo totalmente consumido no percurso. As artérias carregavam algo chamado "espíritos vitais" dos pulmões para o resto do corpo, sendo essa sua principal função. Isso estava errado, mas não era uma hipótese ruim, considerando-se que o oxigênio só viria a ser descoberto com os experimentos de Priestley e Lavoisier, no fim do século XVIII (*ver* Capítulo 2).

Ilustrações do livro de Harvey demonstram a direção do fluxo do sangue pelas veias de um braço humano.

MEDICINA ISLÂMICA

Na época medieval, a prática da medicina era muito mais sofisticada no mundo islâmico que no Ocidente. Os estudiosos islâmicos colecionavam e traduziam para o idioma árabe enorme quantidade de escritos herdados de gregos antigos e de indianos. Os muçulmanos tornaram esses escritos mais acessíveis e compreensíveis, além de ampliar seu conteúdo. Um dos grandes médicos do mundo islâmico era conhecido como Avicena, que viveu no século XI. Entre outras coisas, ele percebeu que doenças como a lepra são contagiosas e podem se espalhar pelo contato próximo, e enfatizou a importância da quarentena para controlar surtos de peste. Seus livros foram muito utilizados em universidades europeias até boa parte do século XVII. Os médicos muçulmanos criaram os primeiros "hospitais modernos", onde os doentes eram tratados por médicos bem-treinados, em locais limpos e organizados, enquanto as instituições médicas da Europa cristã eram desorganizadas, imundas e ofereciam poucos tratamentos eficazes além de repouso. Graças à obra de Avicena, os hospitais islâmicos eram construídos com enfermarias separadas para que os pacientes contagiosos se apartassem dos demais.

Abaixo: O fluxo sanguíneo entre os órgãos segundo Galeno: o sangue se movimentava em ondas pelo corpo, e não em circulação.

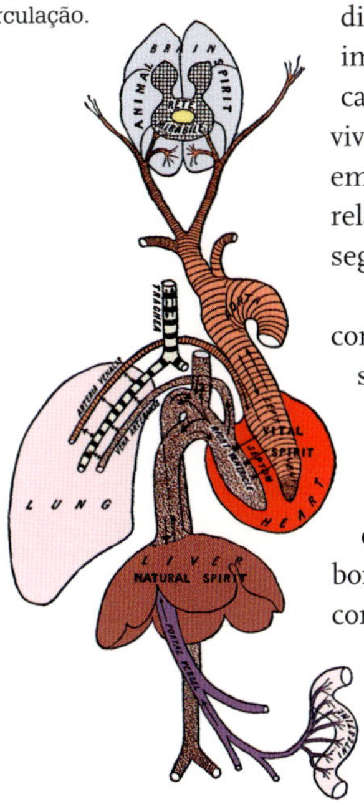

À direita: Ilustração de uma das primeiras tentativas de repor o suprimento de sangue de uma pessoa com sangue de ovelha.

À esquerda: William Harvey (1578-1657) desenvolveu uma inovadora abordagem na medicina que ajudou a estabelecer um novo paradigma de experimentação e observação, substituindo a confiança nas antigas autoridades.

OS EXPERIMENTALISTAS

Harvey voltou à Inglaterra em 1602, e suas conexões sociais permitiram-no se tornar membro de um clube de elite, o Royal College of Physicians. Em seu novo papel como membro da universidade, ele devia dar uma palestra de três dias sobre fisiologia para os estimados colegas. Como era difícil – ou melhor, impossível – demonstrar os processos fisiológicos de corpos vivos em cadáveres, Harvey teve de ser criativo. Durante as preleções, apresentou a vivissecção de animais e demonstrou tudo que era possível fazer com segurança em seres humanos. A busca de demonstrações adequadas levou-o a explorar a relação entre pulmões e coração, o que atraiu sua atenção para este órgão e, em seguida, para o sangue.

Harvey acreditava, como quase todos na época, que o sangue era produzido continuamente pelo fígado. Mas como demonstrar a produção hepática de sangue aos membros do Royal College? Pouco a pouco, ele percebeu que isso era impossível, porque tudo mostrava claramente que Galeno estava errado. Sob análise detalhada, era impossível aceitar a descrição de Galeno sobre a produção do sangue. Harvey começara por medir simplesmente a capacidade do coração e calcular a quantidade de sangue que ele devia bombear por minuto. Para seu horror, mesmo usando as estimativas mais conservadoras, o valor obtido ultrapassava em muito os 240kg por dia – mais de três vezes o peso do corpo de um homem. Isso não fazia sentido. Ele fez e refez os cálculos, mas os resultados eram sempre os mesmos. A contragosto, o médico concluiu que Galeno devia estar errado, e que era impossível o corpo produzir tanto sangue e destruí-lo em período de tempo tão curto.

Novos experimentos logo convenceram Harvey de que havia uma explicação muito mais plausível para o que ocorria no corpo. Artérias e veias deviam estar conectadas, formando um sistema circulatório. Infelizmente, ainda não existiam microscópios poderosos que permitissem a visão dos capilares, pequenos vasos sanguíneos que ligam artérias e veias. Assim, Harvey teve de experimentar e provar sua teoria por métodos indiretos.

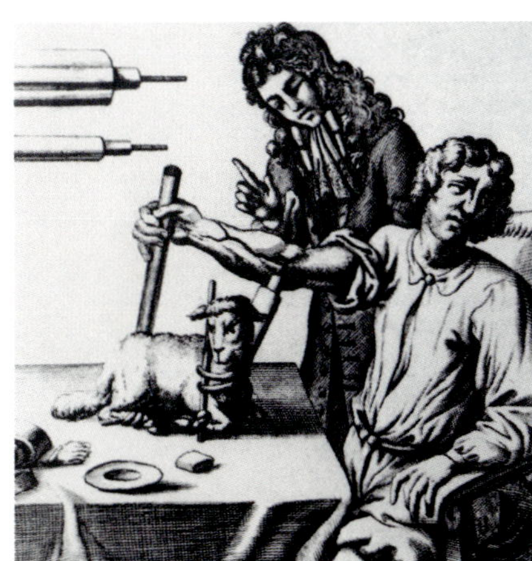

Alguns de seus experimentos mais famosos foram os que realizou em si mesmo. Primeiro, amarrava ataduras em volta do braço até interromper todo o fluxo sanguíneo para os dedos. Em seguida, soltava as ataduras lentamente até que as veias do antebraço (abaixo das ataduras) começassem a inchar. Ele explicou que isso acontecia porque, quando soltava as ataduras, o sangue das artérias conseguia chegar aos dedos. Mas este sangue não conseguia ser drenado pelas veias de volta ao coração porque ainda era bloqueado pelas

EXERCITATIO
ANATOMICA DE
MOTV CORDIS ET SAN-
GVINIS IN ANIMALI-
BVS,
GVILIELMI HARVEI ANGLI,
Medici Regii, & Professoris Anatomiæ in Col-
legio Medicorum Londinensi.

FRANCOFVRTI,
Sumptibus GVILIELMI FITZERI.
ANNO M. DC. XXVIII.

Frontispício do revolucionário livro de Harvey. Embora controvertidas, suas descobertas pouco afetaram a reputação dele como médico.

ataduras; as veias, como hoje sabemos, são mais superficiais que as artérias e precisam de menos pressão para serem bloqueadas. Harvey deduziu também o verdadeiro propósito dessas válvulas, descobertas por seu antigo tutor: elas existem para garantir que o sangue flua – em especial quando o fluxo tem de vencer a força da gravidade – numa só direção, de volta ao coração. Como resultado deste e de outros experimentos, Harvey logo se convenceu de que o sangue circulava pelo corpo todo, bombeado pelo coração. Firme em suas crenças religiosas e aristotélicas, afirmou que "o conceito de circuito sanguíneo não destrói a medicina tradicional, ao contrário, traz avanços para ela". Estava completamente errado – sua descoberta abalava toda a doutrina tradicional e ajudava a inaugurar um novo modo de ver o corpo, não como um equilíbrio de forças vitais, mas como uma complexa máquina. No entanto, temendo a forma como suas descobertas podiam ser recebidas, Harvey postergou a publicação e preferiu passar o tempo dedicando-se à prática da medicina. Tornou-se médico particular de Jaime I, que morreu em 1625, e depois de Carlos I. Mas não abandonou as novas ideias. Ficou entusiasmado, por exemplo, quando conseguiu demonstrar a colegas céticos que o coração é uma bomba graças a um infeliz acidente que acontecera com o filho de um conhecido do rei, o visconde Montgomery. O menino caíra de um cavalo ainda pequeno, ficando com um enorme buraco no peito. Como Harvey escreveu: "Era possível sentir e ver o coração batendo por entre o tecido dilacerado na base do ferimento."

Harvey afinal publicou seu livro em 1628, mais de 12 anos depois dos primeiros experimentos. *Estudo anatômico sobre o movimento do coração e do sangue nos animais* foi mais bem-recebido do que o autor supunha, deixando-lhe a reputação quase intacta. Harvey descobrira involuntariamente a primeira evidência de uma visão mais mecanicista do corpo. Contudo, apesar de responder a uma pergunta, a descoberta levantava muitas outras. O que faz o fígado? Qual o papel dos pulmões? Aceitar que o sangue circula significava abandonar a segurança e a completude da doutrina tradicional.

Quando a Inglaterra entrou em guerra civil, Harvey permaneceu ao lado do rei, como seu médico pessoal, e acabou se refugiando no baluarte monarquista de Oxford. Ali inspirou um grupo de jovens experimentalistas, inclusive Robert Boyle, que mais tarde se tornaria conhecido pelas observações sobre a pressão do ar comprimido (*ver* Capítulo 2), e Robert Hooke. Em Oxford, pesquisavam transfusões de sangue, concepção, embriologia e uma grande variedade de outras áreas. Harvey imbuiu seus discípulos no conceito de "ciência experimental" e iniciou uma tradição na Inglaterra que viria a moldar a investigação científica por muitos séculos. O método experimental ganhou novo impulso quando Boyle e outros fundaram a Royal Society, em 1662.

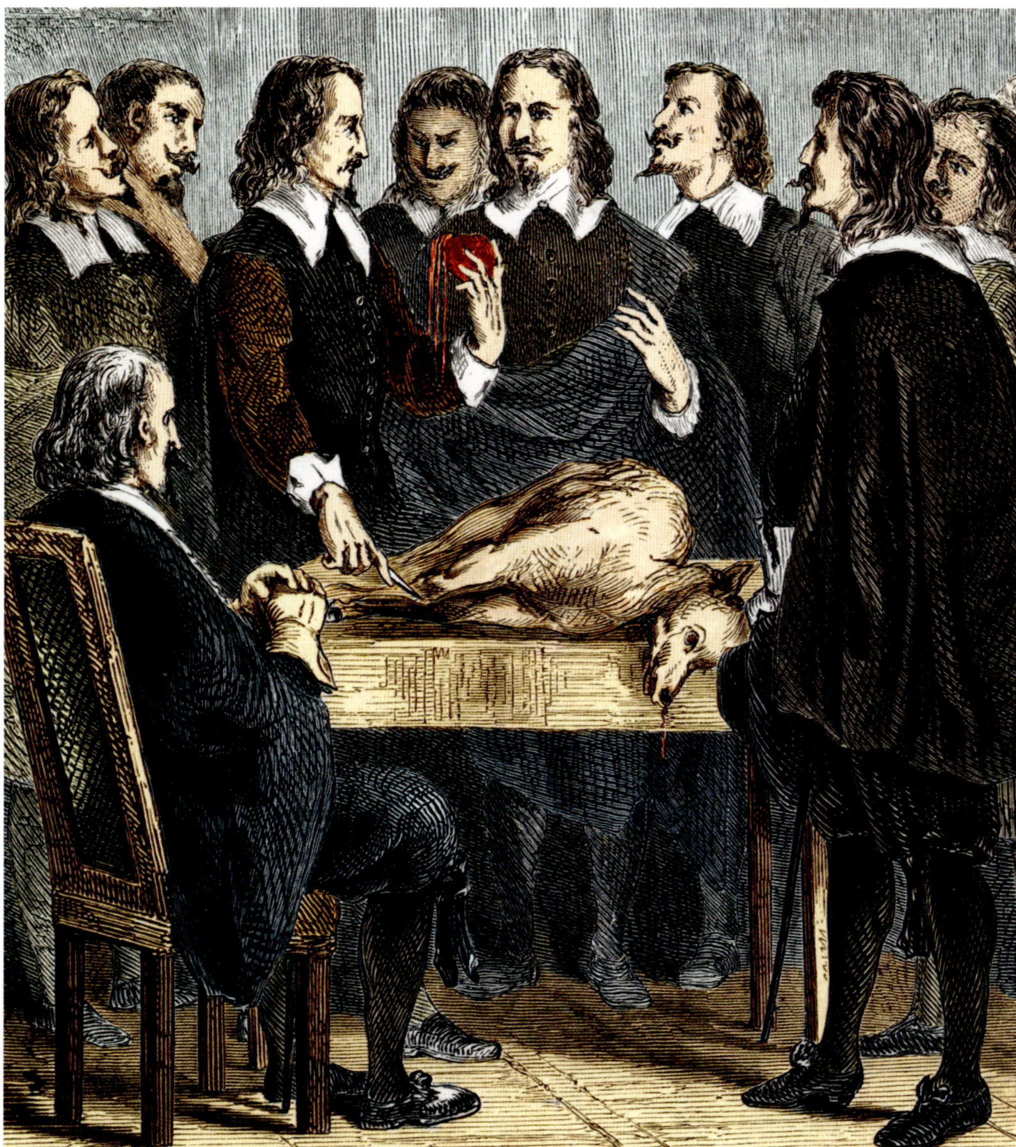

Ilustração de uma das dissecações de animais feita por William Harvey, durante uma palestra sobre circulação do sangue.

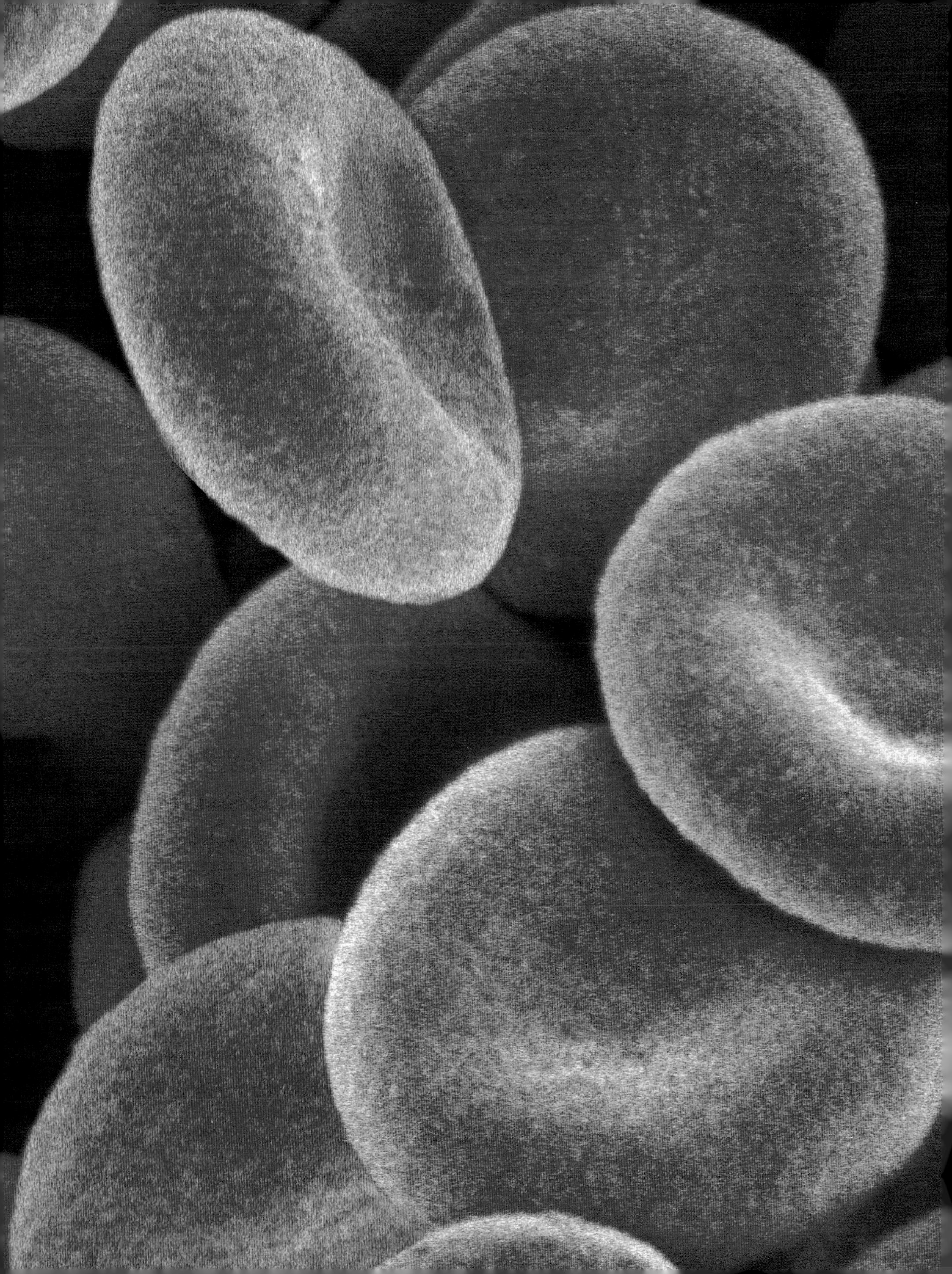

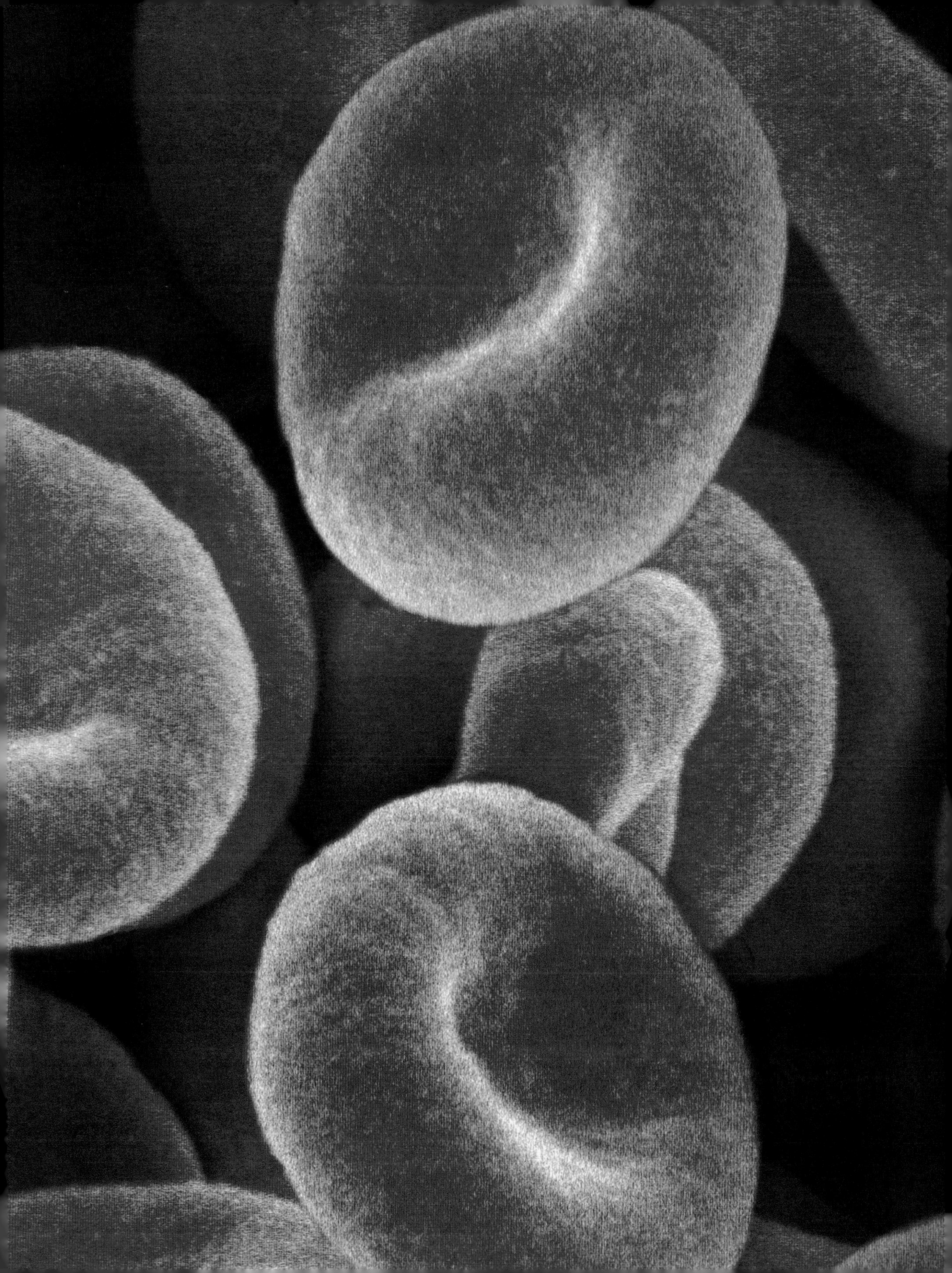

O QUE É VIDA?

O livro de Vesalius, de 1543, questionara muitos dos pressupostos anatômicos de Galeno. As ideias de Harvey acabariam por derrubar os últimos resquícios da crença aristotélica nos humores, assim como o livro de Copérnico, de 1543, inspirara Kepler, Galileu e Newton a reformular o pensamento sobre a natureza do cosmo. As leis newtonianas do movimento estimulavam as pessoas a pensar o mundo e a si mesmas em termos matemáticos e mecânicos. De modo similar, no final do século XVII, o corpo humano já não era visto como organismo misterioso e incognoscível animado por Deus, mas como um brinquedo mecânico extremamente sofisticado. O que animaria essa máquina? A vida tinha de ser mais que pura mecânica. Apesar de todas as explicações de como o corpo funciona, os anatomistas ainda não tinham conseguido explicar a "vitalidade" da vida.

Existem inúmeros fatores que a maioria deles admitia serem característicos dos seres vivos: movimento, crescimento, consumo de nutrientes, resposta a estímulos e reprodução. Mas cada uma dessas respostas levantava novas questões sobre a natureza da vida. O fogo, por exemplo, se movimenta e cresce, consome nutrientes e reage ao vento. Mas não está vivo. Mulas e abelhas operárias, por outro lado, não conseguem se reproduzir, mas estão vivas. O significado de "vida", como conceito, é de difícil definição. Instintivamente sabemos a diferença entre vivo e morto, mas apontar as diferenças específicas entre um e outro é outra questão. Para os experimentalistas do século XVII, havia alguma energia misteriosa – a centelha da vida. Mas o que ela seria?

À esquerda: Os sistemas sociais incomuns de alguns insetos, como o das abelhas, apresentavam um desafio às primeiras tentativas de definir "vida".

Página anterior: Os glóbulos vermelhos do sangue humano com uma ampliação de cinco mil vezes. Apesar de William Harvey ter desvendado a função do sistema circulatório no início do século XVII, foi somente em 1959 que Max Perutz descobriu a estrutura da hemoglobina, proteína presente nos glóbulos vermelhos, responsável por transportar o oxigênio.

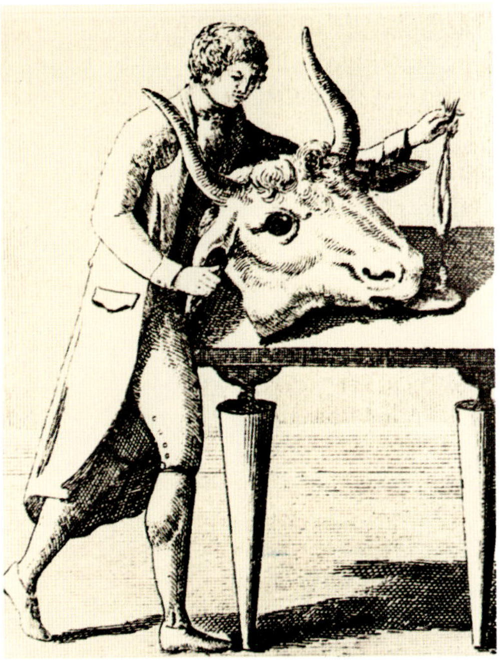

"O corpo humano já não era visto como um organismo misterioso e incognoscível animado por Deus, mas como um brinquedo mecânico extremamente sofisticado."

Como vimos nos capítulos anteriores, a eletricidade era um fenômeno há muito estudado e ainda pouco compreendido. O que mais intrigava as pessoas no final do século XVIII era o fato de animais como o peixe elétrico e a enguia produzirem descargas elétricas indistinguíveis das de uma garrafa de Leyden, primeiro dispositivo de armazenamento de eletricidade, criado por Pieter van Musschenbroek. Quando, em 1786, Luigi Galvani ligou algumas pernas de rã amputadas a um fio de cobre e conectou-as a um balcão de ferro, fazendo com que elas se contraíssem, ele despertou um debate acalorado. Galvani concluiu que devia haver alguma força elétrica dentro da rã que a movesse mesmo depois de morta. A implicação era óbvia: "eletricidade animal" era a força que animava o corpo.

A contenda de Galvani com Alessandro Volta – partidário de que a "eletricidade animal" era "eletricidade química" – levou este último a desenvolver a primeira pilha confiável (*ver* Capítulo 4). Mas a ideia da eletricidade como força vital estendeu sua influência para além da física e da ciência, despertando a imaginação de escritores, que criaram um novo gênero de enredo sobre reanimação, entre os quais o mais famoso é *Frankenstein*, de Mary Shelley. Enquanto isso, o sobrinho de Galvani, Giovanni Aldini, dava continuidade às pesquisas do tio, avançando mais um passo. Em 1802, na prisão de Newgate, no leste de Londres, ele tentou usar eletricidade para reanimar o assassino executado George Forster. O *Newgate Calendar*, registro das execuções realizadas na instituição, relata que, "na primeira aplicação do processo no rosto, as mandíbulas do morto começaram a tremer, os músculos adjacentes se contorceram de maneira horrenda, e um olho chegou a abrir. Na segunda parte do processo, a mão direita se levantou e se fechou, pernas e coxas entraram em movimento". Vários dos presentes acreditaram que Forster voltava à vida. (O *Newgate Calendar* diz que, se isso tivesse acontecido, ele teria sido executado de novo, pois a sentença determinava que devia ser "enforcado até a morte".) Um certo senhor Pass, bedel da Surgeons' Company, ficou tão chocado que morreu logo depois de deixar o local.

Acima: Giovanni Aldini tenta reanimar a cabeça de um touro utilizando corrente elétrica. No início do século XIX, ele viajava pela Europa realizando seus macabros "shows de bonecos", às vezes envolvendo cadáveres humanos, para público pagante.

A ciência parecia estar perto de descobrir o segredo da vida. Num debate no Royal College of Surgeons, em 1814, sugeriu-se que "o fenômeno da eletricidade" e a vida eram correspondentes, e que a eletricidade "realiza todas as operações químicas nos corpos vivos". Mas se a eletricidade era a resposta, surgia outra questão: como ela é produzida no interior dos corpos vivos? Galvani e Aldini não sabiam a resposta, e a ideia de bioeletricidade caiu por terra. Somente no século XX percebeu-se o quanto a eletricidade era importante para dar forma à vida no plano celular. Os anatomistas tinham mostrado que o corpo humano, em muitos aspectos, se asssemelha a uma máquina. Os médicos especialistas em eletricidade tinham tentado sem sucesso provar que a eletricidade move essa máquina. A química logo surgiria como a grande esperança para descobrir o segredo da vida.

O NASCIMENTO DA QUÍMICA

No início da década de 1800, Wilhelm von Humboldt foi nomeado ministro da Educação da Prússia, transformando de modo radical o propósito da educação, em particular a universitária. Em decorrência de suas ambiciosas reformas, as universidades se tornaram centros de pesquisas dos quais os alunos participavam, e não simples lugares aonde iam para aprender de maneira automática. Esse modelo educacional foi adotado na fundação das grandes universidades americanas, como Yale e Harvard. A ênfase agora passara a ser o conhecimento como processo, e não como produto. A "educação" era vista como uma forma importante de criar cidadãos ponderados, imbuídos de virtudes intelectuais como autoconfiança, autonomia de decisão e pensamento crítico.

As reformas educacionais de Humboldt levaram mais recursos financeiros para as universidades e provocaram um aumento súbito no interesse por muitas áreas de pesquisa. Pela primeira vez, a Alemanha superou a Grã-Bretanha e a França como país onde se desenvolveriam novas tecnologias e se fariam novas descobertas. Grande número de jovens começou a estudar química, viajando para outros países, aprendendo seus segredos e aperfeiçoando-os. Isso abriu caminho para a investigação do que se passa no cerne da vida humana – caminho que seria explorado pelos alemães. Caberia à recém-estabelecida disciplina da química desvendar os segredos da vida de maneira mais eficiente que a eletrofísica?

Um dos primeiros a crer que a vida pode ser explicada pela química foi Justus von Liebig. Ele estabeleceu um centro de pesquisa em Giessen, em 1824, e dedicou-se com muito zelo ao estudo das funções vitais. Liebig fazia os alunos analisarem, testarem e contarem as substâncias químicas constituintes de tudo que entrava no corpo humano – alimentos, gases e água –, e, para a infelicidade dos estudantes, também de tudo que saía. O professor mostrava que o peso da ingesta (o que entrava) era exatamente igual ao peso da excreta (o que saía). Para ele, essa era uma evidência de que a vida podia ser reduzida a uma série de operações químicas. A vida, concluíra Liebig, não é tão especial. Apesar dos métodos analíticos meticulosos, os procedimentos do alemão foram alvo de críticas. O grande fisiologista francês Claude Bernard dizia que essa abordagem era como tentar descobrir "o que acontecera numa casa medindo quem entrou porta adentro e o que saíra pela chaminé". Na tentativa de encontrar o segredo da vida, o foco se restringiu: da observação de processos químicos do corpo para reações químicas específicas dentro dele.

À esquerda: Justus von Liebig (1803-1873) realizou investigações sobre o corpo humano que o levaram a desenvolver importantes processos químicos. Suas invenções incluem fertilizantes artificiais e o extrato de carne concentrado.

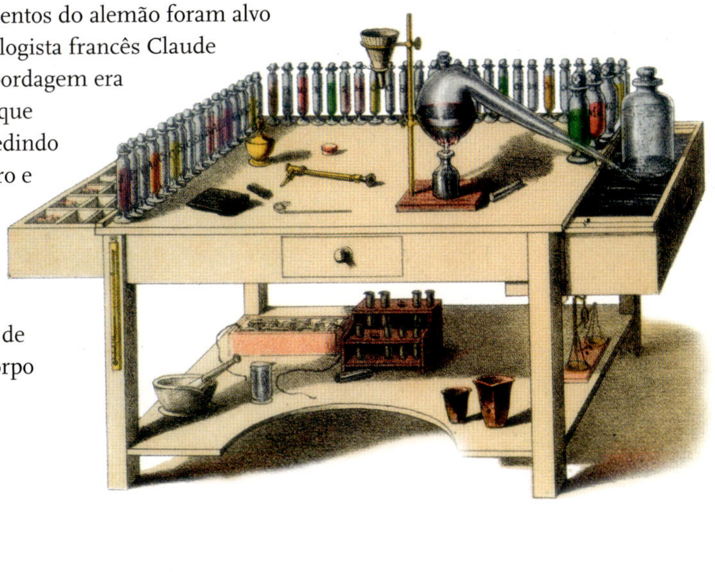

À direita: A bancada de trabalho de Liebig mostra a curiosa forma do "condensador de Liebig", ainda amplamente utilizado em laboratórios escolares.

PARAÍSO HORMONAL

Charles-Édouard Brown-Séquard
1817–1894

Na década de 1880, era "fato sabido" que a ejaculação produzia "debilidade mental e física proporcional à [sua] frequência". Para alguns, essa era a primeira lei da termodinâmica aplicada aos homens; a energia não pode ser criada ou destruída. Assim, se um corpo contém certa quantidade de energia e sêmen – que pode gerar vida –, então essa energia vital do corpo só poderia se perder com a ejaculação. Segundo essa lógica, a abstinência sexual mantinha os níveis de energia do corpo, uma das razões pelas quais os vitorianos eram tão taxativos no que tangia à masturbação. No Collège de France, no entanto, onde a máxima "Sem noções preconcebidas, mas a ideia do livre pensamento" está inscrita em letras douradas no saguão principal, um velho professor chegou a outras conclusões. Charles-Édouard Brown-Séquard argumentava que se uma pessoa perdia vitalidade quando eliminava sêmen, então o sêmen devia conter algo vital.

Brown-Séquard não era um médico dissidente. Fora um dos primeiros a sugerir a existência de substâncias químicas excretadas por certos órgãos que, transportadas pelo sangue, afetavam o funcionamento de outros órgãos. Em 1856, mostrara que, quando se removiam as glândulas suprarrenais de um animal, ele morria. (Mais tarde, descobririam que as suprarrenais produzem, entre outras coisas, a adrenalina.) Assim, como cientista eminente e respeitável, Brown-Séquard era ouvido com seriedade, mesmo ao descrever os experimentos mais controversos. Aos 72 anos, extraiu sangue dos testículos de cães e porquinhos-da-índia, adicionou sêmen ao sumo das glândulas trituradas e injetou a mistura em seus próprios braços e pernas – em dez ocasiões diferentes. Brown-Séquard relatou no periódico médico *The Lancet* que, em decorrência das injeções, seu envelhecimento físico passara por uma "mudança radical". No livro que escreveu sobre o experimento – cujo título sem imaginação é *O elixir da vida* – o médico declarava que, depois das aplicações, sentia-se 30 anos mais jovem. Ao que parece, ele conseguia trabalhar até tarde e subir escadas sem se apoiar no corrimão. E seu movimento intestinal tinha melhorado. Apesar de ridicularizado por alguns como "aberração senil", o artigo instigou o interesse num novo grupo de substâncias que vieram a ser conhecidas como hormônios.

Como se constatou mais tarde, a testosterona, hormônio presente nos testículos de cães e porquinhos-da-índia, é crucial para o desenvolvimento e a manutenção dos músculos e da massa corporal masculina. Porém, era absurda a tese de Brown-Séquard de que injetar extrato de testículos de animais causava as mudanças físicas que descrevia. Hoje sabemos que o tecido animal não pode ser assimilado dessa maneira. É mais provável que ele experimentasse o efeito placebo – o triunfo da esperança sobre a carne humana. Os experimentos de Brown-Séquard com cães foram ridicularizados pela comunidade médica, mas isso não impediu que outros cientistas (homens) tentassem descobrir o que poderiam fazer com testículos humanos. Em 1914, George Frank Lydston realizou em si mesmo um transplante de testículos, e aparentemente ganhou nova vida. "Senti-me enormemente revigorado", proclamou orgulhoso. Na penitenciária estadual de San Quentin, na Califórnia, os testículos dos prisioneiros executados eram removidos e transplantados em outros – ao todo foram feitos mil transplantes, com muitos relatos de efeitos rejuvenescedores. Logo, celebridades faziam fila para receber tratamentos estranhos para aumentar o fluxo de produção nos testículos.

Foi somente em 1927 que Fred Koch, da Universidade de Chicago, finalmente encontrou um modo de extrair testosterona dos testículos de touros. Ele teve a sorte de trabalhar perto dos enormes currais de Chicago e garantir um suprimento regular e fresco. O processo de extração era exaustivo e nauseante; de mais de 18kg de testículos bovinos, obtinha-se apenas 20mg de testosterona. Koch injetava essa testosterona em porcos e ratos castrados. Ele descobriu que depois disso os animais eram "remasculinizados". Na década de 1930, já se produzia testosterona sintética, e hoje sabemos que esse hormônio é essencial para o desenvolvimento do corpo masculino. Todo feto apresenta inicialmente características femininas, e, a menos que receba grande dose de testosterona entre 7 e 12 semanas após a concepção, o embrião se tornará feminino, embora geneticamente masculino. Por isso os homens têm mamilos – eles se desenvolvem antes da ocorrência da primeira dose de testosterona.

Logo se descobriu que os hormônios desempenhavam grande variedade de funções no corpo humano: os hormônios sexuais determinam se um bebê é do sexo masculino ou feminino e ajudam a formar o cérebro, o que explica parte dos chamados comportamentos estereotípicos masculinos e femininos; os hormônios do crescimento controlam o crescimento; a dopamina produz sensações de bem-

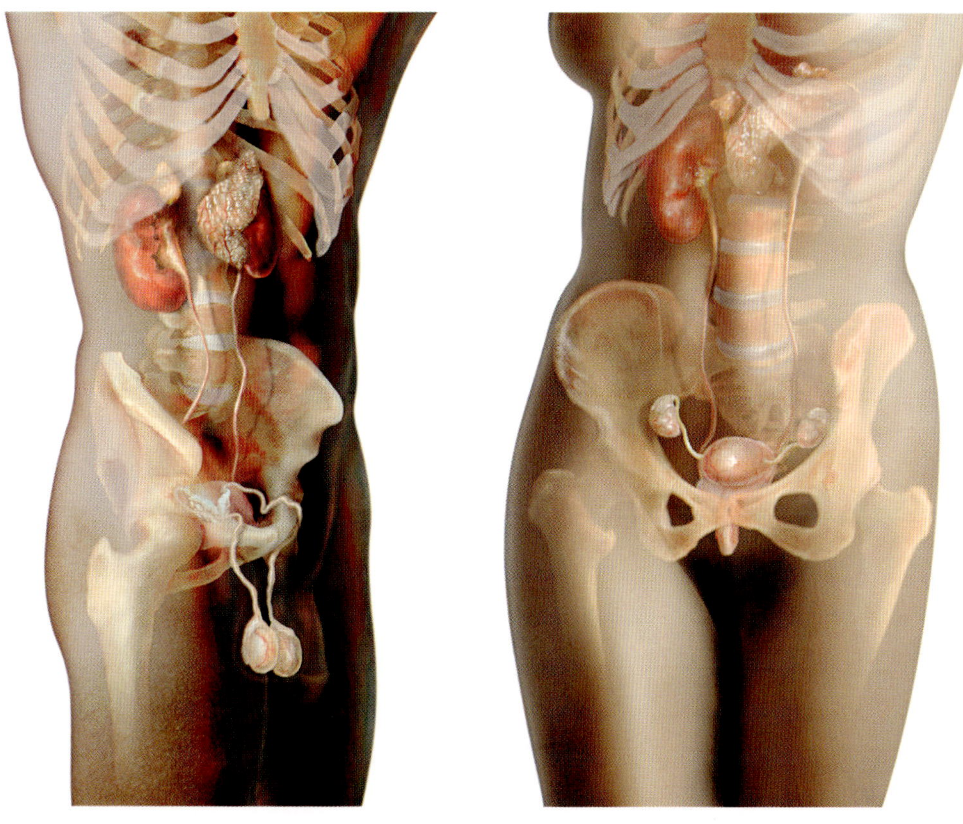

Os hormônios do sistema endócrino humano são produzidos apenas por alguns órgãos – as glândulas pineal e pituitária, no cérebro; a tireoide, na garganta; o timo, no tórax; as glândulas suprarrenais, sobre os rins; o pâncreas; e os ovários ou testículos.

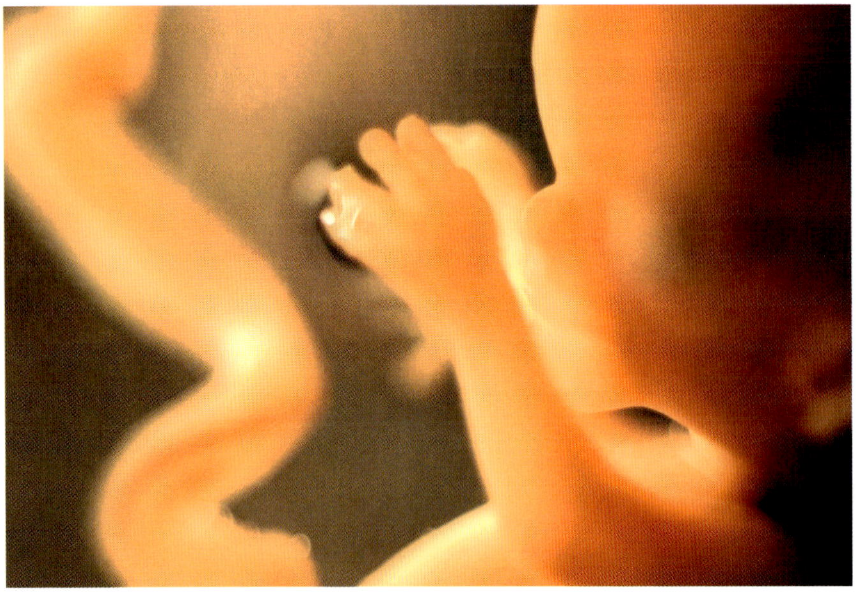

À esquerda: Os hormônios são o principal sistema de sinalização responsável por desencadear a diferenciação celular em vários órgãos e partes do corpo do feto em desenvolvimento.

À direita: A ampla disponibilidade da pílula anticoncepcional, a partir da década de 1960, produziu uma revolução nas sociedades ocidentais.

estar e euforia; o cortisol controla a atividade do sistema imunológico; e há muitos outros além desses. A descoberta dos fortes efeitos exercidos pelos hormônios mudou a sociedade, dando-nos um controle sem paralelo sobre nosso corpo. Hormônios esteroides, adrenalina, insulina e tiroxina levaram à criação de medicamentos que salvaram muitas vidas. De impacto ainda mais amplo foi a descoberta, na década de 1930, de que a progesterona podia impedir a ovulação nas mulheres, levando ao primeiro anticoncepcional oral, aprovado nos Estados Unidos na década de 1960. Obter progesterona de animais era caríssimo, mas, em 1941, um professor norte-americano da Universidade Estadual da Pensilvânia descobriu que a substância podia ser sintetizada a partir de inhames mexicanos. Por um tempo muito longo não houve interesse em seu trabalho. Havia tantas preocupações quanto à segurança da progesterona sintética e ao possível incentivo à promiscuidade que a droga só foi disponibilizada para mulheres casadas em 1965. As solteiras tiveram de esperar. De início, essa pílula contraceptiva apresentava complicações, e a ela se adicionou outro hormônio (o estrogênio), numa pílula ingerida hoje por mais de 100 milhões de mulheres no mundo todo.

Hoje, os hormônios são receitados não apenas para controlar a fertilidade e como terapia de reposição, mas também para as pessoas de meia-idade, na tentativa de prolongar a juventude. Eles desempenham um papel muito importante no corpo humano porque atuam sobre diferentes tipos de célula.

HORMÔNIOS

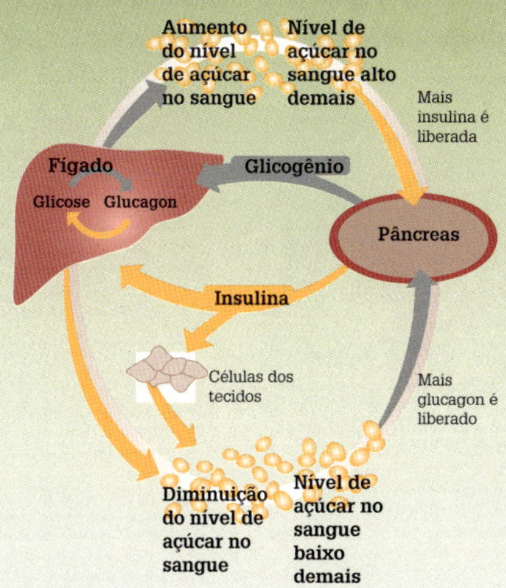

O sistema de comunicação do corpo quecomplementa o sistema elétrico (nervoso) é o hormonal. Entre outras coisas, os hormônios determinam o sexo, a época da puberdade, o ritmo de crescimento e por quem nos sentimos atraídos. Apesar de terem ação lenta, em geral também podem ser incrivelmente rápidos – um grande fluxo de adrenalina no corpo produz resultados em fração de segundos, quando defrontamos algum perigo. Por outro lado, leva muito mais tempo para percebermos os efeitos do hormônio do crescimento. Há centenas de tipos diferentes de hormônios, mas quase todos agem da mesma maneira. Eles são moléculas, mensageiros químicos, que viajam pelo corpo com o sangue. Ao chegar a seu destino, ligam-se a receptores na superfície das células e fazem com que elas respondam de maneiras diferentes. Os hormônios são produzidos por tecidos, como músculos e gordura, e em glândulas como o pâncreas (que produz insulina, como no diagrama), os ovários (estrogênio) e os testículos (testosterona). Suas atividades são coordenadas por uma parte do cérebro chamada hipotálamo.

A CÉLULA

Todos nós somos constituídos por mais de 60 trilhões de células. Cada uma delas é como um laboratório químico em miniatura, sintetizando mais de 200 mil proteínas diferentes em velocidade extraordinária. A célula é uma das coisas mais complicadas que conhecemos, e no entanto ela só tem alguns centésimos de milímetros de diâmetro. Toda vez que pensamos, nos mexemos ou sentimos fome ou tristeza, essas ações são mediadas pelas células.

Robert Hooke
1635–1703

A primeira pessoa a descrever uma célula foi Robert Hooke, que já conhecemos da batalha contra Newton para demonstrar que os planetas se mantêm em suas órbitas segundo a lei do inverso do quadrado (*ver* Capítulo 1). Ele também era célebre discípulo da crença de Harvey na superioridade do método experimental. No entanto, talvez a mais importante obra de Hooke tenha sido *Micrographia*, publicada em 1665. O livro contém excelentes desenhos e observações feitas por microscópio – na época, dispositivo um pouco mais sofisticado que as lentes portáteis, consistindo numa peça de latão com um orifício onde se encaixava uma lente. Apesar da tecnologia limitada, Hooke teve êxito em desvelar um mundo desconhecido. Uma de suas descobertas mais impressionantes surgiu quando apontou o microscópio para uma fatia de cortiça. Ele descreveu as estranhas estruturas regulares observadas como austeras celas de monges, e por isso batizou-as de "células".

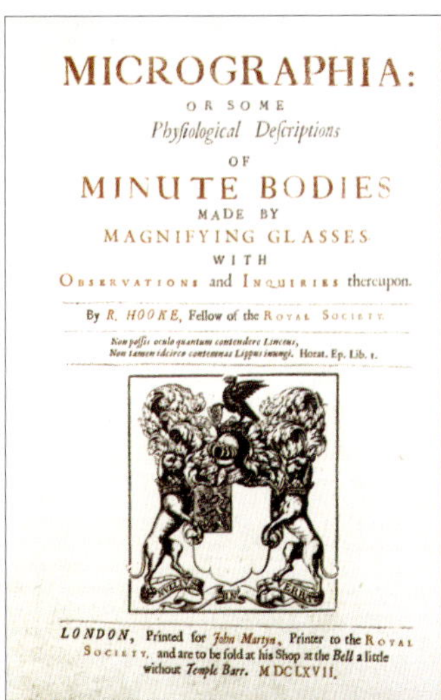

MICROGRAPHIA:
OR SOME
Physiological Descriptions
OF
MINUTE BODIES
MADE BY
MAGNIFYING GLASSES
WITH
OBSERVATIONS and INQUIRIES thereupon.

By *R. HOOKE*, Fellow of the ROYAL SOCIETY.

Non possis oculo quantum contendere Linceus,
Non tamen idcirco contemnas Lippus inungi. Horat. Ep. Lib. 1.

LONDON, Printed for *John Martyn*, Printer to the ROYAL SOCIETY, and are to be sold at his Shop at the *Bell* a little without *Temple Barr*. MDCLXVII.

O sucesso de *Micrographia* significava que o cientista passara a ser considerado, na Inglaterra, o maior especialista no mundo microscópico. Sendo assim, foi a Hooke que os membros da Royal Society recorreram, em 1674, quando chegou um misterioso pacote da Holanda. A remessa tinha uma carta e desenhos de Antonie van Leeuwenhoek, mercador de tecidos que alegava ter descoberto um mundo oculto, habitado por criaturas pequenas demais para serem vistas até pelo mais potente microscópio inglês. Aquele comerciante de tecidos de uma cidadezinha holandesa criara desenhos de uma magnificência jamais vista – e que não seriam superados por mais 200 anos. O fato de ser comerciante de tecidos não era mera coincidência; eles deviam inspecionar as mercadorias com lentes de aumento para avaliar a qualidade contando os fios – quanto mais fios, melhor o tecido. O segredo de Leeuwenhoek eram seus microscópios caseiros. O design era simples e não diferia dos de Hooke, mas ele foi capaz de produzir as mais refinadas lentes. Do tamanho de um alfinete, elas eram quase redondas; isso era importante para a esplêndida ampliação, pois, quanto menor a lente e maior a curvatura, maior o poder de aumento.

Este microscópio feito para Hooke pelo fabricante de instrumentos Christopher White permitiu que ele fizesse as observações publicadas em *Micrographia* (à esquerda).

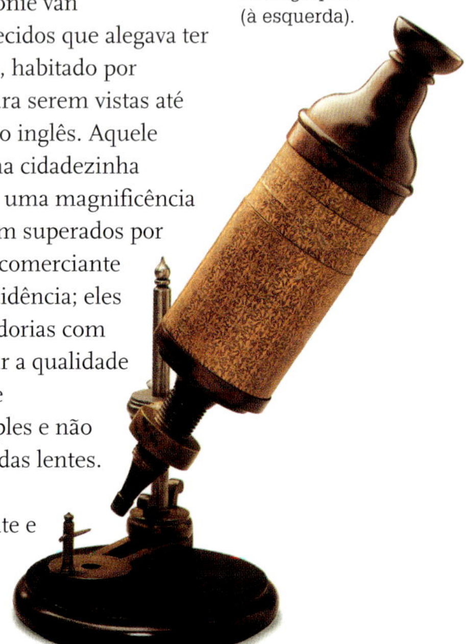

Como tinha poucas conexões no mundo científico e não falava muito inglês, Leeuwenhoek contratou um tradutor

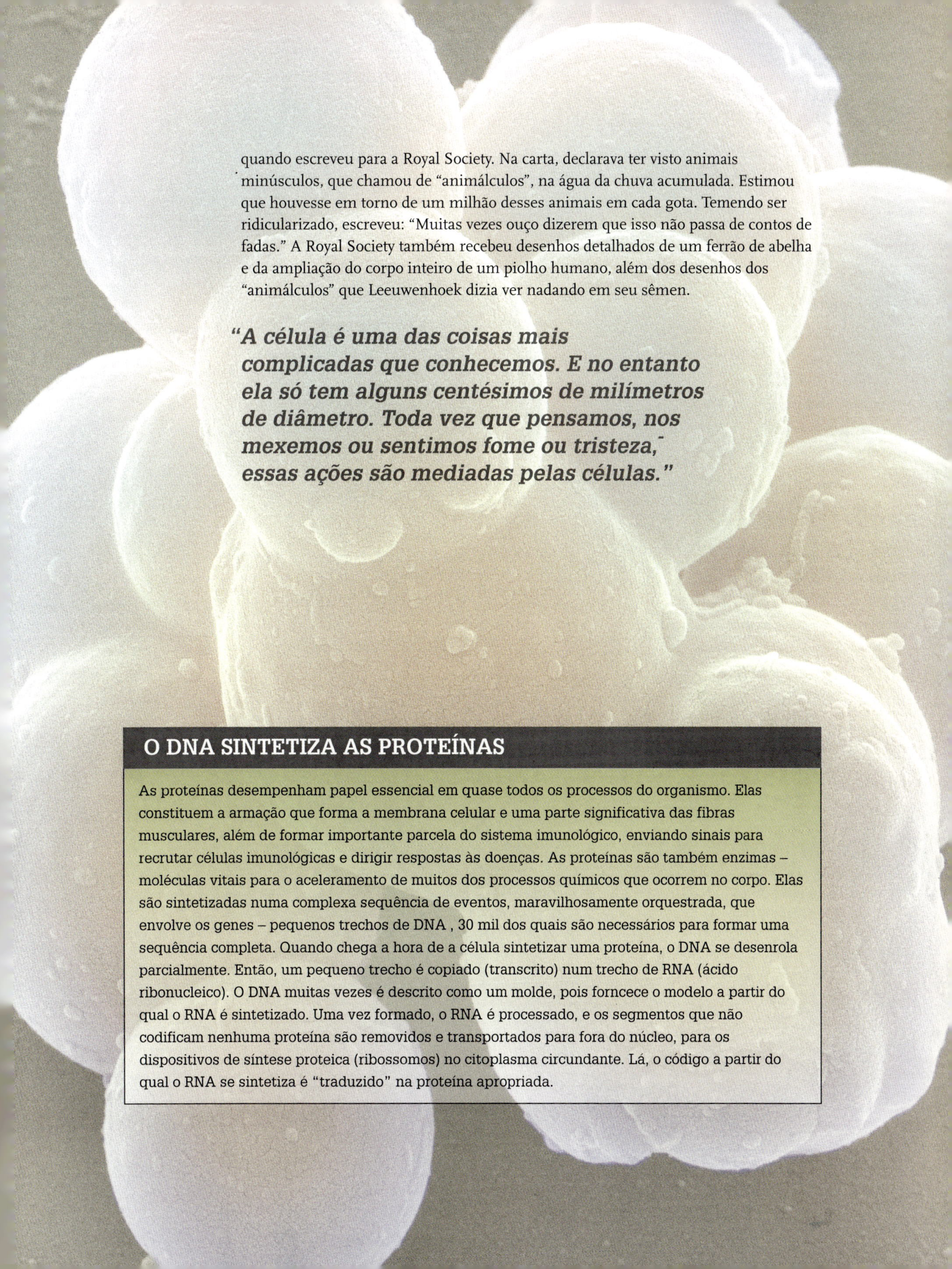

quando escreveu para a Royal Society. Na carta, declarava ter visto animais minúsculos, que chamou de "animálculos", na água da chuva acumulada. Estimou que houvesse em torno de um milhão desses animais em cada gota. Temendo ser ridicularizado, escreveu: "Muitas vezes ouço dizerem que isso não passa de contos de fadas." A Royal Society também recebeu desenhos detalhados de um ferrão de abelha e da ampliação do corpo inteiro de um piolho humano, além dos desenhos dos "animálculos" que Leeuwenhoek dizia ver nadando em seu sêmen.

> ***"A célula é uma das coisas mais complicadas que conhecemos. E no entanto ela só tem alguns centésimos de milímetros de diâmetro. Toda vez que pensamos, nos mexemos ou sentimos fome ou tristeza, essas ações são mediadas pelas células."***

O DNA SINTETIZA AS PROTEÍNAS

As proteínas desempenham papel essencial em quase todos os processos do organismo. Elas constituem a armação que forma a membrana celular e uma parte significativa das fibras musculares, além de formar importante parcela do sistema imunológico, enviando sinais para recrutar células imunológicas e dirigir respostas às doenças. As proteínas são também enzimas – moléculas vitais para o aceleramento de muitos dos processos químicos que ocorrem no corpo. Elas são sintetizadas numa complexa sequência de eventos, maravilhosamente orquestrada, que envolve os genes – pequenos trechos de DNA , 30 mil dos quais são necessários para formar uma sequência completa. Quando chega a hora de a célula sintetizar uma proteína, o DNA se desenrola parcialmente. Então, um pequeno trecho é copiado (transcrito) num trecho de RNA (ácido ribonucleico). O DNA muitas vezes é descrito como um molde, pois forncece o modelo a partir do qual o RNA é sintetizado. Uma vez formado, o RNA é processado, e os segmentos que não codificam nenhuma proteína são removidos e transportados para fora do núcleo, para os dispositivos de síntese proteica (ribossomos) no citoplasma circundante. Lá, o código a partir do qual o RNA se sintetiza é "traduzido" na proteína apropriada.

ANIMAIS MICROSCÓPICOS

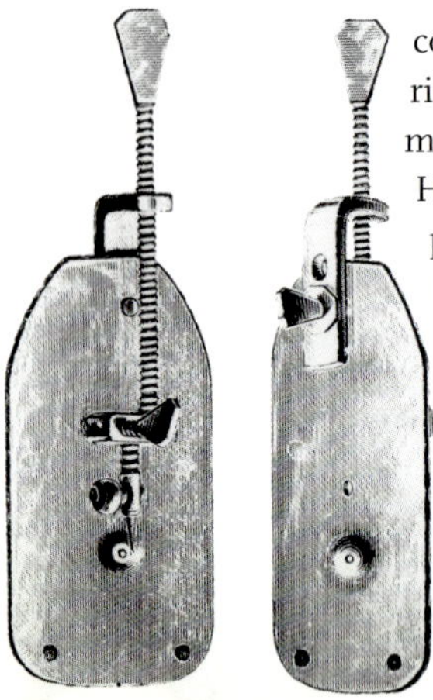

A princípio, as descobertas de Leeuwenhoek foram recebidas com ceticismo. Quando ele tentou observar amostras de água do rio Tâmisa, Hooke nada viu. "Concluí, portanto, que meu microscópio não era tão bom quanto o que ele utilizou, ou que a Holanda talvez seja mais adequada que a Inglaterra para a proliferação dessas minúsculas criaturas", escreveu. No entanto, Hooke deu ao holandês o benefício da dúvida. Afinal, depois de muitas modificações no microscópio, conseguiu enxergar o que Leeuwenhoek observara. As criaturas apareciam embaçadas, nada parecidas com o detalhamento dos desenhos do holandês, mas definitivamente existiam. Aquele comerciante de tecidos da Holanda tinha encontrado algo – embora ainda fosse um mistério para os membros da Royal Society como ele conseguia ver com tamanha minúcia. Leeuwenhoek guardava a sete chaves o segredo da montagem de seus microscópios.

Antonie van Leeuwenhoek
1632–1723

Encorajado, Leeuwenhoek enviou novas cartas, incluindo desenhos mais detalhados, às vezes acompanhados das amostras. Ele descreveu os glóbulos vermelhos do sangue que fluíam pelas veias da cauda de um girino – era a primeira vez que essas células eram vistas no corpo de um ser vivo – e desenhou os capilares que ligam artérias e veias, cuja existência fora deduzida por Harvey havia apenas algumas décadas, ainda sem ter sido observados. O holandês estudou a textura da madeira, as células de plantas e a sofisticada estrutura do corpo animal; viu os cristais responsáveis pelas dores da gota úrica; observou a estrutura de nervos, músculos, ossos, dentes e cabelos, e examinou a sofisticada estrutura de 67 espécies de insetos, 11 espécies de aranhas e 10 espécies de crustáceos. Reconheceram sua genialidade quando, em 1680, foi nomeado membro da Royal Society. Talvez achando que merecia um nome mais prestigioso para combinar com o novo status, foi nesse momento que ele mudou o sobrenome de Leeuwenhoek para Van Leeuwenhoek.

Embora as observações surpreendessem a Royal Society, seu impacto sobre o mundo foi mínimo. Os médicos não estavam impressionados porque as descobertas pouco os ajudavam no diagnóstico ou tratamento das doenças. Parecia muito improvável que aquela vida microscópica estivesse ligada a algo que agisse na escala do corpo humano. Médicos e filósofos condenavam a microscopia como distração irrelevante para a compreensão da natureza da vida, da saúde e das moléstias humanas. Assim, a agitação inicial gerada pelas lentes de aumento se evaporou. Esperava-se que o microscópio revelasse os elementos dos quais somos feitos, mas, em vez disso, o aparelho mostrava apenas estruturas cada vez menores. Acreditava-se que o instrumento forneceria respostas, mas ele só fez suscitar questões. As descobertas de Leeuwenhoek não geraram uma tradição na microscopia porque nenhum dos microscopistas do século XVII conseguiu atrair discípulos. Os segredos encerrados pelas células ainda permaneceriam indecifráveis por algum tempo.

Acima, à esquerda: Ilustração de um dos microscópios de Leeuwenhoek – um projeto simples, utilizando um pino para prender a amostra e uma tarraxa para ajustar a posição da lente, montados sobre estrutura de metal.

Em meados do século XIX, já houvera algum progresso. No início da década de 1800, o botânico Robert Brown trouxe de uma expedição à Austrália espécies de orquídeas antes desconhecidas. Ao examiná-las ao microscópio, percebeu que as células da orquídea tinham no centro algo que parecia diferente, algo mais escuro. Ele chamou essa área de "núcleo". Não fazia a menor ideia de qual a função daquilo, mas estava ciente de que toda célula que observava possuía um núcleo.

Em 1839, um cientista alemão, Theodor Schwann, declarou que animais, assim como plantas, são formados por células. O estudioso descreveu os animais como uma "cooperativa de células", cada uma agindo independentemente, mas, ao mesmo tempo, trabalhando juntas em prol do todo. Esse era o fundamento da "teoria celular", uma das ideias mais importantes de toda a ciência. Mas, assim como a descoberta dos animais minúsculos, essas ideias, apesar de revolucionárias por natureza, tiveram pouca influência. O pequeno impacto dessas descobertas é bem-ilustrado na história de um dos maiores e mais trágicos heróis desconhecidos da medicina – o húngaro Ignaz Philipp Semmelweis.

A ELETRICIDADE NO CORPO

O corpo humano apresenta dois sistemas de comunicação muito diferentes – duas maneiras de enviar mensagens de uma parte do corpo a outra, ou de uma célula a outra. O primeiro é o sistema hormonal (*ver* p.204), em geral bastante lento; o segundo é o sistema elétrico, extremamente rápido, em comparação. Mensagens elétricas viajam por nosso corpo ao longo de um sistema nervoso composto por milhões de células nervosas chamadas neurônios. Estes possuem fibras que podem chegar a um metro de comprimento e assumem várias formas: neurônios sensoriais carregam mensagens de nossos sentidos ao sistema nervoso central e, então, até o cérebro, enquanto os neurônios motores passam mensagens na direção oposta. Se, por exemplo, pegarmos o cabo de uma panela fervendo, a mensagem viajará das fibras de dor situadas nos dedos, passando pelos neurônios sensoriais, até chegar ao sistema nervoso central; e, sem mesmo nos darmos conta, uma mensagem terá chegado de volta aos dedos, pelos neurônios motores, dizendo-nos para largar a panela. Esses tipos de mensagem de dor viajam com extrema rapidez, a mais de 320km por hora – velocidade comparável à de um carro de corridas de alto desempenho. Mesmo assim, isso é milhões de vezes mais lento que a eletricidade transportada ao longo de cabos de força.

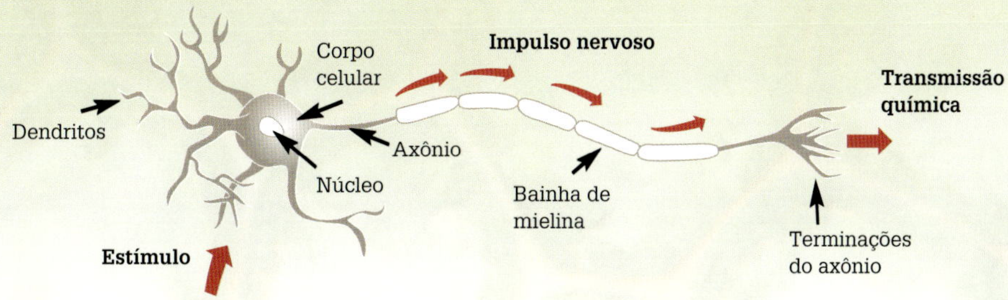

CAUSA DA MORTE: O MÉDICO

Ignaz Philipp Semmelweis
1818–1865

Em 1847, Semmelweis, então com 29 anos, começou a trabalhar na maternidade do Hospital Geral de Viena. À sua volta, havia um mistério a ser desvendado. A instituição era o principal hospital da cidade, mas todo ano centenas de mulheres que ali se internavam para dar à luz desenvolviam um quadro fatal, a febre puerperal, que se manifestava com inchaço do abdômen, múltiplos abscessos e febre, seguidos de morte. Ninguém sabia a causa da doença nem como curá-la, mas havia algumas pistas. No hospital, havia duas unidades – uma dirigida por parteiras, outra por médicos. As mulheres que tinham o azar de ser encaminhadas à unidade dos médicos, onde Semmelweis trabalhava, tinham nove vezes mais chance de morrer de febre puerperal que as da unidade das parteiras. Semmelweis ficou obcecado em solucionar o mistério e tentou tudo, desde mudar a maneira como as parturientes se deitavam ao que elas comiam, e nada funcionava. Ele e seus colegas chegavam a dissecar as mães mortas, mas nada encontravam de útil. Dia após dia, ele visitava o necrotério antes de voltar à enfermaria, mas as mulheres simplesmente continuavam a morrer.

Semmelweis estava deprimido, confuso e perplexo: as mortes incessantes deixavam-no tão infeliz que a vida parecia não ter valor, como uma vez escreveu. Foi então que fez uma descoberta vital. Enquanto estava de férias, um de seus colegas do necrotério sofreu um corte no dedo e morreu do que parecia ser febre puerperal. Semmelweis ficou arrasado, mas aquilo o levou a pensar que talvez a faca tivesse causado a morte do colega. Considerou também a possibilidade de que ele e outros médicos, ao sair do necrotério, levassem em suas mãos algo que pudesse causar a morte das mulheres, e começou a fiscalizar as enfermarias, insistindo fanaticamente que os colegas lavassem as mãos com sabão carbólico. As taxas de mortalidade nas enfermarias caíram para um nível dez vezes menor. Mas os médicos não acreditaram que a redução se devesse à lavagem das mãos, e Semmelweis foi demitido.

De volta para a Hungria, Semmelweis foi trabalhar em outro hospital e, mais uma vez, tentou fazer os médicos lavarem as mãos. Encontrou a mesma resistência e ficou enfurecido. Escrevia cartas a médicos europeus eminentes acusando-os de assassinato.

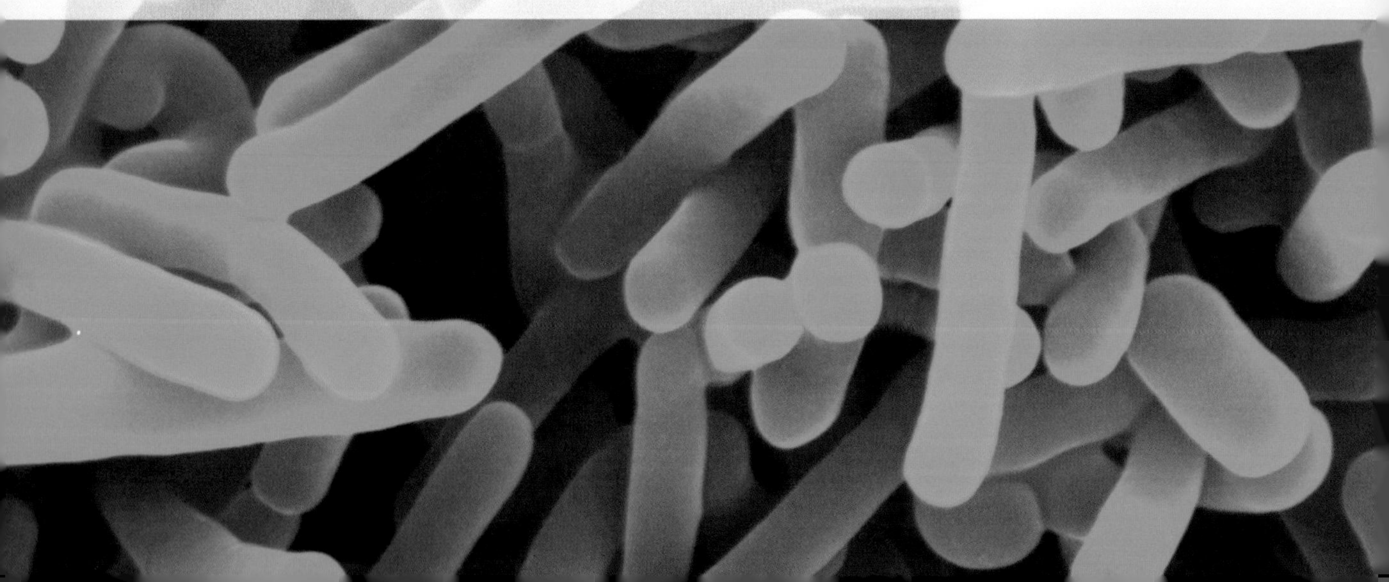

Imagem em microscópio eletrônico de células-tronco humanas – as células fetais básicas que se diferenciam, formando muitos tipos diferentes de células especializadas que oferecem esperança para uma série de terapias revolucionárias.

> ***"E o senhor, professor, teve participação nesse massacre, ... atos criminosos cometidos por parteiras e médicos, ... febre puerperal. Declaro perante Deus e o mundo que o senhor é um assassino."***

Semmelweis escreveu um livro que foi malrecebido, o que alimentou sua já evidente paranoia. Como apresentava comportamento cada vez mais errático – havia se entregado à bebida e às prostitutas –, sua esposa, com relutância, acabou entrando num complô tramado pelos médicos de Semmelweis. Ela propôs férias em família na Áustria e, ao chegar a Viena, sugeriu que fossem visitar o hospital de um amigo. Quando chegaram, Semmelweis foi agarrado e levado à força para uma cela acolchoada – o hospital era um hospício. O que aconteceu depois não se sabe ao certo. Ou ele levou uma surra ou cortou o dedo, mas, seja qual for a causa, dias depois de chegar à instituição, caiu muito doente. Semmelweis desenvolveu múltiplos abscessos, inchaço no abdômen e uma febre crescente. Duas semanas depois, morreu de septicemia – envenenamento do sangue –, a mesma condição que matara seu colega e as pacientes da maternidade do Hospital Geral de Viena. O fim da história tem um toque de tragédia: quando Semmelweis morreu, outros já haviam encontrado a peça que faltava para completar o quebra-cabeça de por que as mãos sujas podiam matar. Na França, Louis Pasteur provara que os micróbios causavam decomposição; bastava um pequeno passo para se perceber que os micro-oganismos também produziam doenças.

Páginas seguintes: Louis Pasteur em seu laboratório, cerca de 1890. A perda de três filhos ainda crianças ajudou a estimular as pesquisas que realizou sobre as causas das doenças.

LOUIS PASTEUR

Louis Pasteur (1822-1895) era filho de um curtidor de peles de animais. Desde muito novo demonstrava acreditar que estava destinado à fama. Quando fez o exame de admissão para uma vaga na prestigiosa École Normale Supérieure, umas das melhores universidades da França, foi aprovado, mas só obteve a 14ª colocação. Em vez de aceitar o fato, afastou-se por um ano e refez os exames, conseguindo o bem mais respeitável 4º lugar. Tornou-se professor de física e depois de química. Foi como químico que lhe pediram para descobrir por que o vinho azedava. Sua pesquisa mostrou que o crescimento de micro-organismos era responsável por azedar não somente o vinho como o leite e a cerveja. Mais tarde, inventou a "pasteurização", processo que consiste em aquecer um líquido de modo a matar os micro-organismos. Ironicamente, o cientista detestava cerveja e não era muito chegado a vinho. Com cerca de 50 anos, apesar de um derrame que lhe afetara a fala e a destreza manual, Pasteur começou a pesquisar uma nova área – as doenças contagiosas, em particular antraz, cólera e raiva. Essas pesquisas resultariam num dos conceitos mais importantes da medicina. A teoria dos germes explicava pela primeira vez que diferentes doenças são causadas pela ação de diferentes micróbios.

ETEINDRE
A

NO INTERIOR DA CÉLULA

Em meados do século XIX, a difusão da "teoria dos germes" e a crescente aceitação da tese de que os micróbios podem matar mais uma vez já haviam concentrado as atenções num mundo visível apenas ao microscópio. Coisas importantes pareciam ocorrer no plano celular, mas o que acontecia de fato no interior da célula?

Em 1868, o dr. Friedrich Miescher chegou a um castelo em Tübingen, na Alemanha, para estudar o sangue. Para sua pesquisa, precisava de uma copiosa quantidade de pus, substância rica em glóbulos brancos do sangue, que combatem as infecções. Essa parte da Alemanha travara guerra contra a Prússia, e havia muitos soldados por ali com feridas purulentas. Miescher pegava bandagens cheias de pus e utilizava uma enzima chamada pepsina, que obtinha raspando o muco que reveste o estômago de porcos, para decompor as células. Uma vez que a pepsina houvesse destruído a parede celular dos glóbulos brancos, o cientista podia estudar o conteúdo do núcleo. Miescher descobriu, como esperava, que o núcleo continha muito carbono, hidrogênio, nitrogênio e oxigênio, mas mostrou que também tinha fósforo. Isso foi uma surpresa, pois ele imaginara que a substância presente no coração da célula era uma proteína, e as proteínas não contêm fósforo. O que quer que tivesse encontrado no núcleo, era algo novo. Ele chamou aquilo de nucleína, pois vinha do núcleo; hoje a conhecemos como ácido desoxirribonucleico, ou DNA. Curioso, Miescher começou a procurar nucleína em outras células humanas e numa enorme variedade de criaturas, de rãs a salmões. Onde quer que procurasse, ele a encontrava. O DNA era claramente universal e importante, embora o próprio Miescher, ao que parece, nunca tenha percebido o quanto. E ninguém o faria, por quase 60 anos.

Friedrich Miescher
1844–1895

"Miescher começou a procurar nucleína em outras células humanas e numa enorme variedade de criaturas, de rãs a salmões. Onde quer que procurasse, ele a encontrava."

Gravura artística da estrutura da "nucleína" de Miescher – a famosa dupla hélice do DNA.

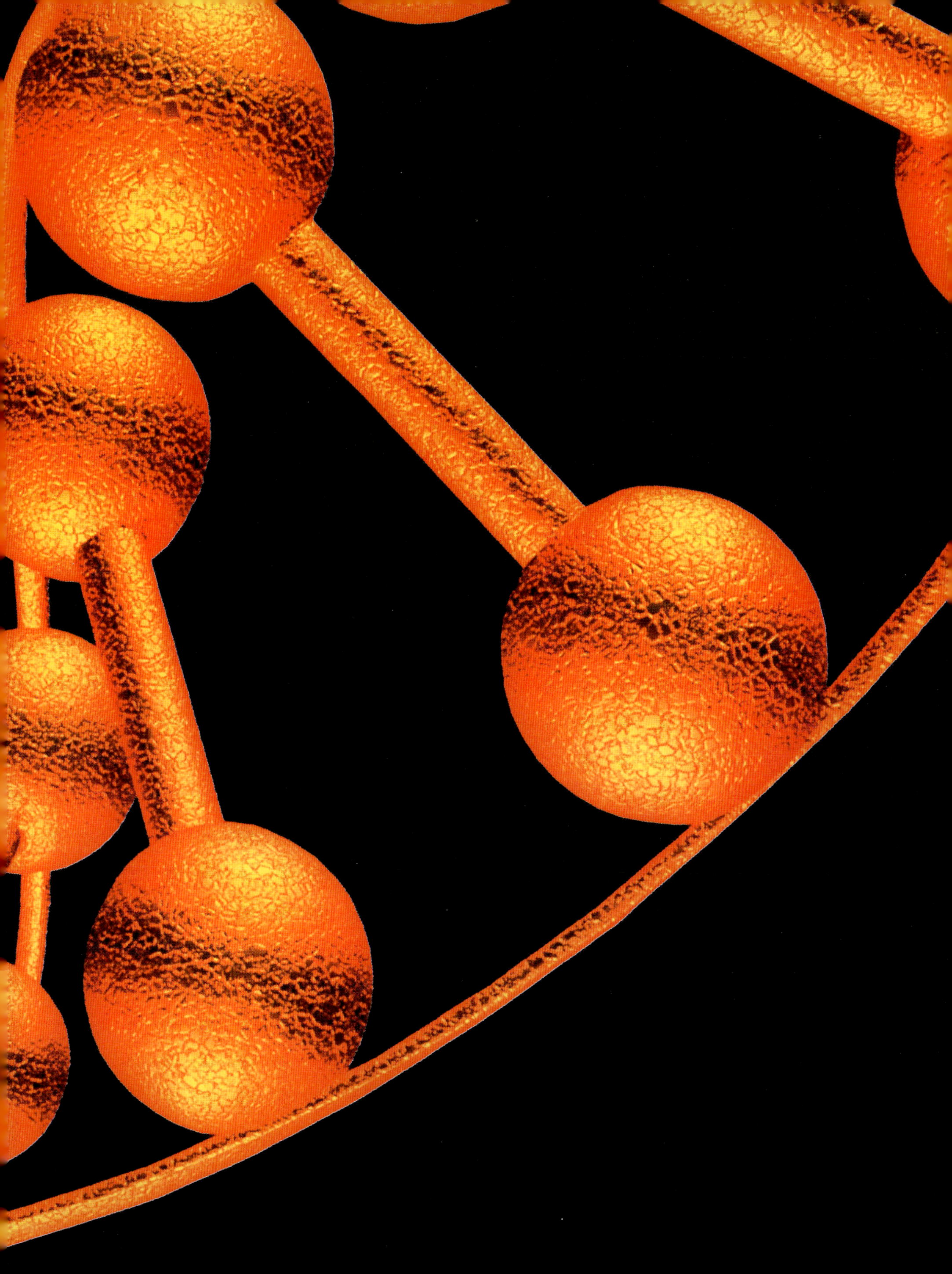

O DNA CHEGA À MAIORIDADE

No início da década de 1930, já houvera avanços de peso na maioria das ciências, em especial na física e na biologia, mas pouco progresso na compreensão da nucleína de Miescher. Descobrira-se que a molécula de ácido nucleico, como era conhecida, continha quantidades quase equivalentes de quatro substâncias químicas em particular, mas parecia pouco provável que algo tão simples pudesse ser significativo. Sem dúvida a nucleína não foi considerada importante o suficiente para que alguém se dispusesse a dedicar grande parte de seu tempo a estudá-la.

Foi Fred Griffith, um dos muitos cientistas da época que não estavam interessados no DNA, quem fez a próxima grande descoberta. Griffith era microbiologista e trabalhava em Londres. Estava interessado na pneumonia, especificamente nas bactérias que a causavam. Percebera que existem duas variedades de pneumonia; uma delas matava em pouco tempo, a outra era inofensiva. Quando o pesquisador eliminava as bactérias da variedade letal, por aquecimento, e as injetava em ratos, os roedores sobreviviam ilesos. Em 1928, no entanto, Griffith fez uma descoberta inesperada: se ele matasse algumas das bactérias da cepa letal e as misturasse às da linhagem inofensiva, acontecia algo perturbador – agora as bactérias "inofensivas" vivas às vezes se tornavam letais. Parecia que alguma substância desconhecida, que não podia ser morta pelo aquecimento, era absorvida pelos micro-organismos antes inofensivos, tornando-os fatais.

Griffith não deu continuidade a essa linha de pesquisa e acabou sendo morto durante um ataque aéreo, na Segunda Guerra Mundial, bem antes de se esclarecerem as implicações de suas realizações. Entretanto, suas descobertas foram retomadas por um canadense chamado Oswald Avery, que trabalhava em Nova York. Avery, assim como Griffith, tinha passado muitos anos estudando as bactérias que causavam a pneumonia. Quando soube o que Griffith fizera, mudou de área de pesquisa e dedicou-se a testar obsessivamente cada componente possível das bactérias para descobrir o que causava a mutação. Ele removeu os lipídios, depois os carboidratos, e então as proteínas. Não era nenhum deles. Por fim, quase a contragosto, voltou sua atenção para o DNA, o menos provável dos candidatos. Descobriu que, quando a substância era removida, as bactérias perdiam a capacidade de matar os ratos, deixavam de ser letais. Em 1944, 16 anos depois da pesquisa original de Griffith, Avery afinal se sentiu confiante para publicar seus resultados. O progresso era lento, em parte por sua meticulosidade, em parte por ele ser confrontado a cada passo pelo chefe, que achava um desperdício se dedicar a algo sem importância. Embora tivesse ficado claro que Avery fizera uma descoberta de enorme importância, o chefe intercedeu junto ao comitê do Prêmio Nobel para certificar-se de que seu subordinado nunca fosse recompensado.

"Avery mudou de área de pesquisa e dedicou-se a testar obsessivamente cada componente possível das bactérias."

À direita: Oswald Avery (1877-1955), nascido no Canadá, passou a maior parte da vida em Nova York. Foi descrito como o mais merecedor dos cientistas que nunca recebeu um Prêmio Nobel.

O QUE É O DNA?

No fim da Segunda Guerra Mundial, as coisas já estavam se esclarecendo. Todo ser vivo é formado por células. Essas células, já se sabia, contêm genes que determinam como o organismo cresce e se comporta. Os genes localizam-se sobretudo no interior do núcleo e são compostos por DNA. Contudo, o que é o DNA e como ele consegue fazer o que faz permanecia um mistério. Mas parte do enigma estava prestes a ser resolvida.

A Segunda Guerra Mundial fora um conflito não somente entre exércitos, mas também entre cientistas. Durante a contenda, muitas das melhores cabeças haviam sido recrutadas para conceber maneiras engenhosas de matar o inimigo – das quais a mais complexa e mortal foi a bomba atômica. A bomba foi o resultado de avanços na teoria do átomo que haviam começado ainda no início do século XIX (*ver* Capítulo 2). Um dos produtos dessas pesquisas foi a teoria quântica, ramo da física com aparência esotérica, mas que se mostraria essencial para o desenvolvimento da era eletrônica e também para a explicação das ligações químicas que definem a estrutura do DNA.

Depois da guerra, havia muitos cientistas desiludidos que queriam trabalhar em algo mais edificante, mais a favor da vida do que bombas ou outras formas de matar seres humanos. Foi então que físicos como Maurice Wilkins e Francis Crick passaram a se dedicar à biologia. O tímido neozelandês Wilkins foi trabalhar no Kings College, em Londres. Ali teve acesso às mais recentes técnicas de imagem por raios X que permitiam aos cientistas observar a estrutura da matéria num nível de detalhe muito refinado. No inicio da década de 1950, uma jovem e brilhante pesquisadora chamada Rosalind Franklin se juntou a ele. Puseram-na para trabalhar no fundo do porão, estudando o DNA. No decorrer das pesquisas, Rosalind se expôs a altas doses de radiação, o que deve ter contribuído para sua morte prematura. Ela obteve imagens da estrutura do DNA isolando filamentos simples da molécula e em seguida expondo-os a raios X. Os raios se espalhavam, ao atravessar a substância, e os resultados eram captados em chapa fotográfica. Ao todo, Rosalind tirou mais de cem fotos, cada qual levando até 90 horas para ser produzida. A pesquisadora era concentrada e meticulosa em seu trabalho, mas não recebeu o crédito que merecia. Em vez disso, a glória foi toda para James Watson e Francis Crick.

"Rosalind obteve imagens da estrutura do DNA isolando filamentos simples da molécula e em seguida expondo-os a raios X."

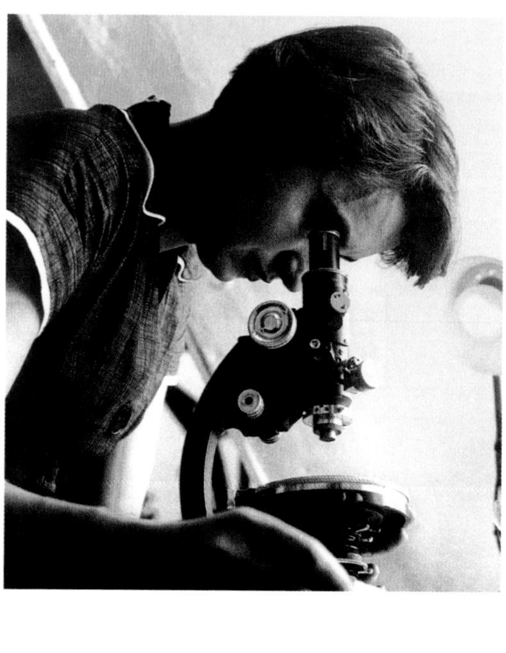

À esquerda: Rosalind Franklin (1920-1958). Além de seu importante trabalho sobre a estrutura do DNA, ela investigou os vírus do mosaico do tabaco e da pólio.

À direita: O padrão distintivo nessa imagem de cristalografia de raios X revelou que o DNA tinha uma forma helicoidal similar a uma escada espiralada.

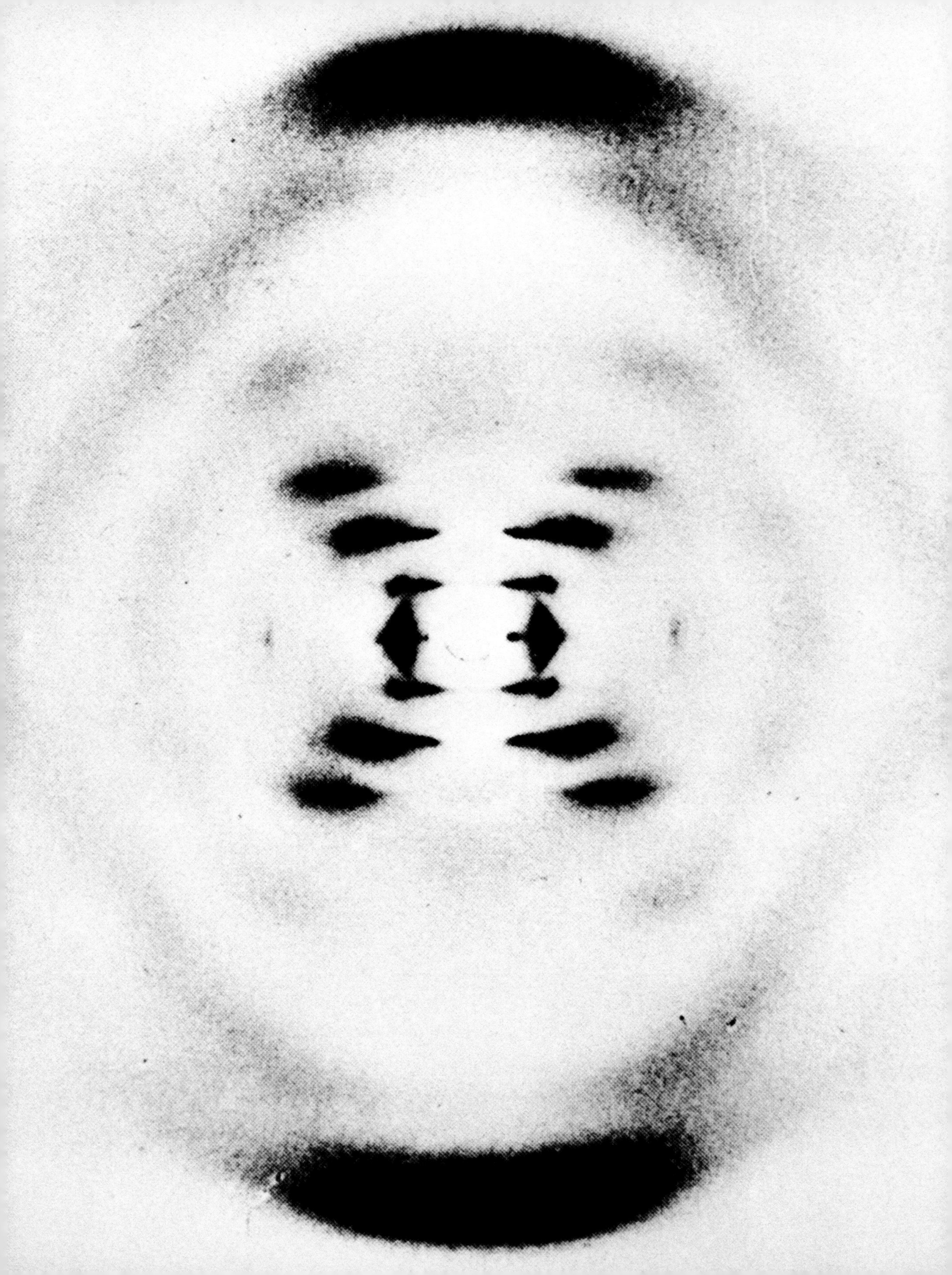

O SEGREDO DA VIDA

Na década de 1950, a Universidade de Cambridge era um foco de pesquisa intelectual. Por lá passavam pessoas brilhantes que gostavam de compartilhar suas ideias. Esse foi um dos motivos pelos quais Crick e Watson escolheram trabalhar naquela universidade, e foi uma sábia decisão, porque graças a certos encontros casuais puderam deduzir a famosa estrutura do DNA. Apesar de já haverem percebido que o DNA devia ter estrutura helicoidal, os pesquisadores não compreendiam como todas as partes se encaixavam umas nas outras; foi somente quando Watson conheceu Maurice Wilkins e viu algumas das imagens de Rosalind Franklin (sem conhecimento ou licença dela) que conseguiram criar um modelo plausível. Diz a lenda que, em 28 de fevereiro de 1953, Crick entrou no Eagle Pub, em Cambridge, e anunciou: "Descobrimos o segredo da vida." As notícias logo chegaram a Londres, onde Rosalind se preparava para enviar um artigo para a revista *Nature*. Afinal, ela o publicou, com Watson e Crick, na edição de 25 de abril. O que a cientista não sabia é que o modelo dos outros dois se baseava em dados dela. Rosalind morreu de câncer cinco anos mais tarde, quatro anos antes de o Prêmio Nobel ser concedido a Watson, Crick e Wilkins especificamente por este trabalho.

Watson e Crick perceberam que o DNA consistia em duas longas fitas entrelaçadas em forma de espirais uma ao redor da outra. Do lado que ficam voltados um para o outro – a parte interna da espiral – se encontram apenas quatro moléculas: adenina (A), guanina (G), citosina (C) e tiamina (T). Cada célula humana contém cerca de 3,4 bilhões dessas "letras". Se pensarmos o DNA como "O livro da vida", então ele vem agrupado em cromossomas ("capítulos") e dividido em genes ("parágrafos"). A maravilhosa simplicidade do DNA é que cada letra numa fita sempre tem uma letra correspondente na outra. C sempre forma par com G, e T sempre com A. Assim, um pequeno segmento de um filamento de DNA que forme a sequência AACGGTCA será correspondido por um segmento que forma a sequência TTGCCAGT. A beleza disso é explicar o que acontece quando uma célula se divide: o DNA se separa em duas fitas diferentes, e, para cada uma delas, uma nova fita correspondente é sintetizada, entrelaçando-se ao filamento. Outro modo de compreender o processo é imaginar dois dançarinos – um masculino e um feminino – em forte abraço. Eles se separam brevemente e, naquele instante, é criada uma cópia idêntica de seu parceiro, e cada qual agora se entrelaça com ele.

"É assim que os seres vivos crescem e se restauram, produzindo novas células que contêm fitas idênticas de DNA."

É assim que os seres vivos crescem e se restauram, produzindo novas células que contêm fitas idênticas de DNA. O cabelo, por exemplo, cresce porque as raízes trabalham pesado para produzir bilhões de células capilares idênticas. Mas se eu me corto e preciso de uma restauração rápida, a coisa é mais complicada. Meu corpo responde produzindo cópias de muitos tipos diferentes de células (células da pele, glóbulos brancos, plaquetas etc.) para restaurar o dano. Como cada célula contém DNA idêntico, isso leva a uma pergunta: como as células "sabem" o que fazer e qual sua função. Esta é uma questão com a qual a ciência ainda se debate.

À esquerda: James Watson (esquerda) e Francis Crick com o revelador modelo da estrutura de dupla hélice do DNA, em 1953. "Espinhas dorsais" de fosfato se enrolam de cada lado, ligadas a pares de bases que formam os "degraus" da escada espiralada.

Apesar de todo DNA apresentar a forma básica de "dupla hélice", essa complexa molécula pode assumir muitas diferentes estruturas detalhadas de "conformação". As três conformações exibidas aqui são conhecidas como DNA-A, -B e -Z. A forma do DNA-B é de longe a mais comum nas células vivas.

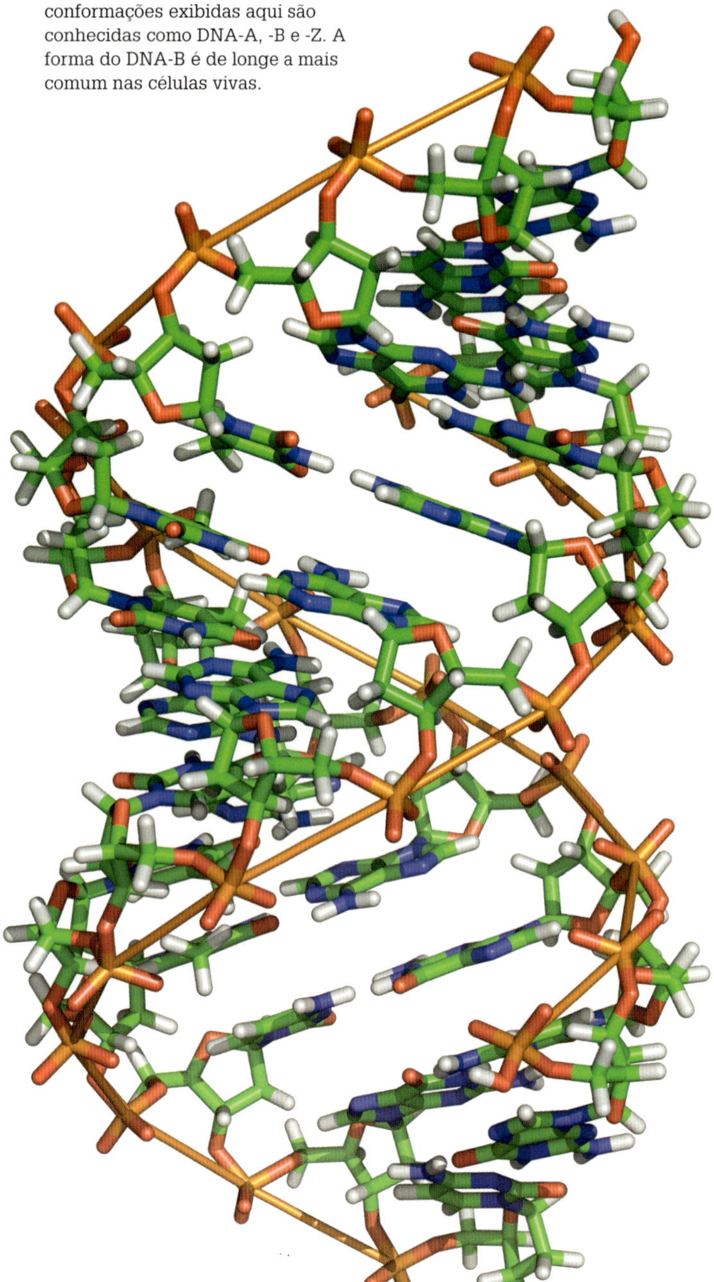

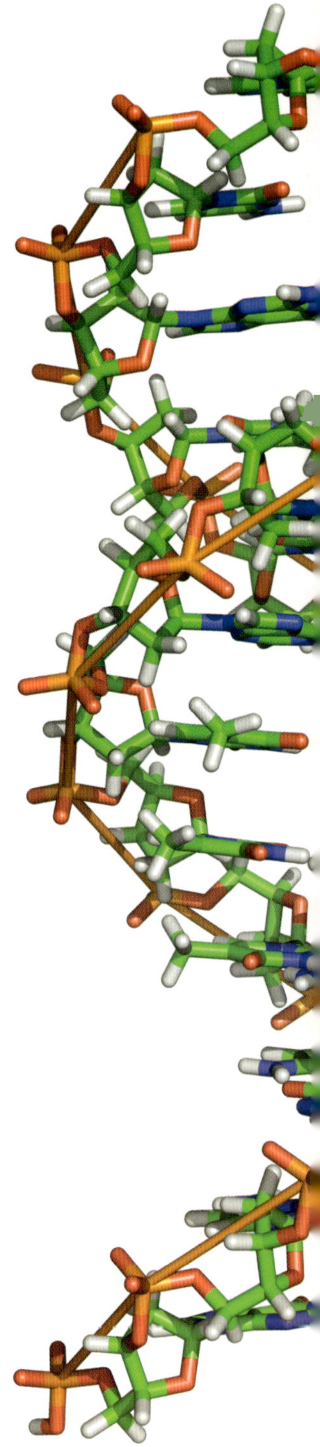

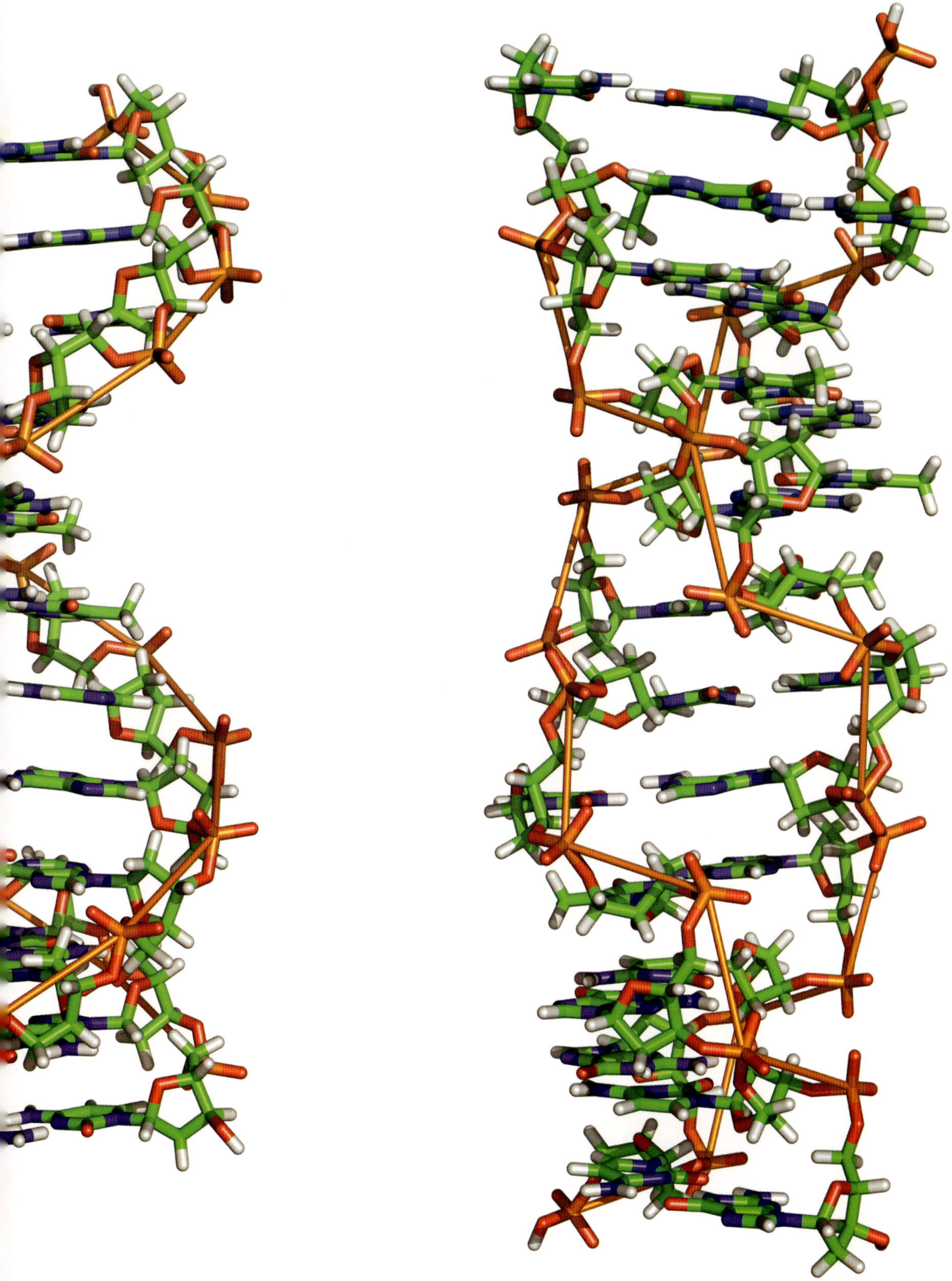

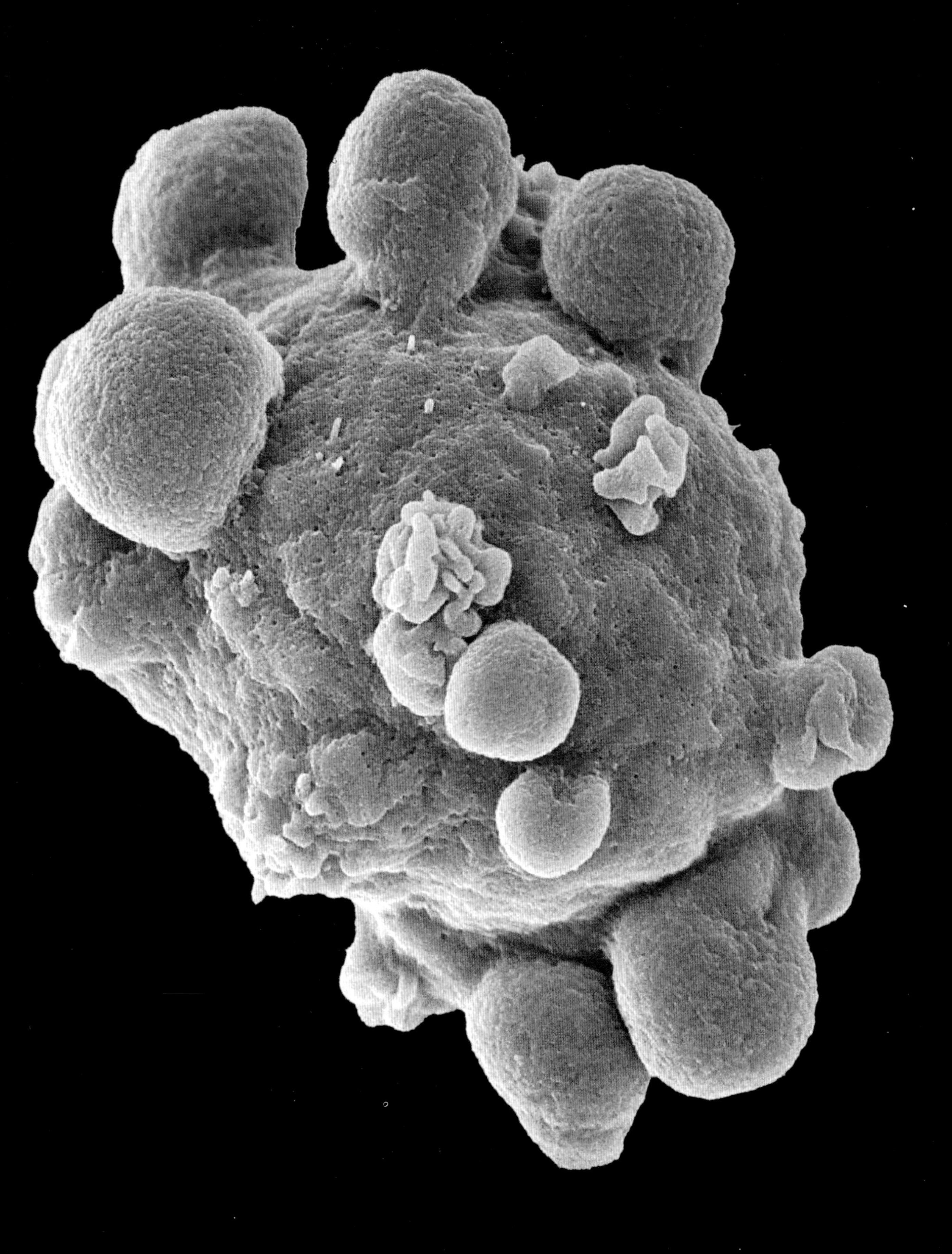

A descoberta da estrutura do DNA foi um grande momento na história da ciência e na busca do segredo da vida; a compreensão dessa estrutura respondeu algumas perguntas importantes sobre replicação, mutação e evolução humana. Desde 1953, houve outros enormes avanços na compreensão da maneira exata como o DNA se replica, a molécula sintetiza proteínas, como esta pode funcionar errado e como um número tão pequeno de genes (algo próximo de 30 mil) consegue produzir algo tão complexo quanto um ser humano. À luz do que já aprendemos em apenas meio século, é tentador afirmar, como alguns entusiastas, que estamos a um passo de conseguir controlar e manipular a vida. O problema é que, como os cientistas descobriram no passado, quanto mais de perto observamos, mais complicado fica. Apesar de ainda não sabermos exatamente o que nos dá vida, já sabemos que uma extraordinária molécula é o centro de nosso organismo e de todas as outras formas de vida neste planeta.

À esquerda: Imagem em microscópio eletrônico de uma célula sanguínea acometida por leucemia. A capacidade de estudar células e outras estruturas do corpo com tamanho detalhamento pode revelar aspectos ocultos de sua função e até indicar novos tratamentos.

MUTAÇÃO

A palavra “mutação” parece terrível, lembrando o produto infeliz de um experimento perigoso que leva à criação de algum monstro esquisito ou assustador. Contudo, não fosse pelas mutações, não existiríamos. Nossos ancestrais remotos jamais teriam emergido do lodo primitivo. Mutações favoráveis desempenham papel crucial na evolução, fornecendo uma fonte de variação sobre a qual age a seleção natural. A mutação pode ocorrer quando uma célula se divide, e as letras de um segmento de DNA que formam determinado gene não são copiadas fielmente. Um segmento de DNA com a sequência AACCCG, por exemplo, poderia ser copiada como AGCCCG. Quando esse segmento, mais tarde, for utilizado para sintetizar uma proteína, ela será diferente das proteínas produzidas pela sequência original. Isso talvez seja importante, talvez não. A alteração pode levar à morte do organismo, a uma mudança sutil ou a mudança alguma. Como exemplo, imagine que haja uma mutação na cor das asas de uma mariposa de clara para escura. Se a mariposa viver em árvores claras, a mutação fará com que ela se destaque e se extinga – assim como a mutação. Mas se as árvores ficarem mais escuras – pela fuligem de uma fábrica próxima –, as mariposas escuras se adaptarão melhor ao novo ambiente, e a mutação persiste. Ela levou à evolução.

^ *Desenhos anatômicos de Leonardo da Vinci*

Nossas tentativas de entender e prolongar a vida nos levaram a um exame cada vez mais detalhado do funcionamento do corpo. Por infelicidade, a visão de nossa anatomia predominante até o Renascimento baseava-se nas dissecações de animais realizadas por um grego chamado Galeno. A Igreja desencorajava a dissecação de corpos, reprimindo os progressos. Os desenhos minuciosos de Leonardo da Vinci não se tornaram conhecidos; somente quando Andreas Vesalius, professor de anatomia em Pádua, ousou criar um programa de dissecações foi possível elaborar um guia anatômico mais preciso. William Harvey, jovem médico britânico, descobriu 54 anos depois a circulação sanguínea, desacreditando ainda mais a obra de Galeno.

Graças ao uso do microscópio, no século XVII, nossa compreensão do corpo – e de como protegê-lo – assumiu nova dimensão. Robert Hooke foi capaz de observar a célula, peça fundamental da vida; o microscópio muito mais

< Microscópio de Robert Hooke

∧ Estrutura de dupla hélice do DNA
∧ Raios X do DNA

potente de Antonie van Leeuwenhoek permitia a observação de micróbios, preparando terreno para a teoria dos germes e o trabalho de cientistas como Louis Pasteur na prevenção de doenças contagiosas.

A partir do fim do século XIX, nosso foco se ampliou, voltando-se para o que fazia as células funcionarem. Em meados do século XX, estava claro que os genes eram cruciais; eles se compunham de uma substância misteriosa, o DNA. Utilizando raios X em lugar de microscópios, Rosalind Franklin conseguiu fotografar filamentos individuais de DNA, a partir dos quais Crick e Watson definiram a estrutura da molécula, respondendo a muitas perguntas sobre o corpo – que levaram a outras questões.

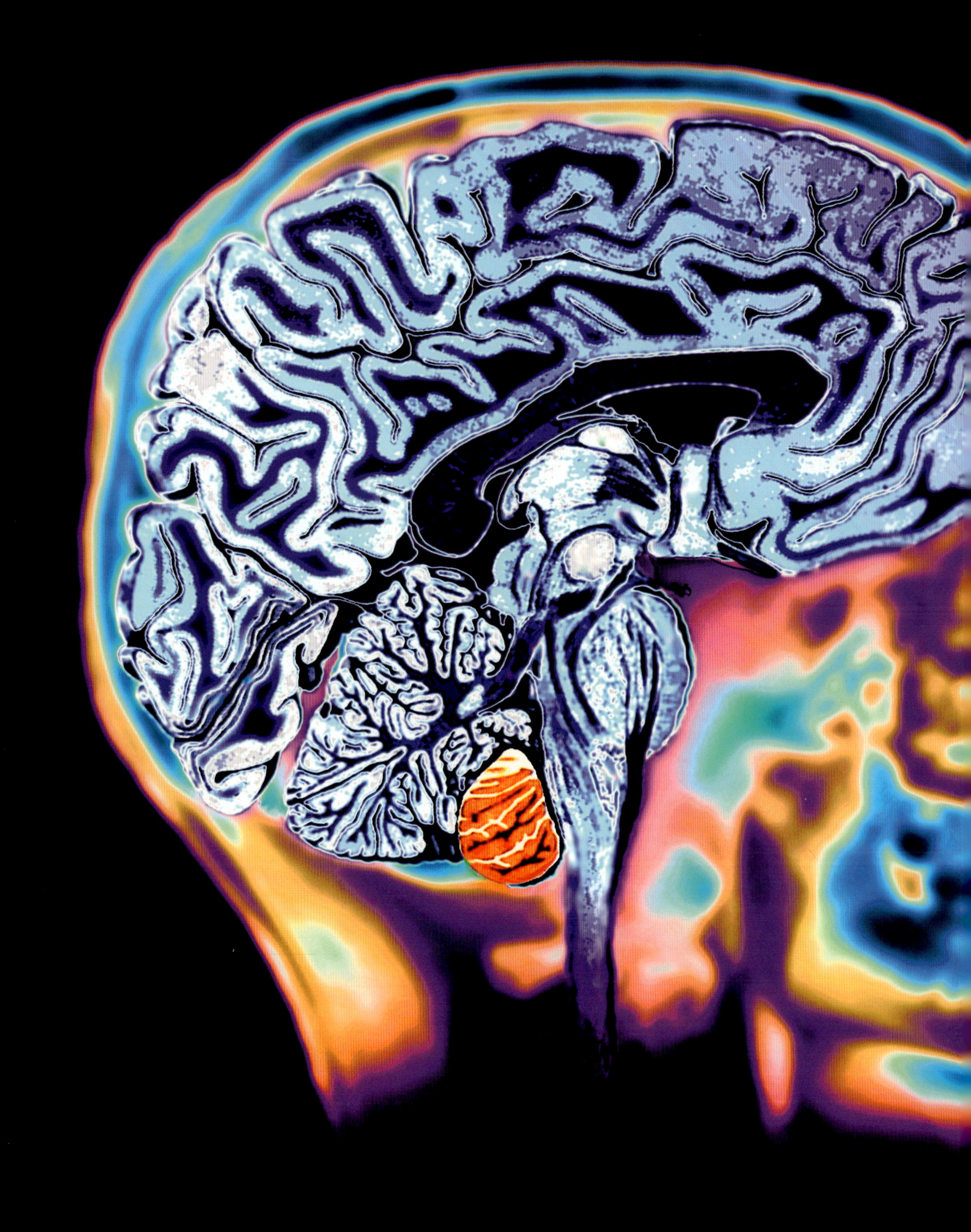

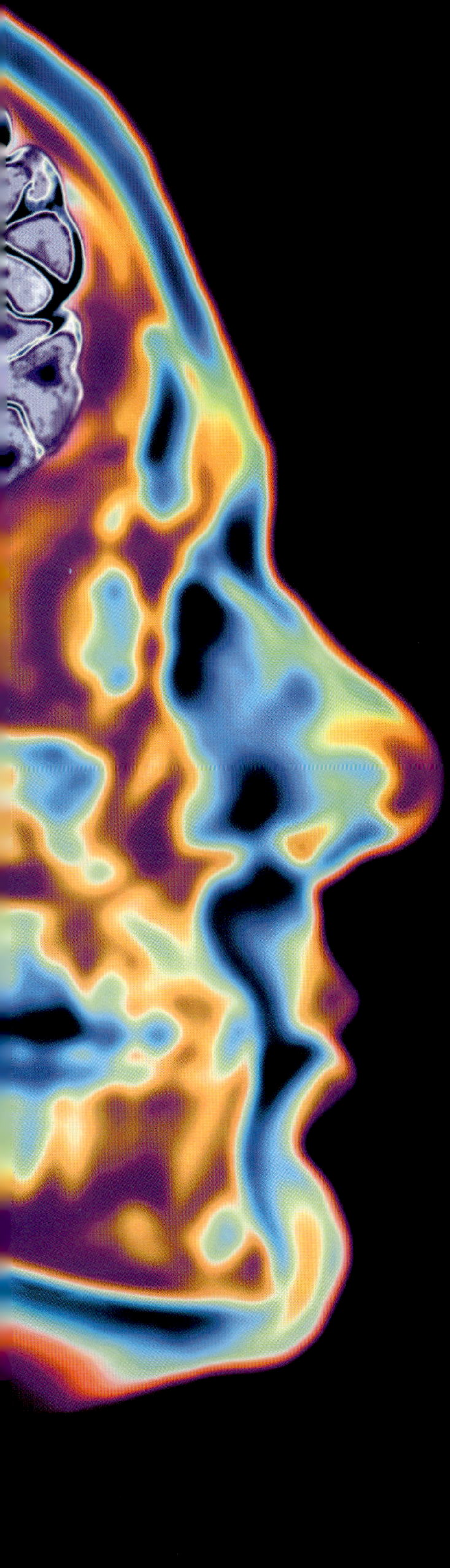

6. Mente

QUEM SOMOS NÓS?

Se alguém lhe pedir para descrever a si mesmo, é provável que você comece pela aparência física. Mas se nos perguntarem o que nos move e motiva, a maioria terá dificuldade em responder. A verdade é que são poucos os que entendem o funcionamento da própria mente. Muitas vezes nos comportamos de maneira irracional, fazemos coisas imprevisíveis, por razões que não são claras nem para nós mesmos. Já é longa a história da tentativa de compreender quem somos e quais são nossas verdadeiras motivações. As primeiras civilizações não faziam ideia de que o cérebro é responsável pela cognição. Apenas no século passado começamos a entender como o quilo e meio de massa cinzenta e branca nos permite pensar. Hoje, porém, os neurocientistas descobrem cada vez mais indícios de que boa parte do que o cérebro faz não chega à consciência; muitas das decisões que pensamos tomar não passam de racionalizações, justificativas que nosso lado consciente dá para escolhas já feitas pelo subconsciente.

Assim como nossos corpos, nossos cérebros são produto de um longuíssimo processo evolutivo. Enxertada sobre um cérebro reptiliano de 500 milhões de anos, contendo o tronco cerebral e o cerebelo, está um estrutura bem mais recente: a área denominada neocórtex, responsável pela linguagem e pelo pensamento abstrato. O neocórtex, "casca nova" em latim, é uma fina camada composta por massa cinzenta e branca situada acima dos dois hemisférios cerebrais, os lados direito e esquerdo do cérebro. Trata-se da sede do pensamento racional, tida por alguns como uma espécie de "centro de comando". Na verdade, o neocórtex parece mais um condutor empoleirado no lombo de um elefante; às vezes, o homem consegue guiar o animal na direção desejada, mas outras vezes o bicho vai para onde quer, e só resta ao condutor fingir que também queria ir para lá.

Imagem de ressonância magnética (RM) de um crânio humano revela as complexas circunvoluções e detalhes do cérebro, o órgão mais complexo e intrigante do corpo.

PENSANDO COMO UM EGÍPCIO

O dia estava quente e parecia não acabar nunca em Luxor, região central do Egito, quando um funcionário consular local chamado Mustapha Aga encontrou-se com certo Edwin Smith. Vindo de Connecticut, em 1958, há cerca de quatro anos, Smith era um aventureiro de fama duvidosa. Estudara egiptologia em Paris e Londres, e agora vivia muito bem como agiota, negociante de antiguidades e, segundo as más línguas, falsificador. Aga tinha certeza de que o antigo papiro em suas mãos despertaria a cobiça do americano. De fato, Smith logo se interessou pelo manuscrito que Aga desenrolou diante dele com cuidado. Ao examinar as 469 linhas de escrita hierática – adaptação menos pictórica de hieróglifos –, viu que era um texto médico e resolveu comprá-lo para sua coleção particular.

Embora tivesse alguma erudição, Smith jamais conseguiu traduzir o documento, que durante décadas não passou de mais uma curiosidade. Após sua morte, o rolo foi doado à New York Historical Society e, no entreguerras, finalmente traduzido. Ficou claro que o escrito, que se acreditava datar de 1500 a.C., era cópia de uma obra muito mais antiga, talvez de mil anos antes. O papiro tinha detalhados estudos dos casos médicos de 48 feridos. A maioria sofrera lesões na cabeça, do tipo que ocorre numa batalha ou, hoje, em acidentes de trabalho numa obra. Acredita-se que alguns dos ferimentos tivessem origem na construção de pirâmides. Num dos casos, o autor dava instruções: "Ao examinar um homem com uma ferida aberta na cabeça que chegue até o osso, rompendo o crânio e expondo os miolos, deve-se apalpar a abertura. Como as ondulações surgidas no cobre fundido num cadinho, algo lá dentro palpita e estremece ao toque dos dedos como a moleira ainda aberta de um bebê."

Aquilo não era só um compêndio de antigos conhecimentos médicos, mas também a primeira descrição do cérebro de que se tem notícia. Há mais de quatro mil anos, o cérebro humano, hoje considerado a estrutura mais complexa do Universo, apenas começava a ser entendido. Os egípcios sabiam que o órgão era coberto por membranas (as meninges); tinham várias maneiras – algumas sensatas, outras, não – de tratar lesões na cabeça; e conheciam também os curiosos efeitos paralisantes das lesões cerebrais em membros aparentemente não relacionados. Contudo, apesar do notável pioneirismo no mundo da neurologia, tinham opinião muito peculiar sobre a importância do cérebro. Acreditavam que a alma, o eu cognitivo e imortal, nada tinha a ver com o órgão. Para eles, a fonte da consciência estaria no coração. Assim, embora tivessem todo o cuidado em preservar ou mumificar os cadáveres para a outra vida, conservando o coração num recipiente especial, usavam um gancho de metal para arrancar o cérebro dos mortos e jogavam-no fora sem a menor cerimônia.

À direita: Página do papiro de Edwin Smith, o mais antigo documento cirúrgico conhecido. Esta forma de escrita, a hierática, é uma versão manuscrita dos hieróglifos gravados em monumentos.

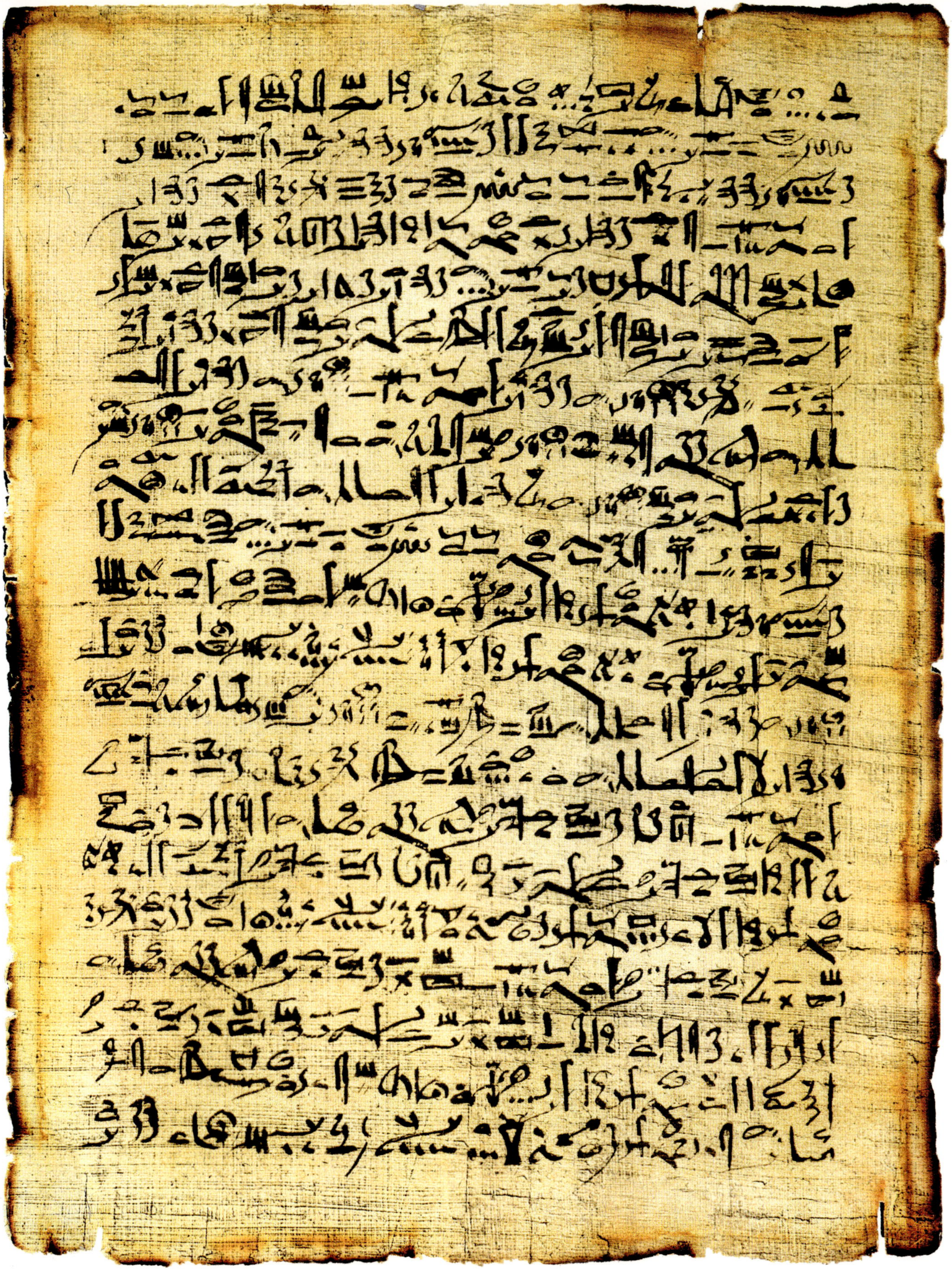

O CÉREBRO GANHA VIDA

À pergunta sobre seu verdadeiro eu, a maioria das pessoas tenta responder descrevendo seus traços de comportamento ou modo de pensar – hoje começamos a identificar o que somos com o funcionamento de nossa mente. Os primeiros a investigar a questão da identidade pessoal em termos seculares e religiosos foram os gregos clássicos. O famoso médico Hipócrates descobriu que lesões num dos lados do cérebro afetavam o lado oposto do corpo; também compreendeu que os epiléticos sofriam de doença cerebral, e não de possessão por maus espíritos. Embora acreditassem que o destino era determinado por seres míticos chamados moiras, os gregos achavam que o comportamento cotidiano era controlado pela psique de cada um.

Hipócrates
c.460-377 a.C.

À direita: Platão ficou célebre pelas teorias matemáticas e filosóficas. Suas concepções acerca da mente não eram fruto de observações metódicas, mas de princípios idealizados.

Abaixo: Baixo-relevo italiano medieval mostrando Platão e Aristóteles – dois grandes filósofos cujas ideias sobre a mente se mostraram profundamente equivocadas.

Platão, que viveu nos séculos IV e V a.C., foi um dos primeiros a desenvolver a tese de que o eu, responsável por nossas decisões racionais, pelo raciocínio e pelo pensamento, estava ligado ao cérebro. Para a teoria platônica, mais baseada na filosofia que em exames clínicos, nossa alma cognitiva migraria para outro corpo após a morte, e seria formada de partículas esféricas velozes, concentradas na cabeça e no sistema nervoso. O filósofo julgava que outros órgãos também tinham almas, ainda que estas não fossem imortais. Uma das psiques, associada ao desejo ou aos apetites animais, habitava o diafragma, de onde podia facilmente energizar o fígado, o órgão da volúpia. A que controlava as emoções tinha sede no coração. (O uso de corações nos cartões de namorados é um resquício dessas ideias.)

Aristóteles, que aprendera as primeiras lições sobre o corpo humano com o pai, médico particular do rei da Macedônia, foi mais um dos que se entregaram a especulações fisiológicas. Num grande recuo, ensinou ao mundo civilizado que o coração era a sede da alma racional, afirmando que o cérebro não passava de um radiador inerte para resfriar o organismo. Os derrames seriam entupimentos causados por acúmulo de bile negra na cabeça. Sua ideia de valor mais duradouro foi a de que havia uma substância misteriosa e quase divina que a psique centralizada enviava aos músculos para fazê-los funcionar. O filósofo não tinha como saber dos impulsos elétricos transmitidos por neurônios nem dos neurotransmissores que atravessam as sinapses, mas esse pensamento guiou as gerações posteriores na direção certa. Aristóteles acreditava que todos os espaços vazios eram preenchidos por um quinto elemento, poderoso e invisível. Este era absorvido pelo corpo, nos pulmões, e transformado em "pneuma" ou "calor vital", no coração, o órgão da percepção de onde supunha que todos os nervos emanavam. A força vital era então transportada pelo sangue até os músculos, ativando-lhes as psiques e estimulando os movimentos. Assim, ele compreendeu que existia um órgão controlando os demais. Apenas não sabia que esse papel cabia ao cérebro.

DISSECANDO OS MORTOS... E OS VIVOS

Um dos fatores que impediram a neurologia grega de avançar além dos limites de uma filosofia engenhosa porém especulativa eram certas crenças acerca do tratamento dos mortos que, ao impedir as dissecações, limitavam as oportunidades de aprendizagem. Os gregos acreditavam que, se um corpo não fosse tratado da maneira correta, recebendo funeral rápido e respeitoso, a alma poderia passar a eternidade vagando pelas lúgubres margens do rio Estige. Por essa razão, as autópsias humanas eram proibidas. Desencorajava-se mesmo a dissecação de animais, pois muitos gregos da época clássica acreditavam na reencarnação. Com o advento do período helenístico, prenunciado por Alexandre o Grande e pela fundação da capital no Egito, longe da Grécia continental, as ideias religiosas mudaram. Já não se acreditava em ligação íntima entre corpo e alma, e os patologistas ficaram livres para afiar seus bisturis.

Herófilo de Calcedônia, grego da Ásia Menor que vivia em Alexandria, dissecou centenas de cadáveres humanos. Assim, foi responsável pelos primeiros estudos detalhados do encéfalo. Cortando-o em fatias, observou as quatro cavidades (ventrículos), separou as duas membranas que o recobrem, descreveu as duas partes principais (cerebelo e cérebro) e reconheceu os nervos sensórios e motores que se estendem do tronco cerebral a outras regiões do corpo. Embora tenha feito descobertas interessantes, os métodos eram de incrível brutalidade. Ptolomeu, rei do Egito na Época, tinha tanto entusiasmo pelo estudo do cérebro humano que oferecia criminosos condenados para que Herófilo fizesse neles suas vivissecções.

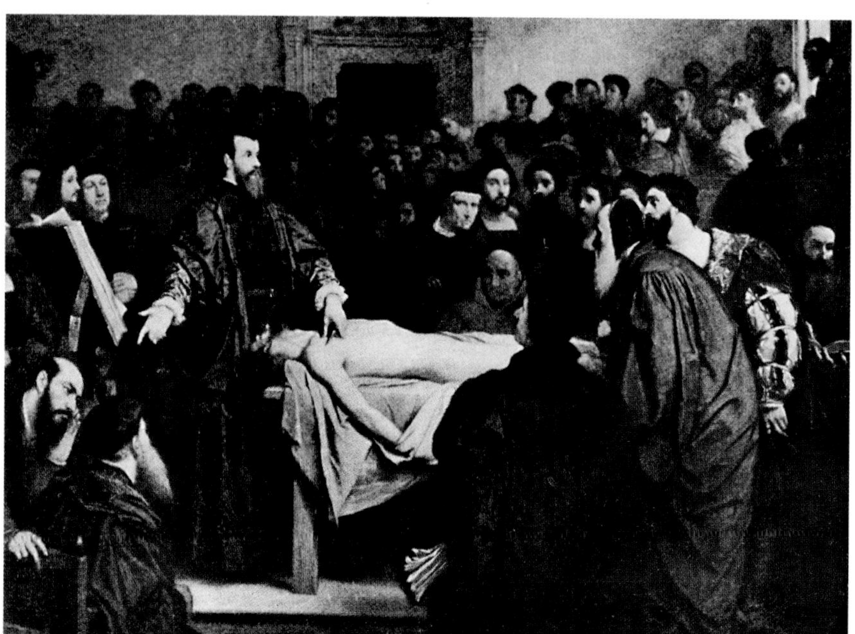

À esquerda: Herófilo realiza uma autópsia diante de uma plateia de estudantes na escola de medicina em Alexandria.

Acima, à direita: Ilustração medieval mostrando Herófilo e seu discípulo em Alexandria, Erasístrato, que deu continuidade à tradição dos primeiros estudos anatômicos em cadáveres.

A TREPANAÇÃO E OS PRIMÓRDIOS DA CIRURGIA CEREBRAL

Embora possamos dizer que o estudo do cérebro ainda é incipiente, os cirurgiões já são capazes de abrir o crânio há mais de sete mil anos. A trepanação, ou craniotomia, consiste em retirar uma parte do crânio e deixar que a ferida cicatrize. O procedimento já era usado na Europa neolítica, bem antes da construção de Stonehenge. Crânios descobertos em Ensisheim, na França, exibem orifícios de contornos regulares, muitas vezes com vários centímetros de diâmetro, abertos por lâminas de sílex, bem antes da morte dos pacientes. Outras culturas primitivas, da China à América Central, também eram adeptas da prática. Embora não fosse uma cirurgia cerebral – a perfuração da camada mais externa do órgão, a dura-máter, resultaria em infeção fatal –, a trepanação podia evitar que as vítimas de lesões no cérebro sofressem de acúmulo de fluidos. Até o século XV, cirurgiões barbeiros percorriam a Europa abrindo o crânio de pacientes dispostos a pagar, prometendo-lhes a cura da depressão ou da epilepsia. Alguns chegavam a espalhar a lenda da extração da "pedra da loucura", provavelmente um seixo que escondiam na palma da mão e revelavam depois de concluído o procedimento. Além de ser usada pelos médicos para aliviar inchaços intracranianos, ainda hoje há uma forma mais sofisticada que se tornou popular entre alguns membros de comunidades alternativas, que a realizavam com as próprias mãos, na crença de que isso lhes daria melhor qualidade de vida.

TEMPOS SOMBRIOS

No capítulo anterior, fomos apresentados a Galeno, o romano cujas teses dominaram a medicina ocidental por mais de mil anos. A influência de suas pesquisas e de sua autoridade esmagadora não foi menor no que se refere à questão de quem somos nós. Como médico dos gladiadores na antiga cidade grega de Pérgamo, ele examinou muitos ferimentos na cabeça e pôde observar seus efeitos nos lutadores mais desafortunados ou menos hábeis. Galeno percebeu que certas funções corporais podiam ser prejudicadas por golpes no crânio, enquanto outras não sofriam qualquer prejuízo. Embora não tenha chegado a mapear as áreas do cérebro, nem tentado relacioná-las às diferentes habilidades, ele lançou as sementes da teoria que ficaria conhecida como topologia cerebral, da qual falaremos adiante.

Ao contrário dos filósofos gregos anteriores, Galeno trabalhava de maneira empírica. Ele não apenas concebia teorias, mas as punha à prova em experimentos. Havendo teorizado, por exemplo, acerca das razões pelas quais um golpe de espada no pescoço de um gladiador o deixara paralisado, mas ainda capaz de respirar, o médico cortava o mesmo ponto do pescoço de qualquer animal ao alcance de suas mãos. Os resultados dos cortes eram cuidadosamente anotados e comparados. Embora tais experimentos parecessem oferecer a prova definitiva de que algo em nossa cabeça controla o resto do corpo, Galeno não chegou a concluir que esse "algo" era o próprio cérebro. Para ele, o controle era exercido pelas cavidades cerebrais. Removeu o topo do crânio de animais vivos e observou que o cérebro subia e descia, como um pulmão. Concluiu que o ar contendo o pneuma vital de Aristóteles devia ser sugado para dentro do ventrículo frontal através de uma placa acima do nariz. Lá, seria transformado em espíritos vitais ou "animais", que seriam então processados pelo ventrículo posterior antes de seguir para os nervos e chegar a todas as regiões do corpo onde suas virtudes promotoras da vida fossem necessárias. Embora fantasiosa, essa teoria seria ensinada aos estudantes de medicina pelos mil anos seguintes.

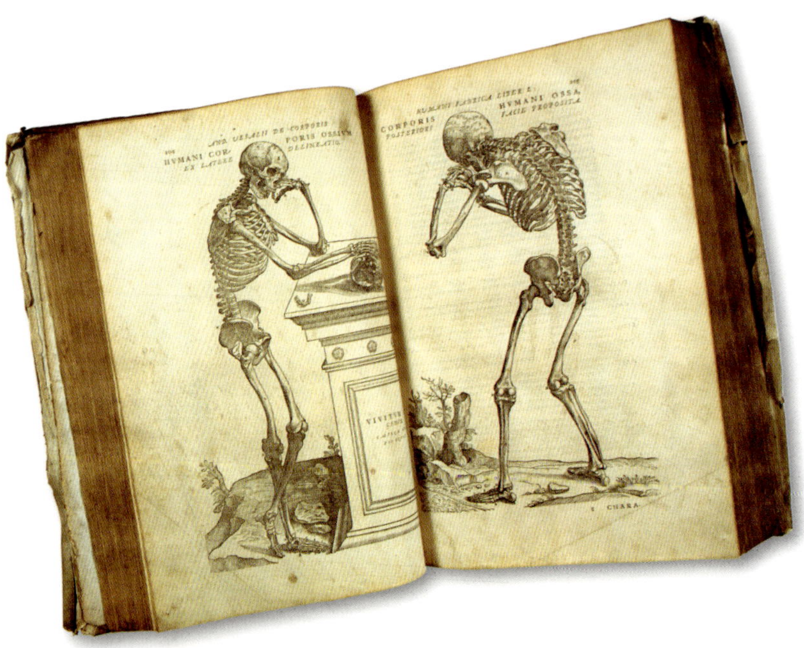

Duas ilustrações da obra de Andreas Vesalius, cujos estudos anatômicos, no século XVI, finalmente corrigiram muitos dos equívocos de Galeno.

Depois de Galeno, o cristianismo estagnou o progresso filosófico e neurológico na Europa. Durante a Idade Média, o debate sobre a questão da própria existência se restringiu. Cabia à Igreja garantir que todos conhecessem sua importância – ou falta de – e aceitassem seu lugar no mundo, determinado por um Deus invisível e inquestionável. Numa sociedade feudal e supersticiosa, o espírito investigativo não era estimulado. Na época, a medicina islâmica estava mais avançada que a da Europa. Contudo, a compreensão do funcionamento cerebral no mundo muçulmano também se baseava nas ideias dos filósofos alexandrinos do século IV, não diferindo muito da europeia. Ali al-Husain Ibn Abdullah Ibn Sina, mais conhecido como Avicena, acreditava, como os médicos europeus, que os ventrículos cerebrais eram a sede da cognição. O ventrículo frontal receberia os espíritos externos, e o posterior, pelo qual estes afluiriam para os nervos, abrigaria a memória. A razão, ou alma racional, habitava os ventrículos intermediários.

"Galeno percebeu que certas funções corporais podiam ser prejudicadas por golpes no crânio, enquanto outras não sofriam qualquer prejuízo."

AS BRUXAS, O ESPORÃO DO CENTEIO E O LSD

Na cidade de Salem, Massachusetts, no inverno de 1692, oito meninas começaram a apresentar sintomas extraordinários. Num estado de transe delirante, sentiam insetos rastejarem por seus membros, sua fala era confusa, os corpos convulsos. Estavam convencidas de que haviam sido amaldiçoadas por um espírito mau. Seis mulheres locais acabaram enforcadas por bruxaria. Duzentos e cinquenta anos mais tarde, em 1963, o químico industrial suíço Albert Hoffman se tornou o primeiro homem a ingerir a dietilamida do ácido lisérgico, mais conhecida como LSD. Poucos minutos depois, ele se sentia ameaçado pelos móveis, não conseguia andar de bicicleta, acreditava estar possuído por um demônio e que sua vizinha preocupada era uma bruxa má. Hoje, as semelhanças entre a experiência de Hoffman e as das jovens de Salem são consideradas bem mais que uma coincidência. O químico sintetizou o LSD a partir do esporão do centeio, fungo venenoso encontrado em cerais. Análises dos registros climáticos da Idade Média mostram uma coincidência entre os períodos propícios ao desenvolvimento do esporão, os surtos de possessão sobrenatural das mulheres e a ocorrência do fogo de santo Antônio, fenômeno no qual aldeias inteiras se tornavam mentalmente perturbadas. Embora não tenhamos pleno conhecimento do mecanismo de atuação no cérebro das drogas bloqueadoras da serotonina, como o LSD, sabemos que esses compostos podem alterar nosso comportamento.

Espigas de trigo infectadas por esporões negros de fungo.

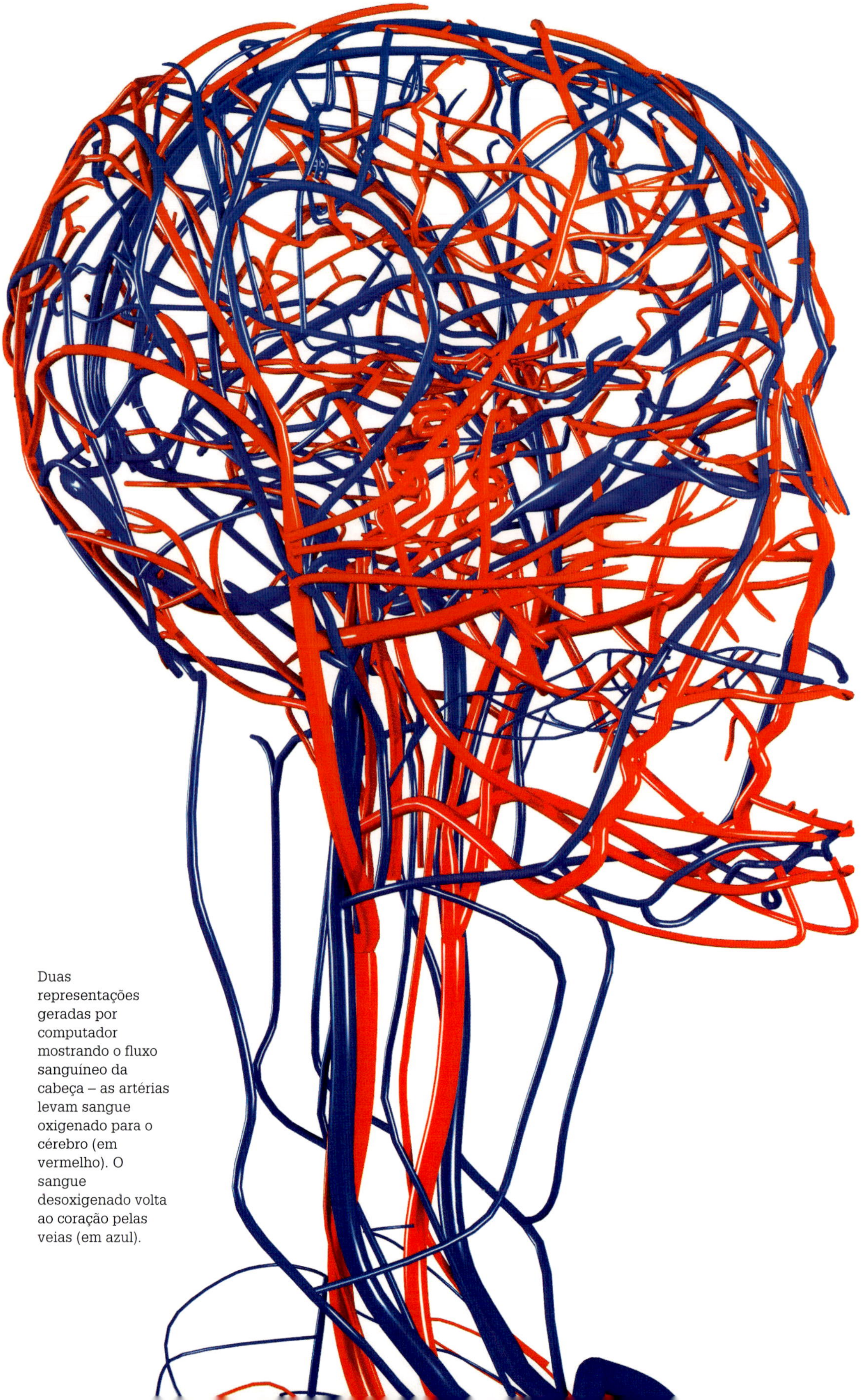

Duas representações geradas por computador mostrando o fluxo sanguíneo da cabeça – as artérias levam sangue oxigenado para o cérebro (em vermelho). O sangue desoxigenado volta ao coração pelas veias (em azul).

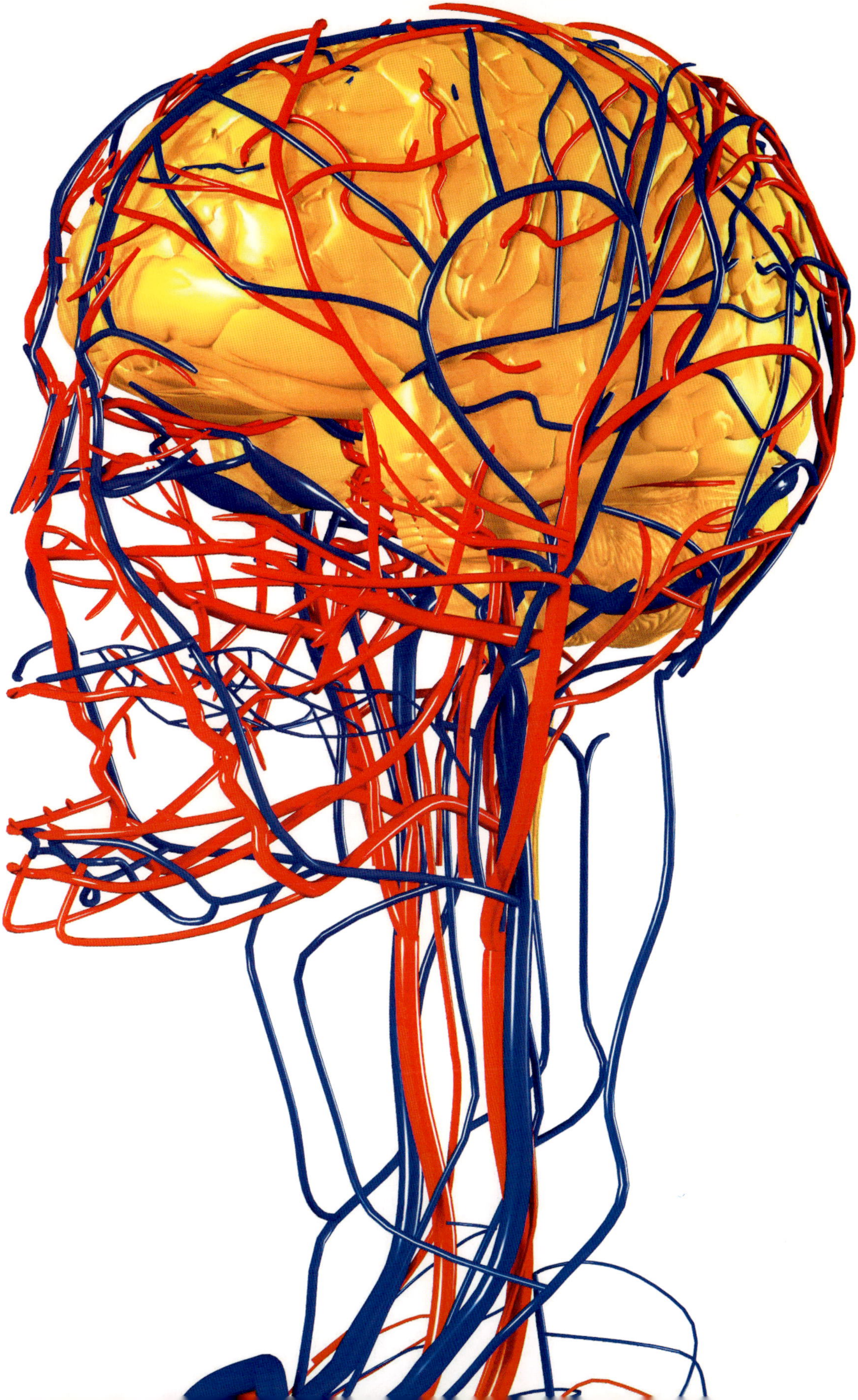

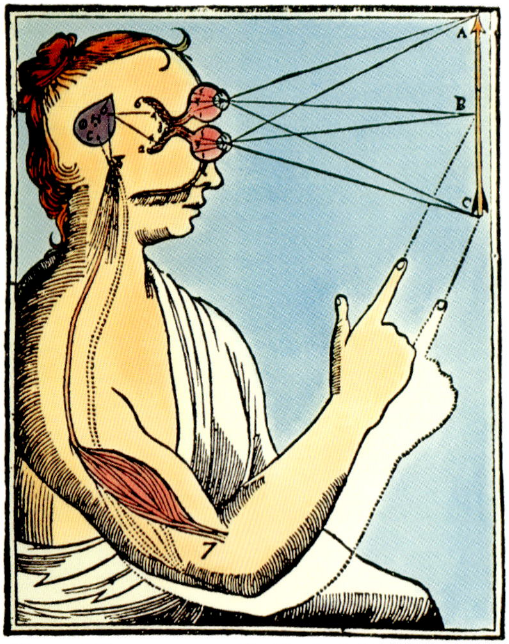

UMA NOVA ESPERANÇA

René Descartes
1596–1650

Não é de se estranhar que o Renascimento tenha sido palco de uma transformação na forma como nos vemos. Ao pôr as mãos nos cadáveres de Pádua e rasgar o livro de Galeno (*ver* Capítulo 5), Vesalius reiniciou o estudo do cérebro. Sua desconfiança foi despertada quando reparou que os ventrículos dos animais eram quase idênticos aos dos homens. Como essas cavidades eram tidas como a sede da razão e da consciência, e a ideia de que os bichos tivessem alma não fazia o menor sentido, o anatomista percebeu que algo estava errado. Na busca de respostas, Vesalius estudou a *rete mirabile*, a rede de vasos sanguíneos na base do cérebro, tida como fonte de todos os pneumas psíquicos importantes. Depois de examinar bom número de crânios, concluiu que, embora fosse uma característica marcante dos cérebros bovinos, não havia *rete* nos seres humanos. Ficava cada vez mais patente a necessidade de um modelo mais sofisticado para a mente.

Nada indicava que René Descartes, nascido numa pequena aldeia francesa, em 1596, seria o salvador da neurologia. Ele não era médico, mas filósofo formado em direito e apaixonado pela matemática. Com pouco mais de 20 anos, já lutara pelo exército protestante holandês contra a Espanha e ao lado do católico Maximiliano o Grande, da Baviera. Já percorrera a Europa, formulara a geometria analítica e se sentia entediado. Enquanto passeava por um parque perto de casa, em Paris, pensando sobre o futuro, Descartes ficou encantado com um conjunto de incríveis esculturas mecânicas havia pouco erigidas. Eram cenas da mitologia grega dispostas em seis grutas; deuses e deusas em tamanho natural, capazes de fazer movimentos. Seus corpos articulados eram percorridos por uma série de tubos hidráulicos que faziam com que parecessem vivos. Até os rostos das estátuas reagiam aos passantes, acionados por pedais enterrados sob o pavimento.

Acima à esquerda: Ilustração de *De Homine*, de Descartes, demonstrando sua teoria de que a glândula pineal era importante para a interpretação dos sinais do mundo externo e para desencadear reações.

Quando o filósofo se aproximou de uma das cavernas de iluminação lúgubre, a deusa nua Diana correu e se escondeu entre os juncos; Netuno deslizou em sua direção, brandindo o tridente, sobre uma concha gigante, e um escamoso monstro marinho emergiu das ondas, espirrando-lhe água no rosto. Passado o espanto, Descartes começou a pensar: será que as alavancas que moviam os membros tinham alguma semelhança com o mecanismo pelo qual nossa mente controla o corpo? O pensador logo começaria a frequentar abatedouros e necrotérios na tentativa de descobrir o que nos diferencia das máquinas. Como católico convicto, num mundo em que a Terra não era mais o centro do Universo e o coração não passava de uma bomba mecânica, ele devia conciliar suas crenças espirituais e científicas. Precisava descobrir o que nos faz racionais. Se o cérebro não é mais complexo que uma estátua pneumática, o que nos torna tão especiais?

"Descartes tinha uma nova e admirável forma de ver o mundo que separava alma e intelecto do resto do corpo, o dualismo."

Descartes tinha uma carta na manga: uma nova e admirável forma de ver o mundo que separava alma e intelecto do resto do corpo, o dualismo. Sua teoria era de que o espírito habitava numa minúscula parte do cérebro chamada glândula pineal, de forma e tamanho semelhantes aos de um pinhão, de onde tirou o nome. Ele resolveu que era daquele centro de comando, pendente como um saco, perto dos ventrículos, que nosso corpo era dirigido. A ideia pode ser mais bem-compreendida se pensarmos no controle de um videogame moderno ou no manche de um avião caça.

Descartes escreveu que a glândula pineal era capaz de girar e se deslocar, distribuindo partículas especiais de espírito animal pelos nervos, que tinham alçapões fixados por fibras capazes de abrir e fechar. Essas partículas fluiriam das extremidades

O símbolo taoista chinês de *Tajitu* é uma representação clássica do dualismo, de como o ying e o yang – o corpo e a mente, o escuro e o claro, o macho e a fêmea – se unem para formar um todo.

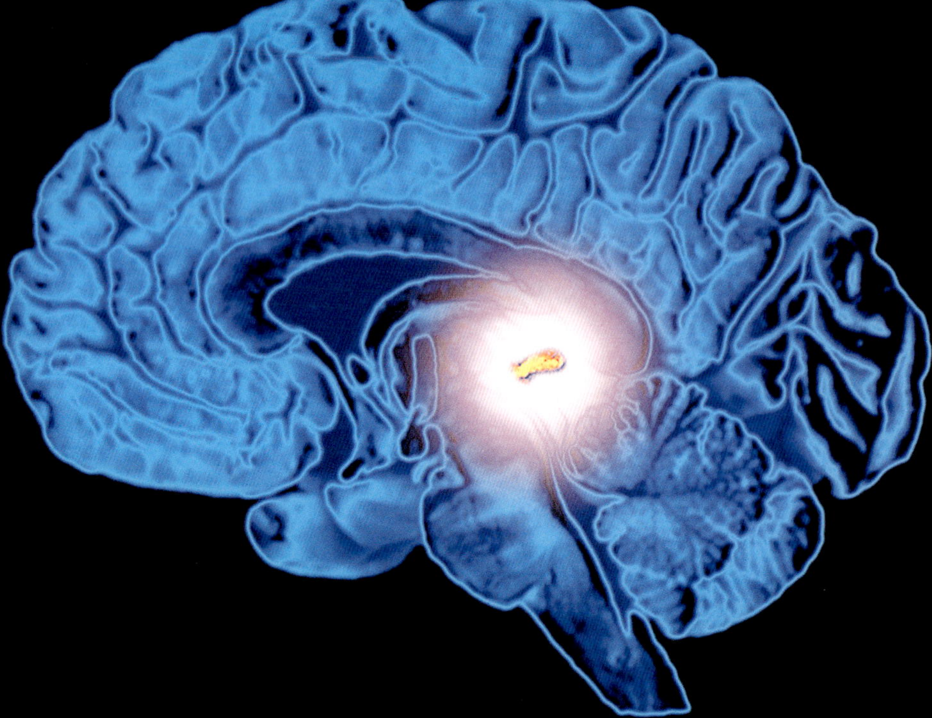

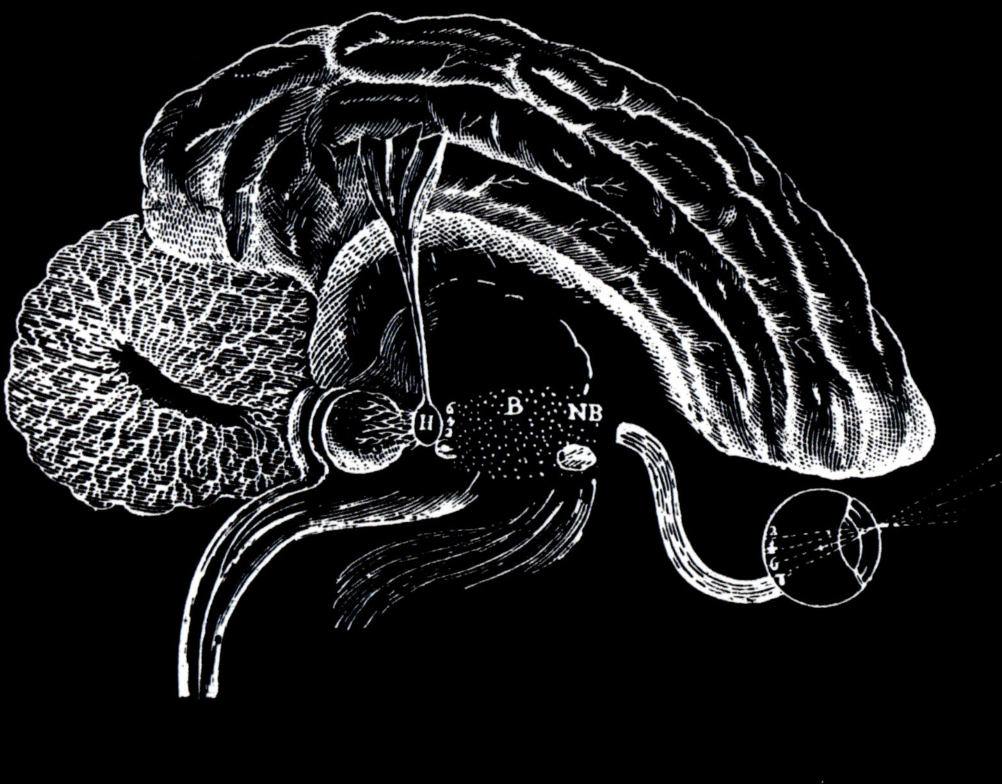
H
B
NB

dos nervos para provocar o inchaço dos músculos, forçando-os fisicamente a se expandir, enquanto os músculos opostos se contraíam. Segundo a teoria cartesiana, a mente era o piloto consciente que controlava o corpo, capaz de suprimir as ações normais. As atividades subconscientes eram executadas por reflexos reativos. As sensações físicas retesavam ou afrouxavam as fibras nervosas, provocando o relaxamento ou a contração muscular. Se antes acreditava-se que a alma conferia ao corpo seu calor vital, surgia agora um modelo em que o corpo podia ser considerado independente e capaz de funcionar sem o espírito, o que explicava a continuidade da existência do reino ímpio e irracional das feras. O filósofo concluiu que os animais não tinham alma e eram pouco mais que máquinas mecânicas sofisticadas.

Ainda que a separação entre corpo e alma fosse bem-recebida pela Igreja, pois resolvia a espinhosa questão dos porcos no paraíso, as teorias cartesianas foram consideradas escandalosas. Descartes passou o resto da vida fugindo da temida Inquisição. Porém, embora suas especulações sobre a mecânica humana jamais tenham conquistado muitos adeptos (os anatomistas sabiam que os animais também tinham glândula pineal), seu verdadeiro legado é a filosofia que as acompanha. Descartes afirmou: "*Cogito ergo sum*", "Penso logo existo", sugerindo que o poder de nossa consciência e cognição faz de nós quem somos. Depois do choque de descobrir que a Terra não era o centro do sistema solar, suas teorias nos deram razões para acreditar em nossa própria importância como únicas criaturas dotadas de pensamento. Não éramos um nada irrelevante, mas o centro de nosso próprio Universo. O funcionamento do cérebro passou a ser a chave do segredo do que nos torna humanos.

À direita: Descartes acreditava que o corpo humano funcionava como as esculturas mecânicas que vira em Paris. A ilustração mostra como ele pensava que o fluido "hidráulico" bombeado pelos nervos acionava os músculos do olho.

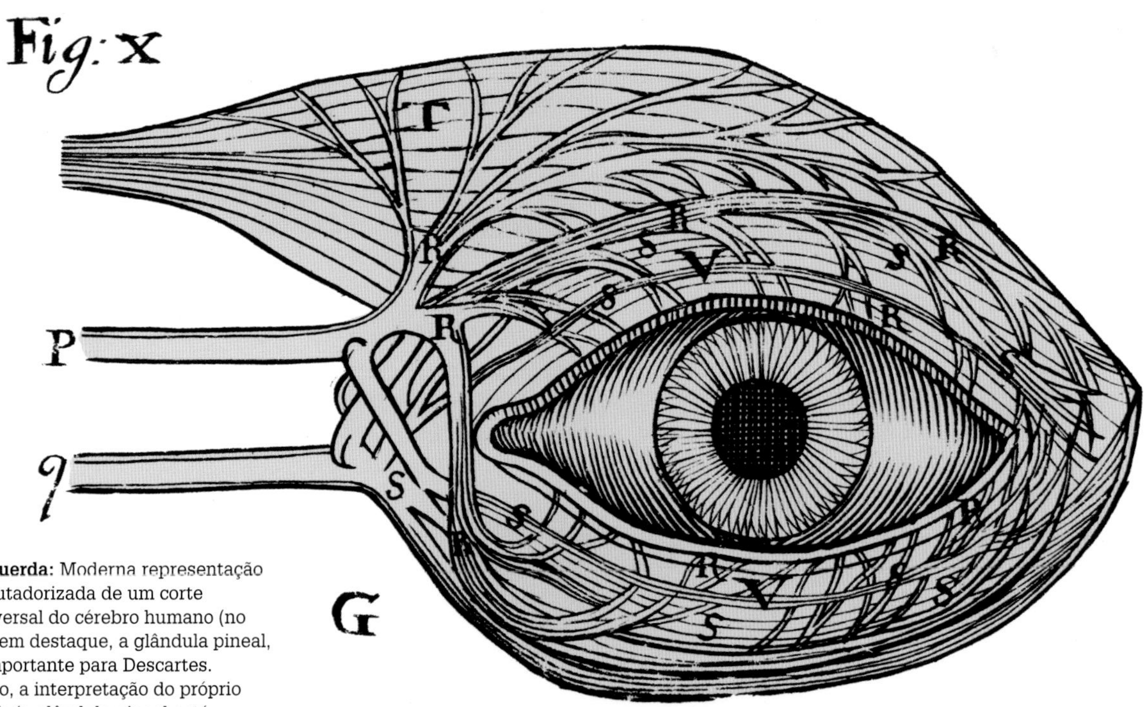

À esquerda: Moderna representação computadorizada de um corte transversal do cérebro humano (no alto); em destaque, a glândula pineal, tão importante para Descartes. Abaixo, a interpretação do próprio filósofo (a glândula pineal está marcada com a letra H).

O CÉREBRO REVELADO

Thomas Willis
1621–1675

No século XVI, o estudioso Thomas Moore declarou: "O tutano que recheia a cabeça do homem é tão capaz de pensar quanto uma bola de sebo ou uma tigela de coalhada." O médico Thomas Willis discordava; achava que o cérebro merecia um olhar mais atento e decidiu provar que Moore estava errado. É quase certo que sua fidelidade ao rei derivasse de um acaso da Guerra Civil inglesa. Nascido em 1621, Willis frequentou a escola local de Great Bedwyn, Wiltshire, e foi admitido no curso de medicina da Universidade de Oxford. O currículo da época consistia numa década de leituras exaustivas dos textos clássicos, incluindo os de Galeno. Porém, com a eclosão da guerra, em 1641, Oxford se transformou em guarnição monarquista, e o período letivo sofreu drástica interrupção. Ironicamente, isso fez com que Willis escapasse de sofrer uma lavagem cerebral com as teorias galênicas, ficando livre para seguir seus próprios interesses médicos. E estes revelariam grande perspicácia.

O polímata Willis se interessava por todos os campos da anatomia e da fisiologia. Tornou-se o médico mais rico de Londres e um dos primeiros especialistas em doenças do sistema nervoso. Mas ele é lembrado pela pesquisa sobre o cérebro. Partindo da nova ideia de que a mente, e não apenas Deus, podia ser responsável por determinar quem somos nós, foi o primeiro a empreender um estudo sistemático de todas as partes da anatomia cerebral. Em vez de considerar o órgão uma bolha gelatinosa e inútil, tentou associar suas diversas regiões às funções corporais. Primeiro, dissecou o cérebro dos mais diversos animais – de minhocas a ovelhas – e de seres humanos vítimas de uma epidemia de meningite ou que tiveram o azar de terminar na forca. Em seguida, encomendou a outro membro da Royal Society, o famoso arquiteto Christopher Wren, desenhos anatômicos de enorme riqueza de detalhes. Em 1664, publicou *Cerebri Anatome*, obra seminal em que aparecem pela primeira vez o termo "neurologia" e as palavras "lobo", "hemisfério" e "pedúnculo", usadas para descrever partes do cérebro. Mais importantes, porém, foram suas conclusões, que orientaram nossa compreensão do cérebro humano pelo caminho que levaria à atual concepção. Embora não tenha identificado especificamente o neocórtex como o cornaca metafórico, estava convencido da existência de uma hierarquia das funções cerebrais. Determinou que havia um cérebro inferior, comum a todas as espécies, composto por cerebelo e áreas vizinhas, mas que só o homem era dotado de um cérebro superior plenamente desenvolvido, identificado com o córtex. O processo de imaginação teria lugar no corpo caloso, feixe de fibras nervosas que percorrem longitudinalmente o centro do órgão, ligando os hemisférios esquerdo e direito. A alma humana estaria situada nos hemisférios superiores. Pela primeira vez na história alguém afirmava, com o devido embasamento, que o cérebro define "quem somos".

"Pela primeira vez na história alguém afirmava, com o devido embasamento, que o cérebro define 'quem somos'."

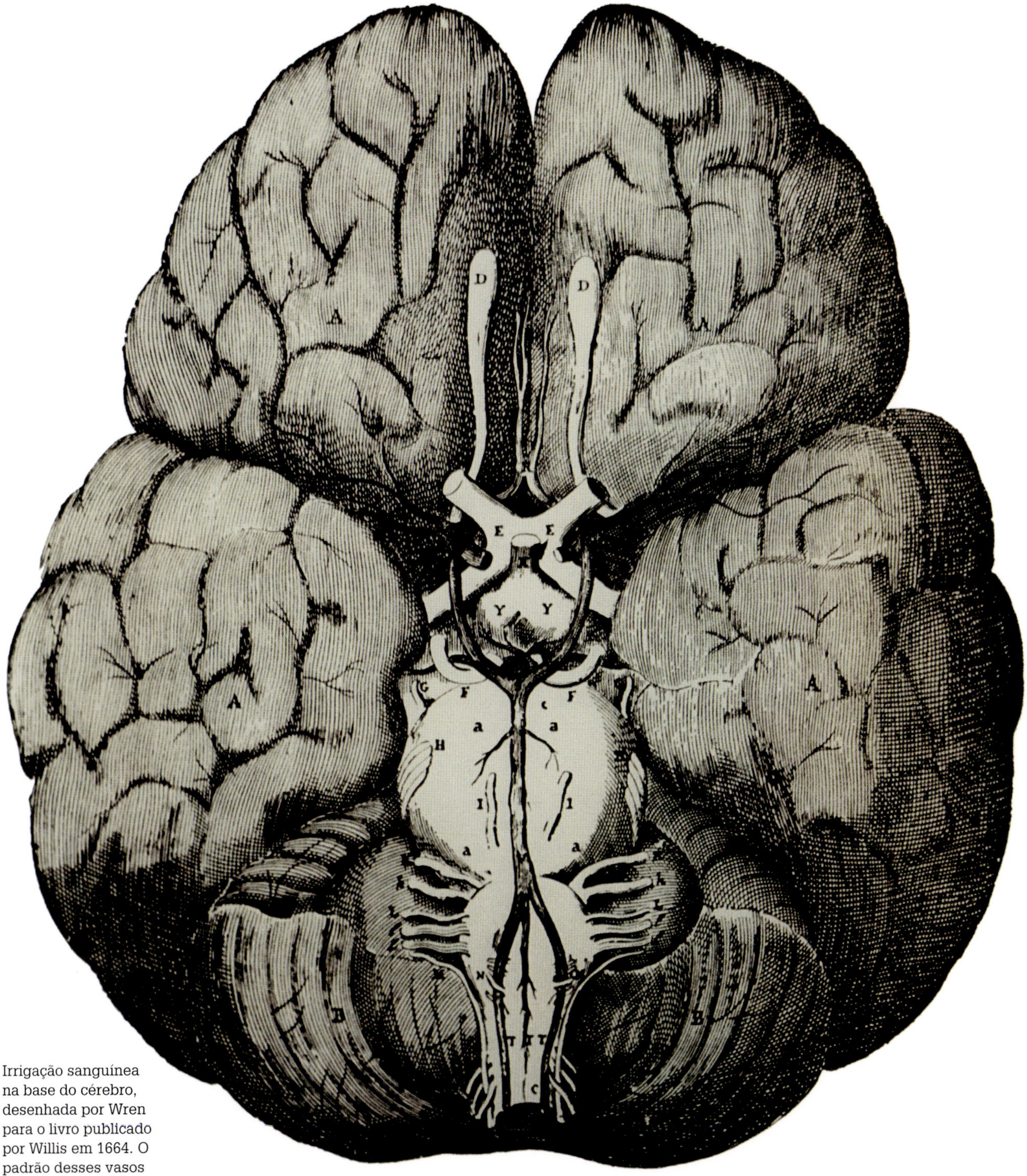

Irrigação sanguínea na base do cérebro, desenhada por Wren para o livro publicado por Willis em 1664. O padrão desses vasos sanguíneos ainda hoje é conhecido como "círculo de Willis".

Numa concessão aos apreciadores de animais do século XVII, Willis admitiu que os bichos também tinham alma, mas esta era ligada ao corpo e perecia com a morte física. Além disso, acreditava nos "espíritos animais" aristotélicos – partículas transportadas pelos nervos – e chegou a afirmar que eles se formavam nos vasos sanguíneos da superfície cerebral. Como disse o anatomista holandês Niels Stensen, em crítica direta às teorias fisiológicas de Willis e aos milênios de suposições sobre como a mente controla o corpo: "Espíritos animais, porção mais sutil do sangue, vapor sanguíneo, sumo dos nervos – estes são nomes usados por muitos, mas que nada significam." Stensen estava certo ao observar que as teorias fisiológicas de Willis e Descartes, embora interessantes, não iam além das conjecturas. Ninguém sabia como a mente funcionava. E não haveria qualquer avanço na compreensão dos mecanismos físicos do cérebro até o século XIX, quando se desvelaram a eletricidade animal e a célula. Mas Willis ao menos descobrira que a cognição estava abrigada nas profundezas do córtex.

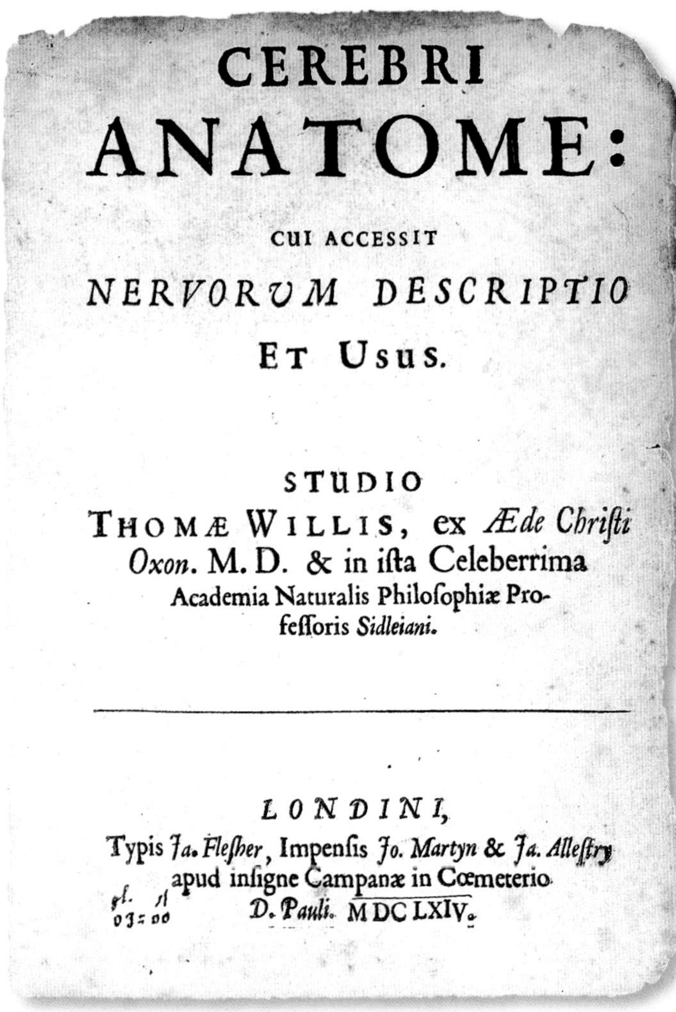
CEREBRI
ANATOME:
CUI ACCESSIT
NERVORUM DESCRIPTIO
ET USUS.

STUDIO
THOMÆ WILLIS, ex *Æde Chriſti Oxon.* M. D. & in iſta Celeberrima Academia Naturalis Philoſophiæ Profeſſoris *Sidleiani*.

LONDINI,
Typis *Ja. Fleſher*, Impenſis *Jo. Martyn* & *Ja. Alleſtry* apud inſigne Campanæ in Cœmeterio *D. Pauli*. MDCLXIV.

"*Espíritos animais, porção mais sutil do sangue, vapor sanguíneo, sumo dos nervos – estes são nomes usados por muitos, mas que nada significam.*"

A grande obra de Willis sobre a anatomia cerebral combinava estudos próprios e descobertas de vários de seus contemporâneos.

A SÍNDROME DE SAVANT

Quando Dustin Hoffman interpretou o gênio autista Raymond Babbitt no filme *Rain Man*, a plateia teve dificuldade em aceitar que alguém pudesse quebrar a banca num cassino de Las Vegas e, ainda assim, ser incapaz de acompanhar uma conversa. Contudo, a incrível doença síndrome de Savant, apresentada pelo personagem, já é conhecida há centenas de anos. O primeiro caso de que se tem notícia foi Jedediah Buxton, nascido em Derbyshire, em 1707. Filho de um professor primário, suas dificuldades de aprendizagem eram consideradas tão graves que foi obrigado a fazer trabalhos braçais numa fazenda. Mas logo começaria a ser reconhecido pelas extraordinárias habilidades de cálculo mental. Quando lhe pediam para calcular o preço de 140 pregos, se o primeiro custasse um *farthing* (1/960 de libra), e cada unidade subsequente custasse o dobro da anterior, Buxton logo respondia: £725.958.096.074.907.868.531.656.993.638.851.106 2s 8d. Outro caso do século XVIII, Gottfried Mind, não era capaz de se comunicar direito, mas lembrava com perfeição qualquer animal que avistasse, podendo desenhá-lo de memória. Essas “ilhas de gênio” em mentes prejudicadas ainda são objeto de estudo dos cientistas que buscam a cura das deficiências e uma chave para desvendar os segredos da memória. As teorias atuais sugerem que a condição pode ser causada por uma falha na conexão entre os dois hemisférios cerebrais, provocando um desequilíbrio e favorecendo o lado direito, que lida com o pensamento mais imediato e concreto, em detrimento do esquerdo, mais lógico.

MENTES QUE BRILHAM

John Locke
1632–1704

A dificuldade de examinar o tecido neural não impediu que as pessoas questionassem os fundamentos da própria existência e teorizassem sobre o que faz de nós, homens, aquilo que somos. Um dos questionadores mais argutos foi John Locke, que abriu caminho para a futura disciplina da psicologia. Ele foi aluno de Willis em Oxford, antes de se tornar médico do conde de Shaftesbury e envolver-se em tráfico de escravos. Seu *Ensaio sobre o entendimento humano*, escrito quando estava exilado na Holanda, durante a Revolução Gloriosa que destronou o rei Jaime II, se tornaria um dos pilares da Constituição americana. A obra foi tão importante que já se disse que o autor ganhou mais dinheiro com ela que seu contemporâneo John Milton pelos 12 livros do poema épico *Paraíso perdido*.

Locke era fascinado pela ideia cartesiana de que "o eu" era constituído por pensamentos, mas julgou que ela precisava de uma importante correção. Seu feito radical foi transformar "o eu", de um monólogo interno, numa história de nosso diálogo com o mundo. Afirmou que somos a soma de nossas experiências de vida, e que nossas mentes são um vasto armazém onde todas as memórias ficam guardadas até serem necessárias. Contudo, esse armazém não seria pré-abastecido. Ao nascer, nossas mentes não conteriam ideia prévia, entrando no mundo como folhas em branco. Quem nós somos é determinado por um fluxo contínuo de experiências. Hoje, a ideia de que as experiências do mundo contribuem para a determinação do modo como nossas mentes funcionam já está bem-estabelecida. Mas na época de Locke era uma teoria radical. Antes vigorava a crença geral de que a alma, ou o eu, era inata. Sendo imortal, não podia sofrer mudanças reais. Locke percebeu que, caso corretas, suas ideias tornariam muito maior a importância da educação inicial. Em 1693, três anos depois do ensaio, ele publicou outra obra, *Algumas reflexões sobre a educação*, afirmando que as crianças não eram adultos em miniatura, mas folhas em branco cujos anos de formação

À esquerda: Locke está entre os grandes filósofos e cientistas cujas estátuas decoram a Royal Academy, em Londres.

afetariam o caráter e o comportamento para o resto da vida. O que aprendiam podia determinar se elas seriam boas ou más. Não surpreende que tenham aparecido nessa época os primeiros brinquedos para promover o desenvolvimento do raciocínio infantil.

O efeito das teorias de Locke foi profundo não só no campo educacional; suas ideias ajudaram a inspirar revoluções no mundo todo. A tese de que todos somos originalmente iguais foi a base da Constituição americana de 1787. Enquanto isso, na França, os gritos de "Liberdade, igualdade e fraternidade" ganharam mais peso graças a suas proposições; é difícil para um monarca invocar o direito divino e inato ao trono quando seus súditos acreditam que o pensamento do rei é mero resultado de anos de privilégios à custa do povo. As revoluções na França e em outras partes da Europa foram a culminância de um século no qual os debates sobre o eu e "quem somos nós" haviam assumido importância. Na Inglaterra, a nova ordem georgiana de requinte, jornais e cafés ficou associada a uma crescente repulsa pelo corpo humano, comparado ao dos animais em suas imperfeições. Na sociedade elegante, ao menos, os corpos eram cobertos por talcos e perucas, enquanto "a mente", nosso dom refinado e plenamente humano, era cada vez mais valorizada.

Segundo Locke, as brincadeiras e a educação tinham papel fundamental no desenvolvimento do caráter e do intelecto infantil.

"Locke dizia que as crianças não eram adultos em miniatura, mas folhas em branco cujos anos de formação afetariam o caráter e o comportamento para o resto da vida."

UMA VOLTA ÀS EMOÇÕES

Embora, na maior parte do tempo, os seres humanos parecessem capazes de se comportar de modo sensato e racional, estava claro também que a humanidade não se reduzia aos "pensamentos" e à "consciência". Sem encarar nossas paixões animais, a ciência não poderia entender a mente; alguém precisava estudar o complexo mundo emocional. E foi o mais célebre cientista natural do século XIX, Charles Darwin, quem deu os primeiros passos cientificamente relevantes no reino nebuloso das emoções. O naturalista lera um escrito do cirurgião e psicólogo escocês Charles Bell, afirmando que Deus concebera músculos faciais específicos para os seres humanos expressarem emoções. Isso contrariava todas as convicções de Darwin. Por isso, em 1872, publicou um novo livro, *A expressão das emoções no homem e nos animais*, demonstrando que herdamos dos animais mais que as características físicas. Nesse longo apêndice de *A origem do homem*, obra sobre as origens humanas, Darwin procurava mostrar que nosso comportamento, nossas reações faciais a nosso estado mental e até nossas emoções são traços hereditários.

Página do livro *A expressão das emoçoes no homem e nos animais*, de Charles Darwin.

Darwin estudara animais como cães, gatos e cavalos em contextos sociais e observara que eles não só exibiam emoções básicas como raiva, temor e desejo, mas também eram capazes de expressar sentimentos mais complexos. Um cachorro pode sentir ciúme quando o dono brinca com outro cão, ou demonstrar senso de humor ao reter deliberadamente uma bola, sabendo que o dono quer jogá-la. O cientista fotografou as reações dos bichos diante de breves ocorrências emotivas e comparou-as a fotografias das expressões faciais de pessoas de diversos países. (Apesar da preocupação do editor com a margem de lucro, sete séries de fotografias comparando essas expressões foram usadas no livro, que se tornou um best-seller.) O estudo serviu para mostrar que os seres humanos de todos os cantos do mundo apresentam as mesmas reações faciais, e que estas são essencialmente iguais às dos outros mamíferos. Aplicando a teoria da seleção natural, Darwin sugeriu que, como qualquer outro traço, as expressões que revelam nossas emoções devem ter representado vantagens biológicas que as fizeram ser selecionadas ao longo do tempo. Ele acreditava que torcemos o nariz porque nossos antepassados fungavam diante de algo suspeito; que mostramos os dentes quando sentimos raiva porque esta ação prepara a mandíbula para morder; e que arregalamos os olhos quando surpresos para dilatar as pupilas e enxergar melhor. Mais importante, porém, foi reconhecer que, como muitas dessas expressões não têm mais valor direto na sobrevivência, como são as mesmas para todos os homens, incluindo ilhéus isolados há dezenas de milhares

"O estudo serviu para mostrar que os seres humanos de todos os cantos do mundo apresentam as mesmas reações faciais, e que estas são essencialmente iguais às dos outros mamíferos."

A SÍNDROME DE TOURETTE

Em 1825, o respeitado médico parisiense Jean-Marc Itard relatou nos *Archives génerales de médecin* o caso de uma aristocrata de 26 anos que sofria de uma moléstia constrangedora. No meio das conversas mais sérias e formais, a marquesa de Dampierre era afligida pela compulsão repentina de latir, gritar, fazer movimentos estranhos e berrar *merde* ou *fotu cochon*. Apesar do evidente embaraço provocado pelos acessos inconscientes, Itard não conseguiu encontrar uma cura, e os amigos da marquesa não demoraram a abandoná-la. A mulher terminou no hospital de La Salpêtrière, dirigido por Jean-Martin Charcot, e morreu sozinha, em 1884. O comportamento dela despertou grande interesse no jovem assistente do neurologista, George Gilles de la Tourette, que observara sintomas semelhantes em outros pacientes. No ano seguinte, o caso de madame Dampierre serviu de base ao estudo em que ele apresentava a classificação do novo distúrbio, observando que este costumava começar na juventude, com tiques motores e vocais involuntários que progrediam para a coprolalia (termo grego cujo significado literal é "falar merda"). A síndrome de Tourette, como ficou conhecida, ainda não é totalmente compreendida, mas serve para ilustrar a complexidade que os cientistas muitas vezes enfrentam na tentativa de entender quem somos nós.

de anos, elas não foram adquiridas. Esses traços devem ter sido herdados de nossos antepassados comuns. Darwin percebeu que as emoções sentidas e exibidas por nós são similares às dos outros animais.

A tese de que as paixões humanas eram a simples continuidades dos padrões de sobrevivência animal parecia se coadunar com uma teoria concebida por Aristóteles: somos semelhantes aos animais sob todos os aspectos, exceto por nossa alma superior, o que hoje chamamos de mente ou razão, capaz de suprimir ou substituir nossos desejos inferiores. A ideia foi muito popular na rígida e pudica era vitoriana. Mas Darwin abrira uma caixa de Pandora. Já não era mais possível investigar cientificamente quem somos sem cavar mais fundo, indo além de nossas mentes lógicas, racionais e conscientes.

"Mas Darwin abrira uma caixa de Pandora. Já não era mais possível investigar cientificamente quem somos sem cavar mais fundo, indo além de nossas mentes lógicas, racionais e conscientes."

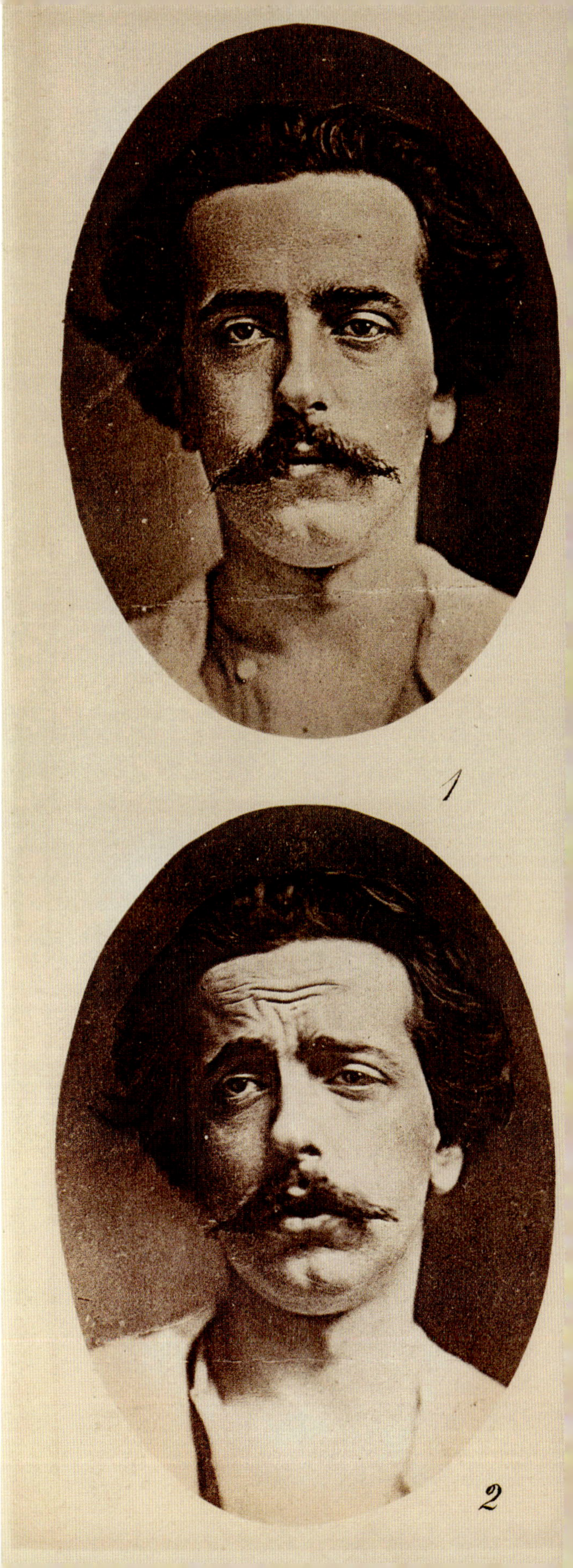

Página das notáveis fotografias que ilustram a obra de Darwin sobre as emoções. Com mais de cinco mil exemplares vendidos, foi um sucesso considerável, apesar da produção cara e luxuosa.

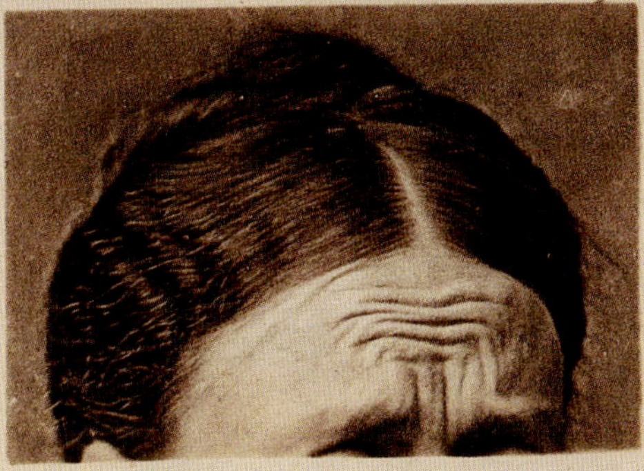

3

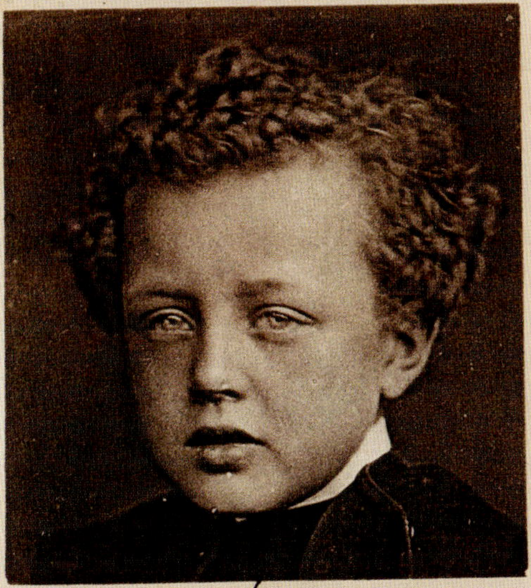

4

5

6

7

A FACE OCULTA

Jean-Martin Charcot
1825–1893

O diretor de um filme de terror que estivesse em busca de inspiração para recriar um asilo de lunáticos do século XIX faria bem em ler sobre o hospital parisiense de La Salpêtrière. O nome do lugar deriva do salitre (em francês, *salpêtre*), pois o edifício foi construído para servir como grande depósito de pólvora. Contudo, o prédio acabou transformado numa enorme prisão feminina para desocupadas, prostitutas e indesejáveis. Depois da Revolução Francesa, tornou-se um hospital para doentes mentais onde milhares de pacientes eram misturados ao acaso e tratados quase como animais, sendo muitas vezes acorrentados às paredes. É difícil imaginar o caos emocional reinante dentro do prédio.

Havendo trabalhado em La Salpêtrière desde 1862, onde ingressou aos 37 anos como residente, Jean-Martin Charcot, filho de um fabricante de carruagens, chegou ao cargo de diretor. A nomeação encheu-o de entusiasmo. "Este grande asilo tem uma população de cinco mil pessoas, dentre as quais há muitos doentes incuráveis internados para toda vida; pacientes de todas as idades, afetados por todo tipo de doença crônica, mas sobretudo moléstias do sistema nervoso", escreveu. "Os tipos clínicos disponíveis para estudo são representados por numerosos exemplos, o que nos permite estudar cada doença ao longo de sua progressão, por assim dizer, pois, quando há falta de uma moléstia específica, a ausência não demora a ser preenchida. Dispomos, em outras palavras, de uma espécie de museu vivo de patologias, com excelentes recursos." Charcot tinha um macaco de estimação e, numa placa afixada em seu escritório, declarava, orgulhoso, sua oposição a experimentos com animais – afinal, dispunha de número mais que suficiente de cobaias humanas. Ele examinava cada paciente, anotando minuciosamente a progressão de seus sintomas. Quando as pessoas morriam, registrava o estado físico do cérebro e do sistema nervoso. Contudo, era também um homem misericordioso. Embora reconhecesse a importância da

Fundado por Luís XIV em 1656, o hospital-escola La Salpêtrière, em Paris, deve o nome à antiga fábrica de pólvora que funcionara no local.

Na época de Charcot, ficar pendurado por tiras presas debaixo dos braços era um tratamento popular para espasmos e tremores descoordenados da ataxia. Os efeitos da terapia não duravam muito.

instituição para promover o progresso da neurologia, buscava dar aos pacientes uma vida mais suportável. Uma de suas primeiras medidas foi classificar os diferentes distúrbios mentais e neurológicos. Os enfermos com doença de Parkinson, por exemplo, eram separados dos psicóticos.

O reconhecimento, por Charcot, da importância dos "recursos" à sua disposição e a enorme capacidade de observação do médico lhe permitiram realizar numerosos progressos na compreensão dos distúrbios nervosos e no mapeamento das áreas do cérebro responsáveis pelas faculdades físicas. Atribui-se a ele a transformação da neurologia em disciplina especializada. O cientista foi nomeado para a cátedra de doenças do sistema nervoso, criada especialmente para ele na Escola de Medicina de Paris.

Embora fosse um neurologista empedernido, Charcot desenvolveu um fascínio pelo hipnotismo e foi um dos primeiros a usá-lo como tratamento. O século XIX já foi chamado de "século dos nervos", depois que a descoberta da importância da eletricidade gerou um novo interesse por forças invisíveis, muitas vezes espirituais e inexistentes. Mesmerismo, magnetismo e metalurgia foram estudados e testados pela possível utilidade na terapia dos distúrbios mentais, e Charcot experimentou todas essas técnicas, mas só se entusiasmou de verdade pela hipnose. Convencido de que a histeria era uma moléstia mental, e não física, julgava que o tratamento hipnótico pudesse ser útil nos casos histéricos, considerando que ele podia trazer à tona diferentes personalidades. Uma dessas doentes era Blanche Wittmann, socialite parisiense que desenvolvera uma histeria tão grave que tinha pavor do mundo externo. Ela se mostrou especialmente suscetível à hipnose e podia ser induzida ao estado de sonambulismo, no qual ficava calma e aberta às sugestões do médico, o que foi observado por muitos outros profissionais da medicina. Charcot insistia que, enquanto estava hipnotizada, ela não se transformava num autômato sem vontade própria, apenas revelava outra personalidade. Num experimento realizado diante de uma plateia lotada, Charcot deu a Blanche uma faca de plástico e a instruiu a esfaquear alguns membros do público que teriam cometido pecados atrozes. Então, depois da série de assassinatos imaginários, a que Blanche se dedicou com certo prazer, o médico lhe disse que o salão estava vazio, e ela deveria se despir para tomar banho. Em vez de obedecer, a doente teve um violento ataque histérico e saiu do transe.

Embora não possamos afirmar com segurança que o o emprego da hipnose por Charcot tenha trazido benefícios médicos, o tratamento ajudou a mostrar que não podemos entender a nós mesmos levando em conta apenas a psique racional; somos bem mais complexos e multidimensionais. A ideia de psiques alternativas fascinou um jovem austríaco que se dedicava à neurobiologia comparada até 1855, quando testemunhou uma das demonstrações de Charcot. Entrava em cena Sigmund Freud, aquele que se tornaria o patrono do inconsciente. Ele tentou reformular a noção de eu, que antes parecia tão bem-ordenada e racional, mas que se via tragada pelo caos. Freud sugeriu que Descartes cometera um erro grave ao declarar que o pensamento consciente faz de nós quem somos, e chegou a uma teoria alternativa: seríamos controlados pelo inconsciente. As emoções mais básicas determinariam ações e pensamentos, como manipuladores ocultos que comandam uma marionete. Muitas de suas afirmações específicas sobre a importância da sexualidade, a interpretação dos sonhos e a maneira como as memórias reprimidas moldam nossas vidas podem ser questionadas. Mas a tese central de que o controlador inconsciente de nossas vidas não é a alma nem Deus, mas algo que reside nas profundezas da mente, mudou o foco da pergunta sobre "quem somos nós?" de volta para as propriedades físicas do cérebro.

Aluno de Charcot, Freud herdou do mestre o fascínio pelo estudo da histeria. Sua passagem por La Salpêtrière levou-o a desenvolver a psicanálise, afastando-se do estudo acadêmico da neurologia.

À direita: Charcot no hospital de La Salpêtrière, em 1886, discutindo o caso de uma mulher que sofria de histeria. A "paciente" era Blanche Wittmann, capaz de agir quando comandada. Mais tarde, ela se tornou assistente do médico e, depois da morte do cientista, trabalhou para Marie Curie.

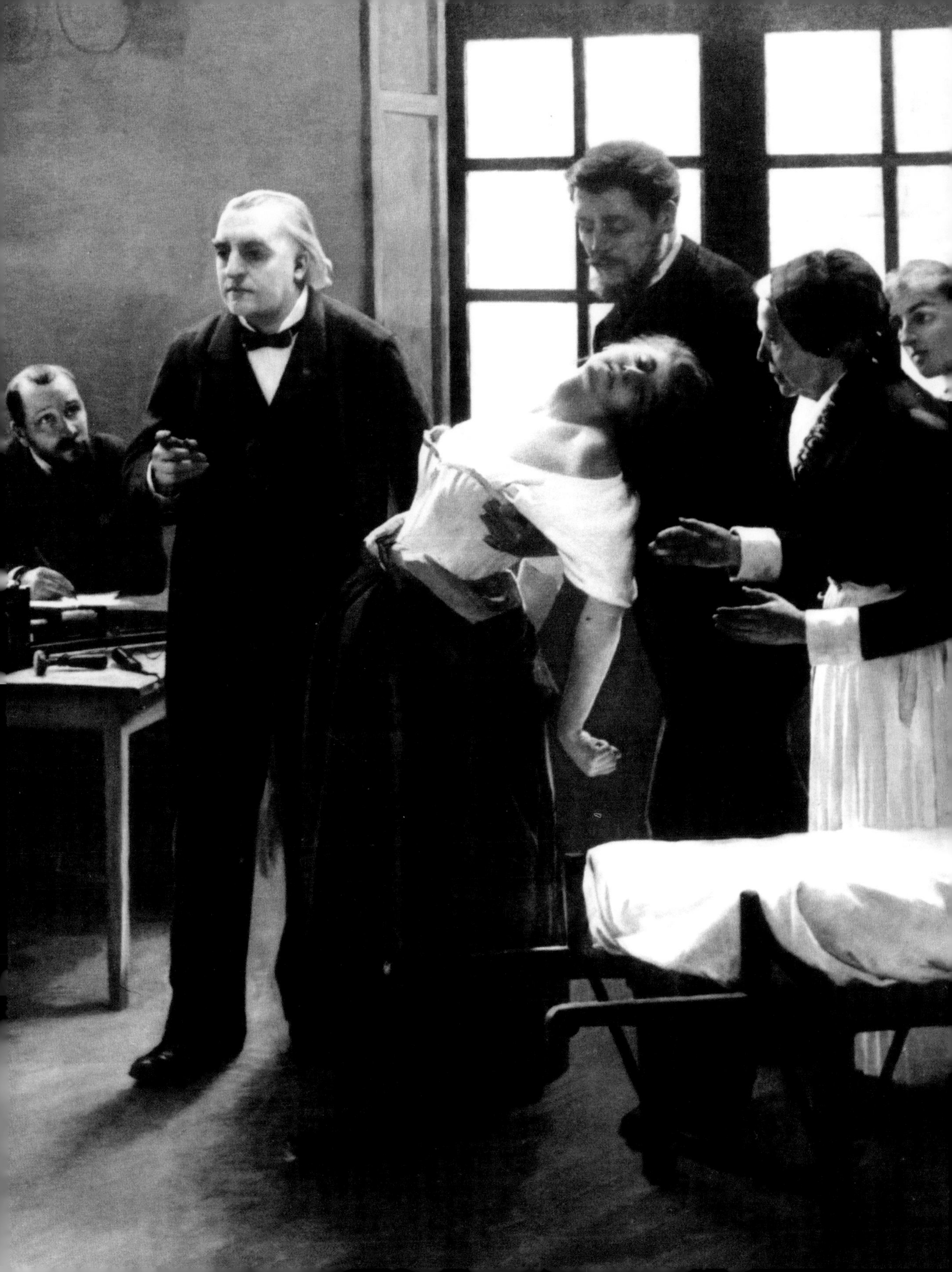

PARTE POR PARTE

Franz Joseph Gall
1758–1828

Até então, o cérebro fora estudado no plano conceitual ou macroscópico. Quando dissecado, era examinado em termos de forma e tamanho, fosse como um todo, fosse nas várias regiões distinguíveis. A composição da matéria cerebral não podia ser analisada de maneira útil, mas já se sabia que lesões em diferentes áreas do cérebro pareciam ter efeitos em diferentes partes do corpo. Conhecemos Thomas Willis, que dividiu o cérebro em diversas áreas de acordo com a função. Suas teorias foram aprofundadas, em meados do século XVIII, pelo escandinavo Emmanuel Swedenborg, demonstrando que diferentes partes do córtex controlavam distintos grupos de músculos no corpo. Contudo, depois de ter uma série de visões divinas, ele se convenceu a abandonar a ciência e virou teólogo, o que fez com que seus estudos neurológicos – por mais brilhantes e pioneiros que fossem – não tivessem sido publicados até muito depois de sua morte em 1772.

Essas teorias da localização das funções no cérebro – ou topografia cerebral – foram retomadas por Franz Gall, anatomista de Estrasburgo, concluindo que diferentes áreas do córtex estavam ligadas não só a diversas áreas do corpo, mas também a aspectos da personalidade. Gall tinha algo de devasso; viajava sempre acompanhado de uma comitiva de estranhos camaradas e extravagantes mulheres parisienses. (Como ele gostava de dizer, "nem o pecado nem os amigos jamais me abandonarão".) Seu interesse pelo funcionamento do cérebro foi despertado, ao que parece, quando ele tinha apenas nove anos – ao perceber que um colega de escola de olhos esbugalhados memorizava melhor que ele as listas de vocabulário. Quando observou outras crianças de olhos esbugalhados com um poder de decorar maior que a média, concluiu que esse traço devia estar ligado à memória. Após concluir a formação científica. Gall dedicou-se a aprimorar os estudos do interior do cérebro, mas sem sucesso. Ele concluiu que a única maneira de compreender como as áreas do córtex estavam relacionadas a faculdades mentais era observando os tamanhos e formatos relativos do crânio das pessoas – disciplina que chamou de cranioscopia, mas que depois passou a ser conhecida como frenologia. O cientista estudou os crânios de mais de 400 pessoas com características mentais conhecidas, e logo se declarou capaz de identificar as regiões associadas a 27 faculdades, da sensação de cor ao instinto carnívoro.

As ideias de Gall eram tão inovadoras e afrontosas que, em 1801, o imperador Francisco II, último monarca do Sacro Império Romano Germânico, baniu as publicações do anatomista sobre o formato das cabeças, por medo de perder a sua. Contudo, Gall viria a ser um dos mais influentes cientistas da época, criando um sistema de crenças que prejudicaria a vida de pessoas com cabeças "desproporcionais" por mais de um século. Embora os métodos fossem profundamente falhos, sua teoria da localização de partes do cérebro continuou a ser debatida durante o século XIX. O fisiologista francês Jean-Pierre Flourens concluiu que Gall estava equivocado; havia apenas três regiões funcionais separadas no cérebro – o cerebelo, que controlava o movimento, a medula, relacionada às funções vitais, e o córtex cerebral, envolvido na percepção e nas faculdades intelectuais. Flourens tentou provar este último ponto mantendo um pombo vivo depois de remover cirurgicamente seus hemisférios cerebrais. E, de fato, apesar de parecer cego e surdo, em estado de coma profundo e "incapaz de pensar", o pássaro ainda conservava as funções vitais e motoras. Seguiu-se uma frenética concorrência para descobrir se o cérebro podia ser dividido em áreas ou se ele agia como uma grande massa interconectada.

Paul Broca
1824–1889

Os cientistas se puseram a dissecar cérebros de tartarugas, coelhos e cães vivos, numa série de experiências nada populares. O alemão Friedrich Goltz manteve vivo um cachorro por 18 meses após remover grande parcela de seu córtex cerebral. Outros abriam crânios e estimulavam diferentes áreas com substâncias químicas, bisturis ou choques elétricos. Ainda assim, não se chegava a qualquer consenso, embora a teoria topográfica parecesse cada vez mais correta.

Afinal, em 1861, Paul Broca provou que o lobo frontal era responsável pela fala, e esta foi a primeira área do córtex a ser quase universalmente aceita como relacionada a uma função específica. Enquanto isso, David Ferrier, neurologista de Aberdeen, chegava à conclusão de que era necessário um acordo entre os partidários da teoria holística e os defensores da topografia cerebral. Ao fazer experimentos com cães e macacos vivos, ele chegou à seguinte proposição: "Graças à complexidade dos fenômenos mentais e à participação, nesses fenômenos, dos substratos motor e sensório, qualquer sistema de localização das faculdades psíquicas que não leve os dois fatores em conta será radicalmente falso." Ferrier percebeu que, apesar de não haver área específica do cérebro responsável pelo intelecto, outras funções mais restritas talvez tivessem suas próprias regiões. Como recompensa por essa pérola de sabedoria, ele foi levado ao tribunal por ativistas dos direitos dos animais indignados com as inúmeras vivissecções.

No fim da era vitoriana, a neurologia e o funcionamento da mente haviam sucumbido a uma frustrante confusão. Muito já fora descoberto em todas as outras áreas da ciência, mas, em relação ao cérebro, ainda havia mais perguntas que respostas. Já fora criado o instrumento que afinal conseguiu revelar alguns dos segredos – o microscópio de alta resolução, mas ainda era necessário mais um avanço antes que ele pudesse ser colocado em uso.

PSICOCIRURGIA

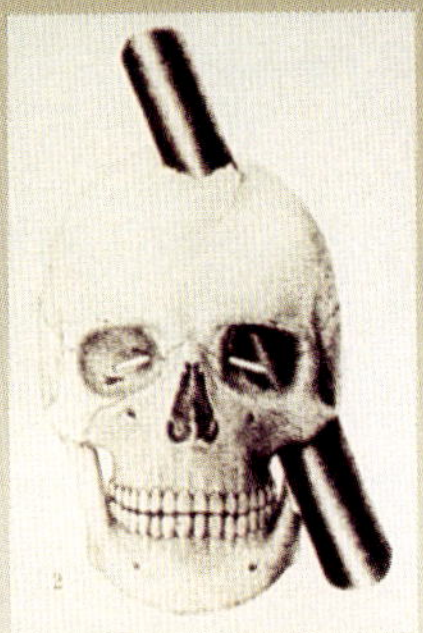

Phineas Gage era um capataz da construção civil que, em 1848, trabalhava nas obras da ferrovia de Rutland a Burlington, em Vermont. Certo dia, enquanto amontoava grande quantidade de explosivos numa cova profunda e estreita, na superfície de um rochedo, o atrito provocou uma fagulha que gerou uma explosão. Quando a fumaça baixou, Gage caiu encosta abaixo, e a barra de compressão – uma barra de metal de 90cm de comprimento e 4cm de diâmetro – atravessou os lobos frontais de seu cérebro. De modo inacreditável, Gage sobreviveu. Sua personalidade, no entanto, mudou tão drasticamente que os amigos e a família não o reconheciam. Gage, antes responsável e popular, agora se tornara um idiota rude e distante. A muito divulgada recuperação e mudança de caráter levaram alguns cientistas a acreditar que o cérebro podia e devia ser operado para curar problemas psicológicos, em particular depois de se levantarem suspeitas de que o afastamento dos lobos frontais do resto do cérebro poderia tornar as pessoas menos ansiosas e emotivas. Essa ideia foi retomada em meados do século XX por Walter Freeman, diretor de um laboratório do hospital psiquiátrico de Washington. Ansioso para aquietar seus infelizes e delirantes pacientes, Freeman desenvolveu a "lobotomia transorbital". Ele utilizava um picador de gelo comum, que introduzia pelos canais lacrimais do paciente; em seguida, balançava o instrumento para seccionar o tecido do cérebro. Apesar de muitas vezes deixar os pacientes piores que Phineas Gage, o médico obteve reputação suficiente para realizar mais de três mil procedimentos "psicocirúrgicos" não regulamentados, entre 1936 e 1967.

O CÃO DE PAVLOV

Era improvável que Ivan Petrovich Pavlov viesse a ser o pai da psicologia moderna. Filho de um sacerdote de aldeia, pretendia seguir a carreira religiosa, mas abandonou a escola eclesiástica. Matriculou-se na Universidade de São Petersburgo, onde se tornou fisiologista especializado no estômago e no sistema gástrico, pelo que recebeu um Prêmio Nobel em 1904. Ele é lembrado, porém, por uma observação mais fortuita: de que os cães de seu laboratório salivavam, prevendo que seriam alimentados, não somente quando viam ou farejavam a comida, mas também toda vez que viam um homem de jaleco. Concluindo que os cães deviam associar as refeições ao homem que os alimentava, ele conjecturou se seria possível ensinar novos reflexos ao cérebro.

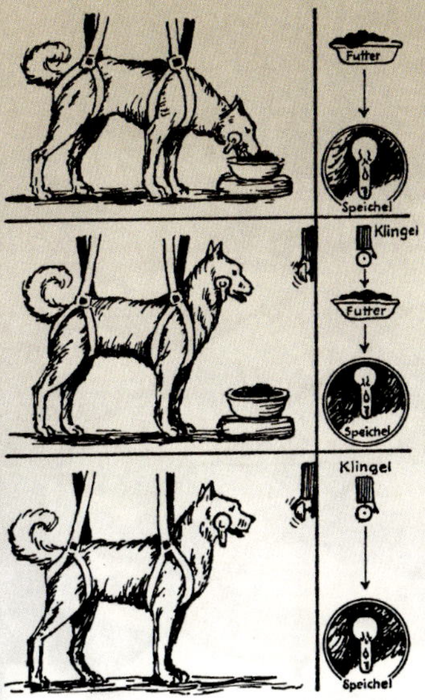

Pavlov testou a ideia produzindo um ruído (reza a lenda que o cientista tocava um sino, mas também utilizava diapasões e choques elétricos em algumas das cobaias) toda vez que um cão fosse ser alimentado. O fisiologista logo conseguiria provar que os cães salivavam quando sentiam o novo estímulo que tinham aprendido a associar à comida, isto é, que as reações podiam ser "condicionadas". A ideia de que animais e homens podiam ser treinados para reagir involuntariamente deu início a uma forma mais objetiva de estudar o comportamento.

À esquerda: Pavlov em seu laboratório, na época do trabalho sobre secreções gástricas em animais (c. 1904).

APEGADO À REDE

Os dois homens responsáveis pela descoberta da verdadeira estrutura do cérebro viviam em diferentes países e nunca haviam se conhecido, nem sequer trocado correspondência, até dividirem o Prêmio Nobel de 1906. Camillo Golgi nasceu na Lombardia, Itália, em 1843. Tendo estudado anatomia na Universidade de Pavia, Golgi foi trabalhar num distante hospital para doentes terminais. Este foi um cargo que assumiu não pelo isolamento ou por seu amor ao trabalho clínico, mas porque lhe oferecia mais segurança que a função de pesquisador na universidade. Entretanto, o cientista ainda queria fazer nome e, com esse intuito, converteu uma pequena cozinha do hospital em laboratório completo, contando até com um microscópio.

O outro componente de nossa dupla, Santiago Ramón y Cajal, era filho de um cirurgião barbeiro – na época, era comum que barbeiros realizassem procedimentos cirúrgicos. Cajal queria ser artista, mas lhe disseram que ele não tinha talento. Como aluno entediado nos Pireneus espanhóis, também passou um curto período na prisão por destruir o portão do vizinho com um canhão caseiro feito com um tronco de árvore. Foi demitido da tarefa de aprendiz de um sapateiro, começou a se interessar por ossos que ele e o pai encontravam em cemitérios da região e decidiu cursar medicina. Cirurgião do Exército espanhol em Cuba, Cajal contraiu tuberculose e malária. Voltou para casa, tornou-se professor de anatomia e passou a se dedicar ao estudo das células.

Embora a teoria celular – a tese de que os organismos vivos eram formados por unidades independentes – tivesse sido proposta em 1838 e ser cada vez mais aceita, o cérebro ainda era visto como algo especial, diferente. Investigações com microscópios rudimentares revelavam uma estrutura distinta do padrão de favo de mel de outros tecidos; em vez disso, o cérebro parecia uma massa de fibras entrelaçadas. Acreditava-se que essas fibras formavam uma rede contínua, e que as extensões protoplasmáticas, como eram conhecidas as terminações ramificadas (dendritos) das células nervosas, se conectavam e se fundiam umas às outras. Golgi acreditava fervorosamente nessa teoria "reticular". O problema é que era muito difícil ver o que acontecia, porque os microscópios não eram suficientemente nítidos, tornando difícil diferenciar o material. O italiano resolveu encontrar uma solução para isso. Ele precisava desenvolver um corante melhor que o popular vermelho carmim de Joseph von Gerlach, feito de insetos triturados. Impressionado com os processos de revelação fotográfica, fez experimentos com nitrato de prata. Observando pela lente uma seção de um cérebro, Golgi conseguiu ver – por motivos ainda hoje não totalmente compreendidos – que uma em cada 30 células ficara preta, e era facilmente discernível contra o fundo amarelo. Pela primeira vez conseguiu observar corpos celulares (axônios) nervosos longos e curtos, que ficaram conhecidos como Golgi I e II, em sua homenagem. As terminações celulares, no entanto, continuavam indistintas, e o cientista, satisfeito com a natureza ramificada e difusa das fibras, se convenceu da correção da teoria reticular.

À esquerda: Camillo Golgi (1843-1926) realizou estudos microscópicos que iam da estrutura cerebral ao interior das células, onde descobriu uma pequena mas importante estrutura chamada corpúsculo de Golgi, utilizada no processamento de proteínas.

À direita: Santiago Ramón y Cajal (1852-1934). Suas habilidades artísticas e meticulosas observações permitiram-lhe produzir desenhos de estruturas cerebrais microscópicas que resistiram ao teste do tempo.

Em 1887, Cajal, que agora trabalhava em Barcelona, viu amostras do contraste de Golgi e decidiu fazer novos experimentos. Percebendo que o contraste funcionava muito melhor em células isentas do revestimento de gordura conhecido como bainha de mielina, utilizou amostras do cérebro de embriões e pássaros. Essas células apareciam muito mais nítidas ao microscópio, e o espanhol conseguiu ver que os nervos eram entidades individuais, não formavam uma rede. Algumas se sobrepunham, e em outras ele conseguia reconhecer terminações livres. Cajal tinha descoberto o neurônio. Logo foi capaz de mostrar que o sinal que eles carregavam sempre fluía do dendrito para o axônio – lei da polarização dinâmica. As verdadeiras rotas do cérebro agora podiam ser mapeadas. Em 1906, ele dividiu o Prêmio Nobel com Golgi, mas o italiano, em vez de tratar o espanhol como companheiro de armas, usou o discurso para atacá-lo. Ele ainda não estava convencido de que a teoria do neurônio era correta e permanecia aferrado à crença de que o cérebro funcionava como uma rede.

"Investigações com microscópios rudimentares revelavam uma estrutura distinta do padrão de favo de mel de outros tecidos."

EXPLORADORES DE UM NOVO SÉCULO

O século XX testemunhou um forte aumento do secularismo que coincidiu com nosso conhecimento crescente sobre o funcionamento do cérebro. Com a descoberta do neurônio – e a compreensão de que o cérebro é uma rede complexa de sinais elétricos –, tornou-se mais difícil imaginar que uma alma divina se manifestava sob a forma de centenas de bilhões de células simples. Para alguns, era ainda mais difícil conciliar a existência de um Deus amoroso com as atrocidades da Primeira Guerra Mundial; mas, para outros, aqueles cérebros expostos que enchiam os hospitais da Europa eram uma oportunidade de ouro para realizar pesquisas. Gordon Holmes, especialista irlandês em exames neurais, estudou mais de dois mil homens com ferimentos na cabeça que continuavam na Frente Ocidental. Apesar de trabalhar no inferno dos hospitais de guerra infestados por ratos e vermes, ele ficava até tarde da noite registrando as trajetórias de projéteis que tinham atravessado crânios, anotando os efeitos que os ferimentos causavam nos infelizes soldados. Entretanto, sua adição de inúmeras novas síndromes aos livros médicos não se deve só à meticulosidade clínica e ao assustador volume de homens feridos no hospital. Ele – e todos os futuros pesquisadores do cérebro – agora também podia recorrer ao trabalho do neurocientista inglês Charles Scott Sherrington. Em artigo publicado em 1906, Sherrington revelava que os sinais nervosos eram transmitidos de um neurônio a outro por pontes químicas chamadas sinapses. Essa compreensão era a grande peça que faltava para completar o quebra-cabeça da função cerebral integrada.

"O século XX testemunhou um forte aumento do secularismo que coincidiu com nosso conhecimento crescente sobre o funcionamento do cérebro."

O começo do século XX também testemunhou avanços na busca de "quem somos nós". Em 1913, parte da psicologia deixara o estudo do inconsciente e adotara um campo de atuação hipoteticamente mais científico. O psicólogo americano J.B. Watson publicou o que chamou de "O manifesto comportamentalista" (ou behaviorista), um chamado para tornar a disciplina mais objetiva, dedicando-se ao que era mensurável. Watson baseava suas ideias psicológicas no trabalho de John Locke e acreditava que, em lugar de soma de suas experiências, os homens eram pouco mais que máquinas de input-output, e decidiu testar a ideia. Depois dos famosos experimentos de Pavlov com cães, mostrando que os animais podiam ser "condicionados" a salivar ao toque de um sino, Watson queria testar se uma criança também era passível de condicionamento. Apresentou a um menino de nove meses chamado Albert, descrito pelo pesquisador como saudável e não emotivo, um rato branco e outros objetos, dos quais a criança não demonstrava ter medo. Depois de remover os objetos, Watson começava a bater um martelo contra um pé de cabra ao lado do berço. A barulhada fazia Albert chorar. Alguns dias mais tarde, o rato foi reintroduzido, mas, agora, toda vez que o menino tocava nele, Watson batia no pé de cabra com o martelo. Logo Albert associava a chegada do rato ao ruído assustador e começava a chorar toda vez que lhe mostravam o animal – mesmo quando Watson não batia mais o martelo.

À esquerda: Ficções especulativas de meados do século XX, incluindo obras de Orwell e Huxley, analisavam as terríveis consequências que poderiam surgir das teorias mecanicistas do cérebro.

A cada ano-novo – na foto, celebrado em Times Square, em 1936 –, as descobertas científicas aumentam. O século XX testemunhou uma drástica expansão do conhecimento científico, e o século XXI promete o mesmo.

O experimento logo foi interrompido quando a mãe de Albert suspeitou do que acontecia e levou o filho embora. Mas Watson estava certo de que o teste fora um sucesso. Ele escreveu: "Dê-me uma dúzia de crianças saudáveis e bem-formadas e deixe-me criá-las em meu mundo. Garanto que posso treiná-las para se tornar qualquer tipo de especialista de minha escolha – médico, advogado, artista, comerciante, chefe e, sim, até pedinte e ladrão, independentemente de talentos, predileções, tendências, habilidades, vocações e raça dos ancestrais." Na visão de Watson, "quem nós somos" era uma questão do que fomos condicionados a pensar, por meio de associações reunidas no decorrer de nossa história. Essa ideia, de que nossas mentes são completamente previsíveis e portanto treináveis, foi usada, com efeito desconfortável, em romances contemporâneos como o *Admirável mundo novo*, de Aldous Huxley, e *1984*, de George Orwell.

No entanto, mesmo entre os behavioristas, nem todos aceitavam a simplificada visão de Watson sobre a humanidade. Burrhus Frederic Skinner, psicólogo de Harvard cujo hobby era ser inventor, percebeu que as pessoas, mesmo as mais jovens, não podiam ser descritas como máquinas de input-output; as emoções, além do raciocínio, sempre afetariam o comportamento. Ele concluiu que, para estudar o cérebro de modo objetivo, devia-se introduzir outro controle. Sua solução foi a "câmara de condicionamento operante", também conhecida como caixa de Skinner. Essas caixas, cujas versões atuais ainda são utilizadas em estudos psicológicos, eram gaiolas especiais nas quais se colocava um animal, normalmente um rato ou pombo. As caixas continham alavancas que forneciam algum tipo de alimento apetitoso como recompensa, além de regiões que podiam dar choques elétricos. Skinner percebeu que, nesse ambiente isolado, se um animal respondesse de certa maneira a um evento, isso aumentava a probabilidade de que ele reagisse da mesma forma de novo. O comportamento podia ser cientificamente estudado e até previsto.

À esquerda: Como pioneiro dos estudos de comportamento, B.F. Skinner (aqui com uma cobaia na caixa de Skinner) foi citado como o mais influente psicólogo do século XX.

No mundo real, com suas infinitas opções, experiências e sensações, sabemos que a capacidade de fazer esse tipo previsão ainda nos escapa. Apesar da extraordinária potência dos computadores – que surgiram a partir da plataforma de lançamentos da Segunda Guerra Mundial e das tentativas de desvendar o código da máquina alemã Enigma –, ainda não sabemos o suficiente a respeito da lógica humana para sermos capazes de replicá-la. A complexidade de nosso raciocínio ainda é grande demais para compreendermos nosso "eu". Alan Turing, muitas vezes considerado o pai da inteligência artificial e um dos cientistas que trabalharam no Bletchley Park, onde se desvendavam códigos na Grã-Bretanha durante a guerra, perguntava se as máquinas podiam pensar. Até hoje a resposta continua sendo não. Mesmo que sejamos máquinas de respostas comportamentais, ainda somos complexos demais para a replicação.

ILUSÕES E MÁGICA

Embora acreditemos que podemos confiar em nossos próprios olhos, nossas percepções são influenciadas pela imaginação. As imagens formadas na mente podem não refletir a realidade, pois são um reflexo do que esperamos ver com base em experiências passadas e associações. É por isso que as ilusões de ótica funcionam. Exemplo disso é um desenho chamado "Mensagem de amor dos golfinhos", de Sandro Del-Prete: os adultos quase sempre veem a imagem como um casal nu envolvido em íntimo abraço, enquanto as crianças tendem a enxergar uma inocente imagem de nove golfinhos. A comunicação entre a mente e os olhos está longe de ser perfeita. Se olharmos fixamente, por um bom tempo, para uma escada rolante descendo, e depois passarmos os olhos por uma escada parada, ela parece subir. Isso ocorre porque as células do cérebro que respondem especificamente ao movimento descendente ficaram cansadas e pararam de responder, e as células responsáveis pelo movimento ascendente terão maior efeito de distorção. As diferenças entre o que nosso cérebro provavelmente perceberá e o que de fato acontece foram reconhecidas e exploradas pelos mágicos muito antes que os neurologistas começassem a compreender os princípios da percepção. Por exemplo, durante um truque, sempre ficamos atentos a movimentos dissimulados das mãos, mas supomos que um baralho de cartas embrulhado em celofane, formado só por coringas, é um baralho completo. Os mágicos sabem que nossas ideias preconcebidas sobre baralhos de cartas sempre nos levarão ao caminho errado. Vale lembrar que o baralho do mágico raramente possui o número correto de cartas, mesmo que esteja lacrado.

E ALÉM...

Assim como o telescópio, no século XVII, ampliou a compreensão humana do Universo, as técnicas modernas de mapeamento do cérebro, como as imagens por ressonância magnética funcional (RMf), abrem as portas para novas informações sobre o funcionamento cerebral. Hoje sabemos, por exemplo, que temos neurônios tão específicos que parecem estar interessados numa só coisa. Os cientistas descobriram neurônios que são acionados somente quando alguém pensa em determinada pessoa. Já em 1960 fora identificado um neurônio que era ativado apenas quando a pessoa pensava em sua avó. Os scanners cerebrais também podem revelar as áreas do cérebro ativas quando uma simples opção é feita, como o botão a se apertar dentre duas possibilidades. Isso permitiu que os experimentadores previssem a decisão de seus objetos de estudo vários segundos antes de a pessoa analisada tomar consciência de que tinha feito a escolha.

Apesar de percebermos cada vez mais o grau de complexidade do cérebro, também percebemos que nossos cérebros, assim como nós mesmos, tendem a tomar atalhos. A maioria das pessoas pensa na visão, por exemplo, como uma câmera de vídeo gravando com fidelidade o que acontece. Na verdade, as coisas não são assim. O cérebro tende a criar sua própria realidade e a ignorar a maior parte do que vê. Num teste, estudantes de psicologia a caminho de uma entrevista encontravam uma recepcionista sentada atrás de uma mesa. Eles eram brevemente distraídos por alguém gritando seu nome, enquanto a recepcionista trocava de lugar com outra pessoa. Quando os estudantes se voltavam novamente para a recepcionista, nenhum deles notava a substituição. Os cientistas em busca da causa de acidentes rodoviários descobriram implicações ainda mais inquietantes dessa "lei do mínimo esforço". Quando, dirigindo por uma rua vazia, olhamos para longe, ao voltarmos a olhar para a rua, o cérebro supõe que ainda vê a mesma imagem de um segundo atrás. Em geral há uma defasagem de tempo significativa antes que o órgão registre que a cena mudou, e que agora há alguém de pé no meio da pista. Esse fenômeno é conhecido como "cegueira de mudança". Isso acontece porque a quantidade extraordinária de informações que constantemente recebemos de nossos sentidos não pode ser processada de imediato. O cérebro é forçado a tomar atalhos ou a fazer suposições.

"As técnicas modernas de mapeamento do cérebro, como as imagens por ressonância magnética funcional (RMf), abrem as portas para novas informações sobre o funcionamento cerebral."

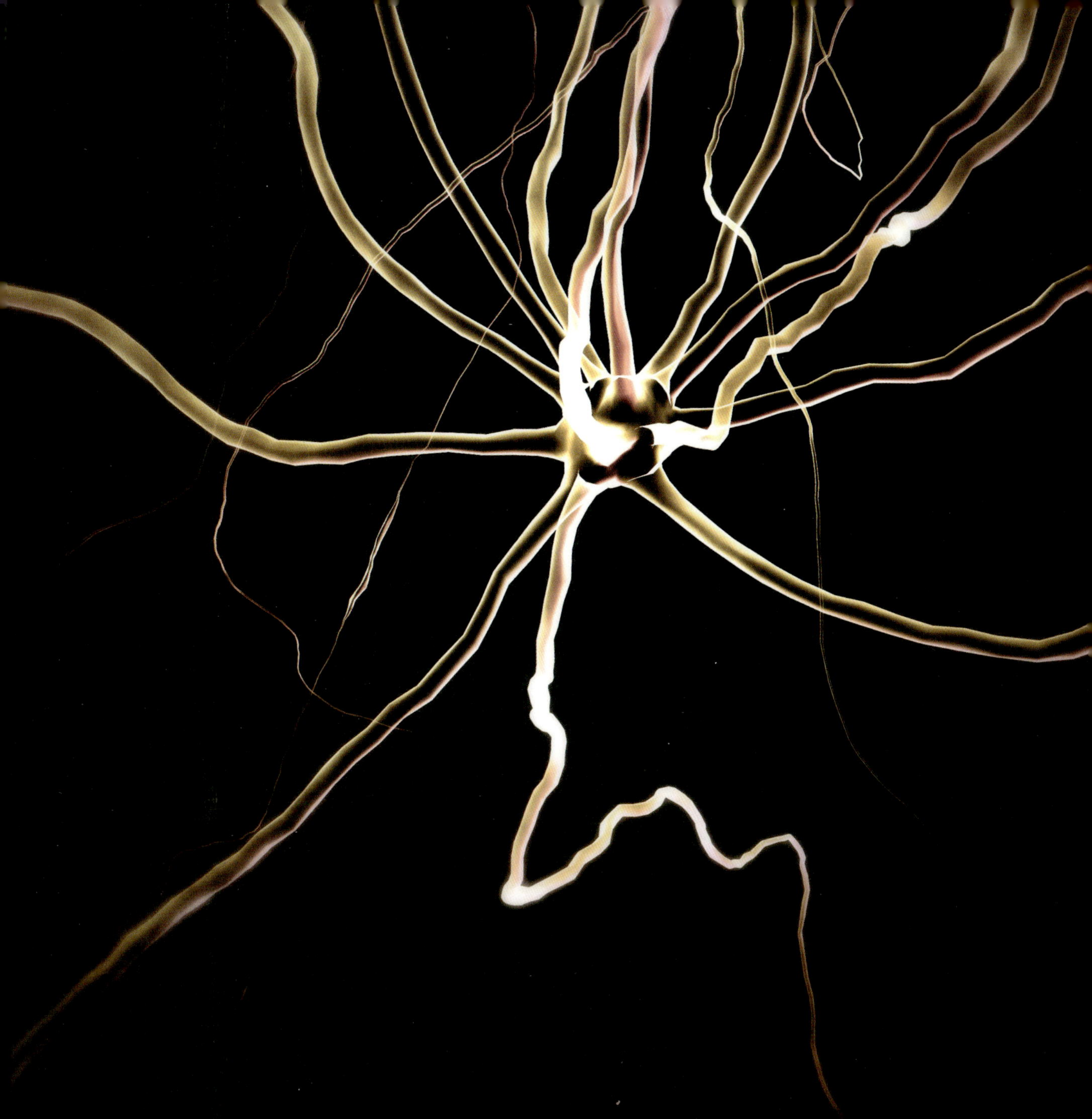

Visão microscópica de um neurônio (célula nervosa processadora de sinais) e de sua rede de axônios ou fibras nervosas – longas extensões utilizadas para a transmissão de sinais entre os neurônios.

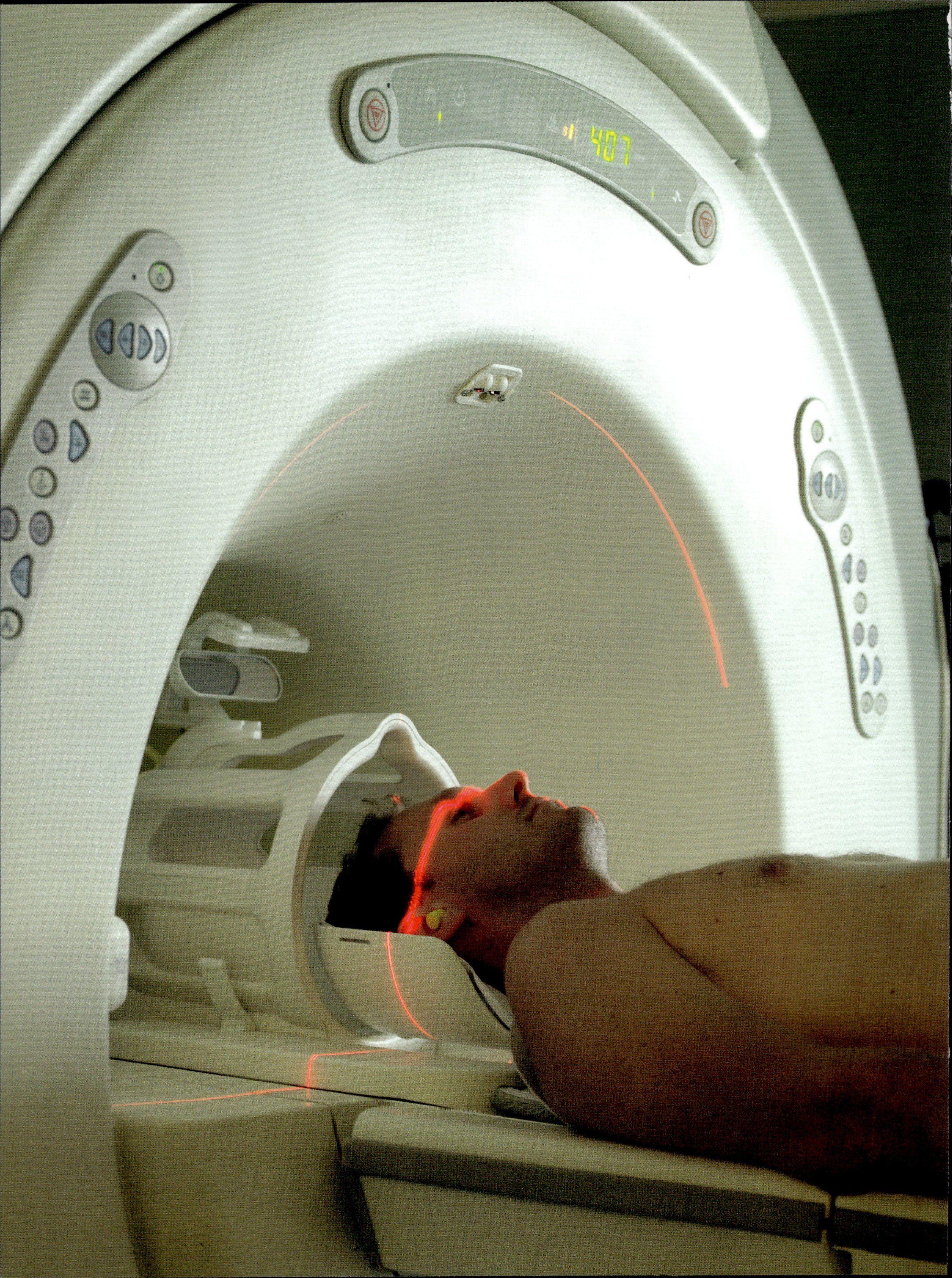

De certo modo, podemos dizer que o cérebro age como um cientista em miniatura. Inconscientemente, coletamos dados, fazemos suposições (levantamos hipóteses), testamos essas suposições e modificamos nossas crenças de forma apropriada. O método científico é aplicado a todo instante por todo mundo. Pode ser difícil acreditar nisso quando assistimos a uma aula de química, mas a ciência, em alguns aspectos, é uma atividade muito natural. A maioria dos animais faz "ciência" no sentido de construir suposições sobre seu ambiente, que então são testadas, embora num plano subconsciente. Porém, somos as únicas criaturas que refletem sobre o que fazem; vamos além de nossas experiências imediatas do mundo. Isso é algo que parece ser exclusivamente humano – a capacidade de dar um passo além do que nossos sentidos nos dizem, desvelar-lhes, ver para além da ilusão. Em geral cometemos erros, mas a grande vantagem do método científico, que o diferencia de todos os outros sistemas de crenças, é que ele nos permite aprender com os erros. Sabemos que, independentemente do que possa parecer, a Terra se desloca no espaço e ao redor do Sol, e não o contrário. Sabemos que, apesar de parecer rígido, o tampo da mesa é formado sobretudo de espaço vazio. Sabemos que, embora o mundo ao nosso redor, em nossa escala limitada de tempo, pareça imutável e permanente, o ambiente está em constante mutação. E agora, com o DNA, sabemos que, apesar de nos sentirmos escolhidos, especiais, nós, homens, estamos intimamente relacionados a todas as outras criaturas da Terra.

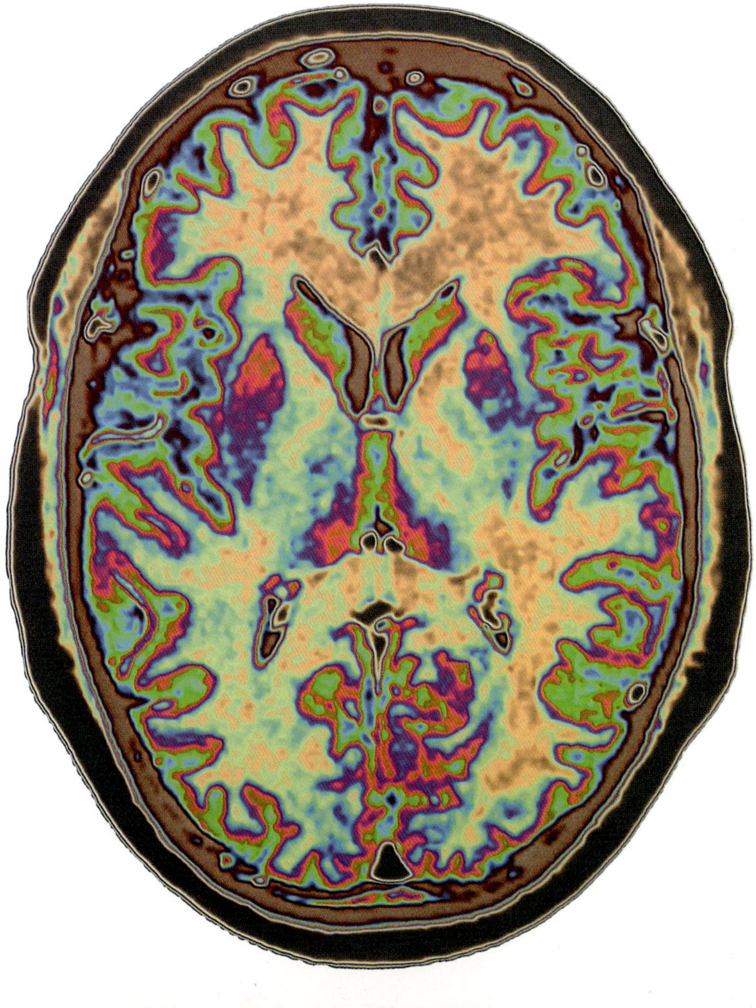

À esquerda: Modernos scanners de imagens médicas e a capacidade de ver como o cérebro funciona enquanto os objetos de estudo estão vivos e conscientes produziram uma revolução no estudo da mente humana.

À direita: Imagens de ressonância magnética (RM) mapeiam tecidos moles no corpo pela presença de moléculas de água. Elas também podem rastrear níveis de oxigênio no sangue, revelando as áreas ativas do cérebro pelo aumento do consumo de oxigênio.

Conexões – M nte

^ *Trepanação* ^ *Manuscrito egípcio descrevendo os efeitos de lesões cerebrais*

Tentamos compreender a identidade e as motivações humanas há milhares de anos. No entanto, o consenso de que essa busca deveria se concentrar no cérebro é muito recente. Na Grécia Antiga, Hipócrates, como os egípcios antes dele, deduziu, a partir dos efeitos de danos ao órgão, que o cérebro tinha alguma influência sobre o controle do corpo – crença possivelmente refletida na prática da trepanação. Platão desenvolveu a ideia, mas Aristóteles realocou a alma racional no coração, onde permaneceu por mil anos – adotada e policiada pela Igreja.

As observações anatômicas de Andreas Vesalius e, posteriormente, de René Descartes, repuseram a busca no caminho certo, tendo o último desenvolvido a teoria do dualismo, segundo a qual a mente era separada do corpo, "pilotando-o" de uma cabine de comando localizada na glândula pineal, situada no cérebro. Pouco depois, Thomas

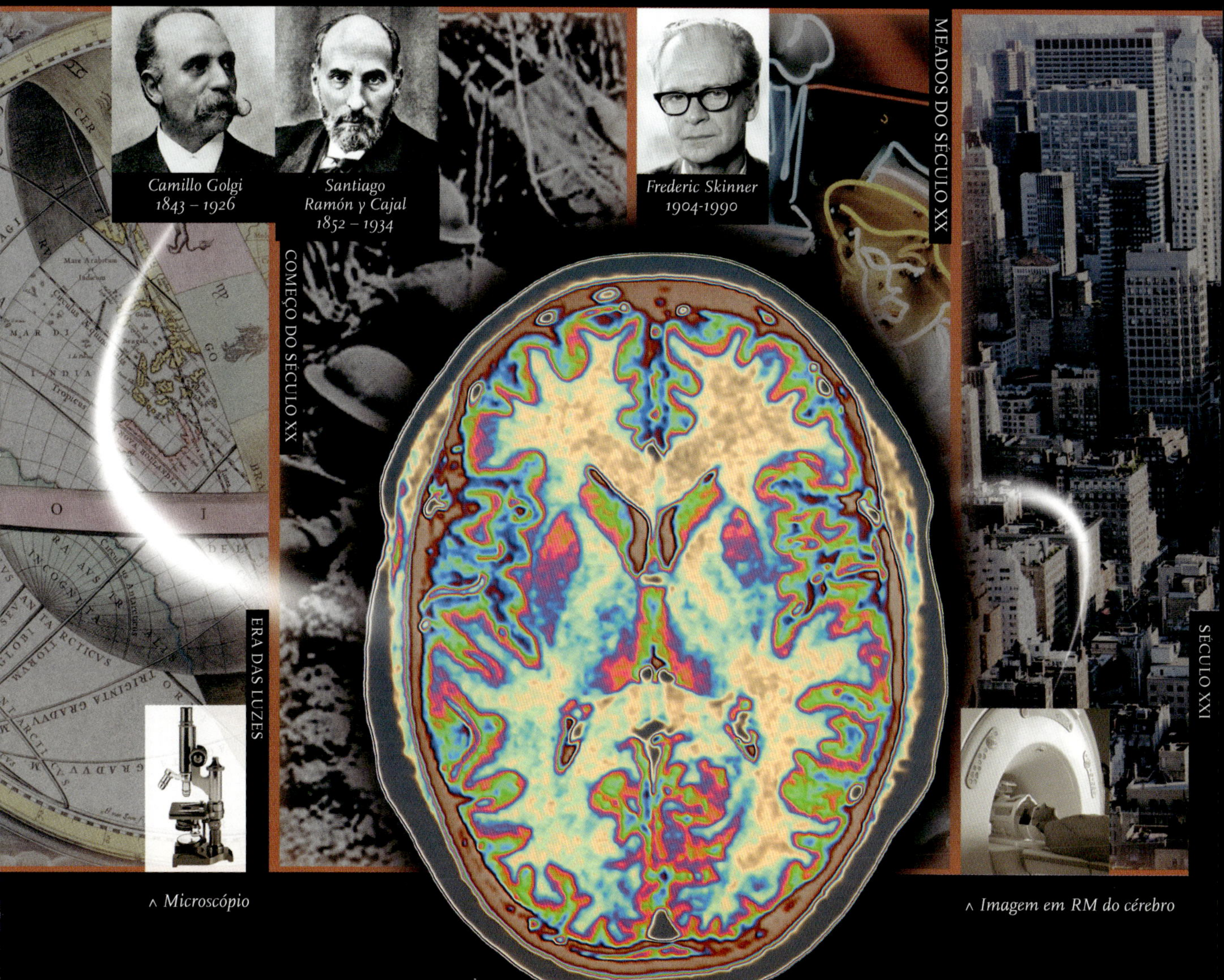

^ *Microscópio*

^ *Imagem em RM do cérebro*

Willis se tornou o primeiro a examinar de modo sistemático a anatomia do cérebro e a afirmar definitivamente que este determina quem somos.

Entretanto, a busca do "eu" estava longe de terminar. As investigações continuavam – sobre como nossas mentes diferiam das de outras criaturas, sobre como poderíamos ser condicionados e controlados (Pavlov e Skinner), sobre como poderíamos ser curados de doenças mentais. O tempo todo foi crucial a capacidade cada vez maior de compreender a estrutura física e os processos cerebrais – os primeiros microscópios permitiram que Camillo Golgi e Santiago Ramón y Cajal revelassem a estrutura detalhada do cérebro e a existência dos neurônios. Hoje, com técnicas como o mapeamento por ressonância magnética, nós somos capazes até de ver o cérebro em ação.

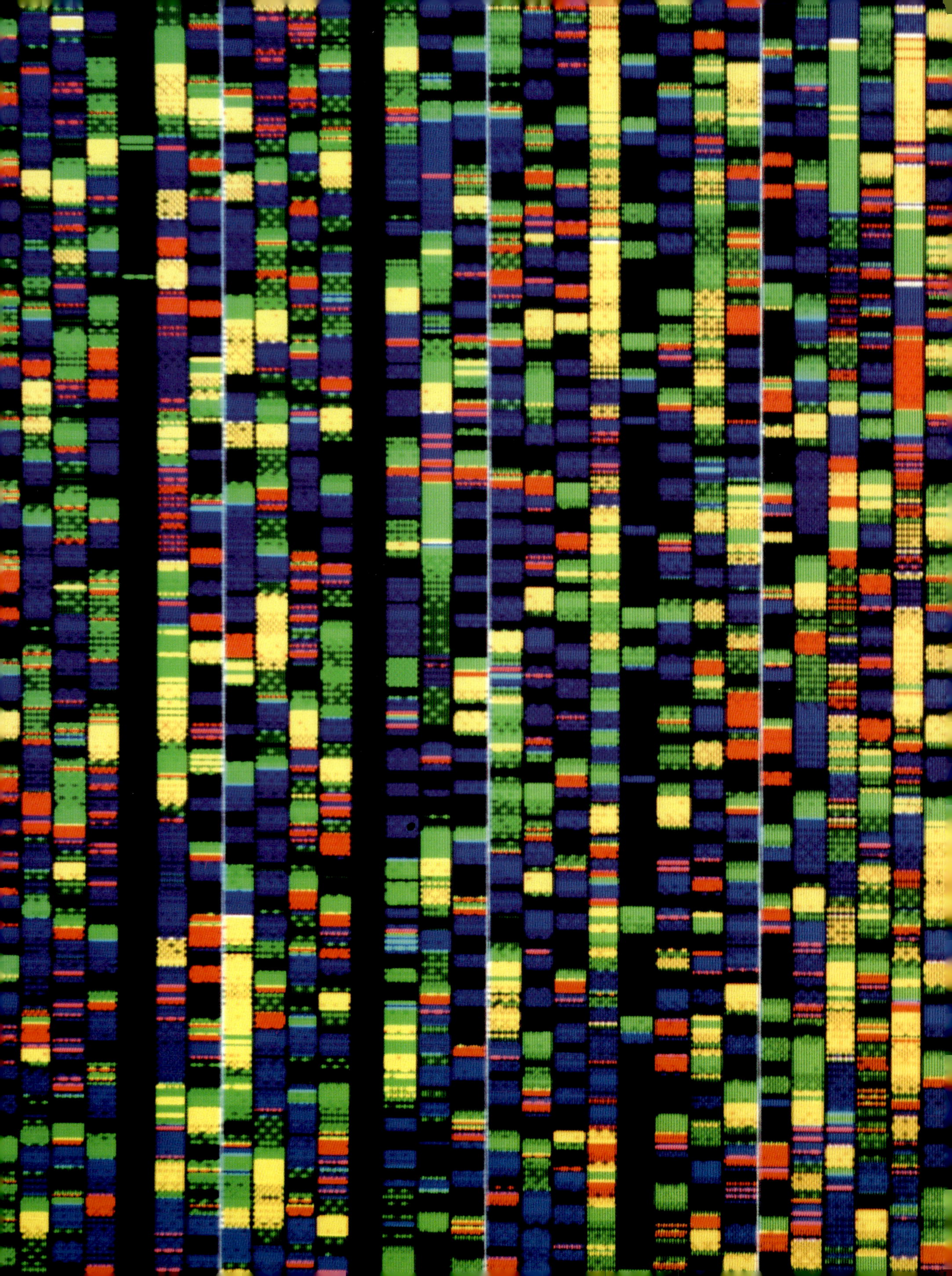

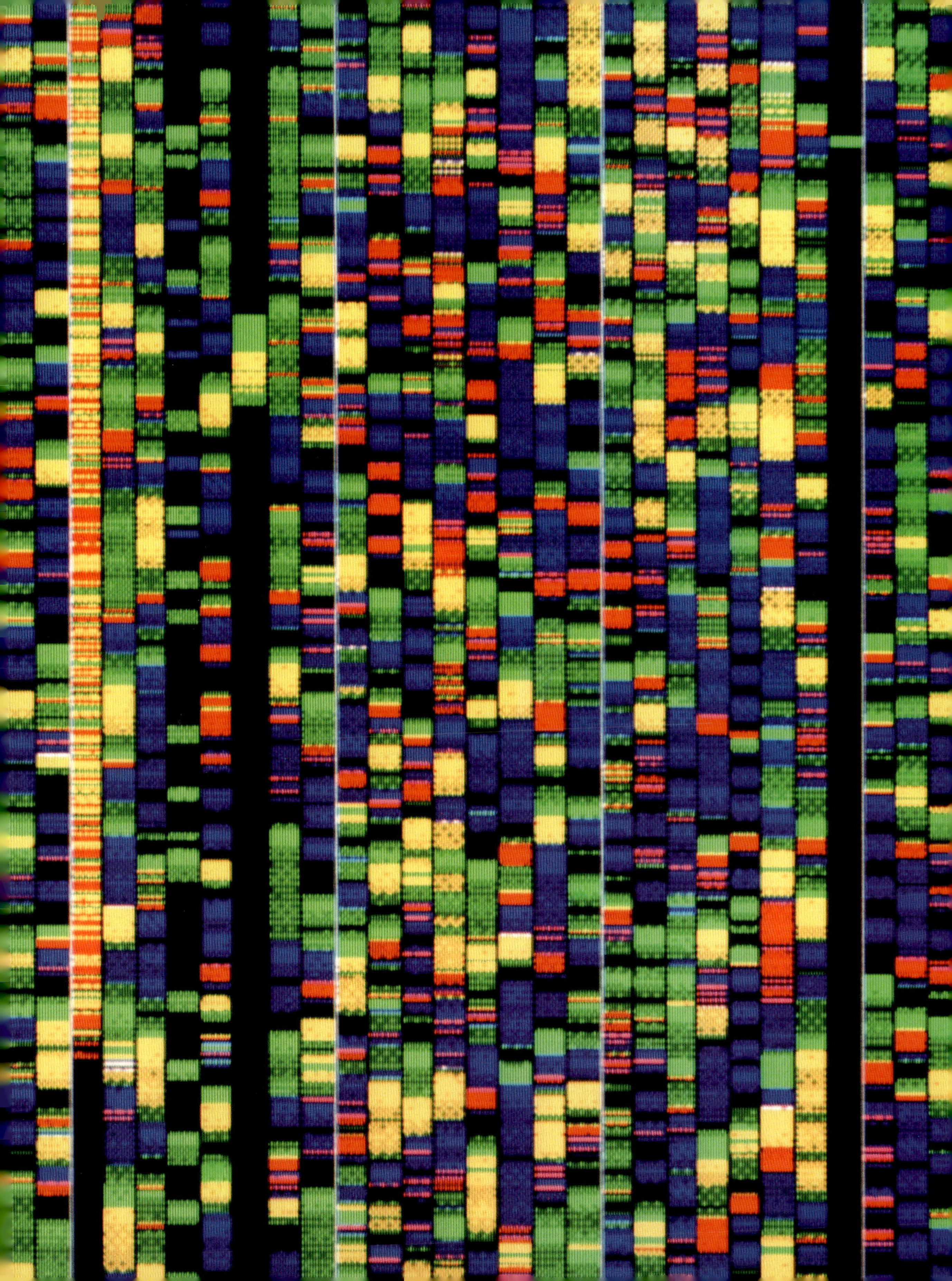

SUGESTÕES DE LEITURA

Geral

Bryson, Bill. *A Short History of Nearly Everything*. Black Swan, 2004.
Dunbar, Robin. *The Human Story*. Faber & Faber, 2005.
___. *The Trouble with Science*. Faber & Faber, 1996.
Roberts, Royston M. *Serendipity: Accidental Discoveries in Science*. John Wiley & Sons, 1989.
Waller, John. *Fabulous Science: Fact and Fiction in the History of Scientific Discovery*. Oxford University Press, 2004.
White, Michael. *Rivals: Conflict as the Fuel of Science*. Vintage, 2002.
Youngson, Robert. *Medical Blunders*. Robinson Publishing, 1996.
___. *Scientific Blunders*. Robinson Publishing, 1998.

1. Cosmo

Biagioni, Mario. *Galileo Courtier*. University of Chicago Press, 1993.
Fara, Patricia. *Science: A Four Thousand Year History*. Oxford University Press, 2009.
Gingerich, Owen. *The Book Nobody Read*. Heinemann, 2004.
Gleick, James. *Isaak Newton*. Pantheon Books, 2003.
Gribbin, John. *Science: A History*. Alan Lane, 2002.
Jardine, Lisa. *The Curious Life of Robert Hooke*. HarperCollins, 2003.
Sharov, Alexander S. e Novikov, Igor D. *Edwin Hubble, the Discoverer of the Big Bang Universe*. Cambridge University Press, 2005.

2. Matéria

Bell, Madison Smartt. *Lavoisier in the Year One: The Birth of a New Science in an Age of Revolution*. W.W. Norton & Co., 2006.
Fara, Patricia. *Pandora's Breeches: Women, Science & Power in the Elightenment*. Random House, 2004.
Gribbin, John. *Deep Simplicity: Bringing Order to Chaos and Complexity*. Penguin Press, 2009.
Holmes, Richard. *The Age of Wonder: How the Romantic Generation Discovered the Beauty and Terror of Science*. HarperPress, 2009.
Lavoisier, Antoine. *Elements of Chemistry*. Dover Publications, 1984.
McClellan, James E. e Dorn, Harold. *Science and Technology in World History: An Introduction*. The Johns Hopkins University Press, 2006.

3. Vida

Darwin, Charles. *The Origin of Species*. Penguin Classics, 1985.
Gould, Stephen Jay. *Time's Arrow, Time's Cycle*. Harvard University Press, 1987.
Gribbin, John e Gribbin, Mary. *Flower Hunters*. Oxford University Press, 2008.

Páginas anteriores: Tela de computador mostra uma sequência extraída do código genético humano. Como o DNA de cada pessoa é único, esta sequência é chamada de impressão digital genética.

Holmes, Richard. *The Age of Wonder*. Harper, 2008.
McCoy, Roger M. *Ending in Ice: Alfred Wegener's Revolutionary Idea and Tragic Expedition*. Oxford University Press, 2006.
Quammen, David. *The Reluctant Mr. Darwin*. Norton & Co, 2006.
Winchester, Simon. *The Map that Changed the World*. Viking, 2001.

4. Energia

Devreese, J.T. e Berghe, G. Vanden. *Magic Is no Magic: The Wonderful World of Simon Stevin*. WIT Press, 2007.
Fara, Patricia. *An Entertainment for Angels*. Icon Books, 2002.
Highfield, Roger e Carter, Paul. *The Private Lives of Albert Einstein*. St. Martins Press, 1994.
Jardine, Lisa. *Ingenious Pursuits*. Little Brown, 1999.
Marsden, Ben. *Watt's Perfec Engine*. Icon Books, 2002.
Morus, Iwan Rhys. *Michael Faraday and the Electrical Century*. Icon Books, 2004.

5. Corpo

Endersby, Jim. *A Guinea Pig''s History of Biology*. Heinemann, 2007.
___. *Imperial Nature: Joseph Hooker and the Practices of Victorian Science*. University of Chicago Press, 2008.
Waller, John. *The Discovery of the Germ: Twenty Years that Transformed the Way We Think about Disease*. Icon Books Ltd., 2004.
White, Michael. *Leonardo: The First Scientist*. Abacus, 2001.

6. Mente

Pietro Corsi. *The Enchanted Loom*. Oxford University Press, 1991.
Damasio, Antonio R. *Descarte's Error: Emotion, Reason and the Human Brain*. Vintage, 2006.
___. "How the brain creates the mind", in *Best of the Brain*. Dana Press, 2007.
Doige, Norman. *The Brain that Changes Itself*. Penguin, 2008.
Ekman, Paul. *Darwin and Facial Expression: A Century of Research in Review*. Academic Press, 1973.
Finger, Stanley. *Origin of Neuroscience*. Oxford University Press, 1994.
McHenry, Lawrence C. *Garrison's History of Neurology*. Charles C. Thomas, 1969.
Panek, Richard. *The Invisible Century: Einstein, Freud, and the Search for Hidden Universes*. Harper Perennial, 2005.
Shorter, Edward. *A History of Psychiatry: From the Era of the Asylum to the Age of Prozac*. Jossey Bass, 1998.
Stevens, Leonard A. *Explorers of the Brain*. Angus & Robertson, 1973.

ÍNDICE REMISSIVO

Os números de página em negrito referem-se a figuras.

A

Académie Royale des Sciences, 42, 71, 74, 151
açúcar, Jamaica, 104
acupuntura, 189
adrenalina, 204, 206, 207
Aga, Mustapha, 232
água, divisão da em elementos, 76
alcatrão de hulha, 82
  derivados sintéticos do, 83-5
Aldini, Giovanni, 201, **201**
alquimia, 60-4, **62**
  ver também química
Alter, David, 172
anatomia, 187-97
  comparada, 114-5
animais
  anatomia comparada, 114-15
  bestiários, **102**, 103
  criação seletiva, 131
  espécies extintas, 114-5
animálculos, 209-10
anticoncepcional, pílula, 206, **207**
Aristóteles, 21-4, 59, 81, 106, 157, 234, 238, 254
Arkwright, Richard, 153
artilharia, canhões de, 65
astrologia, Kepler e a, 27-8
astronomia
  aristotélica, 22, 23-4
  copernicana, 26-7, 28-9, 32, 40-1
  de Herschel a Hubble, 48-52
  Kepler e a, 28-30
  navegação e, 42
  ptolomeica, 22-4, 26,41
  Tycho Brahe, 19-20, 24-5, 29-30
átomos, 58, 59, 87
automóveis *ver* carros
Avery, Oswald, **218**, 219
Avicena, 193, 239

B

Bacon, Roger, 60
balões
  de ar quente, 74, **75**
  de hidrogênio, 74-7
Barbegal (França), energia hidráulica, 146, **146**
barômetro, invenção do, 157
baterias
  elétricas, 79, 170-1, 201
  ver também eletricidade
Becquerel, Henri, 91, **91**, 180
Beeton, Isabella, *Livro de administração doméstica*, 169
behaviorismo, 266-9
Bell, Alexander Graham, 173
Bernard, Claude, 203
bestiários, **102**, 103
Bhaskara, moto perpétuo, 151
Biblioteca Britânica, 107
big bang, teoria do, 50
bioeletricidade, 201, 211
biologia molecular, 99, 135
biologia
  DNA e comparação biológica, 114
  molecular, 99, 135
biomassa, fonte de energia, 183
Bohr, Niels, 93
bomba atômica, 86, 94, 183, 220
Bosch, Carl, 85
Boswell, James, 163
Botânica
  Lineu e a, 108-10
  tulipas, 149
Boulton, Matthew, 153, 158-9, 162-3
Boyle, lei de, 64
Boyle, Robert, 64, 72, 151, 197
Brahe, Tycho, 19-20, 24-5, 29-30
  Tábuas rudolfinas 33
Brand, Hennig, 61-4
Brindley, James, 112
Broca, Paul, 261, **261**
Brown, Robert, 211
Brown-Séquard, Charles-Édouard, 204, **204**
bruxaria, possível explicação, 239
Buckland, William, 122
Buffon, Georges-Louis Leclerc, conde de, 118, **119**
Buracos Negros, 52, 88
Buxton, Jedediah, 249

C

cadeia dos seres, 106, 107
cadeira elétrica, 179
Cajal, Santiago Ramón y, 264-5 **265**
cálculo, 44
canais, febre dos, 111, **112**
capacitores, 154-6, **154**, 170
carbono, 87
carbono, dióxido de, 67
Carnot, Nicolas Léonard Sadi, 167, **168**
carros
  movidos a vapor, 158, 160-1, **161**
  movidos a vento, 149
carvão,
  produtos do, 82
  revolução industrial, 111
catastrofismo, teoria do, 115, 122-3, 135
cavalo vapor, 162
Cavendish, Henry, balão de hidrogênio, 74-6
Cavendish, laboratórios (Cambridge), 91, 95
cegueira de mudança, 270
células, 208-27, **209**
  células vermelhas do sangue, **198-9**, 210, **226**
  células-tronco, **212**
cérebro, 231-73, **247**
  circulação sanguínea, **240-1**
  cirurgia do, 237, **237**
  computador, **244**
  corte transversal gerado por dissecação do, 236, 246, 260-1
  estrutura do, 264-5
  localização das funções no, 260-1
Cern, 99, **99**
Chambers, Robert, 127, **127**
Charcot, Jean-Martin, 253, 256-8, 256, 259
Chelsea Physic Garden, 107
chocolate, 107
ciência árabe, 23
  pólvora, 60
Clausius, Rudolf, 168

código Enigma, 94, 269
código Morse, 172
Coleridge, Samuel Taylor, 81
Colisor de Hádrons, 57, **57**, 99
Colombo, Cristóvão, 42
Colossus, 94
Cometas
  taxa de resfriamento, 118
  Tycho Brahe, descoberta de, 24
Companhia das Índias Orientais (Holanda), 148
computadores, 94-5, 99
comunicações digitais, 172
condutores e isolantes, 154
consciência, 231, 245
Constantinopla, 23, 38
Cook, capitão James, 153
Cooke, William Fothergill, sistema telegráfico elétrico de, **172**
copernício, 81
Copérnico, Nicolau, 26-9, 32, 40-1, 191, 192, 200
corantes, corantes de anilina, 83-5
Corneliszoon, Cornelis, 149
corpo, 186-227
corpúsculos de Boyle, 64
  Dalton e os, 80
  fissão dos, 94, 95,
  partículas subatômicas, 91, 92-4
  teoria de Demócrito dos, 59
cosmo, teorias do, 17-53
craniotomia, 237
criacionismo
  criacionismo da Terra jovem, 117
  movimento criacionista, 133
Crick, Francis, 220-3, **222**
cristalografia de raios x, 88, **221**
cromossomos, **135**
cronômetro marítimo, 42, 153
Crookes, sir William, 87-8, **87**
Crookes, tubo de, 87-8, **87**, **92**
Cugnot, Nicholas-Joseph, 161
Curie, Marie e Pierre, **90**, 91, 180-1
Cuvier, Georges, 114-5, **114**, 129

D

Da Vinci *ver* Leonardo da Vinci
Dalton, John, 80
Darwin, Charles, 129-33, **130**, 153
  Beagle, viagem no, 129-30
  estudo das emoções, 252-5
Darwin, Erasmus, 129, 153, 158
Davy, sir Humphry, 79-81, **79**, 171, 174
Dee, John, observa o "moto perpétuo", 151
Demócrito, "o risonho", 59, **59**
deriva continental, 136-7
derrames, 234
Descartes, René, 242-5, **242**
desenvolvimento fetal, 205-6, **206**
Deus, ideias de 22, 23
dilúvio, teorias do, 110, 115, 117, 120, 122
dínamos, 174
dirigível, **77**
dissecação
  de animais, 189, 195, **197**
  de seres humanos, 187, 188, 190, 191, **191** 236, **236**, 246, 260-1
distúrbios nervosos, Charcot e os, 256-8
DNA, 88, 135, 209, 216, **216-17**, 219-27, **221**, **222**, **224-5**
  comparação biológica usando o, 114
  mutação e, 227, **227**
dorsal oceânica, atlântica, 137, 139
dualismo, 243

E

Edison, Thomas, 174, 179, **179**
Educação
  Humboldt e a, 203
  Locke e a, 250-1
efeito placebo, 189, 204-5
Egerton, Francis, terceiro duque de Bridgewater, 111, **111**
Egito antigo, crenças sobre o cérebro, 232, **233**
Einstein, Albert, 50, **51**, 182, 183
elementos, 79-80, **81**, 87
eletricidade, 79, 154-7, 170-9
  como força vital, 201
  corrente contínua e alternada, 179
  distribuição de, 176, 179
  no corpo, 211
  ver também baterias
eletrólise, 171
eletromagnetismo, 171, 174
elétrons, 58, 72, 91-5
embriologia, 197
emoções, Darwin e as, 252-5
energia elétrica, 170-9, 183
  implicações, 145
energia eólica, Holanda, 147-9
energia nuclear, 99, 183
energia, 144-83
energia, $E=mc^2$, 182-3
envenenamento radioativo, 180
enzimas, 209, 216
Erasístrato, **237**
esferas, harmonia das, 21
espaço-tempo e gravidade, 17, 50, 52, 182
espíritos animais
  Avicena, 239
  Descartes, 245
  Galeno, 238
  Willis, 248
espiritualismo, Crookes e o, 87
esporão do centeio, envenenamento por, 239
esqueleto, anatomia comparada do, 114
esteróides, 206
estradas de ferro, 126
  horário do meridiano de Greenwich, 173
  o telégrafo e as, 172-3
estratos geológicos, 111-12, **113**, 120-1
estrelas, 17
  estrelas de nêutrons, 88
estrogênio, 206, 207
Eudoxo, **21**, 22
Evershed, Thomas, 176
evolução
  Buffon e a, 129
  Charles Darwin, 130-3
  Erasmus Darwin, 129
  lamarckismo, 129, 133
  mutação e, 227, **227**
  por seleção natural, 132-3, 253
  teorias de Chambers, 126-7
Exibição Eletrotécnica (Frankfurt 1891), 179
expressões faciais, 252-4, **252**, **254-5**
extinção, 115,138

F

Fabrizio, Girolamo, 192
Faraday, Michael, 174, **174**, 182

Ferrier, David, 261
fertilizantes artificiais, 85
Flamsteed, John, 47
flogisto, 73
Flourens, Jean-Pierre, 260
Fludd, Robert, parafuso hidráulico, 151
fontes renováveis de energia, 183
fósforo (elemento), 63-4
fósforos, 64
fósseis, 107, 110, **110**, 111,123, 126, 129
  a deriva continental e os, 136, 138
Franklin, Benjamin, 153, 156
Franklin, Rosalind, 220, **220**, 223
Frederico II, rei da Dinamarca, 24
Freeman, Walter, 261
frenologia, 260
Freud, Sigmund, 258, **258**
fusos horários, 173

G

galáxias, 16
  nebulosa de Andrômeda, 49, **52**
  nebulosa de Câncer, 53
  Via Láctea, 48-9
Galeno (Claudius Galenus), 189, **189**, 190, 191, 192, 193, 195, 200
  estudo do cérebro, 238, 242, 246
Galileu Galilei, **36**, 37-41, 200
  julgamento por heresia, 40-1
  "Pai da ciência", 41
  telescópio, 37, 38
Gall, Franz Joseph, 260, **260**
Galvani, Luigi, 171, 201
gás cloro, 85
gás venenoso, uso militar, 85, 86
gases
  Dalton e os, 80
  do carvão, 82
  experimentos com, 65-73
Gauss, Carl Friedrich, 172
Geiger, Hans, 92
genes, 133, 135, 209, 220, 223, 227
genética, engenharia, 99
genética, leis de Mendel, 133
geologia, 111-12, **113**, 117, 135-8
  inconformidade de Hutton, 120-1, **120-1**
  Saussure e a, 117
geometria kepleriana, 28-9
Gerlach, Joseph von, corante vermelho de, 264
germes, teoria dos, 213, 216
Gilbert, William, *De Magnete*, 154, 156, **156**
girafas, o lamarckismo e as, 129
glúons, 58
Golgi, Camillo, 264-5, **265**
Goltz, Friedrich, 261
Gramme, Zénobe Théophile, 174
gravidade, 17, 44-7, **45**, **46**
Gray, Stephen, 154, 156
gregos
  as psiques, 234
  crenças sobre a morte, 236
Griffith, Fred, 219
Guericke, Otto von, 154, 157
Guerra dos Trinta Anos (1618-1648), 31
guerra e indústria, 65
guerras mundiais, 86, 220, 266, 269
Gutenberg, Johannes, 27, 30

H

Haber, Fritz, 85
Hale, George Ellery, 48-9
Hall-Edwards, John, major, 88
Halley, Edmond, 43-4
Hama (Síria), energia hidráulica, **146**
Hamilton, lady Emma, 157
Harrison, John, cronômetro, 42, 153
Harvey, William, 192-7, **192**, **194**, 200, 210
Hasan al-Rammah, receitas de pólvora, 60
Hauksbee, Francis, 154, 156
hélio, 58, 87, 95
herbários, 104-5
Herófilo da Calcedônia, 236, **236**
Herschel, William, 48
Hertz, Heinrich, 182
hidrogênio, 74-7, 77, 87
  aplicações militares, 76
hidrogênio, bomba de, **182-3**
Hindenburg (dirigível), 76, 77, **77**
hipnotismo, 257-8
Hipócrates, 234, **234**
Hoffman, Albert, 239
Hofmann, August Wilhelm von, 82, 83, 85
Holanda, energia eólica e prosperidade da, 147-9, **148**
Holmes, Gordon, 266
Hooke, Robert, 43, 47, 72, 197, **208**, 208, 210
  Micrographia, 208, **208**
Hormônios, 204-7, 211
hospitais
  higiene hospitalar, 212
  islâmicos, 193
Hubble, Edwin, 49-52
Humboldt, Wilhelm von, 203
humores, 193, 200
Hutton, inconformidade de, 120-1, **120-1**
Hutton, James, estratos e erosão, 120-2
Huxley, Aldous, *Admirável mundo novo*, **266**, 267

I

iluminação
  a gás, 176
  elétrica, 179
  lâmpada incandescente, 174, **179**
ilusionismo, truques de, 269
ilusões de ótica, 269
impermeabilização, 82
imprensa, Gutenberg e a, 27, 30
Índias Ocidentais, história natural, 104-5
indústria da mineração
  avanços da, 65
  motor a vapor, 159-60, 162-3, **162**, 166-7
indústria química, 82
indústria têxtil, mecanização da, 111
insetos, sistemas sociais dos, **200**
insulina, 206, 207
inteligência artificial, 269
internet, 99
inverso do quadrado, lei do, 43, 44-7
isolantes e condutores, 154, 173
Itard, Jean-Marc, 253

J

Jamaica
  açúcar, 104
  flora e fauna da, 104-5

jesuítas, Galileu e os, 40-1
Jorge III, rei da Grã-Bretanha, 48
Júpiter (planeta), observações de Galileu, 38-40, **39**

K

Kelvin, William, 168
Kepler, Johannes, 25-6, 27-33, 41, 117, 200
Kinderdijk (Holanda), moinhos de vento bombeadores de água, **148-9**
Koch, Fred, 205

L

la Tourette, Georges Gilles de, 253
Lamarck, Jean-Baptiste
  movimento continental, 136
lamarckismo, 129, 133
laser, 99
látex, como isolante, 173
latitude, 42
Lavoisier, Antoine, **70**, 71-3, **72**, 76, 78
  Tratado elementar de química, 78, 81
Lavoisier, Marie-Anne, **70**, 71
Leão X, papa, 31
Leeuwenhoek, Antonie van, 208-10, **210**
lei de Kepler do movimento planetário, 32-3, 41, 52
lei de Moore, 95
Leonardo da Vinci, 188, **188**, 191
  desenhos anatômicos de, **186**, 188, **188**
  rodas d'água, **146**, 150, **151**, 158
Leyden, garrafa de, 154-6, **154**, 170, 201
Liebig, Justus von, **202**, 203,
Lineu, Carl, 108-10
Linnaeus, Carl, *ver* Lineu; Linné, Carl von, *ver* Lineu.
Lippershey, Hans, 37
lobotomia transorbital, 261
Locke, John, **250**, 250-1, 266
locomotivas a vapor, 163, **164-5**, 166-7, **166**
longitude, problema da, 42, 48, 153
LSD, dietilamida do ácido lisérgico, 239
Lua, 17
  Eudoxo, teoria de, 22
  observações de Galileu, 38, **38**
Lutero, Martinho, 27, 31
Lyell, Charles, **122**, 122-3, 127, 129, 132

M

Mach, Ernst, 87
Macintosh, Charles, 82
Maestlin, Michael, 26
magnetismo, 154, 156, 171
malária, busca da cura, 82-3
Malthus, Thomas, "Teoria da população", 130-1
malva, 83-5, **84**
Maquiavel, Nicolau, 65
Marat, Jean-Paul, 78
Marsden, Ernest, 92
Marte (planeta), nas leis de Kepler, 32
maser, 99
matéria, 57-99
  divisão da matéria, 76
Maxwell, James Clerk, **182**
mecânica quântica, 93-4
Medici, Cosimo II, grão-duque de Florença, 40
medicina
  as plantas e, 104-5, 108
  descobertas de Da Vinci, 188
  islâmica, 193, 239
  molecular, 99
  tradicional chinesa, 189
Mendel, Gregor, 133
mente, 230-73
metalurgia, 257
Meucci, Antonio, 173
micróbios, 213, 216
microscopia eletrônica, **212**, **226**, **270-1**
  ver também microscopia
microscopia, 208-11, **208**, 210
  ver também microscopia eletrônica
Miescher, Friedrich, 216, **216**
Mileto, Anaxímenes de, 21
Milton, John, 250
Mind, Gottfried, 249
Mont Blanc, Saussure e, 117
Mont Wilson, observatório, 48
montanhas, cadeias de, 135, 137, 138
monte Etna (Sicília), 122, 123
Montgolfier, irmãos, 74, **75**
Moore, Gordon, 95-8
Moore, Thomas, 246
Morse, Samuel, 172, **172**
moto perpétuo, 150-1, 169
motor de combustão interna, 168
motores elétricos, 174
motores estacionários a vapor, **158**, 158-63, **159**, 166, 168
Movimento pelo Niagara Livre, 176
movimento, leis de Newton do, 47-8
mundo bizantino, 23
Murray, Fenton e Wood, motor a vapor, **158**
Museu Britânico, 107
Museu de História Natural (Londres), 107
Musschenbroek, Pieter van, 154-6, 170, 201
mutação, DNA e, 219, 227, **227**

N

Napoleão I, imperador, 76
navegação marítima, 42
Nelson, Horatio, almirante, 76, 157
neoplatônicos, 23
netunistas, 117, 122
Netuno (planeta), 48
neurociência, 231-73
neurologia, 236, 256-8, 260-1
neurônios, 211, 265, 270, **270-1**
nêutrons, 58
New York Historical Society, 232
Newcomen, Thomas, 159, 160
Newton, sir Isaac, 32, 44-8, **44**, 50, 72, 117, 154, 156, 200
  alquimia, 60-3
  leis do movimento, 47-8
  os *Principia*, 44, **46**, 47, 118
Niágara, cataratas do, como fonte de energia elétrica, 176, **176-7**, 179
nitratos, artificiais, 85
Nollet, Abbé, 156
nucleína, 216, **216-17**

O

oceanografia, 137
Oersted, Hans Christian, 171-2, 174
olarias, mecanização das, 111

ondas eletromagnéticas, 172
ondas, energia das, 183
órbitas planetárias
  Kepler e, 32-3, 47, 52
  lei do inverso do quadrado, a "aposta", 43, 44-7
Orwell, George, *1984*, 267
Osiander, Andreas, 27
ótica
  Newton e a, 44
  telescópio, 37-8
óxido de mercúrio, produção de oxigênio, 67-73
oxigênio
  Boyle e o, 72
  Lavoisier, experimentos de, 71-3, 193
  no sangue, 193
  Priestley, descoberta de, 67, 71, 193

P

Pangeia, 136, 139
Papin, Denis, panela de pressão, 160
Pasteur, Louis, 213, **213**, **214-15**
pasteurização, 213
patentes
  Departamento de Patentes dos Estados Unidos, 151
  moto perpétuo, 169
  motor a vapor de Savery, 160
  telefone, 173
  telégrafo, 172
  Watt e, 162-3
Pavlov, Ivan Petrovich
  experimentos com cães, **262-3**, 263, 266
peixe elétrico, peixe torpedo, 170, **170-1**, 201
pepsina, 216
peripatéticos, 23
Perkin, sir William, corante malva, 83-5, **84**
Perutz, Max, hemoglobina, 200
pineal, glândula, **242**, 243-5, **244**
Pitágoras de Samos, 21
placas tectônicas, 136-9
plantas, 104-10
  classificação das, 107-10
  colecionadores de, 105, 107-10
Platão, 21-2, 28, 59, 234, **235**
Playfair, John, 122
Plutão (planeta), 48
Pólvora, 60, 61, 65
potássio, 79-81, **80**
Priestley, Joseph, **66**, 67-73, 156, 162
processadores digitais, 95-8, **96**
produção de amônia, 85
produtos sintéticos, 82-5
progesterona, 206
proteína, 209
prótons, 58
Prússia, reformas educacionais de Humboldt, 203
psicologia, 250, 266
  Freud, 258, **258**
  Pavlov, 263
  psicocirurgia, 261
Ptolomeu I Soter, governante do Egito, 236
Ptolomeu, Cláudio
  Dialogo de Galileu, 41
  teoria astronômica, 22-4, 26

Q

quarks, **58**, 99
química
  nas células, 216
  o segredo da vida?, 203-7
  ver também alquimia
quina, casca de, 82-3
quinino, 82-3

R

rádio (elemento), 180
rádio, 94, 172
radioatividade, 91, 92, 180-1, 183
  datação geológica por, 135
raios x, 88, **89**, 220
Ray, John, 108, **108**
Reforma Protestante, 18, 31
refrigerantes, gaseificados, 67
relâmpago, **155**
relatividade, teoria de Einstein da, 50, 52, 182
Renascimento, 38
ressonância magnética funcional (RMf), 270
Revolução Francesa (1789), 78
Revolução Industrial, 111, 126
RNA (ácido ribonucleico), 209
rochas, estratificação das, 111-12, **113**, 120-1
"roda mágica" (Baviera), 150, **151**
rodas d'água, 146
Rodolfo II, imperador do Sacro Império Romano, 18, 25, 27, 30, 31
Röntgen, William, 88
Royal College of Chemistry (Londres), 82, 83
Royal College of Physicians, 195
Royal College of Surgeons, 201
Royal Observatory (Greenwich), 42, 48
Royal Society, 43, 44, 47, 105, 151, 154, 171, 197, 208, 209, 210, 246
  Philosophical Transactions of the Royal Society, 153
Rutherford, Ernest, 92-3, 95

S

Salpêtrière, hospital / hospício da (Paris), 253, **256**, 256, 257, 258
Samos, Aristarco de, 22, 26
San Andreas, falha de, 137
sangue
  células vermelhas do, **198-9**, 210, **226**
  circulação do, 192-7, **195**, **240-1**
  transfusão de, **195**, 197
santo Agostinho, 23, 106
santo Antônio, fogo de, 239
satélites de comunicação, 47
Saussure, Horace-Bénédict de, **116**, 117
Savant, síndrome de, 249
Savery, Thomas, motor a vapor de, 160
Scheele, Carl
  fósforo, 63
  oxigênio, 73
Schilling, Pavel, 172
Schwann, Theodor, 211
Schweppe, Johann Jacob, 67
secularismo, 266
Século das Luzes, 153-4
semicondutores, 95-8
Semmelweis, Ignaz Philipp, 211-13, **212**
septicemia, 213

Serápis, templo de (Pozzuoli), 122-3, **124-5**
serrarias, movidas a vento, 149
Shelley, Mary, *Frankenstein*, 80-1, 201
Sherrington, Charles Scott, 266
Shockley, William, 94-8
Silício, Vale do (Califórnia), 98
sistema endócrino, **205**
sistema imunológico, 206, 209
sistema nervoso, 211
 doenças do, 246
sistema solar, 48
sistema suprarrenal, 205, **205**
Skinner, Burrhus Frederic, **268**, 269
Sloane, Hans, 104-5, **104**, 107-8, 130
Smith, Edwin, antigo papiro medico, 232, **233**
Smith, William "estratos de Smith", 111-12, **113**
Sociedade Lunar (séc. XVIII), 152-3, 158-9, 162, 170
Sol, 17, 87, 91
Stensen, Niels, 248
Stevin, Simon, **147**
 energia eólica e drenagem, 147-9
 moto perpétuo, 150
subconsciente, Charcot e o, 257
submarino, ar fresco, (1620), 72
supernovas
 átomos, 58
 SN1572, 20,24
Swedenborg, Emmanuel, 260

T

tabela periódica, **81**, 181
telecomunicações, 94-8, 172-3
telefone, 172, 173
telégrafo, eletromagnético, 172-3
telescópio
 de Galileu, 37, 38
 Lippershey, 37
 Telescópio Espacial Hubble, 17, 20, 50-2, **50**, **53**
 Telescópio Hooker, 48-9, **49**
Templo da Saúde (Londres), 157
tempo profundo, 120-3, 129
Tennynson, Alfred, Lord, 123
teoria quântica, 93, 99
termodinâmica, leis da, 150, 167, 169, 181, 183
Terra, dedução da idade da, 117-23, 135
terremotos, 137-8
Tesla, Nikola, 179
testosterona, 204-5, 207
Thomson, J.J., o electron, 91
Thomson, James, 169
Toledo, queda de, 23
tomografia e ressonância cerebral, **230**, 270, **272**, **273**
Torricelli, Evangelista, 157
Tourette, síndrome de, 253
transistores *ver* semicondutores
trepanação, 237
Trevithick, Richard, **166**, 166-7, 168
tulipas, bolha de investimento em (Holanda), 149
Turing, Alan, 269
Tyson, Edward, 114

U

uniformitarismo, 122
Universidade de Pádua, Escola de Medicina da, 191-2, **192**
Universo *ver* cosmo
urânio, 91, 180-1
uranitita, 91, **91**
Urano (planeta), 48
Urbano VIII, papa, 41
Ussher, James, *Anais do Velho Testamento*, 117, **117**

V

vácuo, e bomba de vácuo, 157
vácuo, tubos de, 94
Vail, Alfred, 172
válvulas (rádio), 94
vapor, energia do, 158-68
Veneza, vidro de Murano, 38
Vênus (planeta), observações de Galileu, 40
Verocchio, Andrea Del, 188
Vesalius, Andreas, 190-2, **190**, 200
 A estrutura do corpo humano, 191, **238**
Vestígios da história natural da criação (1844), 126-7, **126**, 131
vida
 as placas tectônicas e a, 138
 de onde viemos?, 103-41
 eletricidade e, 201
 o segredo da, 200-27
vidro, 38
Villard de Honnecourt, 150
vitoriana, eficiência, 169
vivissecção *ver* dissecação
volante de inércia, 146
Volta, Alessandro, 79, 171, 201
voltaicas, pilhas, 79, **79**, 171
vulcões, 138

W

Wallace, Alfred Russel, 132
Walsh, coronel John, peixe elétrico, 170
Watson, J.B., 266-7
Watson, James, 220-3, **222**
Watt, James, 153, 158-63, **158**
 parceria com Boulton, 162-3
Wedgwood, Josiah, 111, 153
Wegener, Alfred, 136
Wesley, John, 157
Westinghouse, George, 179
Wheatsone, Charles, sistema de telégrafo elétrico, **172**
Wilkins, Maurice, 220, 223
Wilkinson, John, 153, 162, 163
Willis, Thomas, 246-8, **246**
 Cerebri anatome, 246-8, **246**
Willoughby, Francis, 108
 história natural dos peixes, 44, 108
Worms, dieta de, 31
Wren, sir Christopher, 43, 246, **247**

CRÉDITOS DAS FIGURAS

Alamy/19th era 2 164; / artpartner-images 58, 101 direita; / Peter de Clercq 176; / Coston Stock 42 abaixo à direita; / Stephen Finn 107; / steven gillis hd9 imaging 54 figura de fundo 2, 100 figura de fundo 2, 142 figura de fundo 2, 184, figura de fundo 2, 228 figura de fundo 2, 274 figura de fundo 2; / Angelo Hornak 238; / imagebroker 55 figura de fundo 3, 101 figura de fundo 2, 143 figura de fundo 2, 185 figura de fundo 2, 229 figura de fundo 3, 275 figura de fundo 2; / Intefoto 37, 54 abaixo à direita, 61, 132, 263; / Lordprice Collection 160 esquerda; / Ilene MacDonald 172; / Mary Evans Picture Library 162, 234 acima, 274 acima à esquerda; / Mathew Monteith 112; / North Wind Picture Archives 30, 54 abaixo à esquerda, 234 abaixo; / Gianni Dagli Orti / The Art Archive 243; / Permian Creations 65; / Phototake, Inc. 181; / Wolfgang Pölzer 170; / Alex Segre 250 esquerda; / The Art Gallery Collection 23, 54 figura de fundo 3, 100 figura de fundo 3, 142 figura de fundo 3, 184 figura de fundo 3, 228 figura de fundo 3, 274 figura de fundo 3; / The Print Collector 89, 101 abaixo à esquerda, 120; / Ken Welsh 132, 143 abaixo à direita; Wildlife GmbH 239; / World History Archive 41, 115, 128, 143 abaixo à esquerda, 156 esquerda, 203, 245.
Bridgeman Art Library / Bibliotheque des Arts Decoratifs, Paris, França / Archives Charmet 262; / Derby Museum and Art Gallery, UK 62; / Faculdade de Medicina, Lyon, França 259; / National History Museum, Londres, UK 108; / Coleção privada 106; / Coleção privada / Archives Charmet 233, 274 centro.
Corbis 42 acima à esquerda, 142 abaixo à direita, 158 abaixo, 202, 66; / James L. Amos 54 figura de fundo 6, 100 figura de fundo 6, 142 figura de fundo 6, 184 figura de fundo 6, 228 figura de fundo 6, 274 figura de fundo 6; / Bettmann 43, 77, 109 esquerda, 109 direita, 174 abaixo, 185 abaixo à esquerda, 186, 210 esquerda, 228 abaixo à esquerda, 236, 267; / Barbara Chase 55 figura de fundo 1, 100 figura de fundo 7, 142 figura de fundo 7, 184 figura de fundo 7, 228 figura de fundo 7, 274 figura de fundo 7; / Dennis Kunkel Microscopy, Inc. / Visuals Unlimited 212; / Elio Cio 146 abaixo; / Cameron Davidson 55 figura de fundo 4, 101 figura de fundo 3, 143 figura de fundo 3, 185 figura de fundo 3, 229 figura de fundo 3, 275 figura de fundo 3; / Christel Gerstenberg 175; Hulton-Deutsch Collection 214; / Image Source 273, 275 centro; / Reed Kaestner 54 figura de fundo 1, 100 figura de fundo 1, 142 figura de fundo 1, 184 figura de fundo 1, 228 figura de fundo 1, 274 figura de fundo 1; / David Lees 31, 157; / Micro Discovery 198; / Nasa 139; / Alain Nogues / Sygma 182, 185 abaixo à direita; / Gianni Dagli Orti 257; / William Perlman / Star Ledger 130; / John Rensten 85; / Reuters 54 figura de fundo 4, 100 figura de fundo 4, 142 figura de fundo 4, 184 figura de fundo 4, 228 figura de fundo 4, 274 figura de fundo 4; / Stapleton Collection 22.
Fotolia / iQoncept 72 inset.
Getty Images 159, 207; / Willem Blaeu 25 abaixo à direita; Cornelia Doerr 148; / Dorling Kindersley 50, 55 centro, 63, 82; / Dave King 60 abaixo; / Lambert 86; / Nasa 8 abaixo; / Nasa, ESA, A, Aloisi (STScI/ESA), e The Hubble Heritage (STScI/Aura)-ESA/Hubble Collaboration 20; Nasa, ESA, A. Aloisi (STScI / ESA), e The Hubble Heritage Team (STScI/Aura) 16; / Nasa / ESA / JPL / Univ. do Estado de Arizona 53; Richard Nebesky 18; / Hans Neleman 272, 275 abaixo à direita; / SSPL via Getty Images 87, 88 acima, 88 abaixo, 94, 100 abaixo, 134, 153, 154, 160 direita, 172 abaixo, 184 direita; / Time & Life Pictures 166 acima, 268.
Photolibrary The British Library 102; / Nicholas Thibaut 146 centro.
Scala 251; / White Images 150
Science & Society Picture Library / Science Museum 49, 55 abaixo à direita, 85 abaixo à direita.
Science Photo Library / 13, 19 acima, 29, 40, 47, 54 acima ao centro 68, 70, 81, 84, 101 acima à direita, 101 acima à esquerda, 104 acima, 117, 122, 126, 127, 130 direita, 142 acima ao centro, 143 acima à esquerda, 143 acima, ao centro, direita, 143 acima à direita, 147, 156 direita, 161, 185 acima à esquerda, 192, 193 acima, 195 abaixo, 196, 201, 210 direita, 212 acima, 216 direita, 218, 221, 229 acima à esquerda, 229 abaixo à direita, 244 abaixo, 246, 247, 256 acima, 256 abaixo, 261 acima, 265 esquerda, 265 direita, 274 acima à direita, 275 acima à esquerda, 275 acima à direita, 60 acima, 78 acima, 181, 191 direita; / Steve Allen 54 figura de fundo 5, 100 figura de fundo 5, 142 figura de fundo 5, 184 figura de fundo 5, 228 figura de fundo 5, 274 figura de fundo 5; / American Institute of Physics 46, 91 acima; / Anatomical Travelogue 205 esquerda, 205 direita; /

A. Barrington Brown 222; / David Becker 264; / Juergen Berger 209; / George Bernard 11, 111, 114 direita, 143 acima ao centro, 144; / Paul Biddle & Tim Malyon 189 abaixo; / Maximilien Brice, Cern 56; / dr. Jeremy Burgess 191 esquerda, 242; / Caltech Archives 34; / CCI Archives 190 direita, 228 acima, ao centro, direita; / J-L Charmet 168 acima; / Russell Croman 152; / Custom Medical Stock Photo 213; / Dopamine 206; / John Durham 210; / Bernhard Edmaier 123; / Emilio Segre Visual Archives / American Institute of Physics 55 acima, ao centro, direita, 96, 101 acima, ao centro, esquerda; / Equinox Graphics 134; / prof. Peter Fowler 92, 101 acima, ao centro, direita; / Simon Fraser 200; / General Research Division / New York Public Library 118; / Steve Gschmeissner 226; / Tony Hallas 52; / Roger Harris 240; / Adam Hart-Davis 208 acima à direita, 208 esquerda, 229 acima, ao centro, esquerda; / Gary Hincks 136; / Keith Kent 155; / Gavin Kingcome 110 acima; / James King-Holmes 2; / Mehau Kulyk 188, 190 esquerda, 249; / Andrew Lambert Photography 80; / Patrick Landmann 135; / Library of Congress 146 acima, 167, 172 acima, 178; Library of Congress / New York Public Library 166 abaixo; / Living Art Entreprises, LLC 91; / Medical RF.com 270 / Astrid & Hanns-Frieder Michler 91 abaixo; / Mid-Manhattan Picture Collection/ Glass/ New York Public Library 169; / Cordelia Molloy 59 abaixo, 173, 179 abaixo, 185 abaixo ao centro esquerda, 185 abaixo ao centro direita; / Nasa 6, 8 acima, 39, 48 centro; / Nasa / ESA / STCI / L. Stromvsky, UW-Madison 48 esquerda; / National Library of Medicine 258; / Noaa 33; / Omikron 277; / David Parker 99, 276-277; / Pekka Parviainen 28; / Pasieka 72, centro, 216, 229 centro, 244 acima; / Photo Researchers 179 acima, 185 acima à direita, 208 abaixo à direita, 228 abaixo à direita, 229 acima à direita, 274 acima, ao centro, esquerda; / Physics Today Collection / American Institute of Physics 90; / Philippe Plailly / Eurelios 140; / Maria Platt-Evans 108 acima, 142 acima à direita, 158 acima, 185 acima ao centro esquerda; / Radiation Protection Division / Health Protection Agency 180; / Detlev Van Ravenswaay 19 abaixo, 26 abaixo à esquerda, 54 acima à esquerda, 55 abaixo à esquerda; / Royal Astronomical Society 21, 26 centro, 45, 55 figura de fundo 2, 100 figura de fundo 8, 142 figura de fundo 8, 184 figura de fundo 8, 229 figura de fundo 1, 274 figura de fundo 8; / Friedrich Saurer 32; / Jon Stokes 260, 275 abaixo à esquerda; / Science, Industry & Business Library / New York Public Library 168 abaixo; / Science Source 59 acima, 64 acima, 100 acima à esquerda, 204, 220, 229 acima ao centro, 260 direita; / Sovereing, ISM 230; / Sinclair Stammers 110 abaixo; / St. Mary's Hospital Medical School 14; / Mark Sykes 64 abaixo; / Sheila Terry 25, 36, 44, 54 acima à direita, 55 acima à esquerda, 55 acima, ao centro, esquerda, 78 abaixo, 79, 79 abaixo, 100 acima, ao centro, 100 acima à direita, 116, 119, 129, 133, 143 acima, ao centro, esquerda, 171, 174 acima, 182 acima, 184 esquerda, 185 acima ao centro, 185 acima, ao centro, direita, 188 abaixo, 188 acima, 189 acima, 194, 195 acima, 197, 228 acima, à direita, 228 acima à esquerda, 228 acima, ao centro à esquerda, 235, 237 abaixo, 242 direita, 250 direita, 274 acima ao centro, 274 acima, ao centro, direita, 274 abaixo à esquerda; / G. Tomsich 193 abaixo; / Michael W. Tweedie 227; / US Department of Energy 101 abaixo à direita; / US Library of Congress 51, 55 acima à direita; / US National Library of Medicine 101 figura de fundo 1, 143 figura de fundo 1, 185 figura de fundo 1, 229 figura de fundo 2, 261 abaixo, 275 figura de fundo 1; / Charles D. Winters 76; / Ed Young 98.

The Natural History Museum, Londres 104 abaixo, 105, 114 esquerda, 142 acima à esquerda, 142 abaixo à esquerda.

TopFoto 169 esquerda; / Fortean 24; / The Granger Collection 38, 93.

Wellcome Library, Londres 237 acima, 248, 253, 252, 254.

De Beer Collection, Special Collections, University of Otago, Dunedin, Nova Zelândia 126 ao centro, 143 ao centro.

Richard Wheeler, Sir William Dunn School of Pathology, University of Oxford 224-225.

AGRADECIMENTOS

O programa de televisão no qual este livro se baseia é apresentado por Michael Mosley, com produção executiva de John Lynch, que há muito tempo almejava fazer uma série de TV sobre história da ciência. A ideia original foi concebida pela equipe de desenvolvimento da BBC Science, em especial por Ros Homan, que propôs o formato baseado nas seis grandes questões. Os programas foram criados e produzidos sob a inspiradora orientação editorial do produtor de séries Aidan Laverty. A equipe de pesquisa formada por Alice Jones, Naomi Law, Liz Vancura e Will Ellerby enfrentou o que na prática é uma história de todas as buscas de histórias fascinantes. Ganharam vida nas mãos dos diretores Jeremy Turner, Nat Sharman, Peter Oxley, Nicola Cook, Giles Harrison e Nigel Walk, enquanto Maria Caramelo e Sarah Forster conduziam, com dedicação sincera, o extenso processo de produção, sob a sempre sábia orientação da gerente de produção Giselle Corbett.

Um sem-número de especialistas e colaboradores ofereceram seu tempo e seus esforços à preparação da série, mas ninguém contribuiu mais que nossos três consultores técnicos dedicados, Pietro Corsi, Jim Endersby e Patricia Fara, cujo conhecimento, discernimento e perspicácia guiaram a equipe de produção no roteiro dos programas.

Quanto ao livro, somos gratos pela iniciativa de Peter Taylor, a orientação editorial de Georgina Atsiaris e o projeto talentoso de Pene Parker, Yasia Williams-Leedham e Mark Kan. Hayley Birch merece crédito especial pela habilidade em aparar as arestas das primeiras versões, integrar nossos estilos literários muitas vezes divergentes e pelo olhar sempre vigilante para erros constrangedores – ainda que qualquer erro remanescente seja de nossa inteira responsabilidade. Agradecimento especial de Michael a Ewan Fletcher pelo auxílio; e de John a D.M. Lawrence, colaboradora incansável na administração da rotina.

Enfim, é impossível realizar um projeto desafiador como este sem o apoio constante dos amigos e da família. Sem Claire, Michael não poderia fazer o que faz; John foi estimulado por Ewa, Christopher e Toby ao longo de um verão e de um outono difíceis. Esperamos que todos eles sintam que valeu a pena.